본서는 중국교회가 공인교회와 비공인교회 또는 삼자교회와 가정교회로 분리되어 있는 상황에서 "간극을 어떻게 메워야 할 것인가?", "화합의 길은 정녕 없는 것인가?"라는 선교실천적 질문에서 출발한다. 저자의 이러한 학문적 호기심은 중국교회 역사를 삼자운동의 역사로 보는 새로운 중국교회 연구 관점을 제시한다.

저자는 중국선교 초기에 활동했던 서구 출신의 선교사 모리슨, 허드슨 테일러, 네비우스의 선교활동을 역사적으로 분석하여 중국교회 삼자운동의 출발을 규명하였다. 이어서 중국교회 역사에서 중요한 의미를 지니는 자립교회운동과 본색화운동을 삼자운동의 분기로 정리했으며, 특히 본색화운동이 중화인민공화국 건국 이후에 나타난 삼자애국운동의 이론적 연결고리가 되었음을 밝히는 탁월한 통찰을 보여준다.

중국교회는 선교 초기 선교사들이 주도하는 토착화적 삼자운동과 전통적 중국화에서 출발하여 중국교회 지도자들이 주도적으로 진행한 자립운동과 본색화운동으로 발전한다. 사회주의 체제에서 국가 주도의 삼자애국운동이 등장하면서 중국교회의 삼자운동은 교회를 삼자교회와 가정교회로 분리하는 결과를 낳았다. 이후 중국의 국내정세 변화에 따라 문화대혁명, 개혁개방을 거치면서 중국교회의 삼자운동은 새로운 국면을 맞이하게 되었고, 결국 기독교 중국화라는 정치적 삼자운동이 절정에 이르게 되었다.

중국교회의 역사를 삼자운동으로 풀어낸 저자의 창의적인 지적 호기심에 찬사를 보내며, 본서를 읽는 모든 이들이 중국교회 역사에 대한 새로운 관점을 갖게 되기를 기대한다.

**김광성** 주안대학교대학원 선교학 교수

이 책은 중국의 기독교 역사를 일목요연하게 정리하면서 오늘의 중국교회가 안고 있는 과제가 무엇인지를 명징하게 드러낸다. 저자는 삼자교회와 가정교회로 양분된 중국 기독교의 현실이 20세기 초반 교회의 자립이라는 공동 목표로부터 분기했다는 역사적 통찰을 제공한다. 삼자운동이 단순히 사회주의 신중국에 협력한 삼자교회의 전유물이 아니라, 서구 제국주의의 그늘 아래 머물러 있던 기독교를 중국인들의 독자적인 종교로 제시하려 했던 더욱 근원적인 움직임이었다는 진단은 매우 흥미롭다. 각기 다른 정치 사상과 신학 사상을 견지해온 삼자교회와 가정교회가 새로운 화합과 협력의 길을 도모할 수 있다는 저자의 바람은 북한 선교의 사명을 놓고 기도하며 준비해야 할 한국교회에도 신선한 고민거리를 던져준다.

**김선일** 웨스트민스터신학대학원대학교 실천신학/선교학 교수

중국은 기독교, 천주교, 불교, 이슬람교, 도교를 5대 종교로 지정하고 법적으로 종교 활동의 자유를 보장하고 있다. 그러나 정부가 허락한 장소에서만 행하는 것으로 종교활동을 통제한다. 정부가 허락한 종교 활동 장소에 모이는 성도를 중국기독교회, 곧 삼자(자전·자치·자양)교회라고 하고, 허락하지 않은 장소에 모이는 성도를 가정교회, 지하교회라고 한다. 지난 21년간 중국 상하이에서 한인교회를 목회하며 경험한 결과 삼자교회와 가정교회를 결코 양 극단적으로 판단할 수가 없었다. 이런 측면에서 『중국교회 삼자운동 발전사』는 한국교회 성도들에게 중국 삼자교회를 이해하게 하는 데 큰 도움이 되리라 생각한다.

**엄기영** 전 상하이한인연합교회 담임목사

그동안 중국교회와 중국선교에 대해 아는 이들은 많았지만 제대로 알려주는 이들은 거의 없었다. 『중국교회 삼자운동 발전사』는 중국교회와 중국선교를 이해하는 정도(正道)가 되기에 손색이 없다. 왜 중국교회가 그토록 자신들만의 기독교를 만들고자 했는지에 대한 역사적·선교적 이유와 해답이 이 책에 담겨 있다. 단순한 역사적 사실과 객관적인 내레이션을 넘어 삼자운동의 자립을 위한 중국교회의 열망과 여정이 고스란히 녹아져 있다. 이 책은 현장 선교사, 선교사 후보생, 선교 관심자들이 반드시 읽어야 할 필독서다. 강력히 추천한다.

**원O준** 현 FMB중국선교사, 중화침례신학원 원장

진미수 교수의 『중국교회 삼자운동 발전사』 출판을 축하한다. 진미수 교수야말로 중국, 중국 개신교회, 중국교회 삼자운동에 대해 말할 수 있는 가장 적절한 학자라고 생각한다. 그는 중국에서 사역하며 공부했을 뿐만 아니라 중국과 중국문화, 중국교회사를 연구한 전문 학자다. 이 책은 근린지국(近隣之國)임에도 불구하고 여전히 우리에게 낯선 중국 개신교의 역사와 신학, 특히 가정교회 너머의 삼자교회의 현실을 조망하고 있다는 점에서 소중한 저술이다. 가정교회와 삼자교회, 두 교회 간의 괴리와 간극, 그리고 두 교회 간의 아름다운 동행을 꿈꾸는 저자의 따뜻한 눈길이 감동을 준다.

**이상규** 전 고신대학교 교수, 현 백석대학교 역사신학 석좌교수

2023년 7월 1일 자로 중국의 시진핑 주석은 '반간첩법' 개정안을 시행하였다. 금번에 반포되고 시행된 '반간첩법'의 간첩 행위에 대한 법 적용 범위는 특히 중국 내 가정교회는 물론 삼자교회와 그들을 방문 교류하는 외국인들에게까지 적용되는 국가 보안법이다. 특별히 기존 중국의 '반간첩법' 법률에서 '국가기밀'에만 적용하던 범위를 '국가이익'이라는 매우 포괄적인 범위로 확대했다. 중국 정부는 이 '반간첩법' 법률로 중국의 가정교회와 삼자교회를 포함한 기독교인들을 구금 혹은 엄청난 벌금형으로 핍박하고 있다.

이와 같은 시점에서 진미수 교수의 『중국교회 삼자운동 발전사』는 매우 시의적절하다. 이 책은 그동안 삼자교회와 가정교회 간의 갈등의 원인과 과정을 다루면서, 동시에 이렇게 중국의 기독교 탄압이 강화된 지금에 이르러서는 두 교회 간 화합과 협력의 필요성과 정당성을 역사 가운데 밝혀주고 있다.

사실 그동안 삼자교회는 가정교회와 갈등과 대립 관계에 있었으나 모든 삼자교회가 그러한 것은 아니었다. 오히려 가정교회를 삼자교회의 지교회나 구역 모임으로서 보호해주기도 했다. 무엇보다 중국에 어마어마한 힘으로 파고 들어가고 있는 신천지를 비롯한 이단들을 대항하는 데서는 가정교회보다 조직력을 갖춘 삼자교회가 이단 대처 교육 및 건강한 신앙 서적 출판물들을 제작하고 배포함으로써 힘쓰고 있다. 중국 정부는 가정교회 폐쇄는 물론 삼자교회들까지 핍박함으로써 중국의 문화운동 당시와 같이 중국 내 모든 선교사를 추방하면서 기독교를 전방위적으로 핍박하고 있다. 이러한 시점에 1807년 개신교 선교 초기부터 1979년을 기점으로 하는 개혁개방기(改革開放期)까지 그리고 현재에 이르기까지의 전 중국교회 역사의 흐름을 '삼자운동'(三自運動)의 관점으로 기술한 이 책은 현재의 중국교회를 이해하는 데 큰 도움을 줄 것이다. 일독을 강추한다.

**임현만 백석대학교 교수, 통일선교아카데미 원장**

중국 기독교 역사의 아이러니다. 세상을 구원할 유일한 복음이 세상을 파괴하는 제국주의의 등에 업혀 전파된 것이다. 선교사는 중국 인민을 속이는 양의 탈을 쓴 이리인가, 아니면 중국을 구원할 메시아의 전령인가? 중국 기독교인은 기독교가 제국주의의 앞잡이라는 오명을 떨쳐버리기 위하여 자립·자양·자전의 삼자 원칙을 택해야만 하였다. 이 점에서는 순수한 복음주의를 지향하는 자립교회운동과 삼자애국운동이 일치한다. 이 두 운동은 반(反)제국주의를 표방하는 공산주의 정권이 중국을 장악한 후 완전히 다른 길을 걸어갔지만 말이다. 진미수 교수는 중국 기독교인이 취한 이 두 길을 처음부터 한 걸음씩 따라간다. 그 두 길은, 인간 실존을 건 치열함과 창조를 위한 고뇌, 투옥과 고문과 사형, 광신과 타협, 눈물과 환희로 가득하다. 그녀의 마음에는 중국교회에 대한 애정과 소망이 자리 잡고 있다. 제국주의 침략이라는 거대한 악을 맞은 나약한 인생에 대한 애정, 그리고 두 길이 서로를 이해하며 세계 기독교 역사를 함께 짊어질 소망 말이다.

**장동민** 백석대학교 기독교전문대학원 역사신학 교수

중국교회 삼자운동 발전사

中國教會三自運動發展史

중국교회

진미수 지음

삼자운동

발전사

새물결플러스

## 차례

## 가까운 중국, 여전히 생소한 중국교회

어느덧 중국은 한국인에게 참 익숙한 나라가 되었다. 한·중 수교가 체결된 지 30여 년이 지난 지금 그동안 정치적 문제로 크고 작은 이슈도 있었다. 그런데도 중국은 한국의 가장 가까운 이웃 나라로 인식되고 있다. 한국의 대(對)중국 수출은 2020년 통계로 대략 1,400억 달러(한화 약 152조)에 이른다.[1] 2020년 한·중 양국 무역 교역액은 약 3천억 달러(한화 약 340조)를 넘어섰다.[2] 또한 한국에 체류하는 중국인 수는 2020년 통계로 대략 110만 2천 명 정도로서, 국내에 체류하는 250만 명의 외국인 중 44%를 차지한다.[3] 수치가 보여주듯 정치적 문제가 아무리 거세더라도 양국의 교역과 다방면에서의 교류는 막을 수 없는 것 같다. 특히 1990년대 중반 한국 드라마로부터 시작한 한류(韓流) 열풍은 21세기 현재에도 여전히 중국에서 거세게 불고 있다. 두 나라의 거리가 갈수록 좁혀지고 있는 것은 분명하다.

---

1    http://www.tradetimes.co.kr/news/articleView.html?idxno=4931

2    https://www.kita.net/cmmrcInfo/cmmrcNews/cmmrcNews/cmmrcNewsDetail.do?nIndex=61683&recommendId=0

3    https://www.yna.co.kr/view/AKR20200216059900371

무엇보다 중국교회는 한국교회에 선교 역사적으로도 매우 특별하고 의미가 깊다. 우선 한국교회가 처음으로 해외에 선교사를 파송한 나라가 바로 중국이다. 중국은 한국이 기독교를 접할 수 있는 통로가 되어준 나라지만 아이러니하게도 한국교회가 최초로 생명의 복음을 전한 선교의 장이기도 하다. 중국에 처음 선교사를 파송할 당시[4] 한국은 일본에 국권을 빼앗겨 민족의 앞날이 어둡기 그지없었다. 그동안 한국이 중국을 대국으로 예우하고 있었다는 점을 생각할 때, 이는 복음 전도의 사명감 없이는 도저히 생각조차 할 수 없는 일이다.

이처럼 중국교회에 비해 턱없이 짧은 역사를 가졌지만, 오히려 생명의 복음을 중국에 전해주는 통로가 되었던 한국교회의 전통은 오늘날까지 이어지고 있다. 통계에 의하면 한·중 수교 이후 중국에 파송된 한국인 선교사의 수는 눈에 띄게 증가했다. 2015년 기준, 세계 170여 개국에서 활동 중인 2만 6천여 명의 한국인 선교사들 가운데 가장 많은 숫자가 중국에 있었다.[5] 중국이 우리보다 80여 년 먼저 기독교를 받아들였지만, 오늘날에 이르

---

4 　한국교회의 첫 중국 선교사 파송은 1907년 독노회 조직을 갖추었던 조선예수교장로회가 1912년 9월 총회로 모여 결의한 사항이었다. 파송 지역은 산둥(山東)성으로 결정되었다. 산둥은 이단과 농민 반란의 전통이 농후한 곳으로, 후한(後漢) 말 농민이 주체가 되어 일어난 황건적(黃巾賊)의 난, 당나라 말의 농민 반란인 황소(黃巢)의 난, 명나라 때의 농민 반란인 백련교도(白蓮教徒)의 난 등이 일어났고, 19세기 말의 대표적인 반기독교운동인 의화단의 난이 일어난 곳이다. 기독교에 대한 배타심이 강한 산둥성에 선교사를 파송한 일은 성령님의 인도하심이었다. 1913년 제2회 총회에서 박태로(朴泰魯), 사병순(史秉淳), 김영훈(金英勳) 목사를 산둥 선교사로 파송하기로 결정하였고, 산둥 선교사 파송은 이후 1937년에 파송된 방지일(方之日) 목사가 중국이 공산화된 이후까지 남아 있다가 1957년 추방을 끝으로 완료되었다. 이 선교사들은 처음부터 복음전도라는 뚜렷한 목적의식을 가지고 선교 사역에 매진했고, 유능하고 성령 충만한 인물들이 선출되어 갔다는 점과 같은 한자 문화권으로서의 동질성을 기초로 한 토착화 전략, 의료와 교육 사업을 병행함으로써 역동적인 선교 사역을 수행했다는 평가를 받았다. 한국교회의 첫 선교사 파송에 관해서는 최재건, "한국 장로교회의 중국 산둥성 선교", 「한국교회사학회지」 18(2006): 220-230을 참고하라.

5 　함태경, 『알았던 선교, 몰랐던 중국』(서울: 두란노, 2015), 23.

러서는 명실공히 한국교회의 주요 선교 대상국이 되었다.

　　이와 같은 고무적인 상황에도 불구하고 한국교회에서 중국교회는 여전히 '죽의 장막'이라 여겨지는 듯하다. 이는 그간의 여러 정치적 상황으로 기독교계의 교류가 원활하지 못했던 이유가 가장 클 것이다. 향후 더욱 발전된 선교 사역을 위해 지금부터라도 한국교회는 중국교회를 바르게 이해하기 위한 걸음을 시작해야 할 것이다.

## 중국교회의 특수 상황: 삼자교회와 가정교회의 대립

중국 기독교를 이해하는 데 반드시 알아야 할 중요한 사항이 있다. 바로 중국 기독교가 처해 있는 '특수한 상황'을 이해하는 일이다. 이는 곧 '삼자교회와 가정교회의 대치와 갈등' 상황을 말한다. 이것은 현재 중국교회가 안고 있는 가장 큰 문제이자 중국교회의 발전을 저해하는 장애 요소라 할 수 있다.

　　중국교회의 성장은 세계적인 주목을 받고 있다. 공식 통계에 따르면 현재 중국의 기독교 인구는 중국 인구의 7%를 차지하는 1억 명 정도다. 그중 70%는 가정교회 교인으로 알려져 있다.[6] 표면적으로 볼 때 가정교회 교인 수가 삼자교회 교인 수를 훨씬 앞서고 있다. 그렇다면 두 교회는 어떤 차이점으로 대립하고 있는가? 가정교회는 다음과 같은 이유를 들어 삼자교회와 함께할 수 없다고 밝힌다.[7]

---

6　　「국민일보」 2021.1.27. http://news.kmib.co.kr/article/view.asp?arcid=0923570088.

7　　이에 관한 구체적인 이유에 대한 설명은 김영산, 『중국 가정교회 신앙과 생활』(서울: 도서출판영문, 2004), 116-117을 참고하라.

첫째, 삼자교회와 가정교회의 머리가 다르다. 가정교회는 예수 그리스도를 머리로 하는 성경의 가르침을 따라 성경에 근거하여 치리한다. 하지만 삼자교회는 정부와 공산당을 교회의 머리로 둔다.

둘째, 삼자교회와 가정교회의 성직 수여 조건이 다르다. 가정교회는 성령의 기름 부으심과 교회의 인정, 도덕적 자질 구비 등의 조건하에 성직자가 세워진다. 그러나 삼자교회는 반드시 현세의 권세자 종교사무국의 허락을 받아야 한다.

셋째, 두 교회의 근간이 다르다. 삼자교회는 신정부의 지지로 창립된 삼자회, 그리고 이들이 주축이 된 삼자애국운동이 전개되는 과정에서 태동했다. 이에 반해 가정교회는 성경을 기초로 한 근본주의와 복음주의의 전통 아래 세워지고 계승되었다.

넷째, 이 두 교회의 정교관(政敎觀)이 다르다. 삼자교회는 정교의 합일(合一)을 실천하고 있어 정부의 통치 정책에 적극적으로 협력한다. 그러나 가정교회는 정교분리(分離) 원칙을 주장한다. 물론 정부의 명령이 성경적이라면 따르겠으나 성경과 저촉하는 부분에 관해서는 하나님의 말씀에 순종하는 편을 선택한다. 이로써 그들은 고난을 자초한다 해도 기꺼이 십자가의 길을 걷는다.

다섯째, 두 교회의 사명이 다르다. 삼자교회는 예배당 안에서만 복음을 전하고 설교하고자 하나, 가정교회는 예수 그리스도의 대위임 명령에 순종하여 복음 전도의 사명을 감당하고자 한다(마 28:19-20).

이상 다섯 가지의 기본적인 차이점으로 인해 가정교회는 삼자교회를 교회로 인정하지 않을 뿐만 아니라 함께할 수도 없다고 선언했다. 이 중에서 가장 첨예한 갈등은 양자 간 신학 사상의 대립과 정교 관계에 대한 견해의 차이에서 온다.[8] 이 같은 두 교회의 상반된 신학 사상에 대한 관점이 대립과 갈등의 주요한 부분이다. 특히 정부의 권세를 업은 삼자교회가 가정교회를 조직적으로 핍박하는 양상이 날로 심해졌다. 삼자교회는 가정교회를 무너 뜨리려는 의도로 가정교회 일꾼들과 성도들을 빼앗아 간다. 삼자교회 뒤에 정부의 권력이 있기에 이러한 상황은 가정교회가 풀기 역부족이다. 또한 삼자교회는 공안국에 가정교회를 신고하여 교회 모임과 예배를 폐하도록 만든다. 이렇듯 삼자교회는 가정교회를 파괴하는 일에 골몰하고 있으며,[9] 가정교회는 신학 노선의 차이로 삼자교회를 이단으로 간주하고 삼자교회 와는 절대로 함께할 수 없다는 생각을 더욱 굳건히 하고 있다.

가정교회를 핍박하는 대상은 삼자교회뿐만이 아니다. 중국 정부 역시 가정교회를 인정하지 않고 있어 가정교회는 이중적인 고통을 감내하고 있 다. 정부로부터 핍박받는 직접적 이유는 국가 공인 교회인 삼자교회에 등 록하지 않고 가정에서 집회와 설교, 복음 전도 등의 종교 활동에 종사하기 때문이다.[10] 가정교회에 대한 정부의 압박과 핍박은 신중국이 성립된 1949 년 이후부터 지금까지 지속되고 있다. 시진핑(習近平) 집권 이후 핍박의 강 도는 날로 가중되는 중이다. 특히 2019년 6월 종교사무국이 '종교사무조 례'를 발표하면서 정부의 종교 탄압은 더욱 본격화되었다. 지난 2-3년 동 안 십자가가 철거되고 교회가 폐쇄된 곳이 9,800곳이나 된다. 이에 더하여 외국 선교사 90%가 추방되었다고 한다.[11] 대표적인 핍박 사례를 살펴보면

---

8    더 깊은 내용에 대해서는 설충수, "중국 기독교 안의 삼자교회와 가정교회의 정통성 논쟁",
      「율곡사상연구」 21 (2010), 137-152를 참고하라.
9    두 교회의 더 자세한 갈등에 대해서는 오철룡, "중국교회(삼자교회와 가정교회)의 갈등문
      제에 대한 연구"(석사학위논문, 총신대학교 선교대학원, 2005), 67-70을 참고하라.
10   김영산, 『중국 가정교회 신앙과 생활』, 126.
11   「크리스천투데이」(2022.3.29.).

다음과 같다.[12]

> 시진핑 시대 본격적인 기독교 탄압의 시작은 2014년 2월 저장(浙江)성 원저우(溫州) 및 몇 개 도시에 12개 이상의 교회 십자가와 교회 건물이 철거되면서였다. 이어 2018년 9월에는 베이징 최대 가정교회로 알려진 '베이징시온교회'가 폐쇄당했다. 베이징시온교회는 젊은 지식인들이 많은 도시형 가정교회다. 종래의 작은 지방 도시나 시골의 가정교회가 아닌, 대도시인 수도에서 일어난 핍박이라는 점에서 가정교회들에 위기의식을 불러일으켰다. 같은 해 12월 9일에는 베이징의 '이른비성약교회'(秋雨聖約敎會)의 담임목사 왕이를 포함한 100여 명 신도가 체포되는 사건이 일어났다. 이 교회는 중국 최대의 가정교회로 알려져 있다. 이들 중 몇 명의 목회자들에게는 '국가 권력 전복 선동죄'가 적용되기도 했다. 그뿐만 아니라 2019년 3월 23일 자로 11년간 옥외 행사를 해오던 '베이징셔우왕(守望) 교회'에 대해서도 폐쇄 조치를 했다.

## 이 책의 연구 목적과 범위

이 책은 앞으로 중국교회는 삼자교회와 가정교회의 간극을 어떻게 메워 가야 할 것인가, 또한 화합의 길은 정녕 없는 것인가라는 물음에서 시작되었다. 이 중요한 문제를 해결하는 최선책은 그들의 역사적 근원을 살펴보고 그 속에서 해답을 찾을 수밖에 없다. 지금의 특수한 상황에 대한 원인과 배경을 알면 현재의 갈등과 불화를 해소할 수 있는 실마리를 찾게 될 것이다.

---

12　시진핑 정부 이후 가속화된 핍박 사례에 대해서는 원성수, "기독교 중국화 정책과 그 양상에 관한 연구"(석사학위논문, 한국방송통신대학교 대학원, 2019), 38-43을 참고하라.

현대 중국교회가 두 진영으로 나뉘게 된 배경을 보면 표면적으로는 1949년 신중국 성립 시기가 기점이 된다. 1949년 사회주의 정당이 집권하면서 기독교를 통제할 목적으로 '삼자회'를 만들고 삼자애국운동을 추진하였다. 이에 따라 정부의 방침과 정책에 동의하고 이에 적극적으로 협력하여 삼자애국운동을 추진한 진영은 '공인교회'를 형성했다. 반면 정부의 방침을 거부하고 이에 저항한 진영은 지하교회를 형성했는데 이것이 오늘날 '가정교회' 또는 '비공인교회'가 되었다.

사실 1949년은 표면적인 분기점이다. 이들이 나누어지게 된 근원을 알아보자면 1920-1930년대까지 거슬러 올라가야 한다. 정부의 방침에 적극적으로 따른 진영과 반대한 진영은 이미 1920-1930년대부터 서로 다른 신학적 경향을 띠기 때문이다. 이들은 이 시기 각각 자신들의 위치에서 '자립교회운동'과 '본색화운동'을 통해 서구 기독교와 무관한 중국적 기독교를 세워가려는 노력을 기울이고 있었다. 따라서 현재 양 진영의 문제를 해결하기 위해서는 처음 분기가 이뤄진 상황과 원인을 밝히는 것을 전제로 해야 한다. 이것이 역사를 공부하는 기본적인 목적일 것이며, 무엇보다 하나님께서는 우리에게 역사를 이해하고 정리하는 능력을 주시고 그 능력을 활용하여 당신의 뜻을 오늘날 우리 가운데 나타내길 기뻐하신다.[13] 이런 이유로 두 교회 화합의 열쇠는 중국교회 전체 역사에 대한 올바른 이해와 통찰을 통해서만 가능하다. 이것이 필자의 확신이다.

이 점에 착안하여 필자는 1807년 개신교 선교 초기부터 1979년을 기점으로 하는 개혁개방기(改革開放期)까지의 전 중국교회 역사의 흐름을 정리해보고자 했다. 역사 서술의 주요 관점은 '삼자운동'(三自運動)으로 잡았

---

13    장동민, 『대화로 풀어보는 한국교회사 1』(서울: 부흥과개혁사, 2013), 41.

다. 그 이유는 중국교회의 초기 역사부터 현재까지 중국교회가 달성하고자 한 목표는 오로지 '중국교회의 자립'에 있었기 때문이다. 중국선교 초기부터 중국교회는 교회 자립을 발전 방향으로 삼고 이를 위해 실제적인 활동을 해왔다. 자립교회를 세우는 일은 중국선교 초기부터 선교사들의 꿈과 목표였다. 19세기 초 중국 개신교의 첫 장을 연 로버트 모리슨(Robert Morrison, 馬禮遜, 1782-1834) 선교사 때 이미 그 씨가 뿌려졌다. 그리고 19세기 중·후반 허드슨 테일러(James Hudson Taylor, 戴德生, 1832-1905)와 네비우스(John L. Nevius, 倪維思, 1829-1893)를 거치면서 자라났다. 특히 네비우스에 의해서 '삼자원칙'이 중국교회를 운영하는 주요한 원칙으로 자리매김했다. 이후 1920-1930년대에는 '반기독교운동'이라는 외부의 도전이 가해지면서 서구 제국주의, 서구 기독교와 무관한 순수 중국적 교회 설립에의 열망은 더욱 커졌다. 그 결과 많은 중국인 사역자들이 배출되었고 토착교회들이 생겨남으로 자립교회운동은 절정에 달했다. 이어 1949년 공산당 통치하에서 시작된 삼자교회와 이와 반대 입장에 서게 된 가정교회 각각이 지향한 것 역시 교회의 자립이다. 즉 중국교회 역사의 매시기마다 비록 주체자와 전개 양상은 달랐지만, 줄곧 '삼자운동'이라는 자립운동과 자립정신이 중국교회 역사에 일관되게 흐르고 있었다. 이에 필자는 선교 초기부터 일관되게 삼자의 원칙을 기반으로 교회자립을 위해 노력했던 중국교회와 교인들의 모든 움직임을 '삼자운동'이라 명명한다. 그리고 이 '삼자운동'이 시대별로 어떤 양상으로 전개되어왔는지 살피고자 한다. 삼자운동의 역사적 변천과정을 분석하면 오늘날 공인교회와 비공인교회라는 양 진영으로 분리하여 대치하게 된 배경이 무엇이었는지 확인할 수 있을 것이다. 더 나아가 이 같은 두 진영의 화합을 위한 제3의 길을 모색하는 것이 이 연구의 주된 목적이다.

## '삼자운동'의 명칭에 대해

이 연구를 진행하기에 앞서 '삼자운동'이라는 명칭에 대해서 정확한 정의를 내릴 필요가 있다. 일반적으로 중국교회사에서 '삼자운동'이라 하면 1949년 신중국하에서 전개되었던 '삼자애국운동'(三自愛國運動)을 의미하기 때문이다. 다시 말해, '삼자애국운동'은 중국교회 역사상 하나의 거대한 '운동'으로서 전개되었던 역사적 사건이지만, 중국교회 자립을 위한 제반의 노력을 의미하는 '삼자운동'은 명확한 역사적 사건으로 드러난 공인된 단어는 아니기 때문이다. 이로써 용어 사용에 혼선을 빚을 가능성도 있음을 인정한다.

필자는 '중국교회의 자립을 위한 노력 혹은 토착화 작업을 위한 모든 움직임'을 '삼자운동'이라 명명하고, 이 책 안에서 사용하고자 한다. 이 관점은 홍콩 신학자로서 쩬따오(建道) 신학원[14] 원장을 역임한[15] 량자린(梁家麟)의 관점에 근거하였음을 밝혀둔다. 그는 교회 자립을 위한 움직임이 절정에 이르렀던 1920-1930년대를 조명하면서, 반기독교운동의 집중 포화를 받은 당시의 중국교회와 성도들에게 이 '삼자'(三自)의 문제는 절실한 시대적 요구였다고 말한다.[16] 량자린은 '삼자'는 절대로 중국 공산당이 만든 발명품이 아니며, 1877년 상하이(上海)에서 열렸던 제1회 전국 개신교 선교사대회 때부터 이미 언급된 부분이라고 강조한다. 이때 닝보(寧波) 장로회의 버틀러(John Butler)가 자주·자양을 강조하면서 현지인 목사가 사

---

14    홍콩 소재, 1889년 선도회(宣道會) 선교사가 설립한 복음주의 신학원.
15    2005-2018년 재직.
16    량자린,『중국에 축복이 임하다』(서울: 그리심, 2013), 177-178.

역하는 교회를 언급했다.[17] 나아가 1890년에 열린 제2회 전국 개신교 선교사대회에서는 중국교회의 자양 문제가 이미 토론의 주요 주제가 되었다. 1907년 100주년 기념대회에서도 완전한 자주권을 가진 자치·자양의 중국교회를 선교사들이 설립해야 한다는 결의안을 통과시켰다. 량자린은 당시 '삼자'에의 요구는 중국교회에 절박한 문제였으며, 이 '삼자'라는 단어가 어떻게 오용되었는가 하는 것은 또 다른 문제라고 말했다.[18]

이처럼 량자린의 의견을 참고하면, '삼자'라는 단어의 유용성 범위가 좀 더 확장될 수 있다. 그의 지적처럼 '삼자'라는 단어가 신중국에서 차용되고 오용되는 문제는 이와 별도로 다뤄져야 한다. 이런 점을 고려하여 필자는 중국교회 역사 안에 있었던 '교회 자립을 이루기 위한 제반의 노력과 움직임'을 '삼자운동'이라 명명하고자 한다. 그래서 중국 선교 초기부터 삼자운동이 어떤 양상으로 중국교회에 적용되었는지 그 변천 연구에 의미를 부여하고자 한다. 이상과 같은 연구 과정을 통해 현재 중국교회가 처한 특수한 상황을 이해하고 두 교회의 화합을 위한 길을 모색해보고자 하는 것이 본 연구의 주된 목적이다. 이 고찰을 통해 두 교회 간의 대화의 장(場)이 더욱 많아질 수 있기를 바란다. 더 나아가 삼자교회와 가정교회의 화합이

---

17    량자린의 말을 보충하자면, 1877년 상하이에서 열린 제1회 개신교 선교사대회의 주요한
      의제는 '중국교회의 자립문제'였다. 당시 푸저우(福州)의 미국 북감리회 선교부의 볼드윈
      (S. L. Baldwin) 선교사는 「현지교회의 자립」이라는 논문을 통해 외국 선교부의 재정에 의
      지하는 중국교회는 만일 그로부터의 지원이 끊어지면 교회의 기능을 제대로 할 수 없음을
      인지해야 한다고 강조하였고, 대다수의 선교사가 이 의견에 동의하였다. 그로부터 13년 후
      에 열린 제2차 전국 개신교 선교사대회에서는 자립선교의 발전 방안에 대한 보다 체계적인
      논의가 이루어졌고, 이후 1907년 중국개신교 선교 100주년 기념 선교사대회에서는 모든
      선교사가 중국교회가 삼자를 완전히 실현하는 교회로 성장해나가야 한다는 사실에 동감하
      였다. 변창욱, "중국교회 자립과 효율적인 선교비 사용: 중국의 개신교 선교사대회(1877,
      1890, 1907년)를 중심으로", 「선교와 신학」 31 (2013): 210-217.
18    량자린, 『중국에 축복이 임하다』, 177-178.

하나님의 선한 뜻임을 다시 한번 확신하게 될 것이라 기대해본다.

## 연구 범위와 방법

이를 위해서 본서는 중국 기독교가 형성된 초기의 역사부터 1979년 개혁
개방의 시기로 연구 범위를 한정하였다. 초기의 역사부터 시작한 이유는
'삼자운동'이라는 자립교회 의지를 담고 있는 운동은 중국 기독교 초기부
터 서구 선교사들의 사역 목표였음을 확인했기 때문이다. 또한 개혁개방기
로 한정한 이유는 중국의 삼자신학은 지금도 여전히 '건설 중'이라는 한계
상황 때문이다. 그리하여 딩광쉰(丁光訓) 주교를 중심으로 삼자신학의 체계
성을 부여하기 시작한 개혁개방기까지로 한정하였다.

구체적인 연구 과정은 다음과 같다.

들어가는 말은 중국교회의 현 상황과 이 책에서 사용하는 용어에 대한
기본 설명, 연구 동기와 목적 및 연구 내용과 방법을 제시한다.

제1장부터는 본격적으로 '삼자운동'이라는 관점에서 중국교회사를
시대별로 정리하고, '삼자운동'이 각각의 시기에서 어떤 양상으로 이어지
고 변화되어 나타났는지 살피고자 한다. 첫 시작이므로 삼자운동의 '출발'
이라는 부제를 달았다. 먼저 19세기 세계선교 정책 및 동향과 동시대 중국
교회의 상황을 살피고자 한다. 무엇보다 이 부분에서는 19세기 초 중국에
온 서구 선교사들의 사역 목표가 처음부터 중국교회 자립에 있었다는 사실
을 확인하게 될 것이다. 또한 19세기 선교의 특징으로 볼 수 있는 기독교문
명론과 토착화론의 대립 상황을 정리하고 이것이 중국에서는 어떤 양상으
로 나타났는지도 서술한다.

제2장은 '삼자운동'이 활발하게 전개되던 1920-1930년대 중국교회

에 관한 연구 내용이다. 특별히 이 시기는 '삼자운동'의 성격이 완전히 상이(相異)한 두 가지 양상으로 나타났으므로 부제를 삼자운동의 '분기'(分岐)로 명명했다. '자립교회운동'과 '본색화운동' 두 부류의 운동을 구체적으로 다룸으로써 교회의 자립을 위한 중국교회의 노력이 다방면으로 이뤄졌음을 확인할 수 있을 것이다. 또한 두 운동을 대표하는 인물들의 신학 사상을 살핌으로써 이것들이 가진 성격을 좀 더 분명히 확인할 수 있다. 이 두 운동이 후에 신중국하에서 공인교회인 '삼자교회'와 비공인교회인 '가정교회'의 원류가 된다는 점에서 이 장의 연구는 매우 중요한 위치를 차지한다.

제3장은 중화인민공화국이 성립되고 문화대혁명의 발발과 종식을 맞이하면서 삼자운동의 본격적인 행보가 어떻게 이루어졌는가에 관한 연구다. 신중국에서 공인된 삼자교회와 이에 대항하는 자립교회의 후예인 가정교회의 모습을 통해, 이 시기 중국교회의 삼자운동이 본격적으로 서로 다른 두 길로 나아갔음을 확인할 수 있다.

제4장은 개혁개방기 중국교회의 상황으로서, 이 장의 연구를 통해 삼자교회와 가정교회가 앞서 신중국 초기에 형성된 두 길에서 점점 고착화되고 있음을 확인할 수 있다. 이 장에서 중심이 되는 부분은 삼자신학에 학문적인 뼈대를 제공한 딩광쉰(丁光訓)의 신학 사상 연구다. 이를 통해 삼자신학의 정체를 확인할 수 있을 것이다. 동시에 삼자회로부터 오는 압박 속에서도 꾸준히 교세를 확장해간 가정교회의 면모도 확인할 수 있으리라 본다.

나가는 말에서는 지금까지의 연구를 정리하고 들어가는 말에서 제기한 문제에 대해 필자의 의견과 제언을 담았다.

이 연구를 진행하면서 가장 주의할 점은 중국교회사를 공부하는 외국인의 입장에서의 공정한 서술과 평가라 생각한다. 따라서 역사적 사실을 확인할 수 있는 1차 자료들을 최대한 많이 수집하고 정확하게 분석하고자 하였다. 한국에서 아직은 미개척 분야라 할 수 있는 중국교회사에 대한 자료 수집이 쉬운 작업은 아니었다. 그렇지만 최대한 출간된 자료들을 균형 있게 수집하여 참고하려고 노력했다. 한국에서 이미 출간된 중국교회사와 일부 소논문들 그리고 중국과 대만 및 홍콩에서 출간된 서적들과 논문들을 찾아내고 분석하여 최대한 객관적인 자세로 필자의 견해를 제시하고자 한다.

# 제1장

# 19세기 중국교회

## 삼자운동의 출발

# 1. 초기 중국 선교의 역사

기독교 선교사역이 절정을 이루던 19세기에 아시아권 나라들에 복음이 전해지면서 중국교회가 시작되었다. 주목할 것은 중국 선교사들은 개신교 역사 초기부터 앞으로 중국교회가 자립해나갈 방안과 전략을 구상하고 실행에 옮기고자 했다는 점이다. 교육기관을 세워 다음 세대를 양성하고자 했고, 교회의 재정 자립을 위해 교회 내의 제도를 개혁하기도 했다. 그 결과 중국교회는 점진적으로 스스로 재정을 해결하고, 중국인 사역자를 세워나갔다. 그리하여 중국인의 방식으로 전도하는 자립의 형태를 갖춰나갈 수 있게 되었다. 이는 초기 서구 선교사들의 신학 사상에서 나온 결정이었으며 동시에 선교정책의 지향점을 반영한다. 이 같은 시각으로 볼 때 중국교회가 시작된 19세기는 중국교회 삼자운동의 출발선이 된다. 이 장에서 초기 서구 선교사들에 의해 주도되던 중국교회가 어떤 과정을 거쳐 사상, 재정, 인력 등의 영역에서 점차 자립을 이루어갔는지에 대해 구체적으로 살펴보려고 한다.

위의 내용에 관한 본격적인 설명 전에 중국교회 탄생의 직접적 동기가 된 19세기 근대 선교운동에 관한 이해가 필요하다. 중국교회의 탄생은 근대 선교운동의 결과라 할 수 있기 때문이다.

## 1) 영미(英美) 복음주의의 중국 선교

19세기는 "지리적 확장에 관한 한 그리스도인 선교운동을 통해 기독교가 모든 대륙에 스며들고, 거의 모든 사람을 접촉하면서 지구의 극변까지 도달했다"고 지적할 정도로 기독교 대성취 시기였다.[1] 당시에 융성했던 선교 사역에 대해 미국 역사학자인 케네스 스콧 라투렛(Kenneth S. Latourette)도 "지리적 확장뿐만 아니라 전반적으로 인류에 크나큰 영향을 미친 것으로 평가되는 19세기는 기독교 역사에서도 대단히 위대한 세기였다"[2]고 하였다. 이들이 강조한 대로 19세기는 소위 '기독교 선교운동'의 획기적인 시대였다.

19세기 세계 선교운동을 선도한 주체는 영국과 미국 교회였다. 먼저 1830년대까지는 영국교회가 세계선교를 주도하였다. 그 후 미국교회가 세계선교의 중심 세력으로 급부상했다. 이 위대한 선교 시대를 연 사람은 영국 침례회 소속 선교사 윌리엄 캐리(William Carey, 1761-1834)다. 1792년 '침례선교회'가 설립되었고 이듬해 윌리엄 캐리가 파송되면서 영국에서는 연이어 초교파적 선교단체들이 설립되어 세계 선교운동의 불을 지폈다.

세계 선교운동의 직접적인 계기는 18-19세기 영미권에서 시작된 '복음주의 운동'이다. 18세기 '복음주의 운동'은 존 웨슬리(John Wesley, 1703-

---

1    Henry P. Van Dusen, *World Christianity Yesterday, Today and Tomorrow* (New York: Abingdon-Cokesbury Press, 1947), 35; 김만수, "19세기 프로테스탄트 크리스천들의 해외 선교운동이 초기 그리스도교 일치 운동에 끼친 영향", 「신앙과 삶」 2(1998): 118-119에서 재인용.

2    Kenneth S. Latourette, *The Great Century in Northern Africa and Asia: A History of the Expansion of Christianity*, Michigan (Grand Rapid), 1944, 442; 김만수, "19세기 프로테스탄트 크리스천들의 해외 선교운동이 초기 그리스도교 일치 운동에 끼친 영향", 120에서 재인용.

1792)와 찰스 웨슬리(Charles Wesley)를 중심으로 영국에서 시작됐다. 18세기 부흥운동을 이끈 또 다른 사람으로는 조지 휘트필드(George Whitefield, 1714-1770)를 꼽을 수 있다. 휘트필드는 당시 영국의 식민지였던 미국에서도 부흥운동을 이끌었다. 미국 부흥운동은 휘트필드가 시발점이 되었고, 조너선 에드워즈(Jonathan Edwards, 1703-1758)가 중심 역할을 했다. 19세기 중반부터 미국교회가 현대 선교를 주도하게 된 데는 무엇보다 '학생자원운동'이 큰 역할을 했다. '학생자원운동'은 1886년 여름 매사추세츠주 노스필드(Northfield)에 있는 헬몬(Hermon)산의 무디(Moody) 수양관에서 개최된 수련회에서 시작했다. 이때 100여 명의 학생이 "나는 하나님께서 허락하신다면 해외 선교사로 헌신할 것을 약속합니다"(I purpose, God willing, to become a foreign missionary)라는 '프린스턴 서약'(Princeton pledge)에 서명했다. 이 운동이 공식화된 후 20세기 초반까지 이 운동을 통해 선교사로 헌신한 자들은 2만여 명이 넘었다.[3]

---

3    장동민, 『대화로 풀어보는 한국교회사 1』, 92.

18-19세기 영미권에 불어온 이와 같은 부흥운동의 결과로 영미권의 교회들은 선교적 사명을 인식하게 되었다. 그리고 교회가 중심이 되어 초교파적 단체들을 설립하기 시작했다. 드디어 19세기 그 위대한 선교의 시대가 열렸다. 비그리스도인들에 대한 연민과 사랑, 잃어버린 자들에 대한 긍휼, 복음 전파에 대한 그리스도의 대위임 명령에 대한 순종, 주님의 재림에 대한 기대 등이 그리스도인들을 선교운동에 참여하도록 이끌었다.[4]

부흥운동 결과, 1792년 영국에서 처음으로 '침례회선교회'(Baptist Missionary Society)가 창립되었다. 1793년 인도 선교사로 파송된 윌리엄 캐리 이후 영국을 위시한 영미권 선교사업이 본격화했다. 캐리의 영향력은 무엇보다 유럽과 미국이 선교단체를 조직하는 데 속도를 높였다.[5]

두 번째로 1795년에는 회중교회, 성공회, 장로교회, 감리교회 신도들이 연합한 '런던선교회'(London Missionary Society)가 창립되었다. '런던선교회'는 이방에 영원한 복음을 전한다는 고상한 목적을 가지고 시작하여, 1796년에 최초로 30명의 선교사를 남태평양 타히티(Tahiti)에 파송하였다. 두 번째 선교지는 아프리카로서 반델켐프(T. Vanderkemp) 선교사를 처음 파송했고, 후에 데이비드 리빙스턴(David Livingston, 1813-1873)을 파송했다. 세 번째 선교지가 중국이었다. 중국의 첫 번째 개신교 선교사로 로버트 모리슨(Robert Morrison, 1782-1843)이 파송되었다.[6]

세 번째로, 1799년에는 '영국교회선교회'(Church Missionary Society)가

---

4    김만수, "19세기 프로테스탄트 크리스천들의 해외 선교운동이 초기 그리스도교 일치 운동에 끼친 영향", 128.
5    윌리엄 캐리 이후 선교 단체의 탄생에 관해서는 이상규, "윌리엄 캐리 이후 현대선교운동", 「고신선교」2(2002): 35-41을 참고하라.
6    1866년 조선에서 순교한 로버트 저메인 토마스(Robert Jermain Thomas) 선교사 역시 런던선교회 소속이었다.

창립되었다. 이는 영국교회 안에서 선교에 대한 관심도가 높아지면서 영국 성공회의 복음주의자들이 조직한 단체였다. 이 선교회의 대표자들은 허더스필드의 교구 목사인 헨리 벤(Henry Venn, 1725-1797)과 클래펌[7] 지역의 교구 목사인 존 벤(John Venn, 1759-1813), 노예제도 폐지를 주창했던 윌리엄 윌버포스(William Wilberforce, 1759-1833), 가정 성경(Family Bible)의 편집자 토마스 스콧(Thomas Scott)이었다.[8] 불신자들에게 복음의 진리를 효과적으로 전하기 위해 교회가 할 일은 무엇인가라는 질문이 이 선교회의 창립 동기가 되었다. 특히 당시 이 선교회의 총무였던 헨리 벤은 1854년 해외 선교 운영에 이른바 '3S 정책'을 주창하였다. 그는 각 선교회의 해외 선교 운영에 확고한 방침을 제공하였는데, 선교의 목표는 '자치적이고(Self-governing), 자립적이며(Self-suppoting), 자전하는(Self-propagating)' 토착교회 설립에 있다고 주장하였다.

네 번째로, 1865년에는 '중국내지선교회'(China Inland Mission, 이하 '내지회')가 창립되었다. 이 선교회는 중국에 가장 많은 선교사를 파송하였고 선교 사역지도 가장 광범위했다. 내지회의 주된 특징은 선교사들에게 일정한 선교비를 지급하지 않았고, 단지 하나님께서 필요한 부분을 공급해주실 것이라는 신념으로 사역하는 믿음 선교[9](Faith Mission)를 지향했다는 점이다.[10]

---

7  존 벤 목사를 중심으로 선행활동에 헌신하고자 한 사람들이 모이기 시작했는데 이들을 '클래펌파'(Clapham Sect.)라 불렀다. 이들은 주로 부유한 국교회 복음주의자 평신도들로서 19세기 초 영국 및 연방의 노예제도 철폐에 큰 영향을 미쳤다. 윌리스턴 워커, 『기독교회사』, 송인설 역(서울: CH북스, 2000), 680.

8  이상규, "윌리엄 캐리 이후 현대선교운동", 38.

9  '믿음 선교' 단체는 19세기 중반 영국에서 생겨난 운동으로, 처음 영국에만 10여 개의 단체들이 있었는데 그중 '중국 내지 선교회'가 가장 잘 알려졌다. 이상규, "윌리엄 캐리 이후 현대선교운동", 41, 각주 15번.

10  이상규, "윌리엄 캐리 이후 현대선교운동", 41.

창립자 허드슨 테일러(Hudson Tayler, 1832-1905)는 영국의 감리교 목사 가정에서 태어나 1853년 21세의 나이에 '중국전도협회'(Chinese Evangelization Society)에서 중국 선교사로 파송되었으나 곧 사임했다. 이후 그는 지난 7년 동안의 중국 사역을 기초로 하여 '믿음 선교'를 지향하는 '내지회'를 창립했다.

영국교회의 해외 선교활동은 1830년대까지 왕성하게 진행되었으나, 19세기 중반을 넘어서면서부터는 미국교회의 파송 선교사가 급증하면서 미국교회가 세계 선교사역의 중심에 섰다. 미국교회가 처음 세계 선교를 시작한 것은 1810년쯤이었다. 첫 해외 선교단체인 미국 공리회(American Board of Commissioners for Foreign Missions, ABCFM)는 1812년에 처음으로 5명의 선교사를 인도에 파송했다.

## 2) 19세기 세계 선교운동의 이론: 토착교회론 vs. 문명개화론

19세기 선교운동은 모두 공통된 인식 위에서 진행되었다고 볼 수 없다. 크게 두 가지 인식론의 흐름을 포착할 수 있다. 그중 첫 번째는, 복음을 전해 받는 대상에 관한 문명화의 사명이다. 이른바 '문명개화론' 전략이다. 기독교 선교 절정기인 19세기의 선교 대상국에 대한 '문명개화론'은 제국주의 식민지 지배와 맥을 같이한다.[11] 영국은 이미 16세기부터 해외 식민지를 개

---

11  1978년 에드워드 사이드(Edward Said)는 『오리엔탈리즘』(*Orientalism*)에서 동양에 대한 서구의 왜곡과 편견을 의미하는 '오리엔탈리즘'(Orientalism)이라는 용어를 만들어냈다. 사이드에 의하면 서구 제국주의는 자신들의 필요에 의해 동양을 신비화한 다음 동양을 탐험하고 지배하며 착취해왔다. 문제는 동양에 대한 서구의 신비화가 단순한 환상이 아니라 수세기에 걸친 정치적·경제적·군사적 연관 속에서 절대적 진리로 자리 잡게 되었다는 것이다(네이버 지식백과). 그리고 이 오리엔탈리즘 담론은 19세기 후반부터 20세기 초까지

척하여 19세기에는 세계 곳곳에 소위 해가 지지 않는 대제국을 건설하였다. 특히 19세기 말에서 20세기 초는 대영제국의 전성기였다. 영국이 가지고 있는 민족적 자부심과 우월감, 즉 그들이 누리는 자유와 영국 헌정 질서에 대한 자부심이 제국 팽창과 확장의 주된 동기가 되었다.[12] 나아가 1859년 출간되어 유럽과 영국 사회에 큰 충격을 던져준 다윈의『종의 기원』(*The Origin of Species*)은 제국주의 사상에 큰 영향을 미쳤다.[13] 당시 영국의 사회진화론자들은 골상학 및 비교해부학 등의 과학적 연구를 통해 아프리카인이나 아시아인들의 열등성을 증명하는 새로운 학문 분야를 개발했다. 비유럽인들은 열등한 사람들로 스스로 통치할 능력이 없기에 자신들이 그들을 통치하는 의무를 갖는다고 결정하기도 했다.[14]

19세기 중반 이후의 선교운동을 주도한 미국도 마찬가지였다. 특히 18-19세기 부흥운동을 겪은 후 미국 사회는 특별한 사회적 경험을 하게 되었다. 각 개인의 심령 변화와 더불어 사회개혁에의 열망이 곳곳으로 번져가기 시작했다는 점이다. 부흥회를 통해 은혜받은 많은 그리스도인은 세상의 변화를 위해 기꺼이 헌신해야겠다는 결심을 했다. 그 결과 미국 사회 전체가 기독교적 색채를 띠고 기독교적 개혁이 미국 사회 전체를 주도하는, 이른바 '개신교 제국' 시대를 맞이하게 되었다.[15] 이때는 남북전쟁

---

서구 제국주의 앞잡이로 간주된 선교사들의 사역 활동을 비판적 시각으로 바라보게 했다. 한강희, "내한 선교사들은 정말로 오리엔탈리스트였나?", 「선교와 신학」 46(2018): 423-424.

12  박지향, "영국 제국주의와 일본 제국주의의 비교(I): 인종주의를 중심으로", 「영국연구」 2(1998): 162.

13  김성건, "영제국의 기독교 선교에 나타난 앵글로색슨의 선민의식과 오리엔탈리즘", 「담론 201」 6(2) (2004): 170.

14  김성건, "영제국의 기독교 선교에 나타난 앵글로색슨의 선민의식과 오리엔탈리즘", 171.

15  장동민, 『대화로 풀어보는 한국교회사 1』, 73.

(1861-1865)이 종결되고 미국의 산업이 발전하기 시작한 때였다. 금융업이 시작되고 유럽인들이 미국 사회에 대거 유입되어 도시화가 진행되었는데, 이 시기 미국의 정치와 경제의 초석이 모두 기독교적 기반 위에 세워졌다.[16] 그들이 생각하는 위대한 사회적 유산들은 점차 미국인들의 자부심이 되어갔다. 그러면서 그들은 자신들의 정치제도, 자신들이 누리는 자유, 스스로 자랑스럽게 여기는 헌정 제도 등을 비문명국가도 향유해야 한다는 생각을 품었다. 결국엔 자신들이 다른 인종들을 통치할 수 있는 능력까지 부여받았다고 믿는 데까지 이르렀다.[17] 이는 미국 자본주의의 적극적인 해외 진출과 함께 세계로 나가 세계를 기독교화하려는 것으로 풀이할 수 있다.[18] 당시 미국 선교사들의 선교 대상국에 대한 인종적·문화적 우월감과 편견은 '기독교 문명'(Christian Civilization)이라는 말에서도 분명히 드러난다. 여기서 '기독교'는 '복음주의 개신교'(evangelical protestantism)만을 의미하며, '문명'은 앵글로색슨족(anglo-saxon)만의 문명을 지칭했다.[19] 이런 맥락에서 라투렛도 19세기 세계 선교운동은 '정신적 제국주의'(Spiritual imperialism)였다고 주장하였다.[20]

그러나 당시 문명개화론의 인식론만 있었던 것은 아니다. 1854년 제창된 '삼자원칙'의 토착화교회 건립 정책에서 이를 확인할 수 있다. 이는 소위 '토착교회론'이라 부르는 것으로 영국 교회선교회(Church Missionary

---

16    장동민, 『대화로 풀어보는 한국교회사 1』, 73.
17    김성건, "영제국의 기독교 선교에 나타난 앵글로색슨의 선민의식과 오리엔탈리즘", 172.
18    박해남, "식민지적 근대성과 개신교: 대한제국 시기 개신교 윤리의 형성과정에 대한 고찰을 중심으로", *Asian Journal of Religion and Society*, 2(1) (2010): 14.
19    김경빈, "19세기 미국 개신교 해외 선교에 있어서의 선교사 모집과 그 배경", 「교회사학」, 1(2001): 51.
20    김성건, "영제국의 기독교 선교에 나타난 앵글로색슨의 선민의식과 오리엔탈리즘", 185.

Society)의 초대 총무였던 헨리 벤(Henri Venn)과 미국 해외선교연합위원회(American Board of Commissioners of Foreign Missions)의 총무였던 루퍼스 앤더슨(Rufus Anderson)에 의해 제창되었다. 헨리 벤은 19세기 영국 선교사역에서 존경받는 인물로서 자주적인 도전과 토착교회들의 경제적 자립을 주장한 것으로 유명하다.[21] 그는 자치적(自治的, self-governing)이고, 자립적(自立的, self-supporting)이며, 자전(自傳, self-propagating)하는 토착교회를 설립하는 것이 선교의 목표가 되어야 한다고 주장했다.[22] 헨리 벤과 앤더슨의 삼자원칙에 입각한 토착교회론은 앞으로의 중국교회 삼자운동의 역사에서 중요한 역할을 한다. 중국교회가 처음부터 경주해온 '자치', '자양', '자전' 성취를 향한 노력은 모두 이 '삼자원칙'에 근거하기 때문이다. 계속 전개될 중국교회 '삼자운동'은 벤과 앤더슨의 삼자원칙을 기반으로 출발했다.

중국에서 헨리 벤의 '토착교회론'을 처음 현장에서 구체적으로 접목하고자 했던 사람은 19세기 중·후반에 활동했던 존 네비우스(John Nevius, 1829-1893) 선교사였다. 네비우스는 삼자원칙 중에서도 '자양'에 강조점을 두고 중국교회가 서구로부터 재정적으로 자립하도록 노력했다. 이처럼 19세기 문명개화론의 우세 속에서도 헨리 벤의 '토착교회론' 역시 19세기 선교운동의 주요한 축으로 작용하였다.

여기서 미리 밝혀둘 사실이 있다. 헨리 벤의 삼자원칙에 입각하여 선교사들을 통해 중국교회 토착화 이념으로 사용된 삼자이념과 원칙은, 1949년 신중국 성립 후 '삼자회'라는 정부 공인의 기독교 감독기관에 의해 차용된다. 이들에 의해 전국적 규모의 '삼자애국운동'이 전개되는데 문

---

21    William R. Hutchison, *Errand to the World* (Chicago and London: The University of Chicago, 1987), 78.

22    이상규, "윌리엄 캐리 이후 현대선교운동", 39.

제는 바로 이 운동도 역시 자치·자양·자전의 삼자원칙을 표방하고 있다는 점이다. 그러나 미리 언급하자면 이 운동이 표면적으로는 삼자원칙을 따르고 있는 것 같지만, 추구하고자 했던 정신적인 면이나 실제 내용에서는 초기 선교사들이 적용하고자 했던 삼자원칙과 동질의 것이라고 볼 수 없다. 이들이 추구한 삼자의 근본적인 의미는 제국주의의 배격 나아가 신중국에 대한 애국정신을 표방하는 것일 뿐이지 중국교회의 진정한 토착화를 위한 운동은 아니라는 것이다.

### 3) 초기 중국 선교의 역사

중국교회에 대한 바른 이해를 위한 첫걸음은 중국 기독교의 역사적 배경을 살피는 데서부터다. 유감스럽게도 대부분의 한국 교인은 중국의 기독교 역사가 우리나라보다 훨씬 짧으리라 생각한다. 심지어 중국에는 아예 교회가 없다고 생각하는 이들도 있다. 그러나 중국 개신교는 우리나라보다 80여 년이나 앞서 시작되었다. 개신교 이전의 기독교 전래 역사를 논한다면[23] 지금으로부터 1,400여 년 전으로 거슬러 올라가야 한다. 중국 기독교 유입의 역사를 개괄하면 다음과 같다.

　　중국이 기독교와 첫 접촉을 한 시기는 635년 당(唐) 태종이 통치하던 때다. 당시 중국에서는 이것을 '경교'(景敎)라고 불렀다. 경교의 원래 명칭은 '네스토리우스파'(Nestorianism)로서 '네스토리우스의 추종자들'이라는 의미였다. 네스토리우스는 5세기경 그리스도의 신성과 인성의 완전한 결

---

23　개신교 이전의 기독교의 중국 유입 역사에 관해서는 량자린, 『중국에 축복이 임하다』, 14-32를 참고하라.

합을 부인하고 인성의 완전함을 지나치게 주장하여 에베소 공회에서 이단으로 판정받았다. 네스토리우스의 사망 후 추종자들은 로마 가톨릭을 떠나 동방의 페르시아 제국으로 이주하였다. 이후 635년, 페르시아 네스토리우스파 선교사 알로펜(Alopen)이 당 태종 때 당의 수도 창안(長安)에 이르렀고, 태종은 종교관용 정책을 펼쳐 이를 허락하였다. 그뿐만 아니라 당 태종은 이를 적극적으로 지원하고 장려하여 창안 부근에 예배당을 짓고 예배와 선교용으로 사용할 수 있게 하였다. 경교는 거의 214년간 중국에서 교세를 확장하였으나, 제14대 무종에 이르러 경제적·종교적 이유로 외래종교 말살 정책이 펼쳐지면서 큰 화를 입었다. 이후 당의 쇠퇴와 더불어 완전히 쇠락하고 말았다.[24]

그리고 이어 원대(元代)에 예리커원교(也里可溫敎)가 유입되었다. 예리커원은 히브리어 엘로힘(Elohim)의 몽고어 음역이며, '하나님교'라는 의미로서 원대 기독교인에 대한 통칭으로 사용되었다. 원대의 예리커원교는 네스토리우스파의 경교와 로마 가톨릭을 포함한다. 당이 멸망함과 동시에 거의 멸절됐던 경교는 중국 변방의 일부 소수민족을 통해 명맥을 유지하고 있었다. 곧 몽고족의 크릴, 나이만, 미에리치와 왕구 등의 부락과 위구르족 등이 모두 경교를 믿고 있었다. 따라서 예리커원교는 이들이 믿던 경교가 원대에 중국 본토에 2차로 유입된 것이라 할 수 있다.

그 후 명말청초(明末淸初)에 이르러 로마 가톨릭이 전래되었다. 특히 로마 가톨릭 선교는 16세기 예수회를 통해 이루어졌다. 초창기 복음의 뿌리를 내리는 데는 상당한 어려움이 있었으나 수도사 마테오 리치(Matteo Ricci,

---

24    781년(당 건중 2년) 세워진 '대진경교유행중국비'(大秦景敎流行中國碑)는 당대의 경교 성행의 역사를 증거하는 귀중한 유산이다.

利瑪竇, 1552-1610)에 의해 로마 가톨릭은 성공적으로 중국에 이식되었다. 이는 마테오 리치가 중국 문화와 복음의 접목을 꾀하는 토착화 선교 정책을 펼친 결과였다. 그러나 로마 가톨릭의 교세가 점점 확대되어감에 따라 이른바 '교안'[25](敎案)이라 불리는 기독교 적대 운동이 곳곳에서 일어났다. 설상가상으로 청조의 옹정제(雍正帝)와 건륭제(乾隆帝)에 이르러서는 로마 가톨릭에 대한 강압정책이 펼쳐져 중국에서의 로마 가톨릭 선교는 문을 닫을 수밖에 없었다.

드디어 19세기 초 중국에 개신교가 전래되었다. 개신교의 첫 포문을 연 사람은 런던선교회 소속 선교사 로버트 모리슨(Robert Morrison, 馬禮遜, 1782-1834)이다. 1807년 모리슨이 당시 포르투갈의 식민지였던 마카오에 입국하여 전도를 시작한 때부터 중국 개신교의 역사가 펼쳐진다. 모리슨은 교회 장로였던 아버지의 신앙교육을 통해서 1798년에 세례를 받고 교인이 되었다. 그 후 1803년 선교사로 자원하여 런던 혹스턴 신학원(Hoxton Academy)에 입학해 소정의 신학교육을 마쳤다. 또한 런던에 머무는 동안 천문학과 의학, 중국어까지 공부하면서 중국 선교사 준비를 진행하였다.[26] 모리슨이 중국에 입국한 때는 로마 가톨릭에 대한 박해가 시작된 시기였기에 여러모로 주의가 필요했다. 모리슨은 성경 번역과 전도지 제작 등의 문서 사역에 평생 헌신할 것을 다짐했다. 먼저 중국어를 습득하는 일에 매달렸고, 자비량 선교사로 동인도회사에서 통역원으로 일하며 선교비를 해결했다. 후에 런던선교회는 그의 사역을 지원하고자 윌리엄 밀른(William Milne, 1785-1822)을 파송하였다. 1814년 모리슨은『사도행전』중문판 1,000여 권

---

25    19세기 초반부터 일어난 반기독교운동을 일컫는 말이다. 19세기 말에 발발한 '의화단운동'은 대표적 교안이다.

26    송철규·민경중,『대륙의 십자가』(서울: 메디치미디어, 2020), 145.

을 인쇄했고, 『신약성서』를 번역했으며, 1815년에는 밀른의 도움으로 말레이시아 말라카에서 「찰세속매월통계전」(察世俗每月統計傳, Chinese Monthly Magazine)이라는 중문 잡지를 발간했다.[27] 이후 모리슨은 밀른과 함께 미래 중국 기독교를 책임질 다음 세대 인재 양성을 위해 힘썼다.

　　19세기 영미권 복음 전도의 불길은 중국을 비롯한 아시아권까지 번졌다. 19세기 초·중반 중국에서 사역한 주요 선교사들을 국가별로 정리하면 다음과 같다.[28]

### (1) 영국

1807년 최초로 로버트 모리슨을 중국에 파송하여 중국 선교의 포문을 연 런던선교회는 주로 문서나 의료 사역 쪽의 선교사들을 파송하였다. 1813년에는 윌리엄 밀른(William Milne, 1785-1822)을 파송하여 모리슨과 동역하게 했고, 1817년 2월에는 밀른의 출판 사역을 지원하도록 월터 메드허스트(Walter H. Medhurst, 1796-1857)를 파송했다. 이들은 인쇄소를 건립하고 성경을 번역했으며 신문을 발행했다.

　　중국 최초 의료 선교사는 윌리엄 로크하르트(William Lockhart, 1811-1896)였다. 그는 1844년과 1861년 상하이와 베이징에서 병원을 열어 사역했고, 1864년 귀국한 후에는 영국의 대학에 최초로 중국학을 개설하기도 하였다. 또한 홍콩에 최초의 초교파 교회를 세운 제임스 레그(James Legge, 1815-1897)는 주로 홍콩에서 중국인 사역자를 양성하는 일에 힘썼다. 특히

---

27　　송철규·민경중, 『대륙의 십자가』, 150.
28　　19세기 중국 선교사에 관해서는 조훈, 『중국기독교사』(서울: 그리심, 2004), 24-74를 참고하라.

그는 중국 경전에 상당한 조예가 있어 사서오경(四書五經)[29]의 영문 번역과 주석 번역에 힘써 서양인들이 중국 문화를 인식하는 데 크게 공헌했다.

19세기 후반을 대표하는 영국 선교사로는 '대영 침례회'에서 파송받은 티모시 리처드(Timothy Richard, 1845-1919)를 들 수 있다. 그는 1870년부터 산둥(山東)성에서 의료와 구제 사역에 힘썼다. 1878년에는 산시(山西)성에서 발생한 흉년으로 인해 생긴 이재민들을 구제하는 데 몰두했다. 이외에 리처드는 중국 고관들을 대상으로 한 유럽 문화 수입, 일간신문과 주간잡지 발행 등 문서 사업에도 집중하였다. 특별히 량치차오(梁啓超)[30] 논저 44편, 캉유웨이(康有爲)[31] 논저 38편 등을 편집 출판함으로써 문화계에 큰 공헌을 하였다.

후반기에 가장 주목할 선교사는 영국의 '중국복음선교회'에서 파송한 허드슨 테일러(James Hudson Taylor, 1832-1905)다. 테일러는 중국인과의 동화(同化)를 무엇보다 중시하여 중국인과 똑같은 의식주의 생활양식을 택한 가장 토착적인 선교사다. 그 밖에 스코틀랜드 장로회에서 파송한 존 로스(John Ross, 1841-1915)와 존 매킨타이어(John MacIntyre)도 주목해야 한다. 1872년 만주에 도착한 이들은 선양(瀋陽), 랴오양(遼陽) 등에 교회와 신학원을 세우고 인재 양성에 힘썼다. 특별히 이 두 선교사는 만주에서 조선어 성경 번역본을 완성함으로써 한국교회의 발전에도 큰 공을 세웠다.[32]

---

29  유교에서 『논어』(論語), 『맹자』(孟子), 『중용』(中庸), 『대학』(大學)의 사서와 『시경』(詩經), 『서경』(書經), 『주역』(周易), 『예기』(禮記), 『춘추』(春秋)의 오경을 말한다.

30  중국 청말 중화민국 초의 계몽 사상가이자 문학가.

31  청나라 말 체제를 개혁하여 서구의 침략에 대처하자는 '변법자강' 개혁론을 주장했다.

32  로스는 1877년 조선인 이응찬의 도움으로 한글 성경 번역을 시작했고, 1879년에는 매킨타이어가 그 일을 맡아 1882년 3월 24일 드디어 『예수 성교 누가복음젼셔』와 5월 12일 『예수성교 요안나복음젼셔』를 각각 3천 권씩 출간했다. 이상규, "한글성경은 어떻게 번역되어 우리 손에 들려지게 되었을까?: 한국성경번역사 개관", 「고신신학」 13(2011): 238.

## (2) 미국

미국 공리회(American Board of Commissioners for Foreign Missions)에서 중국에 파송한 첫 번째 선교사는 1830년 광저우(廣州)에 도착한 브리지만(Elijah C. Bridgeman, 1801-1861)과 아빌(David Abeel, 1804-1846)이었다. 이때 미국은 세계선교국으로 부상하고 있었고, 미국교회가 중국을 비롯한 동양 선교에 관심을 가지기 시작한 것도 바로 이 무렵이었다. 초기 선교사들은 비록 국적과 파송 단체는 달랐으나 연합과 협력의 정신을 발휘해 사역했다. 선교 불모지 중국에서 후배 선교사들은 언어학습이나 사역 활동에 초기 선교사 모리슨과 밀른 등으로부터 전폭적인 도움을 받았다. 브리지만 역시 주로 성경 번역에 주력했고 중국 내에서 4개의 유력한 선교단체를 조직하는 등 조직 능력도 발휘했다. 동역자인 아빌은 푸젠(福建)성에 교회를 개척하여 크게 부흥시켰다. 그 외 1848년 미국 최초의 중국에 관한 영향력 있는 백과사전인 중국 연구서 『중국총론』(中國叢論)을 간행한 사무엘 윌리엄스(Samuel W. Williams, 1812-1884)가 있다.

또한 의료선교 사역에 큰 족적을 남긴 피터 파커(Peter Parker, 1804-1889)를 언급하지 않을 수 없다. 그는 중국 선교 사상 최초의 정식 의료 선교사였다. 1834년 광저우에 도착한 그는 이듬해 박제의원(博濟醫院)이라는 안과를 개설하였다. 중국 학생들을 조수로 삼아 의술을 가르쳤고 후에는 중국 최초 의학교의 초석을 다지기도 했다. 그밖에 미국 침례회가 1843년 맥고완(D. J. MacGowan) 의사를 파송하였고, 1845년에는 의료 선교사 데반(Devan)이 파송되었다. 감리회에서는 중국에 서학을 전파한 선교사 영 알렌(Young J. Allen, 1836-1907)을 파송했고, 장로회에서는 1854년 삼자원칙을 주장하여 중국 기독교 토착화에 힘쓴 존 네비우스를 파송했다.

19세기 후반 들어 중국 선교사들은 개항장 이외의 곳에서도 선교의 기회를 얻게 되었고 이로써 내지 개척의 시대를 열었다. 이 시기 미국의 주요 선교사 사무엘 슈헤레스체프스키(Samuel Isaac Schereschewsky, 1831-1906)는 상하이의 성 요한(St. John) 대학을 창설했다. 그는 중국어에 능통하여 1874년 구약전서를 번역하고 이후 신·구약 전서를 쉬운 말로 번역하는 등 문서 사역에 큰 공을 세웠다.

### (3) 네덜란드 및 기타

네덜란드선교회(Netherlands Missionary Society)의 대표 선교사로는 독일인 카를 귀츨라프(Karl F. A. Gützlaff, 1803-1851)를 들 수 있다. 1829년에 네덜란드 선교회가 중국 선교를 반대하자 귀츨라프는 선교회를 탈퇴하고 동인도회사의 통역관으로 일하면서 독립 선교사가 되었다. 특별히 그는 중국인과 같은 복장을 하고 능통한 중국어로 전도함으로써 일찍이 토착선교를 실행했다고 평가받는다. 후에는 홍콩에 신학원과 '중국복음화선교회'를 설립하여 선교사를 파송하기도 하였다.


## 2. 중국 민족주의와 기독교의 충돌


### 1) 중국 근대 민족주의의 형성 과정과 주요 특징

중국은 2,000년 동안 문화, 경제, 군사력과 영토 면에서 탁월하고 우월한 지위를 점하면서 동아시아의 맹주로 자리해왔다. 이런 이유로 20세기 초 청조는 내적으로 쇠퇴했다지만 과거의 번영에 대한 꿈을 버리지 못했다.

중국은 세계의 중심에 있으며 문명 세계의 중심이라는 '중화사상'의 사고 방식을 여전히 고수했다. 문제는 이 중화사상이 20세기 초까지도 지속되면서 세계의 변화 흐름에 민감하지 못했다는 점이다. 그 결과 전방위적으로 서구 열강의 우월감을 극복하지 못했다. 20세기 초반부터 잇따른 열강들과의 싸움에서 패배함으로써 각종 불평등조약을 체결하는 과정에서 중국인의 '중화사상' 세계관이 깨지기 시작했다. 천하의 중심에서 하나의 국가로의 정치적 전환은 더 이상 지연할 수 없는 사실로 인식되었다. 즉 서구 사회의 민족주의가 시민사회의 성숙으로 인한 내부적 요인으로 인해 발생한 것과 달리, 중국에서는 서구 제국주의의 압력이라는 외부적 요인에 의해 발생하였다.[33]

동시에 서구 열강들을 향한 중국인들의 저항 과정은 '중화사상'에 대한 회의와 함께 서구 문물에 대한 갈망을 촉구하기도 했다. 이는 중국인들에게 정치적 전환 외에 세계관의 전환도 불가피해졌음을 의미했다. 특별히 청일전쟁(1894-1995) 패배 이후 국가의 위기 상황에 맞서 나라의 안위를 위한 강구책을 마련해야 하는 중국인들에게 이 문제는 더욱 절박했다.

이때 중국인에게 '국가'와 '국민'에 대한 이론에 의미를 부여하여 새로운 해석을 가해주는 데 사용된 사상이 있었다. 바로 '사회진화론'(社會進化論)이다. 사회진화론은 19세기 찰스 다윈이 발표한 생물진화론에 입각하여 사회의 변화와 모습을 해석하는 견해로서 19세기부터 20세기까지 크게 유행했다. 당시 유럽에서 이 이론은 주로 식민지 확대와 군사력 강화의 측면에서 해석되었다. 더 나아가 인종 간의 협동보다는 투쟁 혹은 인종차별

---

33    천성림, "20세기 중국 민족주의의 형성과 전개—문화적 민족주의를 중심으로", 「한국동양 정치사상사」 5(2006): 192.

주의적 정치의 근거가 되기도 하였다.[34] 이 이론을 중국에 처음 소개한 인물은 옌푸(嚴復, 1853-1921)라는 청말의 번역가이자 사상가였다. 그는 헉슬리(Aldous Huxley)의 『진화와 윤리』(天演論), 아담 스미스(Adam Smith)의 『국부론』을 비롯한 서양의 주요 사상서를 번역하여 중국에 소개했다. 그중에 헉슬리를 통해 소개된 사회진화론은 당시 중국 지식계와 청년들에게 큰 충격을 안겨주었다. 특히 진화론적 관점은 당시 열강의 침략을 받던 중국의 비참한 현실을 분석하는 이론적인 틀을 제공해주었다. 중국인들은 이 개념을 사용하여 민족국가 체제의 대립적이고 경쟁적인 국제 현실을 확실하게 이해하게 되었다. 나아가 진화론의 '생존경쟁', '적자생존' 관념은 열강의 침략으로 풍전등화의 위기에 빠진 중국이 생존의 길을 모색하지 않으면 안된다는 심리적 압박을 가하게 된 것이다.[35]

이와 같은 배경에서 중국의 민족주의가 형성되었다. 그러나 민족주의의 성취라는 목적은 같았지만, 성취를 위한 방법에서 서로 다른 두 가지 이론으로 나뉘게 된다. 하나는 량치차오(梁啓超) 등의 입헌파에 의해 이론적

**>>량치차오**
출처: https://ko.wikipedia.org/wiki/%EB%9F%89%EC%B9%98%EC%B0%A8%EC%98%A4

---

34    https://ko.wikipedia.org/wiki/%EC%82%AC%ED%9A%8C%EC%A7%84%ED%99%94%EB%A1%A0(위키백과)

35    조성환, "진화론과 근대 중국의 민족주의—양계초와 장병린의 민족사상을 중심으로", 「정치사상연구」16(2010): 196.

으로 다듬어진 '정치적 민족주의'요, 또 다른 하나는 쑨원(孫文)과 그의 정치적 혁명의 이론적 영수였던 한학(漢學)의 대가 장빙린(章炳麟)을 중심으로 한 '문화적 민족주의'였다.

'정치적 민족주의'를 주장했던 량치차오는 일찍이 스승 캉유웨이(康有爲)와 함께 청일전쟁 패배 후, 서구 문물을 수용하여 청나라 사회 전반을 근본적으로 개혁할 것을 주장하고 1898년 변법자강운동을 전개했다. 그러나 서태후를 위시한 수구파의 반대로 뜻을 이루지 못하고 일본으로 도피하여 근대적 입헌체제를 설립하는 정치운동을 벌였다. 그는 옌푸의 사회진화론과 일본 사상가 가토 히로유키가 번역한 블룬칠리(Bluntschli)의 『교양인을 위한 도이치 국가학』을 접하고, 근대국가의 구조와 성격에 대해 각성하면서 중국의 전통적인 정치 체제에 대해 비판적 안목을 갖게 되었다.[36] 블룬칠리는 중국을 위시하여 동아시아 국가에 근대 민족 개념이 형성되는 데 깊은 영향을 준 법학자다.[37] 당시 량치차오와 같이 근대사상으로 무장한 중국의 지식인들에게 중요한 화두는 아마도 '민족'의 개념 그리고 '국민국가'의 개념이었을 것이다.

량치차오에게 '민족'은 곧 '국민'이며, 이는 근대국가를 구성하기 위한 정치적 국민을 의미했다. 또한 그는 '국민국가'의 수립을 위해서는 중국인을 하나로 결합하여 귀속감을 강화할 수 있는 요소, 즉 민족적 정체성 수립을 위한 중요한 요소로서 '민족의식의 발현과 확립'이 필요하다고 말했다. 그리고 이를 위해서는 계몽을 통해 자각한 근대국민, 즉 '신민'(新民)을

---

36   조성환, "진화론과 근대 중국의 민족주의 — 양계초와 장병린의 민족사상을 중심으로", 203.
37   김승욱, "중국 근대 초기 역사학에서 민족 개념의 수용과 과학관 — 량치차오의 경우", 「동북아역사논총」 67(2020): 131.

창출해서 정치에 참여시켜야 한다고 주장했다.[38] 그러므로 이러한 근대국 민론을 주장하는 량치차오는 장빙린 등이 주장한 '소한족주의'(小漢族主義)를 반대하는 '대한족주의'(大漢族主義)의 입장에 선다. 즉 망국의 위기 앞에 한족이든 만주족이든 모두 힘을 합쳐 제국주의에 반대해야 한다는 주장이 었다. 그의 사상 안에서 중국의 진정한 적은 만주족이 아니라 제국주의이 며, 나라의 위기 앞에 가장 절실하게 요구되는 것은 중국 각 민족의 단결과 통합이었다. 그의 사상 안에서 제국주의의 침략을 극복할 수 있는 진정한 주체는 바로 모든 민족을 포함한 중화민족이었다.[39]

**>>쑨원**
출처: https://ko.wikipedia.org/wiki/%EC%91%A8%EC%9B%90

반면 입헌파에 맞선 혁명파는 쑨원(孫文)과 그의 정치적 혁명의 이론 적 영수였던 한학(漢學)의 대가 장빙린(章炳麟)을 중심으로 '문화적 민족주 의'를 앞세웠다. 장빙린의 평전을 쓴 쉬쇼우샹(許壽裳)은 장빙린에게 민족 주의란 국가의 발전과 민족의 생존을 도모할 수 있는 보배 같은 존재였으 며, 일찍이 장빙린은 중국이 수백 년 동안이나 이를 잃어버렸다고 통탄했 다고 전했다. 쉬쇼우샹은 이를 '중국 민족주의는 만청(滿淸) 정부에 의해

---

38  천성림, "20세기 중국 민족주의의 형성과 전개—문화적 민족주의를 중심으로", 192-193.
39  이천석, "중화민족론의 성격과 전개과정", 「아태연구」 17 (2010): 189.

소멸한 역사'라는 의미로 해석하였다.[40] 나아가 만청 정부의 죄악과 제국주의의 광란이 폭주할 때 '중화를 부흥하고 학술을 진작시키는' 사명을 가진 자가 나타났으니 그가 바로 장빙린이었다고 소개하면서, 이것은 명백히 캉유웨이 일파의 변법과 다르고, 량치차오 일파의 운동과 근본적으로 다르다고 선언한다.[41] 장빙린을 비롯한 혁명파에게 민족이란 "동일한 언어를 사용하고 역사적 전통을 공유하는 사람들의 문화적 집단"을 뜻했다.[42] 량치차오 등의 입헌파에게 '민족'(국민)은 근대사상을 가진 근대국가에 참여할 수 있는 '신민'(新民)이었던 데 반해, 혁명파에게 중화민족은 오직 언어와 풍속을 공유한 '한족'(漢族)만을 의미했다. 이 개념 아래서 이들은 만주족은 언어와 문화가 다른 민족이라 규정하고 '만주족'을 배제했다. 즉 그는 민족의 가장 중요한 특징을 '혈통'으로 보았으며, 그에게 한족은 황제(黃帝)[43] 이래 혈통적 계보를 따른 문명인이지만, 만주족이나 몽고족은 야만족에 불과했다. 량치차오가 만주족(청조)과 한족 구분 없이 힘을 합쳐 제국주의를 몰아내는 것을 목표로 했다면, 장빙린은 야만인인 만주족(청조)을 몰아내는 것이 서구 열강의 침탈로부터 중국을 구하는 선결 조건이라 보았다. 즉 장빙린은 중국 내의 정치적 불평등뿐만 아니라 민족적 모순이라는 근본적 문제를 해결하지 않는 한 중국은 당면한 위기에서 벗어날 수 없다고 여겼다.[44] 장빙린의 민족 이론은 쑨원을 중심으로 한 혁명파의 '청조 축출'의 민족혁명에 이론적 토대를 제공해주어 중국의 민족국가 수립에 매우 큰 영향을 미쳤다. 그의 사상은 쑨원보다도 급진적이라 할 수 있는 권력

---

40    許壽裳, 『章炳麟傳』(吉林: 吉林出版集團股份有限公司, 2017), 9.
41    許壽裳, 『章炳麟傳』, 19.
42    천성림, "20세기 중국 민족주의의 형성과 전개: 문화적 민족주의를 중심으로", 192.
43    중국을 처음으로 통일한 군주이자 문명의 창시자로 숭배되는 중국 건국 신화의 제왕.
44    이연도, "장병린의 이상사회론 탐구", 「中國學報」 79(2017): 282.

분립, 직접민주주의가 실시되는 공화제 수립을 제시하였다. 이는 상당 부분 1911년 신해혁명으로 청조(淸朝)가 무너진 후 세워진 중화민국(中華民國)의 정치체제를 구축하는 데 반영되었다.[45]

이처럼 량치차오나 장빙린 둘 다 중국의 국민정부를 수립하는 공통의 목표를 가지고 있었으나 이를 실행하는 방법론의 문제에서는 의견을 달리했음을 알 수 있다. 일차적으로는 장빙린의 종족주의적 만주족 배척 사상이 정치적으로 채택되어 경쟁에서 승리하였다고 할 수 있다. 중국의 밝은 미래를 위해서는 속히 만주족이 세운 청 왕조를 무너뜨리고 공화제를 건립해야 한다고 주장한 쑨원을 중심으로 1911년 신해혁명이 일어났고 그 결과 중국에 공화제가 성립되었기 때문이다.

## 2) 19세기 중국의 정치적 상황과 개신교 선교

19세기 런던선교회가 처음 중국 선교의 문을 열자, 서구 선교사들은 각 나라의 선교 단체별로 조심스럽게 중국 사역을 펼쳐나갔다. 이들의 사역은 1842년 난징조약(南京條約)을 기점으로 큰 전환을 맞이했다. 난징조약 결과 홍콩이 영국에 이양되고 5개 주요 항구가 개항되면서 한정적이나마 본격적인 개신교 선교 시대가 열렸기 때문이다.

난징조약은 1840년 아편전쟁의 결과로 맺은 중국 최초의 불평등조약이다. 청조는 8세기부터 증가한 아편의 수입량으로 인해 여러 차례 아편금지령을 내렸지만 통하지 않았다. 이에 청 황제가 파견한 임칙서(林則徐, 린저쉬)가 아편을 몰수하는 등 강경하게 아편 무역 금지조치를 행하자, 영

---

45    이연도, "장병린의 이상사회론 탐구", 283.

국 의회가 원정군을 파견하면서 아편전쟁이 시작되었다. 그 결과가 1842 년에 체결된 난징조약(南京條約)[46]이다. 난징조약 안에는 홍콩 섬을 영국에 이양, 5개 항구를 개방, 전쟁 비용과 몰수당한 아편 보상금 지불 등 여러모로 중국 측으로서는 불평등한 내용이 들어 있었다. 이를 기점으로 중국은 열강들과 연이어 각종 불평등조약을 체결하게 되었다. 1843년에는 난징조약의 후속 조약인 후먼조약(虎門條約)을 체결하고 영국에 최혜국대우를 약속했다. 1844년 7월에는 미국과 34개 조항에 달하는 왕샤조약(望夏條約)을 맺어 미국의 치외법권(治外法權)을 인정하였다. 같은 해 10월에는 프랑스와 황푸조약(黃浦條約)을 맺어 영국에 버금가는 이권을 약속했다. 그뿐만 아니라 1858-1860년에는 중러, 중미, 중영, 중불 간 텐진조약(天津條約)을 맺고, 중영, 중불, 중러 사이에는 베이징조약(北京條約)을 맺었다. 이 일련의 불평등조약들은 중국의 국토를 분할하고 배상금을 지불하는 등 중국의 국익에 해를 주고, 열강에 특권과 편리를 제공해주었다. 이는 열강의 중국 진입이 사실상 이뤄졌다는 것을 의미했다.

한편 이 모든 불평등조약은 중국에서의 기독교 전파에 또 다른 전기를 마련했다. 최초의 불평등조약인 난징조약의 내용 중 5개 항구 개방 조항은 선교사들에게 외국인으로서 추방의 염려 없이 중국에 체류할 수 있다는 것

---

46   난징조약의 주요 내용은 다음과 같다. 첫째, 양국은 평화와 친목을 유지하며 상호 간 재산과 생명의 보호를 받는다. 둘째, 청나라와 영국 두 나라 관리는 대등한 자격으로 교섭한다. 셋째, 홍콩 섬을 영국에 할양한다. 넷째, 광저우(廣州), 샤먼(廈門), 푸저우(福州), 닝보(寧波), 상하이(上海) 다섯 개 항구를 개항한다. 다섯째, 개항장에 영국인 가족의 거주를 허가하고, 영사관을 설치한다. (조계를 허용한다.) 여섯째, 전비 배상금으로 1,200만 달러와 몰수당한 아편의 보상금으로 2,100만 달러를 영국에 지불한다. 일곱째, 행상(行商), 즉 공행(公行)과 같은 독점상인을 폐지한다. 또한 공행이 영국 상인들에게 진 빚에 대한 보상금으로 300만 달러를 지불한다. 여덟째, 수출입 상품에 대한 관세율은 양국이 협의하여 결정한다(위키백과).

을 의미했기 때문이다. 1843년의 후먼조약 안에는 중국에 거주하는 영국인을 처벌할 수 없는 치외법권 규정을 기재했다. 이는 중국 내의 영국 선교사에게도 적용되었다.[47] 1844년 7월 미국과 맺은 왕샤조약 안에는 5개 개항장에 교회당을 지을 수 있다는 조항을 삽입했다.[48] 1844년 프랑스와 맺은 황푸조약은 개신교 선교에 대한 분명한 근거를 마련해주었다. 1858-1860년 사이 맺은 톈진조약(天津條約)에서 중국은 모든 영토를 전면적으로 개방하고 선교사들이 마음대로 여행할 수 있도록 허용하였다. 이는 사실상 외국 선교사들의 자유 선교를 청조가 허용했음을 의미했다. 이 외 조약에서는 중국 정부가 선교사와 중국 교인을 보호하고 그들이 차별대우 받지 않도록 할 책임도 명시했다.[49]

그러나 이후 중국이 톈진조약의 내용을 제대로 이행하지 않자 영·프 연합군은 베이징을 재차 침입하게 되었고 그 결과 베이징조약이 체결되었다. 이 조약은 가히 선교 역사가 진일보하는 계기가 되었다. 이 조약 체결에 통역을 맡은 프랑스 선교사 드 라마르(De Lammarre)가 개인적으로 베이징조약 프랑스판에는 없는 선교 관련 조항을 중국어판에 첨가했다. 선교사가 각 성에서 토지를 임대하거나 매입하여 건물을 임의로 건축할 수 있다는 내용이었다.[50] 이 불법 조항 덕분에 선교사들은 중국 내의 토지를 매입하여 그 위에 교회 건물을 건축할 수 있게 되었다. 바야흐로 중국 기독교 선교가 순풍을 타게 된 것이다.

불평등조약이 중국 선교 면에서 편의성을 제공한 것은 틀림없는 사실

---

47  최병욱, "근대 중국 불평등조약 중의 기독교 관련 조항의 의미", 「중국근현대사연구」 37(2008. 3): 4.
48  최병욱, "근대 중국 불평등조약 중의 기독교 관련 조항의 의미", 5.
49  량자린, 『중국에 축복이 임하다』, 61.
50  량자린, 『중국에 축복이 임하다』, 61.

이다. 그러나 장기적인 관점에서 볼 때 선교 사역이 불평등조약과 연루되어 정치적인 보호를 받으면서 중국인의 기독교에 대한 적대감도 깊어졌다. 즉 중국인에게 기독교는 제국주의의 앞잡이라는 이미지가 각인되었고 이로써 향후 중국에서의 선교 사역이 큰 난관에 봉착하게 되었다. 서양 열강의 중국 침략에 기독교의 역할이 컸다는 이미지는 오늘날까지 중국인의 뇌리에 깊이 박혀 있다.[51] 실제로 중국인들의 기독교에 대한 적대감은 중국 선교의 문이 열리면서 각지에서 반(反)기독교운동으로 나타났다. 아편전쟁부터 의화단운동까지 이른바 '교안'(敎案)이라 불리는 반기독교운동이 400여 건이나 일어났다. 60여 년 동안 매년 평균 6-7건이 발생한 셈이다.[52] 열강의 중국 침략과 수탈, 일부 서구 선교사들의 불평등조약 관여로 인한 실망과 불신, 기독교와 서구 문화의 충돌, 그리고 중국인들에 대한 서구 선교사들의 우월한 태도 등 복잡한 요인들이 원인이 되었다. 이 모든 요인은 중화사상에 물든 중국인들의 자존심에 큰 상처를 입혔다.

### 3) 중국 민족주의와 기독교의 충돌

19세기 말에서 20세기 중반까지 기독교는 아편전쟁을 필두로 시작된 일련의 불평등조약, 태평천국의 난과 의화단운동, 양무운동(洋務運動)과 쑨원의 혁명운동, 그리고 국민당 정부 수립까지 중국 근대사의 굵직한 사건들과 밀접한 관련을 맺는다. 중국에 기독교가 전해지는 과정에서 서구 선교사들

---

51    이 점은 현재도 중국 정부가 로마 가톨릭과 기독교에 대해 경계를 늦추지 않고 모든 종교활동을 중국 정부의 관할 아래 둔 이유이기도 하다. 이원옥, "1979년 이후 종교정책과 상호우호적 선교방법", 「복음과 실천신학」 8(2004): 220.
52    左芙蓉, 『基督教與近現代北京社會』(四川: 四川出版集團巴蜀書社, 2009), 98.

의 역할은 매우 컸다. 무엇보다 서구 선교사들과 그들이 전해준 기독교는 근대중국의 교육개혁과 제도 정비 등 내부 개혁뿐만 아니라 제도와 관련한 문화로서의 근대가 역동적으로 형성되는 데 큰 역할을 감당했다.[53] 선교사들을 통해 중국에 전해진 의술은 미신과 주술 속에 죽어가던 많은 중국인의 생명을 구했다. 그리고 그들이 세운 미션 스쿨은 서구의 지식을 전수함으로써 민주와 과학의 정신을 학습한 많은 중국 지식인을 배출했다.

그뿐만 아니라 기독교는 정치와 사상의 영역까지 영향을 미쳤다. 예를 들어 정치가이자 사상가인 쑨원은 1883년에 미국 공리회(公理會) 소속 선교사였던 해거(D. R. Hager)와 교제하면서 세례를 받고 기독교인이 되었다. 이때 선교사에게서 전해 받은 공리회의 사상이 후에 민주와 자립을 기초로 한 쑨원의 정치사상의 토대가 되었을 것이다.[54] 공리회는 여타의 선교회와는 달리 특히 신도들의 평등과 자유를 강조했고 조직적 교회 제도와 형식을 멀리했는데, 이러한 정신이 쑨원의 정치사상에 큰 영향을 미쳤을 것으로 보인다.[55]

그러나 이러한 공로에도 불구하고 중국의 근대사 속에서 기독교에 대한 평가는 긍정적이라기보다는 오히려 부정적이다. 1860년 이후 선교사들의 각종 선교활동과 관련한 사항은 모두 불평등조약의 보호 아래서 합법적으로 시행되었다. 이것은 장기적인 선교활동의 측면에서 큰 장애물이었다. 선교사역이 합법적인 정치적 보호를 받게 되면서 발생한 재난이 셀 수 없이 많았고 그에 따라 기독교에 대한 중국인의 적대감도 커졌다. 중국인에게 기

---

53  심혜영, "중국현대문학의 창을 통해 본 근대중국과 기독교의 만남", 「中國語文論譯叢刊」 28(2011.1): 218.
54  尙明軒, 『孫中山歷程』(北京: 解放軍文藝出版社, 1998), 40; 김학관, 『중국교회사』(서울: 이레 서원, 2005), 116에서 재인용.
55  김학관, 『중국교회사』, 119.

52    중국교회 삼자운동 발전사

독교는 점점 더 제국주의의 앞잡이라는 이미지가 강하게 각인되었고 이로써 기독교가 중국문화와 접목될 기회는 더욱 적어질 수밖에 없었다.[56]

이와 같은 서구 선교사들과 기독교에 대한 오해와 불신 그리고 기독교와 중국문화 간의 충돌은 중국 내에서 크고 작은 교안(教案), 즉 반기독교운동을 불러일으켰다. 아편전쟁 이래 외국 세력의 압박, 서구 선교사들의 불평등조약 개입에 대한 반감, 베이징조약 이후에 일어난 교인들과 민중들 간의 분쟁, 거기에 중국인들의 전통사상인 유교와 기독교 문화의 대립 등 복잡한 요소들이 원인이었다.[57] 19세기 말의 대표적 반기독교운동으로 의화단(義和團)운동을 들 수 있다.

의화단운동은 19세기 말 제국주의의 중국 침략으로 중국의 정치적·경제적 침탈과 영토 분할이 진행되는 가운데 발생했다. 1900년 5월 이 운동은 베이징과 톈진으로 확대되어 철도를 파괴하고 교회를 방화하는 등의 폭력을 행사하였다. 6월에는 청의 관병까지 이에 합세하여 베이징의 외국 공사관을 포위하기까지 하였다. 이에 제국주의 열강은 베이징의 자국민을 보호한다는 명분으로 8개국 군대로 연합군을 조직하여 의화단운동을 진압했다.[58]

>> 의화단원들
출처: https://namu.wiki/w/의화단

---

56  량자린, 『중국에 축복이 임하다』, 62.
57  김수진, 『중국개신교사』(서울: 홍성사, 2003), 28.
58  차경애, 「의화단운동과 제국주의 열강—의화단운동의 진압과정을 중심으로」(Ph.D. 학위 논문, 이화여자대학교 대학원, 1993), v.

의화단운동의 주요 요인은 다음 네 가지로 설명할 수 있다.[59]

첫째, 중국인의 기독교에 대한 증오다. 중국인의 기독교에 대한 증오심은 모국을 도와 불평등조약을 체결했다고 생각되는 서구 선교사들에 대한 실망의 문제였고, 다른 하나는 조상을 섬기는 유교문화와 맞지 않는 기독교 교리에 대한 불만 등이었다.

둘째, 중국인이 갖고 있던 제국주의에 대한 분노로서, 열강과 맺은 각종 불평등조약에 따른 분노의 표출이었다.

셋째, 제국주의 아래서 당한 경제의 어려움을 들 수 있다. 아편전쟁 이후 외국 수입 상품의 대량 유입은 민족경제를 억제하는 결과를 낳았다. 가내수공업은 외국과의 경쟁으로 상황이 날로 악화하였고 수많은 노동자가 줄지어 실직하는 사태가 벌어졌다. 19세기 말에 이르러서는 농촌공업이 파산하고 실업이 날로 증가하였다. 중국인들은 이 경제난을 외국의 중국 경제에 대한 부정적인 영향과 통제 탓으로 돌렸다.[60]

마지막 요인은 설상가상 닥친 남방의 홍수와 북방의 가뭄을 들 수 있다. 문제는 자연재해로 피해를 입은 중국인들이 이 모든 불행의 원인을 외국인의 탓으로 돌렸다는 데 있다. 그들은 외국인들이 이단 사교를 전파하고 조상숭배를 금함으로써 조상신을 노하게 하였다고 확신했다. 이러한 미신적 사고, 경제적 어려움, 외국 제국주의에 대한 증오와 선교사에 대한 불신 등이 의화단운동이 일어나게 된 배경이었다.

이른바 '권민'[61](拳民)으로 불린 이들은 외국인들과 중국의 기독교인들

---

59    이매뉴얼 C. Y. 쉬, 『근-현대 중국사 상권』(서울: 까치, 2013), 475.

60    이매뉴얼 C. Y. 쉬, 『근-현대 중국사 상권』, 476.

61    이 이름은 의화단운동에 참가한 대다수의 사람이 중국의 전통무술인 권술(拳術)을 연마한 데서 비롯했다. 의화권(義和拳)은 1796-1804년의 반란을 선동한 반청 비밀교파인 백련교도와 관련 있는 팔괘교(八卦敎)의 한 분파였다. 이매뉴얼 C. Y. 쉬, 『근-현대 중국사 상권』,

나아가 서양의 물건을 쓰는 자들까지도 모두 죽여 없애야 한다고 생각하고 무차별 살상을 저질렀다. 그들은 교회와 선교부 건물을 불태우고 중국인 기독교인들을 약탈하였으며, 선교사들과 기독교인들을 살해했다. 처음 그들의 목표는 기독교를 중국 땅에서 몰아내는 것이었으나 점차 서양 자체를 배척하는 것으로 확대되었다. 그러므로 의화단운동은 한마디로 서양 자체를 배척하고자 했던 종교운동이라 할 수 있다.[62] 이때 대략 4만 명이 넘는 로마 가톨릭 신자와 개신교인들이 이들에 의해 희생된 것으로 조사된다.[63]

서구에서 호평받은 『근-현대 중국사』의 저자 이매뉴얼 쉬(Immanuel Hsu)는 의화단운동에 대해 이렇게 지적한다. 의화단운동은 청조의 보수파 관료와 미신을 믿는 무지한 민중의 연합세력에 의해 주도되었고, 민중들의 어리석고 비이성적인 분노 폭발의 주된 촉발제 중 하나는 바로 애국주의, 곧 민족주의였다.[64]

## 3. 삼자운동의 초석: 초기 선교사들의 사역

지금까지 개신교가 유입되고 복음이 전파되던 19세기 중국의 정치적·사회적 상황에 관해 설명했다. 이 시기 중국은 정치적으로는 황제가 다스리

477.

62  이혜원, "의화단운동이 한국 개신교 선교 현장에 미친 영향", 「한국기독교와 역사」 33(2010): 215.

63  "Latest Statistics," *The Chinese Recorder,* 32(1901), 150; 이혜원, "의화단운동이 한국 개신교 선교 현장에 미친 영향", 216에서 재인용.

64  이매뉴얼 C. Y. 쉬, 『근-현대 중국사 상권』, 495.

던 청조가 무너지고 민족국가를 수립하기 위해 노력했으나 결실을 보지 못하던 극도의 혼란 속에 있었다. 또한 청조 말 열강으로부터 여러 차례 침탈을 감수해야 했다. 이에 따라 제국주의 열강들을 향한 분노가 들끓고 있었다. 이와 같은 어둠이 중국에 짙게 깔리고 있을 때 이 민족의 소망은 오직 중국 전역에서 기독교 선교사들에 의해 전해지던 복음이었다. 선교사들은 빛과 소금의 삶을 통해 중국인들에게 희망을 심어주고자 했다.

소망의 불씨를 처음 붙인 사람은 중국 최초의 개신교 선교사인 로버트 모리슨이었다. 정치적 위험에 노출되어 있어 중국 안에서의 선교는 어려웠으나 그를 통해 중국교회가 시작되었다. 이후 19세기 중후반에 이르러 네비우스와 허드슨 테일러와 같은 선교사들의 사역으로 중국교회는 조금씩 성장해갔다.

여기서 필자가 주목하는 것은 처음부터 선교사들의 사역이 중국교회의 자립을 지향하고 있었다는 점이다. 초기 선교사들은 자치·자양·자전을 내용으로 한 사역을 펼쳤다. 모리슨은 자치의 측면인 다음 세대의 교회 인재 양성을 위해 애썼다. 네비우스는 자양의 측면을, 허드슨 테일러는 자전의 측면을 강조한 사역을 했다. 중국교회의 발전 과정에서 일관되게 추구하는 것이 서구교회로부터의 (사상적·재정적) 자립이라는 점을 생각할 때, 이들은 중국교회 '삼자운동'의 초석이 되었다고 할 수 있다. 선교사들이 놓은 초석 위에서 1920-1930년대 중국교회 자립운동은 개화기를 맞이한다. 물론 내용과 정신에 차이가 있지만, 1949년 신중국하에서 전개된 삼자애국운동을 비롯하여 이후의 기독교 정책은 모두 삼자와 관련한다. 이런 점에서 볼 때 초기 선교사들의 삼자운동은 중국교회 삼자운동 역사에서 매우 중요한 역할을 했다.

## 1) 19세기 초반: 로버트 모리슨

**>> 로버트 모리슨**
출처: https://ko.wikipedia.org/wik
i/%EB%A1%9C%EB%B2%84%E
D%8A%B8_%EB%AA%A8%EB%
A6%AC%EC%8A%A8

### (1) 모리슨의 생애와 사역 배경

로버트 모리슨(Robert Morrison, 馬禮遜, 1782-1834)은 중국 최초의 개신교 선교사다.[65] 모리슨은 1782년 스코틀랜드 북부의 모페스(Morperth)라는 매우 작은 도시의 독실한 기독교 가정에서 태어났다. 16세에 회심한 후 그는 열렬한 복음주의적 감리교파에 소속되어 경건 훈련에 힘썼다. 1801년부터는 뉴캐슬의 장로교 목사의 아들 레이들러(Adam Laidlaw)로부터 체계적인 사숙을 받았다. 1802년에는 혹스턴 아카데미(Hoxton Academy)에서 선교사 자원자로 훈련을 받기 시작하였다.[66] 1805년에 런던선교회 소속 중국 선교사로 내정되었고, 1807년 광저우에 도착하여 중국 개신교 선교의 역사를 열었다. 모리슨이 입국하기 2년 전인 1805년부터 청조는 로마 가톨릭의 전도 활동을 공적으로 방해하고 형벌 규례를 규범화하는 등 탄압을 시작했기에 처음부터 직접적인 선교 활동은 생각할 수 없었다. 청나라의 종교 금지령은 강희(康熙) 59년, 강희제가 서구 선교사를 추방할 것을 명령함으로써 시작된 후 100년 동안 끊임없

---

65 런던선교회는 1795년 창설되어 이듬해 남태평양 타히티(Tahiti)를 시작으로 인도, 아프리카에 차례로 선교사를 파송하고, 1807년 네 번째로 중국에 모리슨을 파송하였다. 19세기 세계 선교운동이 거둔 큰 열매 중 하나는 거대한 대륙 중국, 곧 전통적으로 중국을 세계의 중심으로 신봉하는 중국인들에게 복음이 전해져 교회가 탄생한 일이라 할 수 있다.

66 김병태, "근대 개신교 선교와 중국선교: 로버트 모리슨을 중심으로", 「인문논총」 21 (2004): 200.

이 제기되었다. 왕명에 의하면 선교사는 절대로 중국에 체류할 수 없었고 동시에 선교도 금지되었다. 만일 중국인이 기독교를 믿으면 사형에 처했다. 심지어 선교사에게 중국어를 가르쳐주는 일도 사형에 처했다.[67] 이러한 상황으로 인해 런던선교회는 모리슨에게 중국 선교 사역의 기초를 닦는 사명을 부여했다. 그가 맡은 사역의 첫 번째가 중국어를 습득하는 일이었고, 두 번째는 중영사서(中英辭書)를 편찬하는 일, 마지막은 성경을 중국어로 번역하는 일이었다.[68]

이런 위험 때문에 모리슨은 본토에 있지 못하고 주로 마카오에 머물러 있었는데 마카오에서도 그의 선교사역은 순탄치 않았다. 마카오는 당시 포르투갈령으로 로마 가톨릭 선교사들이 사역지를 점하고 있었기에 개신교 선교사인 모리슨에 대한 시기와 배척이 상당했다. 또한 마카오는 개신교 선교사가 공식적으로 머물 수 없는 곳이라서 모리슨은 사람들의 눈을 피해 광저우를 오가며 중국어를 학습해 영국에서 가져온 『나화자전』(羅華字典)을 중국어로 번역하고 중국어 문법서인 『중문법정』(中文法程)과 『중영사서』(中英辭書)를 출판하는 등의 일을 진행했다.[69] 그가 마카오에서 해결해야 할 또 다른 문제는 그의 신분을 합법적으로 확보하는 일이었다. 이 일은 다행스럽게도 1809년 당시 동인도회사의 높은 직위에 있었던 존 모튼(John Morton)의 도움으로 그의 딸과 결혼하면서 해결되었다. 그리고 동인도회사의 정식 통역관으로 초빙됨에 따라 거주지와 신분 확보 및 경제적 문제를 일시에 해결했다.[70]

---

67  량자린, 『중국에 축복이 임하다』, 34.

68  조훈, 『양발, 최초의 중국인 목사』(서울: 총신대학교출판사, 2013), 27.

69  김병태, "근대 개신교 선교와 중국선교: 로버트 모리슨을 중심으로", 5.

70  羅衛虹 主編, 『中國基督教(新教)史』(上海: 上海人民出版社, 2016), 45.

합법적으로 신분을 확보했음에도 모리슨은 여전히 정치적 제약으로 인해 주로 간접선교 방법을 취할 수밖에 없었다. 모리슨은 동역자 윌리엄 밀른(William Milne, 1782-1822)의 도움을 받아 말레이시아 말라카(Malacca)에 영화학원(榮華學院)을 세워 중국교회의 다음 세대 인재를 양성하는 교육 사역을 전개했다. 다음에서 구체적인 사역을 소개하고자 한다.

## (2) 모리슨의 주요 사역

### ① 성경 번역과 출판 사역

모리슨은 문서 사역을 가장 중요하게 생각했다. 그의 문서 사역은 대체로 다음 두 가지 내용으로 전개되었다. 첫째는 중국 개신교 첫 선교사로서 선재되어야 할 사역인 성경의 중국어 번역과 교의 해설서의 출판이었다. 둘째는 『중영사서』의 편찬을 중심으로 한 일반 계몽서의 간행이었다.[71] 이 모든 사역의 열매는 모리슨의 협력자로 런던선교회에서 파송된 윌리엄 밀른 부부 덕분이라고 해도 과언이 아니다. 밀른 부부와의 동역 이후 그간 문서 사역 과정에서 문제가 되었던 인쇄 문제를 해결하고자 1817년 말라카에 인쇄소를 설립함으로써 저작 활동에 더욱 박차를 가하게 된다. 그는 이미 1809년에 『사도행전』, 1811-1812년에 『누가복음』과 『요한복음』을 번역 출간했고, 1813년에는 신약 전체를 번역 출간하였다. 인쇄소 설립 후 번역에 더욱 박차를 가해 1818년에는 구약 전체를 번역함으로써 1819년 마침내 최초의 중국어 성경 『신천성서』(新天聖書, Morrison and Milne's Version of the Holy Scripture)를 출판하였다. 모리슨이 당시 통용되던 문언문(文言文)의 형

---

71    조훈, 『중국기독교사』, 18.

태를 버리고 통속 문자를 사용함으로써[72] 일반인들이 더욱 쉽게 중국어 성경을 접할 수 있도록 한 점도 주목할 만한 일이다.

이상과 같이 성경 번역과 출판 사역은 열악한 선교 환경 속에서 모리슨이 취할 수 있는 최대한의 간접선교 사역이었고, 중국선교의 기초를 놓고자 했던 런던선교회의 선교 전략 사업이기도 하였다.[73]

### ② 중국교회 다음 세대 양성 사역

기독교 인재 양성을 목적으로 한 학교 설립과 운영 역시 모리슨의 중요한 사역이었다. 기독교 인재 양성이야말로 앞으로 중국교회가 서구교회나 선교회의 도움 없이 자립할 수 있다는 가능성과 희망을 불어넣는 매우 중요한 사역이다.

모리슨의 인재 양성은 두 가지 방향으로 이뤄졌다. 첫째는 개별적 기독교 인재 양성이다. 모리슨이 중국 사역 기간에 직접 전도하고 세례를 준 사람은 10명 정도로 알려져 있다. 첫 세례자는 1807년 중국에 도착한 후 7년 만에 얻은 중국인 차이까오(蔡高)였다. 그는 중국인 최초의 개신교 신자로서 21세 때 모리슨의 설교를 듣고 회심하여 4년 후 직접 세례를 요청했다.[74] 중국의 두 번째 개신교 신자는 량파(梁發)[75]라는 사람이다. 이후에 모리슨은 량파를 중국인 최초의 목사로 세웠다. 그는 1817년 모리슨이 본격적인 중국어 문서 선교를 위해 말라카에 인쇄소를 설립하였을 때 광저우에서 초빙된 인쇄기술자였다. 량파는 복음을 받아들인 후 모리슨과 밀른이

---

72    羅偉虹 主編, 『中國基督教(新教)史』, 45.
73    김병태, "근대 개신교선교와 중국선교", 204.
74    조훈, 『중국기독교사』, 20.
75    량파의 생평에 대해서는 조훈, 『양발, 최초의 중국인 목사』, 21-47를 참고하라.

세운 영화서원(榮華書院)에서 본격적으로 신학을 공부했다. 1823년 모리슨이 잠시 귀국해야 하는 상황에서, 그는 량파에게 목사안수를 주어 자신의 사역을 맡겼다. 평소 쌓아온 량파의 성실성과 도덕성을 인정한 결과였다.

량파의 가장 큰 업적은 『구세록촬요약해』(救世錄撮要略解), 『숙학성리약론』(熟學聖理略論), 『진도문답천해』(眞道問答淺解), 『이단론』(異端論), 『권세양언』(勸世良言) 등 중국인에게 맞는 전도 책자를 직접 저술하여 중국인들에게 맞는 전도법으로 직접 전도활동을 펼쳤다는 점이다. 이 가운데 『권세양언』은 특히 주목할 만한 전도 저작이다. '양언'(良言)은 '진리의 말씀', 즉 하나님의 말씀을 의미한다. 량파는 이 책의 서문에 "이 책을 읽는 분에게 자신의 과거를 돌이켜보고 잘못을 뉘우치며 예수님의 말씀을 지키고 믿고 따를 것을 권면하고 싶다"[76]라고 저술 동기를 적었다. 량파의 전도 저작물들은 서양의 종교인 기독교를 한 중국인(량파)이 어떻게 받아들였고, 그가 전통적 세계의 여러 속박을 벗어나 어떻게 기독교 신앙을 갖기에 이르렀는가를 상징적으로 보여주고 있다는 데 큰 의의가 있다.[77] 이 책은 1850-1864년에 걸쳐 일어났던 태평천국의 난의 주동자 홍쉐첸(洪秀全)을 기독교 신앙으로 이끌기도 했다.

그의 전도 방법은 중국인의 전통과 풍습을 선용했다는 점에서 독특하다. 중국에서는 지방에서 보는 첫 시험인 향시(鄕試) 때마다 악행을 금하고 선한 행실을 권면하는 권선서(勸善書)를 배부하는 전통이 있었는데 량파는 이를 적극적으로 활용하여 이때 전도 책자를 나누어주었다.[78] 또한 1835년 미국 공리회(公理會)가 파견한 선교사로 의술이 탁월했던 피터 파커(Peter

---

76    조훈, 『양발, 최초의 중국인 목사』, 134.
77    조훈, 『양발, 최초의 중국인 목사』, 129.
78    조훈, 『양발, 최초의 중국인 목사』, 77-78.

Parker)가 안과 전문병원인 박제의원(博濟醫院)을 개설하자,[79] 량파는 안과에서 기다리는 환자들에게 복음 책자를 전하고 기도문을 전해주었다. 전도에 때와 장소를 가리지 않는 것이 전도자 량파의 전도 방식이었다.

20여 년의 사역 동안 성실성과 도덕성을 인정받은 량파는 1850년 광저우 허난(河南) 롱다오웨이(龍導尾)에 위치한 복음당(福音堂) 교회의 목사로 임명받는다. 복음당은 중국 최초의 예배당으로서 중국 교회사에서 최초로 자치·자양·자전의 삼자를 실행한 교회라는 평가를 받는다.[80] 량파는 이 교회의 정식 목사로 세움받은 후 소천할 때까지 예배를 관장했는데, 그가 사역하는 20여 년 동안 그의 목회에 대한 소명은 흔들림이 없었다. 이렇게 량파의 목회와 저술 그리고 전도 활동의 내용은 서구 선교사들의 사역과는 확연히 다른 면모를 지니고 있어 그를 통해 사역의 효율성이 더욱 증대되었을 것은 의심할 나위가 없다. 중국인 량파가 목사로 임명받아 광저우와 마카오 등지 사역을 맡았다는 사실은, 서구 선교사가 아닌 중국인 지도자가 중국교회를 이끌어가기 시작했다는 매우 큰 의의를 지닌다. 이는 점진적으로 중국교회가 성장하고 있음을 보여주는 좋은 증거가 되었다.

모리슨의 인재 양성 사역의 두 번째 방식은 학교를 통한 교육이었다. 모리슨이 밀른과 동역하여 말라카에 세운 학교는 '영화서원'(榮華書院)이었

---

79  미국 공리회 출신 의료 선교사다. 1834년 10월 광저우(廣州)에 도착한 피터 파커는 중국인 구령사역에 큰 관심을 갖고 뛰어난 의술을 바탕으로 선교활동을 펼쳤다. 그러나 직접적인 영혼 구제활동을 갈망한 그는 사역의 과중으로 인해 금식과 기도에 집중하지 못하는 것을 자책했다고 한다. 1835년 피터는 광저우에 안과 전문병원을 개설한다. 당시 중국인에게는 안과 질환이 가장 흔했고 중국인 개업의의 능력이 가장 처지는 분야도 안과였으므로 눈병을 치료하는 것이 가장 보람 있는 일이라고 생각했기 때문이다. Jonathan D. Spence, 『근대 중국의 서양인 고문들』, 이우영 역(서울: 이산, 2009), 61.

80  顧長聲, 『傳教士東來傳教恩論文集錦』(臺北: 宇宙光, 2006), 77; 조훈, 『양발, 최초의 중국인 목사』, 108에서 재인용.

다. 이 학교는 중국 근대교육의 새로운 장을 열었고 근대 중국의 수많은 미션 스쿨의 모델을 제시했으며, 동서 문화 교류의 가교가 될 만한 우수한 인재들을 배출했다고 평가된다.[81] 모리슨이 영화서원을 설립하고자 했던 이유는 그가 속했던 런던선교회의 선교 정책에 따른 것으로 보인다. 런던선교회는 선교 교육을 강조한 단체 중 하나로서 해외 선교 자원자들이 선교회가 세운 해외선교 전문훈련기관을 통해 선교 훈련 및 선교지 언어와 의학 등을 비롯한 선교사역을 위한 학문을 연마하게 하였다.[82] 모리슨이 말라카를 영화서원 건립지로 선택한 이유도 먼저 그곳에 거주하는 화교들을 교육해서 대륙의 중국인을 전도하는 방책으로 삼고자 했던 데 있었다. 이 학교의 주된 설립 목적은 중국인에게 유럽문화를 교수함과 동시에 기독교를 전도[83]하는 데 있었다. 모리슨과 밀른은 교인들을 훈련시켜 현지 전도인으로 삼고 다시 중국으로 귀환시켜 선교하고자 하였다.

영화학원은 개교 첫해인 1819-1820년 사이 학생 수가 겨우 7명이었으나 1835년에는 70명 이상이 되었다.[84] 이 학교의 졸업생 중 유명한 사람은 허푸탕(何福堂)인데 그는 졸업 후 런던선교회의 중국인 목사로 안수받아 홍콩에서 사역하였다. 그의 아들 허치(何啓) 역시 중국 근대사상사의 중요한 인물로서, 영국에서 유학하여 폭넓은 견문을 쌓은 후 중국의 서양식 개혁을 적극적인 자세로 고취하였다.[85]

삼자운동의 관점에서 보았을 때 모리슨의 사역 의의는 장차 중국교회

---

81  강인규, "榮華書院이 中國 近代 敎育에 미친 影響", 「中國史研究」 70(2011.2): 89.

82  강인규, "英華書院이 中國 近代 敎育에 미친 영향", 91.

83  "The Report of Anglo-Chinese College of the Year 1834," The Chinese Repository, Vol. IV, June., 1835, 98-101; 조훈, 『윌리엄 밀른』, 177에서 재인용.

84  조훈, 『윌리엄 밀른』, 188.

85  량자린, 『중국에 축복이 임하다』, 42.

의 자립을 위한 기초를 놓았다는 데 있다. 중국에서 선교 정책으로 삼자원칙이 확정되는 시기는 적어도 19세기 중·후반 네비우스(John L. Nevius) 선교사가 중국에서 사역하던 때라서 이들 사역에 삼자원칙을 액면 그대로 적용하기는 어려운 일이다. 그러나 이미 모리슨과 밀른의 기독교 인재 양성 사역은 삼자원칙 중 '자치'(自治) 방면을 실현한 것이라 할 수 있다. 더 나아가 중국인에 맞는 전도 사역도 가능할 수 있다는 점에서 '자전'(自傳) 방면과도 관련된다. 이런 점에서 모리슨을 삼자운동의 선구자라 칭해도 과언은 아닐 것이다.

## 2) 19세기 중·후반[86]: 허드슨 테일러

**>> 허드슨 테일러**
출처: https://ko.wikipedia.
org/wiki/%ED%97%88%
EB%93%9C%EC%8A%A
8_%ED%85%8C%EC%9
D%BC%EB%9F%AC

19세기 중·후반을 대표하는 가장 중요한 선교사는 '중국내지선교회'(China Inland Mission; 이하 '내지회')의 허드슨 테일러(Hudson Taylor, 戴德生, 1832-1905)다.

허드슨 테일러는 1832년 영국 요크셔(Yorkshire)주의 독실한 감리교 목사의 아들로 태어나, 어머니의 태중에서부터 중국 선교사로 헌신되었다. 그는 1853년 9월 '중국복음선교회' 소속 선교사로 중국에 파송되었다. 그는 1865년 6월 '내지회'를 창립하였는데 이곳은 선교 방법이나 선교 전략 구상에서 이전의 모든 종파 및 선교회와는 확연히 다른 면모

---

86    19세기 후반 중국 선교사들에 관해서는 조훈, 『중국기독교사』, 92-123을 참고하라.

를 보였다.

내지회의 기본 선교방침은 다음 6가지로 정리할 수 있다.[87]

첫째, 사역 지역에 차별성을 두었다. 즉 선교사들이 주로 상주하는 도시가 아니라 아무도 들어가지 않는 중국 내지의 미전도지로 들어갔다.

둘째, 학교 교육과 사회교육보다는 오직 복음만을 전했다.

셋째, 교파적 차이를 묻지 않고 국적을 묻지 않았다.

넷째, 의식주 등을 중국인과 똑같이 했다. 중국식 복장과 모든 생활방식을 수용하여 민간으로 깊이 들어가 의료행위를 통해 그들로부터 서양 귀신을 뜻하는 '양귀자'(洋鬼子)가 아닌 친근하게 가까이 다가가는 '외국 친구'라는 호칭을 받고자 하였다.

다섯째, 선교회의 자금은 모두 기독교도의 신앙에 기초한 자유 헌금에만 의지했다.

여섯째, 선교 본부를 중국에 두고 선교사의 모국에는 두지 않는다는 방침이었다. 무엇보다 테일러의 사역 가운데 주목할 것은 처음부터 일관되게 중국 신도의 은사를 돕고 발전시켜서, 그들이 하나님을 뜨겁게 사랑하도록 하는 데 목표를 두어 중국교회와 신도들이 영적 및 물질적으로 자립하도록 하였다는 점이다. 이같이 내지회 성립 후 오직 중국인과 하나가 되겠다는 일념에서 중국인의 모든 것을 수용하고자 한 노력의 결과 내륙까지 복음이 전해질 수 있었다.

중국선교에 내지회가 끼친 영향과 성과는 매우 크다. 무엇보다 현지 중국인 사역자와 교회의 역량을 키웠다는 점은 높이 평가받아야 한다. 1893년까지 내지회는 14개 성에 123개의 선교부를 설치하여 선교사가 거

---

87    郭熹徵, "試論中華內地會的産生及特點", 「世界宗敎硏究」 1(1996): 72.

주했다. 그중에 105개 선교부는 중국인 목회자들이 관리 담당하도록 하였다.[88] 교회 내부에서도 중국 신도가 경제적으로 자립하도록 책임을 맡겨 그들이 세운 교회는 스스로 관리하고 발전시킬 수 있도록 했다. 1901–1920년 사이의 안후이(安徽)성 내지회 활동 자료에 의하면, 당시 각 선교회에서 월급을 받던 중국 직원의 비율은 북장로회와 미성공회의 경우 전체 신도 수의 18%를 차지하는 데 반해 내지회는 4%에 불과했다.[89] 월급액 역시일반 선교회 목사와 직원들에 비해 내지회 목사와 직원들이 훨씬 적었다.이것은 테일러가 그의 선교 방법의 원칙을 실천으로 옮긴 결과였으며, 그가 현지 전도자들의 역할을 매우 중시했음을 보여준다. 다시 말해 테일러가 시종 중국 신도들이 독립하여 기독교 전파의 책임을 담당하도록 한 것은, 그의 선교사역의 기본 방침과 원칙이 중국교회의 경제적 독립(自養)에 있었다는 것을 보여준다. 실제로 이러한 내지회의 삼자원칙에 입각한 선교정책을 시행한 결과, 1865년 창립 때부터 1905년 테일러가 소천할 때까지 40여 년간 내지회 소속 교회 신도 수는 꾸준히 증가했다. 내지회의 세례교인이 비약적으로 증가한 시기는 1875–1885년으로 7,173명이었는데, 이에더해 1895–1905년에는 18,625명으로 늘어났다.[90] 이 비율은 전국 세례교인 수의 26%를 점하는 것으로[91] 당시 여러 선교회 중 으뜸이었다.[92]

이처럼 허드슨 테일러가 경제적 자립(자양) 강조의 선교 방법과 원칙

---

88    Jonathan Chao, *The China Mission Handbook* (Shanghai: American Presbyterian Mission Press, 1896), 112; 조훈,『중국기독교사』, 101에서 재인용.

89    中華續行委辦會調查特委會編,『1901–1920年 中國基督敎 照査資料(上)』(北京: 中國社會科學出版社, 2006), 155.

90    조훈,『중국기독교사』, 102.

91    中華續行委辦會調查特委會編,『1901–1920年 中國基督敎 照査資料(上)』, 158.

92    조훈,『중국기독교사』, 102.

을 추구한 동기는 그의 선교에 대한 기본원칙에서 나왔다고 볼 수 있다. 테일러의 선교방식에 대해 이상규는 내지회의 창립과정에서 테일러가 귀츨라프(Karl Gutzlaff, 1803-1851) 선교사의 영향을 받았음을 언급한다.[93] 테일러는 귀츨라프를 내지회의 선조(先祖)로 여겼을 정도로 존경하였다.[94] 독일 루터교 출신의 귀츨라프는 초기 중국 선교사로 파송받아 1829년부터 광저우의 동인도회사 통역사가 되어 독립 선교사로서 활동했다. 1833년 8월 1일에는 광저우에서 「동서양고매월통기전」(東西洋考每月通記傳, *Eastern Western Monthly Magazine*)을 간행하였는데 이는 중국 내에서 처음으로 출간된 중문 잡지였다. 그는 선교 초기부터 중국인에게 성경을 가르치기 위해서 중국인 복장을 하고 중국어도 능통하게 구사하며 중국인과의 직접적인 접촉을 꾀했다. 무엇보다 그는 중국인 지도자 양성에 힘썼는데 이 일을 위해 홍콩에 신학원을 설립하고 4년 동안 48명의 지도자를 양성했다. 그리고 귀츨라프는 전도 기관으로 복한회(福漢會, Chinese Union)를 설립하여 중국인 전도자를 세우고 그들이 전도와 성경을 배포하는 일을 전담케 했다. 귀츨라프의 사역도 역시 '자치'와 '자전'을 내용으로 하는 삼자원칙을 강조하고 실천하는 데 주력했음을 알 수 있다. 허드슨 테일러는 실제로 선교회 조직과 운영 방법에 귀츨라프의 영향을 받았다고 술회했다.[95]

이상과 같이 내지회의 선교 방침과 실행을 삼자운동의 측면에서 본다면, 테일러의 내지회를 중심으로 하는 19세기 후반의 중국선교 역시 19세기 초의 모리슨이 펼친 삼자운동의 맥락에 있다고 말할 수 있다. 이들 선교

---

93    이상규, "근대선교운동과 한국선교―근대선교운동의 상호연쇄와 한국선교의 기원", 「역사신학논총」28(2015): 25.

94    A. J. 브룸홀, 『근대 중국의 형성』(부산: 로뎀, 2009), 227; 이상규, "근대선교운동과 한국선교", 25에서 재인용.

95    조훈, 『중국기독교사』, 44.

사의 활동을 통해 중국교회의 자립에 대한 움직임이 점진적으로 확대 발전하고 있음을 확인하게 된다.

### 3) 19세기 중·후반: 존 네비우스

모리슨이 삼자운동의 문을 열렸다면, 허드슨 테일러와 존 네비우스(John L. Nevius, 倪維思, 1829-1893)는 모리슨의 사역 전략의 노선에서 삼자운동의 내용을 심화하고 확대했다고 말할 수 있다. 또한 허드슨 테일러가 삼자운동을 그의 사역 현장에서 실제로 펼치고 성과를 이뤘다면, 네비우스는 삼자운동을 이론적으로 정리했다고 볼 수 있다. 그러므로 중국교회의 자립을 위한 삼자운동을 논할 때, 네비우스의 공로를 가장 높이 평가하는 데 이견을 가질 사람은 없으리라 생각한다.

　네비우스는 미국 뉴욕 출신으로서 유니온 대학교(Union University)와 프린스턴 대학교(Princeton University)를 졸업한 후, 미국 장로교 선교부를 통해 1854년 중국에 파송받았다. 그의 첫 번째 사역지는 닝보(寧波)였다. 이후 그는 40여 년을 중국에서 사역했고 누구보다도 중국교회의 자립을 위해 노력했다. 그는 중국교회가 경제적 그리고 사상적으로 독립하여 자립교회를 설립하는 것이 지향해야 할 목표라고 생각했다. 그의 이 같은 생각은

>> 존 네비우스
출처: https://ko.wikipedia.org/wiki/%EC%A1%B4_%EB%A6%AC
%EB%B9%99%EC%8A%A4%ED%86%A4_%EB%84%A4%EB
%B9%84%EC%9A%B0%EC%8A%A4

현지 교회의 자립과 자체 전도를 주장하는 네비우스 선교방법론(The Nevius Plan)<sup>96</sup>을 제시함으로써 구체화되었다.[97] 네비우스 선교방법론의 주요 내용은 다음과 같다.[98]

① 순회: 선교사 개인이 광범위한 지역을 순회하여 전도하는 방식을 말한다.

② 성경: 어떤 전도활동도 모두 성경을 중심으로 한다.

③ 자전: 모든 신도는 다른 사람의 성경 교사가 되며 동시에 다른 사람의 학생이 된다.

④ 자치: 교구 순회는 장차 목사가 될 선교비를 받는 전도사의 관할이다. 이 사람은 자주 모임을 순회하고 교우를 훈련시키며 각 지역 혹은 일부 지역이나 전국적으로 지도자를 배양해야 한다.

⑤ 자립: 모든 교회의 건축물은 단지 자기 교회 신도들의 헌신과 참여로 건립해야 한다. 교회 건립 후에 비로소 순회전도사의 선교비를 제공할 수 있고, 교회에서 운영하는 학교까지 모두 자립을 원칙으로 한다. 그러나 창립할 때 일부의 부조는 받을 수 있다. 각 교회의 목사는 국외에서 온 기금과 어떠한 형태의 선교 부조든지 받을 수 없다.

⑥ 사경(査經): 성경의 중요성을 강조한다. 신도들은 모두 교회 지도자나 전도사가 조직한 사경모임에 참여해야 함과 동시에 모든 교회 지도자들과 전도사들 역시 성경연구회에 참가해야 한다. 이로써 통시성의 방법으로 철저하게 성경을 연구할 수 있게 한다.

---

96   이 선교방법을 처음 입안한 자들은, 1799년 영국교회 복음주의자들이 창설한 영국교회선교회(CMS)의 초대 총무였던 헨리 벤(Henry Venn)과 미국 감리회의 앤더슨 목사(Rufus Anderson, 1796-1880)다. 이와 관련된 내용은 서론을 참고하라.

97   조훈, 『중국기독교사』, 72.

98   陳建明·劉家峰 主編, 『中國基督敎區域史硏究』(四川: 四川出版集團巴蜀書社, 2007), 66.

⑦ 징계: 성경의 교도(敎導)와 엄격한 징계에 따른다.

⑧ 분할: 기타 선교단체와의 합작이나 협력관계를 맺는 일은 구역 분할의 선교방식을 수용한다.

⑨ 소송: 소송이나 기타 유사한 일에 간여하지 않는다.

⑩ 구제: 민중이 경제적인 구제를 필요로 하면, 구역을 막론하고 협력한다.

이 가운데 가장 주목해야 하는 내용은 '네비우스의 삼자원칙'이다. 이는 '자치'(Self-government), '자양'(Self-support), '자전'(Self-propaganda)의 원리를 바탕으로 한다. 네비우스는 일찌감치 중국교회의 경제적 자립의 중요성을 깨달은 소수 선교사 중 하나였다. 당시 중국에서 사역하던 대다수 선교사는 교회를 건립하거나 의료와 교육 등의 실제적인 선교방법을 선호했고 상대적으로 선교이론이나 학술 방면의 연구는 매우 소홀하였다. 이런 상황에서 1885년 네비우스는 상하이에서 종교지 *The Chinese Recorder*에 새로운 선교방법론과 관련한 문장을 싣고 1886년에 이를 『선교방법』(宣敎方法)이란 이름으로 출간했다.[99] 이는 선교사나 서구의 선교단체를 의지하는 것에서 벗어나 현지인 중심의 사역과 현지교회 자립을 목표로 한다. 네비우스는 이 세 원칙 중 중국교회는 경제적 자립(自養)의 문제가 가장 시급하다는 것을 깨닫고 문제 해결을 위해 적극적으로 노력했다. 그가 추구했던 방법은 중국인들이 온전히 전도 사역에만 몰두하지 않도록 하는 것이었다. 각각의 교인들은 각자의 신분을 유지하여 농민은 여전히 씨를 뿌리고, 가르치는 자는 여전히 가르치며 여력이 있을 때 나가서 전도에 힘씀으로써 교

---

99    陳建明·劉家峰 主編, 『中國基督敎區域史硏究』, 65.

회의 부담을 덜어주었다.[100] 중국교회의 자립을 위한 노력은 비단 미국 북장로교 소속의 네비우스와 그의 동료뿐만 아니라 영국 장로회 소속의 선교사들 그리고 영국 침례회 소속과 미국 감리교 소속 선교사들 모두가 동참했다. 이들 모두 일찍부터 중국교회 자립의 문제에 관심을 가지고 있었기에[101] 최대한의 노력을 기울여 중국 신도들의 헌금 생활을 적극 독려하여 교회의 자립을 꾀하도록 하였다. 초기부터 자립과 자기의존 원리를 적용한 네비우스 선교 방법론은 첫 번째, 네비우스 중국 선교의 오랜 경험과 노하우였다. 두 번째, 그의 성경해석에 따른 확신이었다. 세 번째, 19세기 후반 서구 선교사들이 처해 있던 상황이 총 결합하여 나타난 탁월한 선교방법론이었다.[102]

그렇지만 네비우스 방법론이 중국에서 보편적인 선교원칙으로 자리 잡는 데는 적지 않은 어려움이 있었다. 중국기독사가 왕메이슈(王美秀)는 그 주요한 요인을 서구와 중국의 문화충돌, 나아가 서구 선교사와 중국인 사이의 세계관 차이로 보았다.[103] 무엇보다 동료 선교사들이 네비우스의 '새 방법'을 제대로 인식하지 못한 것이 큰 장애가 되었다. 즉 이에 대한 선교사들 간에 견해 일치가 이루어지지 못했다.[104] 이미 옛 방법에 익숙했던 동료 선교사들에게 이 방법은 대단히 생소했기에 그들로부터 매우 부정적인 평가를 받았다.

당시 선교사들이 중국에서 사용하던 선교 방법은 '고용제'(雇佣制)였다. 현지 전도사에게 일정 월급을 주고 전도와 교회의 일반 업무를 맡기는

---

100　段琦,『奮進的歷程』(北京: 商務印書館, 2017), 86.
101　段琦,『奮進的歷程』, 88.
102　王美秀, "倪維思的 '三自' 主張及其反響",「世界宗教研究」1(1998): 109.
103　王美秀, "倪維思的 '三自' 主張及其反響", 113-115.
104　김영재, "Nevius 선교방법의 재조명",「神學正論」21(2003): 180.

방법이었다. 그러나 이것은 여러 가지 면에서 병폐가 많았다. 가장 큰 문제는 현지인과 선교사 간에 고용인과 피고용인의 관계가 설정되면서 '복음'이 자리할 위치가 없어진 일이다. 유급 사역자를 바라보며 대다수 초신자는 복음을 전하고 말씀을 가르치는 일이 일반적인 그리스도인의 의무라고 생각하기보다 특정한 유급 사역자들의 전유물이라고 생각하게 되었다. 심지어 신자가 복음을 전할 때 불신자들은 그들이 선교사로부터 돈을 받고 외국 종교를 선전한다고 여기는 일까지 발생하였다.[105] 게다가 현지인 월급의 고저에 따른 불만은 선교사 간의 불화를 초래하기도 했다. 이렇게 외국의 재원을 의지하는 방법은 많은 병폐를 안고 있었기에, 네비우스는 이러한 모순과 병폐를 개선하여 중국교회에 바람직한 발전 방향을 제시하고자 했다.

아이러니하게도 네비우스의 선교 방법론은 중국에서보다 한국에서 더 적극적으로 수용되었다.[106] 네비우스가 현지 선교를 위한 선교 기본원칙

---

105　金英山, 『중국삼자사학』(서울: 영문, 2004), 38.

106　최동규는 한국에서 네비우스 선교정책이 초기 한국교회의 성장과 깊은 함수관계를 갖고 있었다고 말하면서 이 주제를 연구하던 클라크(Charles Allen Clark)의 주장을 소개한다. 클라크는 한국의 네비우스 선교정책을 해석하면서 이 정책의 핵심은 자립·자치·자전에 있는 것이 아니라 '성경'에 대한 강조에 있다고 말했다. 나아가 자립·자치·자전은 성경공부를 통해 성경에 깊이 젖은 삶이 될 때 저절로 이루어지는 것들이라 강조했다. 클라크의 연구에 근거하여 최동규는 한국에서 네비우스 선교정책이 성공한 주된 이유는 '성경 강조'에 있다고 주장한다. 즉 한국교회는 자립의 원리 강조와 함께 신도들의 성경공부에 대한 열정이 함께했다. 최동규, "초기 한국교회 개척방법론으로서의 네비우스 정책과 평가", 「선교신학」 34(2013): 325. 홍기영도 네비우스는 토착적인 리더십을 강조하였으되 교회가 갖고 있는 건물이나 가구보다도 구성원들에 의해 스스로 제공된 가정과 구비된 가구를 활용하여 훈련하는 것을 격려했음을 강조한다. 즉 네비우스는 교회의 새로운 회심자들이 필수적으로 지침서와 교리문답과 복음서들을 지참하도록 강조했다. 홍기영, "토착화의 관점에서 바라본 존 네비우스 선교방법의 재평가", 「복음과 선교」, 34(2016): 311. 정리하면 한국교회는 근본적으로 네비우스의 선교방법론이 포함하는 사역 중 사람에 대한 양육과 훈련에 강조점을 두었다는 점이 성공 비결이라 할 수 있다.

을 세우게 된 데는 한국 선교사들의 초청 모임이 큰 역할을 했다. 1890년 네비우스는 같은 시기 한국에서 선교 사역을 하던 미국 장로교회 후배 선교사들의 수양회에 초청받았다. 이 자리에서 그는 자신이 중국에서 추구해오던 선교 원칙에 대해 나누었으며, 이른바 '네비우스의 삼자원칙'으로 불리는 선교 방안을 제시하는 『선교 사업의 방안』(*Methods of Mission Work*)과 『선교지 교회의 설립과 발전』(*Planting and Development of Missionary Churches*) 등의 저서를 한국 선교사들에게 소개하였다. 당시 제국주의의 앞잡이로 인식되어 백성들에게 배척받던 중국과 달리 기독교가 희망의 종교였던 한국에서는 네비우스 선교 방법론이 성공적으로 수용되고 이식되었다.

당시 네비우스 방법론이 중국교회에서 보편화되지 못한 점을 두고 혹자는 이를 네비우스 방법론의 실패로 말할 수도 있겠으나 이는 결코 실패라 할 수 없다. 많은 실행의 어려움에도 불구하고 네비우스는 중국교회의 자립을 위해 고군분투했다. 네비우스와 같은 서구 선교사들의 노력이 중국 교인들의 가슴속에 교회 자립의 열망을 불러일으켰다는 점은 강조되어야 한다. 비록 삼자원칙에 근거한 선교 정책이 정착하기까지는 많은 시간이 필요했지만 점차로 중국교회가 나가야 할 바람직한 방향으로 인식되었다. 다수의 중국인 사역자를 배출하고 기독교 연합기구들이 설립되는 등 소기의 결실이 나타났기 때문이다. 더욱이 1920–1930년대 재정과 사상 면에서 많은 자립교회가 탄생한 것은 삼자원칙이 중국인에게 잘 맞는 옷과 같았음을 반증했다. 이 삼자원칙이 대중 속으로 들어가 왕밍따오(王明道)나 워치만 니(Watchman Nee)가 이끄는 자립교회들로 발현되었다고 할 수 있다.

## 4. 중국교회의 '삼자원칙' 선교방법론 수용

초기 선교사들이 파종한 중국교회 삼자운동의 씨앗은 조금씩 자라나 19세기 말에 이르러서는 중국적 교회의 면모를 갖춰간다. 구체적으로 첫째, 중국인 사역자가 배출되기 시작했다. 둘째, 서구교회로부터 재정적·사상적 독립을 꾀한 자립교회운동이 일어나기 시작했다. 이는 선교사들의 삼자원칙 아래서 진행된 선교 방법이 중국교회에 잘 녹아들고 있음을 증명한 것이다. 1920-1930년대가 중국교회 자립운동의 개화기라는 점을 생각할 때, 19세기 말은 자립교회로 가는 징검다리 시기라 할 수 있다.

### 1) 중국교회 현지인 사역자 배출

초기 선교사들의 교회 자립을 위한 노력은 먼저 중국인 사역자의 배출로 나타났다. 이는 선교사들이 중국교회의 자립을 위해 현지인 인재 양성을 가장 중시하고 이를 우선순위에 두었음을 알려준다. 1881년에 이르러 선교사들의 수는 618명으로 증가하였다.[107] 이 수치는 19세기 말에도 여전히 외국 선교사들이 중국교회를 주도해서 운영하고 있음을 말해준다. 중국교회는 19세기 과도기를 지나면서 자립교회의 시기로 나아가게 된다.

현지인 개신교 지도자 1호는 량파(梁發, 1789-1855)다. 량파는 밀른에게 세례를 받았고, 모리슨 선교사에 의해 목사로 세워져 선교사들의 뒤를 이어 중국교회를 맡아 목회했다. 또 마카오 부근에서 태어난 롱홍(容閎,

---

107    조훈, 『중국기독교사』, 108.

1828-1912)도 훌륭한 기독교 인재였다.[108] 무엇보다 룽훙은 조기 미국 유학 운동을 벌여 중국교육 현대화에 큰 역할을 하였다. 그는 홍콩의 모리슨학교와 미국의 만손 아카데미 및 예일 대학교를 졸업한 엘리트였다. 캉유웨이와 량치차오를 중심으로 부국강병을 꾀하려 했던 변법자강운동(變法自强運動)에도 적극적으로 참여하였다. 그런데 이 운동이 실패로 돌아가자 1902년 미국으로 망명했다. 19세기 후반에 배출된 중국인 목사 중 최고의엘리트는 시성마(席勝魔, 1835-1896)였다. 그는 산시(山西)성 유학자로서 대대로 의사 집안 출신인데, 청년 시절 아편에 중독되었다가 복음을 받아들이고 중독에서 벗어났다고 한다. 그 후 '마귀와 싸워 이긴다'라는 뜻의 이름으로 개명하였다. 그는 예수 그리스도의 보혈로 자신의 모든 과거의 죄가 사해졌고 그리스도 안에서 '새로운 피조물'이 되었음을 강하게 선포함으로써 많은 이들에게 깊은 감화를 주었다.

네비우스는 1862년부터 북장로회에 중국 신학원을 세우도록 제안했다. 다른 동료 선교사들도 이에 동의하여 중국교회 인재 양성을 위해 신학원이나 성경학교 등을 세우는 데 더욱 노력을 기울였다. 당시 선교사들의중국인 인재 양성이 성공할 수 있었던 요인에 대해 현대 중국교회사가인뚜안치(段琦)는 다음과 같이 말한다.[109]

첫째, 네비우스와 그의 동료들은 인재들 각각의 능력과 그릇에 맞는교육을 베풀었다. 즉 전도나 교리학습, 목양의 모든 방면에서 획일적으로교육하지 않고 각자에게 맞는 교육을 했다.

둘째, 다양한 인재 양육의 방법을 수용하여 적용하였다. 예를 들면 신

---

108    李志剛, 『基督敎如近代中國人物』(桂林: 廣西師範大學出版社, 2006), 135-136.
109    段琦, 『奮進的歷程』, 85.

학원 건립 후 학교 이름을 지을 때도 서원(書院)으로, 때로는 사범(師範)으로 유동성을 발휘하였는데 여기에는 중요한 이유가 있었다. 이들이 3-4년 동안의 체계적인 학업을 마친 후 전문목회자로 배출되거나 혹은 단기반 신학 공부를 마친 신자의 경우 졸업 후에 목회와 직업을 병행하도록 하기 위해서였다. 선교사들은 장차 중국인 전도를 위해서는 중국인 사역자 양성이 매우 중요하며 사역의 기초가 된다는 사실을 인식했다. 이처럼 선교사들의 노력으로 1876년 신학교는 20여 곳이 되었고 신학생은 230여 명에 이르렀다.

## 2) 자립교회운동의 시작

19세기 초반부터 시작된 선교사들의 삼자운동 결과, 19세기 말부터 중국인 사역자에 의해 자립교회들이 설립되기 시작했다. 이는 중국에 있었던 많은 선교사의 의지이기도 했다. 이 시기 몇몇 중국교회 지도자들 사이에서도 자립과 자양, 자전을 이룬 중국교회가 일어나야 한다는 필요성과 열망이 생기기 시작했다. 여기서 정확하게 '자립교회의 정의'를 내리면 다음과 같다. 본래 그들을 세웠던 외국 선교회로부터 독립한 교회로서 교회 내의 표결권이 중국인의 수중에 들어가 진정한 자치를 이뤄내고, 재정적으로 서구교회에서 독립하였으며, 중국교회 스스로 전도의 책임을 맡은 교회로 말할 수 있다. 즉 자치·자양·자전의 삼자원칙을 기초로 사역의 모든 면에서 서구교회로부터 독립한 교회를 말한다.[110]

초기 자립교회운동의 대표자로 광동 지방의 천명난(陳夢南)을 들 수 있다. 그는 처음 성경을 공부한 후 기독교인이 되었으나 민족적 자존심이 허

---

110    토착교회와 같은 의미로 쓸 수 있으나, 본고에서는 자립교회라는 용어를 쓰고자 한다.

락하지 않는다는 이유로 선교사들에게서 세례받기를 거부하였다. 이후 3-4일 정도 배를 타고 자오칭(肇慶)이라는 곳까지 멀리 가서 중국인 사역자에게 세례를 받고 돌아온 일은 유명한 일화로 전해진다. 천멍난은 기독교가 외국에서는 외국의 것이었으나 중국에서는 중국의 것이 되어야 하기에, 마땅히 중국인 스스로 교회를 세우고 스스로 전도하여 외국의 종교로 불리지 말아야 한다고 생각했다.[111] 이러한 생각에서 천멍난은 1873년 '월동광조화인선도회'(粤東鑛肇華人宣道會)를 조직하였는데, 이는 중국 자립교회의 효시가 되었다.

초기 중국 목사 중 최고의 엘리트로 꼽히는 시성마(席勝魔) 역시 1881년 산시성에 외국의 그 어떤 선교회와도 관련 없이 자립하고, 자양하며, 자전하는 복음당(福音堂) 교회를 세웠다. 그 밖에 1883년 광저우에 설립된 선도당(善道堂)도 중국인에 의해 운영되는 자립교회였다. 또 허드슨 테일러의 내지회가 활동하던 지역들에도 역시 자립교회들이 세워졌다. 1885년 산둥(山東) 덩저우(登州)의 부문회관(府文會館)에서는 졸업생 40명이 '수은전도회'(酬恩傳道會)를 만들어 자립기금을 조성한 후, 중국인 목사 두 명을 허베이(河北)와 광창(廣昌) 등에 파송하여 18년간 지원하기도 하였다.[112] 자립교회들은 전국에서 우후죽순으로 생겨나기 시작하였다. 1899년 텐진(天津)에서도 천한천(陳翰臣) 등이 '화베이자립회중국복음당'(華北自立會中國福音堂)을 설립하였다.

미국 역사학자 라투렛(Kenneth Scott Latourette, 1884-1964)[113]의 통계를

---

111  羅冠宗編, 『지난 일을 교훈 삼아』(前事不忘 後事之師), 유동성 외 1인 역(서울: 한들출판사, 2019), 212.
112  羅冠宗編, 『지난 일을 교훈 삼아』(前事不忘 後事之師), 213.
113  미국 역사학자로 1910-1912년 중국 창사야리학교(長沙雅禮學校)에서 교수를 역임했다.

통해 이 시기에 자립교회 설립의 움직임이 얼마나 강렬했는지 알 수 있다. 1877년 경제적으로 완전히 자립을 이룬 교회가 이미 18개였고 부분적 자립을 이룬 교회는 243개였으나, 1897년에는 완전한 자립교회가 137개, 부분 자립이 490개로 증가했다.[114]

19세기 말 자립교회 설립의 움직임은 삼자원칙에 의거한 선교활동의 유용성을 인식한 다수 선교사의 지지, 그리고 몇몇 민족의식이 투철했던 중국인 사역자들의 열의에 힘입어 소기의 수확을 거둘 수 있었다. 이 열기는 20세기 초 의화단운동으로 촉발된 서구 제국주의에 대한 반감과 민족의식의 고조로 인해 더욱 뜨거워졌다.

그런데 분명한 한계도 보인다. 19세기 말의 자립교회운동은 주로 경제적인 독립의 '자양'과 행정관리상의 '자치'의 원칙을 강조한 데 그쳤다는 점이다. 19세기 말에 세워진 대부분 자립교회의 목표는 자체 헌금으로 교회를 유지하는 '자양'을 실현하는 것이었다. 진정한 자립교회란 비단 경제적 방면에서의 독립뿐만 아니라 서구교회로부터의 신학 사상과 현지 사역자를 통한 운영(치리) 및 전도의 실현임을 생각한다면, 19세기 자립교회운동은 여러 가지 미흡한 부분이 많았다. 다시 말해서 19세기 중국교회는 조직 체계나 신학 사상 방면은 여전히 서구를 답습하고 있었다. 또한 중국 문화와의 결합을 통하여 중국인에게 쉽게 이해되고 받아들여지기 쉬운 중국적 기독교를 구상하기에는 여러모로 미숙한 상황이었다. 그런 면에서 19세기 말의 자립교회운동은 중국교회의 자립교회 설립이 왕성하던 1920-1930년대로 가는 길을 열어주었다고 평가할 수 있다. 이 시기 선교사와 중

---

114    라토렛, 『중국에서의 기독교 선교 역사』(*A History of Chritian Missions in China*, 2019); 羅冠宗編, 『지난 일을 교훈 삼아』(前事不忘 後事之師), 211에서 재인용.

국교회 지도자 그리고 신도들은 한마음으로 진정한 자립교회를 이루기 위한 마중물 역할을 했다.

실제로 중국교회가 문화와 사상 방면까지 서구 기독교로부터 완전한 독립을 추구하게 된 것은 1919년 5·4운동과 1922년 발발한 반기독교운동을 거친 후라고 할 수 있다.

# 제2장

# 20세기 초 중국교회

## 삼자운동의 분기(分岐)[1]

---

1    본 장의 일부는 「복음과 실천신학」 47(2018)에 "중국교회 전도전략으로서의 자립화운동에 관한 연구"라는 제목으로 게재된 바 있으며, 내용상의 보완과 발전을 거쳐 이곳에 실었다.

1920-1930년대는 중국교회가 이때까지 추구해온 교회 자립의 이상(理想)이 꽃을 활짝 피운 시기다. 이때 중국교회의 자립에 대한 노력은 전국적 규모로 일어났던 대대적인 반기독교운동이 직접적인 원인이었다. 기독교를 제국주의의 종교로 인식하는 중국인들의 서구 선교사들에 대한 분노는 극에 달했다. 중국교회는 어떻게 해서든지 자국민들의 오해와 불신을 씻어버릴 계기가 필요했다. 이러한 외부 상황은 서구 선교회와 선교사들로부터의 독립과 분리를 위한 중국교회의 자립 의지를 가속화했다.

20세기 중국교회의 자립 의지를 담은 삼자운동은 두 개의 가지로 나뉜다. 첫 번째 가지는, '자립교회운동'이다. 자립교회운동은 19세기 말부터 시작되었지만 20세기 초 자립교회운동은 이전보다 성숙하고 발전된 모습으로 진행되었다. 일단 재정적 자립을 이룬 교회들이 증가했다. 나아가 주로 체계적인 신학 교육을 받지 못했던 자립교회의 신학자들을 중심으로 서구 신학과 분리하고자 하는 움직임이 나타났다. 대표적인 인물로는 왕밍따오, 워치만 니, 진텐잉 등을 들 수 있다.

두 번째 가지는, '본색화운동'(本色化運動)이다. 이 운동은 중국의 전통사상에 정통한 학자 혹은 서구 유학생 출신의 지식인 신학자들이 중심이 되어, 중국 전통문화와 신학 사상을 접목하여 대중에게 쉽게 다가가려는 목표로 일어났다. 그들은 기독교에 대한 거부감 혹은 이해에 어려움을 겪는 중국인들에게 기독교 교리가 결국 중국인이 오래전에 언급했던 것과 다름이 없으며, 동서양 성인들의 생각과 가르침이 매우 비슷하다는 것을 알려주고자 하였다. 본색화 신학자들은 이를 통해 중국의 전통문화와 서양의 기독교가 각각의 독특한 점을 갖고 있기는 하지만, 상호 보완이 가능하다고 주장했다.[1] 또한 본색화운동은 중국 교단의 형성과 교회 연합운동 및 실천운동까지 확대되어 나타났다.

이렇게 20세기 초 중국교회의 삼자운동은 두 갈래로 나뉘어 각자의 자리에서 풍성하고 다채롭게 진정한 교회의 자립을 위해 고군분투하였다.

## 1. 20세기 초 중국의 정치적·사회적 상황 : 반기독교운동

### 1) 반기독교운동의 개황

20세기에 진입하면서 중국은 정치와 사회 각 방면에서 격동의 시기를 맞이했다. 구체적으로 이 시기에 중국은 해결해야 할 큰 과제 두 가지를 안고 있었다. 하나는 암흑과 혼란을 가져온 군벌 통치를 종식하는 일이고, 다른 하나는 서구 제국주의의 침략으로부터 진정한 자주독립을 획득하여 부강한 중국을 건설하는 것이었다. 중국 기독교 역사의 시작점이라 할 수 있는 1807년부터 1860년 베이징조약이 체결될 때까지 중국은 국내외적으로 풍전등화와 같은 운명에 처했다. 특히 제1차 아편전쟁(1840-1842)을 기점으로 서구 열강들의 중국 수탈이 시작되었다. 이들의 강압 속에서 중국이 잇따라 불평등조약을 맺게 되자[2] 중국 내에서 반서구, 반기독교 운동의 불길

---

1    량자린, 『중국에 축복이 임하다』, 184.
2    1842년 난징조약을 시작으로, 1844년 황푸(黃甫)조약, 왕샤(望廈)조약, 1858년의 톈진조약, 1860년의 베이징조약 등이 있다.

이 거세게 타올랐다. 1870년에는 텐진교안(天津教案)[3] 등을 비롯한 크고 작은 교안(教案)들이 줄을 이었다. 1900년에는 의화단운동[4]이 일어나 기독교에 대한 배타적 정서가 절정에 달했다. 지속된 열강의 중국 수탈과 누적된 선교사들에 대한 불신과 오해는 결국 19세기에 이어 20세기에 들어와서도 전국적인 반기독교운동(1922-1927)을 불러일으켰다.

1922년 4월 4일 '세계기독교학생동맹'(World Student Christian Federation)이 베이징 칭화대학(清華大學)에서 제11차 대회를 열면서 반기독교운동을 촉발했다. 세계기독교학생동맹은 국제 기독교 단체로서 1895년 8월에 성립되었다. 이 동맹의 대상은 대학생이었다. 이 단체는 전 세계의 학생 기독교 사역을 연합하고 각국을 대상으로 그리스도가 유일한 구세주임을 믿는 학생들을 신자로 이끌었다. 그리고 그들의 신앙 활동을 도와 세계 곳곳에서 하나님 나라 확장 사역에 전력할 수 있는 학생들로 이끄는 데 사역의 주요 목적을 두었다.[5] 제11차 대회에서는 중외(中外) 대표들이 700여 명 참석했다. 여기서 "기독교와 세계 재건"이라는 주제로 강연과 회의, 토론 등이 이어졌다. 토론의 주제는 주로 '국제사회와 종족의 문제', '기독교와 사회 및 실업계의 개조', '어떻게 하면 오늘날 학생들을 향해 기독교를 전파할까' 하는 문제와 '학생 생활의 그리스도화' 등에 관한 것이었다.[6]

그런데 이보다 앞서 그런 사실을 접한 상하이의 비기독교 학생들이

---

3    교안은 19세기 열강의 중국 침탈에 맞서 일어난 반기독교운동을 일컫는다. 텐진교안은 1870년 6월에 일어난 기독교에 대항하는 폭동으로서 프랑스 영사를 비롯한 21명의 외국인, 40여 명의 중국인 로마 가톨릭 신자들이 살해된 비교적 큰 규모로 일어난 교안이다.

4    청나라 말기 1899년 11월 2일부터 1901년 9월 7일까지 산둥 지방, 화베이 지역에서 의화단(義和團)이 일으킨 외세 배척 운동이다.

5    "世界基督教學生同盟憲法",「學生進步」50(1922. 2): 81; 楊天宏, "中國非基督教運動(1922-1927)",「歷史研究」6(1933): 83에서 재인용.

6    楊天宏, "中國非基督教運動(1922-1927)", 84.

'반기독교학생동맹'을 만들고, 두 번에 걸쳐 "베이징비기독교동맹선언문"(北京非基督敎同盟宣言文)을 발표하면서 반대의 기운이 가열되었다. 반기독교운동은 6년에 걸쳐 계속되었다. 전국적으로 확대된 반기독교연맹 세력은 처음에는 출판이나 강연회 등을 통해 진행되거나 혹은 시위 행진 등에 그쳤다. 그러나 점차 기독교가 제국주의의 앞잡이라는 점을 강조하기 시작했다. 이들은 점점 정부를 향해 강도 높은 요구사항을 제출하였다. 바로 종교로부터 교육을 분리할 것과 미션스쿨 제도를 개혁할 것 등이었다.[7]

## 2) 반기독교운동의 원인

### (1) 5·4운동의 과학과 이성주의 영향

>> 5·4운동
출처: https://ko.wikipedia.org/wiki/5%C2%B74_%EC%9A%B4%EB%8F%99

20세기 초반의 반기독교운동은 19세기의 기독교 배척운동 교안(教案)과는 명백한 차이가 있었다. 둘 다 강렬한 민족주의의 발로가 원인이지만, 20세기 초의 반기독교운동은 새로운 세계관에 기초하고 있었기 때문이다.[8] 즉 이 시기 반기독교운동에 주로 참여

7    조훈, 『중국기독교사』, 186.
8    김상근, "중국 반기독교운동의 원인에 대한 역사적 고찰", 「신학논단」 47(2007): 203.

했던 사람들은 1919년 5·4운동[9]을 경험한 지식인과 학생들이었다. 5·4운동은 본래 반제국주의운동으로 시작했다. 그런데 이 운동을 계기로 중국 사회는 사상과 문화, 문학 등 모든 방면에서 새로운 가치관과 세계관의 영향을 받게 되었다. 이는 당시 5·4운동에 참여한 사람들이 지식인이었기에 가능한 일이었다. 이들 중 대다수는 이미 1917년 이른바 '문학혁명'을 경험했다. 문학혁명은 민주와 과학, 이성주의에 눈을 뜨게 함으로써 전통적인 유가의 도덕을 비판했다. 그러면서 어려운 문장 대신 쉽게 소통할 수 있는 구어체 글쓰기를 주창하는 등 사상과 문학 방면의 대개혁까지 주장했다. 이렇듯 서구 신문화의 영향을 받은 다수의 지식인에 의해 5·4운동은 점차 반봉건, 과학과 민주주의 제창 등 신문화운동의 성격을 띠게 되었다. 이 시대를 대표하는 신문화 주창자였던 후스(胡適), 옌푸(嚴復), 량치차오(梁啓超) 등은 서구의 과학적 세계관을 적극적으로 수용하여 진화론, 아담 스미스(Adam Smith)의 『국부론』, 존 스튜어트 밀(John Stuart Mill)의 『자유론』 등의 서적과 사상을 중국에 소개하였다. 또한 같은 해 미국의 존 듀이(John Dewey)가 중국을 방문하여 철학적 자유주의와 경험론적 방법에 대해 강연하였다. 영국의 버트런드 러셀[10](Bertrand Russell, 1872-1979)이 기독교적 전

---

9    제1차 세계대전이 끝나고 파리에서 승전국 회의가 개최되었다. 중국 역시 승전국의 자격으로 이 회의에 참여하였다. 그러나 파리강화회의에서 독일이 중국 산둥성에 대해 갖고 있던 권익이 중국으로 반환될 것을 기대했던 것과 달리, 회의 결과는 일본에 그대로 양도되는 것으로 결정이 났다. 이에 격분한 베이징 학생들은 1919년 5월 4일 천안문 광장으로 모여들어 이에 반대하는 집회를 열었고 이는 점점 민중운동으로 확대되었다(위키백과).
10   영국인으로 20세기 지식인 가운데 철학, 수학, 과학, 역사, 교육, 윤리학, 사회학, 정치학 등 다양한 분야에서 지속적인 영향을 미친 인물이다. 제1차 세계대전 중 반전(反戰)운동에 참여했고, 유럽 및 아시아, 미국 등을 방문하여 강연과 저술 활동에 전념하였다. 그는 19세기 말부터 영국의 유력한 학설이었던 관념론에 대해 실재론을 주장했다. 현실사회에 관심이 많았고, 평화주의자로서 핵 무장 반대자로 일관성 있는 사회변혁운동에 참여했다(위키백과).

통주의를 비판한 일은 중국 지식인들에게 깊은 영향을 미쳤다.[11]

그러나 서구의 새로운 지식이 중국 내에서 기독교 전파와 발전에 장애가 되었다. 과학과 이성에 눈뜬 중국 지식인들이 점차 기독교가 과학과 자유의 정신에 위배된다고 여기기 시작했기 때문이다. 그들은 진화론의 원리로 하나님의 세상 창조 사상을 비판했다. 또한 심리학의 원리로 '영혼불멸설'과 예수님의 말씀을 반박하기 시작했다. 특히 반기독교운동이 진행되는 동안 성경의 예수님 말씀은 외부로부터 많은 도전을 받았다. 이들은 예수님의 심리가 "비정상적이며 정신적으로 문제가 있다"고 인지했다. 예수님이 광야 40일 금식 후 사탄을 본 일은 정신적으로 문제가 있을 때 일어나는 '환각'이며, 이러한 일은 "건강한 인간은 절대로 경험할 수 없다"고 강조하기도 했다.[12]

### (2) 민족주의

반기독교운동의 발발에 대한 또 다른 요인으로 중국인들의 민족주의를 들 수 있다. 반기독교운동 안의 민족주의 정서는 이 시기에 일어난 두 가지 사건을 통해 분명히 확인할 수 있다. 하나는 '교권회수운동'이며 다른 하나는 '5·30사건'이다.

### ① 교권회수운동

반기독교운동이 강렬하게 전개되는 동안 다수의 지식인 사이에서 서구 제국주의로부터 나라의 주권을 지켜야 한다는 주권 의식이 더 강하게 작동했

---

11    조훈, 『중국기독교사』, 183.
12    楊天宏, "中國非基督敎運動"(1922-1927), 89.

다. 이것이 교육계에 집중된 사건이 1924년에 일어난 '교권회수운동'(敎權
回收運動)으로, 미션스쿨을 겨냥하여 교육권을 선교사로부터 되찾아 올 것
을 주창한 운동이다.[13]

　　20세기 초 중국에는 선교사들의 강력한 추동 하에 많은 미션스쿨이
빠르게 생겨났다. 1898년 『世界傳敎評論』의 통계에 의하면, 당시 중국에는
55개의 선교회와 기독교 단체가 있었고 미션스쿨의 학생 수는 30,046명이
나 되었다. 1920년에 이르러서는 245,049명으로 증가했다.[14] 미션스쿨은
주로 서구의 신교육을 하였고, 중국 전체의 교육내용과 교육제도도 점검
하였다. 당시 '기독교협진회' 산하에 교과위원회도 조직하여 양질의 교육
내용을 전담하게 했다. 미션스쿨의 영향력은 점차로 나타났다. 미션스쿨의
교사들은 궁극적으로 선교가 목적이었기에 학생들이 신앙을 갖게 될 때까

---

13　교권회수운동이 제기된 후 1924년 10월 전국성(省)교육연합회는 「기독교학교종교수업금
　　지」(取締敎會學校敎授宗敎)를 통고하였다. 교육은 국가의 근본으로서 기독교학교에서 종
　　교를 교수하는 것은 '준양인'(准洋人)을 배양하는 것이지 중국 국민을 배양하는 것이 아니
　　라는 이유였다. 羅偉虹篇, 『中國基督敎(新敎)史』, 415.
14　章博, 『近代中國社會變遷與基督敎大學−以華中大學爲中心的硏究』(武漢: 華中師範大
　　學出版社, 2010), 36.

지 사랑으로 가르쳤다. 그들은 엄숙하나 자연스러운 규율 유지, 풍부한 교육내용을 교수함으로써 다수의 인재를 배출하였다. 급기야 미션스쿨의 영향력이 지나치게 커지자 중국 정부는 교육제도 개혁의 문제를 검토하지 않을 수 없었다. 점차 미션스쿨과 정부의 학교 사이에 연합의 필요성이 제기되었다.[15]

이처럼 기독교 교육이 중국교육에 공헌한 바가 컸음은 자타가 공인했다. 하지만 '중화교육개진사'(中華敎育改進社)와 '전국성교육회'(全國省敎育會) 등 전국적 규모의 교육 단체들은 여러 차례의 회의를 통해 외국인으로부터 교권을 회수할 것을 결의했다. 특히 국가주의[16] 교육학파의 대표였던 위쟈쥐(余家菊), 천치텐(陳啓天) 등이 구성원이었던 '중화교육개진사'는 각종 선전, 조직, 논쟁 등을 통해 "국가주의 교육을 제창하고 미션스쿨의 교회 교육을 반대한다"는 자신들의 의지를 강력히 피력했다.[17] 이들이 지목하는 미션스쿨의 죄목은 대체로 기독교와 제국주의는 중국 침략과 밀접한 관련이 있었다는 점이다. 그런 이유로 미션스쿨은 제국주의 문화 침략의 도구라는 것이었다.[18] 나아가 정부는 1926년 사립학교법안을 다음과 같이 공포했다.[19]

첫째, 학생들은 종교 과목을 필수로 할 수 없다.

둘째, 학생들을 강압적으로 종교의식에 참가시킬 수 없다.

---

15  이관숙, 『중국 기독교사』(서울: 쿰란출판사, 2006), 407-408.
16  국가주의는 국가를 가장 우월적인 조직체로 인정하고 국가 권력이 경제나 사회 정책을 통제해야 한다고 주장하는 신조를 의미한다(위키백과).
17  楊思信, "近代中國敎育團體與收回敎育權運動", 「廣東敎育院學報」(2009. Vol.29. No.6): 84.
18  뤄관쭝 편, 『지난 일을 교훈 삼아』(서울: 한들출판사, 2019), 337-338.
19  정부와 미션스쿨 간의 대립과 결과에 대해서는 이관숙, 『중국 기독교사』, 410 참고.

셋째, 중국인이 다수가 되어 이사회를 조직해야 한다.

넷째, 외국인은 학교 교장이 될 수 없다

이에 대해 미션스쿨 관계자들 역시 교회 연합기관인 '기독교협진회'에 상정하여 방안 마련에 고심했다. 무엇보다 그들은 만일 정부의 간섭을 받기 시작한다면 기독교 정신이 이상적으로 교육에 반영되지 않을 것과 선교사들의 교육열이 떨어져 선교 사역에 큰 어려움이 찾아올 것을 염려했다. 그러나 '기독교협진회' 역시 대책 마련에 별다른 성과를 내지 못했다. 이에 대다수 미션스쿨이 휴교 혹은 폐교 처리 등 정부의 명을 따를 수밖에 없었다. 다음은 교권회수운동으로 제재당한 미션스쿨의 피해를 정리한 개황 표다.

| 성(省) | 학교명 | 설립자 국적 | 결과 | 시기 |
|--------|--------|------------|------|------|
| 광둥(廣東) | 광둥 성(聖)삼일(三一) 학교 | 영국 | 휴강 | 1924.5 |
| | 광저우 성심(聖心) 학교 | 프랑스 | 휴강 | 1924.5 |
| 장쑤(江蘇) | 쉬저우(徐州) 배심(培心) 학교 | 미상 | 휴강 | 1924.5 |
| | 난징(南京) 명덕(明德) 여자학교 | 미상 | 일부 학생 퇴학 | 1924.5 |
| 푸젠(福建) | 푸저우(福州) 협화(協和) 중학 | 미상 | 전체 퇴학 | 1924.5 |
| 허난(河南) | 카이펑(開封) 제변(濟汴) 중학 | 미국 | 교장을 구타하고 전교생 학적 박탈 | 1924.11 |
| 스촨(四川) | 충칭(重慶) 광익(廣益) 중학 | 미상 | 18개 반 전체 45명 퇴학 | 1924.11 |
| 후난(湖南) | 창사(長沙) 아례(雅禮) 대학 | 미국 | 휴강 이후 퇴학 | 1924.12 |
| | 창사(長沙) 아각(雅各) 중학 | 미국 | 휴강 이후 퇴학 | 1924.12 |
| | 창사(長沙) 성지(聖智) 학교 | 미국 | 휴강 이후 퇴학 | 1924.12 |
| | 창사(長沙) 준도(遵道) 학교 | 미국 | 휴강 이후 퇴학 | 1924.12 |
| | 샹탄(湘潭) 익지(益智) 중학 | 미국 | 휴강 이후 퇴학 | 1924.12 |

| 장시(江西) | 주장(九江) 성요한학교 | 학생 전체 퇴학 | 1925.2 |
| 안후이(安徽) | 우후(蕪湖) 성(聖)야곱 중학 및 성(聖)야곱초등학교 | 휴강, 선언문 발표 | 1925.5 |

교권회수운동으로 제재당한 미션스쿨 개황[20]

② 5·30사건

나아가 1925년 5월에는 5·30사건[21]이 도화선이 되어 반기독교운동을 더욱 부채질했다. 이 사건의 발단은 종교와 관계없이 상하이에 있는 한 방직 공장의 중국인 여공 학대가 원인으로, 처음에는 노동자의 처우 개선을 요구했다. 그러나 결국 노사(勞使) 간의 충돌로 번지면서 시위대가 조계 지역으로 진입하게 되었고 이로써 전국적인 반제국주의운동이 전개되었다. 이를 계기로 전국적으로 파업과 시위가 격렬해지면서 반제국주의 정서는 고조되었다.[22] 그 여파는 제국주의의 앞잡이라 취급되었던 기독교에까지 미쳤다. 그런 상황에서 1926년 국민당 북벌군과 결탁하여 외국 선교사를 살해하고 교회와 학교 등을 파괴하거나 약탈을 자행하는 데까지 확대되었다.

이 사건으로 1925년 전반기 잠시 가라앉는 듯했던 반기독교운동의 불길이 다시 거세게 타올랐다. 당시 이 소식을 접한 장쑤(江蘇)성의 일부 미션스쿨 학생들은 울분을 터뜨리며 퇴학을 자청하고 제국주의의 침략에 항의했다.[23] 또 그해 12월 23일에는 동남대학, 금릉대학, 여자 사범학교 등의 학생 천여 명이 가입한 '난징비기독교대동맹'(南京非基督敎大同盟)이 정식으로

---

20    舒新城, 『收回敎育權運動』(上海: 中華書局, 1927), 81-82; 王艷偉, "1920年代中國收回敎育權運動: 以與論爲中心的考察"(碩士學位論文, 浙江大學, 2015), 50에서 재인용.

21    이관숙, 『중국기독교사』, 473.

22    薛曉建, "非基督敎運動始末", 「中國靑年政治學院學報」3(2001): 109.

23    高俊, "江蘇非基督敎運動始末", 「濮陽職業技術學院學報」Vol.27. No.4(2014): 41.

결성되었다. 이들은 "시민에게 고함", "기독교도 원우에게 고함" 등을 발표하고 시민들과 학생들에게 대대적으로 호소하면서 기독교반대운동을 벌였다.[24]

## (3) 공산주의 사상

반기독교운동의 발발 배경에는 공산주의 사상도 있었다. 신문화의 영향을 받은 중국 지식인들의 이성적 사고는 5·4운동 이후 중국에 공산주의 사상이 확산함에 따라 마르크스 사상과 결합해 더욱 정교해졌고 더불어 반기독교사상도 고양되었다.

중국인들이 처음 마르크스 사상과 접촉한 것은 대략 1905년 전후다. 처음에는 단지 「마르크스 전기(傳記)」나 1888년 엥겔스가 쓴 「공산당 선언」 일어판 번역본 정도를 접했을 뿐이었고, 당시 공산주의 세력도 미약했으므로 큰 영향력을 끼치지는 못했다. 그러나 1917년 볼셰비키 혁명이 러시아에서 성공을 거두자 중국인들은 비로소 이 사상의 위력을 깨닫기 시작했다. 특별히 제국주의의 수탈에 신음하는 중국의 상황과 레닌주의와 제국주의 이론으로 강화된 마르크스 사상은 중국 지식인들 사이에 큰 반향을 일으켰다. 레닌은 제국주의가 자본주의의 최후 단계로서 자본주의의 피할 수 없는 선택이므로, 아시아의 약소국들은 분발하여 이에 맞서야 한다고 강조했다. 나아가 레닌은 자본주의는 머지않아 멸망할 것이며, 세계혁명에서 아시아는 중요한 지위를 차지하게 될 것이라 강조함으로써 세계 문제는 서구 국가들에 의해서만 해결 가능하다고 믿고 있던 유럽 마르크스주의자

---

24    高俊, "江蘇非基督教運動始末", 42.

들의 견해를 반박하기도 했다.[25] 이 이론은 서구 제국주의의 수탈에 분노하던 중국인들에게 큰 매력으로 다가왔다.

중국에서 공산주의를 가장 먼저 받아들인 사람은 중국의 '신문화운동' 기수인 천두슈(陳秀)다. 그는 1917년 「신청년」(新靑年)을 창간하여 중국의 신문화운동을 촉발했다. 1920년 5월에 이르러서는 중국 공산당의 전신인 '마르크스 학설 연구회'를, 8월에는 '사회주의 청년단'을 조직했다. 공산주의 사상을 지도한 다른 한 명은 역시 신문화운동의 선구자였던 리따자오(李大釗)다. 그는 장래 중국 공산당의 지도자가 될 마오쩌둥(毛澤東)에게 사상적으로 큰 영향을 주었으며, 1918년 마오쩌둥에게 직접 마르크스 사상을 소개한 인물이기도 하다.[26] 무엇보다 1949년 공산혁명이 성공한 후 중국교회 발전에 공산당의 영향력이 매우 컸던 사실을 생각할 때, 20세기 중국 공산주의의 태동은 주의 깊게 보아야 할 사안이다.

중국 사회에 공산주의 사상이 전파되면서 반기독교운동도 더욱 고양되었다. 공산주의 사상과 반기독교운동 간의 밀접한 관련성은 「반기독교운동선언문」에 잘 드러난다. 이 선언문의 일부를 소개하면 다음과 같다.[27]

우리는 '세계기독교학생동맹'을 반대한다.…또한 우리는 현대의 사회조직이 자본주의 사회조직이라는 사실을 안다. 이 자본주의의 사회조직 한쪽에는 '노동하지 않고 먹는 유산계급'이 있고, 또 한쪽에는 '노동하고 나서도 먹지 못하는 무산계급'이 있다.…현재 기독교와 기독교회는 바로 '전자를 도와주고 후자를 수탈하는 자이며, 전자를 지지하고 후자를 압박하는 마귀'다. 우

25   이매뉴얼 C. Y. 쉬, 『근-현대 중국사 하』(서울: 까치, 2013), 637.
26   이매뉴얼 C. Y. 쉬, 『근-현대 중국사 하』, 640.
27   楊天宏, "中國非基督敎運動(1922-1927)", 86.

리는 이러한 잔혹하고 폭압하는 비참한 자본주의 사회를 새로 개조해야만 한다. 따라서 우리는 이 '악인을 도와 나쁜 짓을 일삼는' 악귀인 현대 기독교와 기독교회를 우리의 원수라 간주하고 그들과 죽음을 각오한 결투를 벌이려 한다. 세계자본주의는 이미 발생·성숙하여 곧 붕괴될 지경에 이르렀다.…그리고 이제 중국에 들어와 경제침략주의를 실행하려 한다. 현대 기독교와 기독교회는 바로 이 경제 침략의 선봉대다.

이 선언문에서 밝히고 있듯이 반기독교운동은 자본주의를 반대한다. 그리고 기독교를 제국주의의 앞잡이로 여겨 마땅히 비판받아야 할 대상이라고 강조한다. 이는 이 운동이 기독교를 종교적 차원을 넘어 정치성을 갖고 공격하려는 것임을 시사한다.[28] 즉 기독교를 제국주의와 결탁하여 중국을 침략하는 세력이라고 규정함으로써 기독교 공격을 합리화하고자 하였다. 후대에 쓰인 베이징과 상하이 등의 공산당 역사 저작물은 중국 공산당이 반기독교운동을 일으켰다고 설명한다.[29] 이들을 참고한다면 반기독교운동의 배후에 공산당이 있었음을 능히 짐작할 수 있다.

한편 공산당과 반기독교운동의 연계성을 미미한 정도로 평가하는 시각도 있다. 미국의 제시 루츠(Jessi G. Luts) 교수는 1988년『중국 정치와 기독교 선교회: 1920-1928년의 반기독교운동』(*Chinese Politics and Christian Missions: The Anti-Christian Movements of 1920-1928*) 안에서 "1920-1922년의 반기독교운동은 소규모 단체와 엘리트 그룹의 활동"이었으며, "국민당이든

---

28    章博,『近代中國社會變遷與基督敎大學的發展-以華中大學爲中心的硏究』, 34.
29    中共北京市委黨史硏究室,『北京革命史大事記』(北京: 中共黨史資料出版社, 1980), 26; 中共上海市委黨史硏究室,『中共上海黨史大典』(上海: 上海敎育出版社, 2001), 4; 陶飛亞, "共産國際代表與中國非基督敎運動", 115에서 재인용.

공산당이든 그때까지 조직을 준비한 바가 없다"라고 단정한다.[30] 반기독교
운동 중 기독교와 정당의 관계에 대해 꾸준히 연구를 진행하고 있는 중국
쓰촨(四川) 대학 역사학과 교수인 양톈홍(楊天宏)도 1922년의 반기독교운동
안에서 공산당이든 국민당이든 이 운동을 조종하는 역할을 하기는 힘들었
을 것으로 말하면서,[31] 몇 명의 공산당원 개인의 활약에 주목한다. 가령 천
두슈 같은 인물이 반기독교운동에 두드러진 역할을 담당했을 것이라 보고
있다.

결론적으로, 반기독교운동과 공산주의 사상이 어느 정도 연관성이 있
다고 할 수 있다. 공산당의 조직적인 관여는 부인하지만, 양톈홍의 또 다른
글에서 이 둘이 연관성을 갖고 있었다는 증거를 확인할 수 있다.[32] 첫째, 공
산당 내 다수의 주요 인물이 직간접적으로 이 운동에 참여했다. 둘째, 중국
공산당과 사회주의 청년단의 기관지에 이 운동이 진행되는 동안 대규모로
기독교를 반대하는 문장이 등재됐다. 셋째, 이 운동이 소련의 지지를 받았
다. 반기독교운동의 중심지 중 하나였던 광둥(廣東) 중산(中山) 대학은 소련
과 밀접한 관계가 있었다.

종합적으로 볼 때 중국인들의 강렬한 민족주의와 신문화사상으로 인
한 대중의 각성, 공산주의 사상의 확산으로 인해 반종교사상이 고조되었다
고 할 수 있다. 반기독교운동은 당시 중국 사회의 모순과 각 계층의 갈등을
잘 반영해준다.

---

30    Jessie G. Luts, *Chinese Politics and Christian Missions: The Anti-Christian Movements of 1920-
      1928* (Notre Dame IN: Cross Cultural Publications, INC., 1988), 67; 陶飛亞, "共産國際代
      表與中國非基督教運動", 「近代史研究」, 5(2003): 115에서 재인용.
31    楊天宏, 『基督教與近代中國』(四川: 四川人民出版社, 1994), 294; 陶飛亞, "共産國際代表與中
      國非基督教運動", 115에서 재인용.
32    楊天宏, "中國非基督教運動"(1922-1927), 91.

## 2. 20세기 초 중국교회의 삼자운동 1: 자립교회운동

### 1) 원인과 계기

19세기에 이어 20세기 초 중국교회에 닥친 가장 큰 외부 위협은 반기독교 운동이었다. 이 역사적 고난에 직면하여 중국교회는 교회의 역할과 미래에 대해 고심하지 않을 수 없었다. 결국 중국교회의 고민은 기독교가 중국인에게 어떤 존재인가, 어떤 기능을 할 수 있는가의 문제였다. 이는 구체적으로 다음 세 가지 고민으로 귀결되었다.[33]

> 첫째, 중국교회는 과연 중국인들에게 내세에만 집중하게 하고 현실 상황에는 무관심하도록 가르쳤는가?
>
> 둘째, 중국의 총체적 난국 시기였던 19세기 말 20세기 초, 중국 기독교가 국가를 위해 한 일은 무엇이었는가?
>
> 셋째, 열강의 수탈 속에 전파된 중국 기독교는 제국주의의 앞잡이라는 이미지를 벗기 위해 어떤 노력을 했는가?

이 세 가지 질문은 중국 사회와 국가의 위기 앞에서 중국교회가 감당한 일은 무엇이었는지에 대한 역사적 책임을 묻는다. 이러한 질책 앞에 중국교회는 세간의 오해와 불신을 불식시킬 변화의 길을 모색하지 않을 수 없었다. 이제 중국교회는 확실한 자세를 취해야 했다. 서구 선교회 및 선교사와

---

33    량자린, 『중국에 축복이 임하다』, 174.

의 관계를 단절하고, 중국인에 의한, 중국인을 위한, 중국인의 교회를 만들어 나가야 한다는 역사적 부름에 따라야 했다. 이는 중국교회가 서구의 재정과 신학 사상 그리고 인력의 도움과 지원 없이도 과연 홀로서기를 할 수 있는가 하는 역량을 보여주는 일이기도 했다. 이 노력이 바로 '자립교회운동'(自立教會運動)이다.

물론 19세기 말부터 중국교회는 자립의 문제와 씨름해왔고 초보적인 성취를 이뤄냈다. 그 열망은 20세기에 들어와 더욱 강렬해졌고 더욱 체계적으로 발전된 모습을 보여주었다. 이는 완전히 중국교회 자체의 성숙과 내재된 힘이 있었기에 가능했다. 중국교회의 이러한 힘은 바로 기독교 인재인 중국인 지도자 양성과 배출에 있었다. 중국인 지도자 배출은 1900-1920년대부터 나타나기 시작했다. 이 시기는 미션스쿨의 수혜자가 배출되는 시기와 맞아떨어졌다. 1920년대에 이르러 중국인 목사의 수는 외국인 목사의 수를 상회했다. 외국인 목사가 1,268명이었던 반면 중국인 목사는 1,305명이나 되었다. 이로써 20세기 초 중국교회의 자립교회운동은 19세기 말에 비해 한층 더 성숙하고 발전된 모습으로 진행할 수 있었다. 이는 크게 두 가지 양상이 부각되었다.

첫째, 19세기 말 자립교회운동은 재정적 자립에 집중되어 나타났다. 20세기 초에도 재정적 자립을 위한 교회들의 노력은 계속되었고 완전히 자립한 교회들이 매우 빠르게 증가했다. 둘째, 체계적 신학 교육을 받지 못한 자립교회 지도자들을 중심으로 예배 제의에서 신학 사상 방면에 이르기까지 자립을 위한 노력을 했다.

이 시기 중국교회의 자립교회운동이 이처럼 활발하게 일어날 수밖에 없었던 이유에 대해 현대 중국 교회사가인 뚜안치(段琦)는 다음과 같이 몇

가지로 정리했다.[34]

첫째, 의화단운동과 크고 작은 교안(教案)들은 중국교회가 자립하지 못하고 '양교'(洋教)의 모자를 벗어버리지 못한다면 중국인들은 절대로 기독교를 받아들이지 못할 것이며 교안은 끊임없이 일어날 것이라는 교훈을 안겨주었다. 이 같은 교훈은 중국교회에 자립의 길은 이론이나 말로만이 아니라 실제적인 행동으로 나아가야 한다는 것을 깨닫게 하는 계기가 되었다.

둘째, 애국심이 충만한 중국 신자들은 중국에 대한 열강의 압력, 특히 중국에 대해 거액의 돈을 착취하고 배상하도록 한 것에 대해 더 이상 인내할 수가 없었다. 이 일은 중국교회와 신자들이 외국 교회의 간섭과 통제에서 벗어나고자 강력하게 희망하는 계기가 되었다.

셋째, 중국교회에는 이때부터 영적으로 성숙한 지도자들이 배출되기 시작했다. 예를 들어 위궈전(俞國禎), 청징이(誠靜怡), 웬위에쥔(袁曰俊), 쉬셩엔(許聲炎) 등으로, 이들은 모두 중국교회의 자립을 위해 건강을 잃으면서까지 분투했다.

넷째, 중국 신도들의 영적 성숙을 들 수 있다. 이들은 자립교회를 세우고자 하는 열정이 날로 뜨거워져 이를 위해 거액의 헌금을 하기도 했다. 그외에 1910년 '에든버러 세계선교대회'[35]를 통해 초교파적인 연합운동이

---

34    段琦, 『奮進的歷程』, 121-122.
35    1910년 6월 14일부터 23일까지 스코틀랜드의 에든버러(Edinburgh)에서 선교 관련 대표자 1,200명이 모여서 세계선교 보고를 통해 동향을 파악하고, 선교 상황의 긴급성을 논의했던 유명한 대회다. 1793년 윌리엄 캐리의 인도 선교로부터 시작된 개신교 선교는 미국 노스필드에서의 학생자원운동과 피어선, 드와이트 라이먼 무디와 같은 복음주의자들에 의해 절정에 이르렀다. 그 결과 많은 젊은이들이 해외선교에 헌신하게 되었는데, 이런 상황에서 개신교 선교 100년의 역사를 돌아보고, 세계 복음화의 실제적 방향과 전략을 점검하기 위한 국제 규모의 선교대회가 1910년 스코틀랜드의 에든버러에서 개최되었다. 첫날은 초

전개된 이유도 있다. 이 대회의 가장 큰 주제가 '선교'와 '일치'의 문제였기에 외국 선교사와 토착교회 사역자, 선교회와 지역 교회와의 에큐메니칼 협력의 필요성에 대해 심도 있는 논의가 진행되었다.[36] 바로 이 '세계 기독교 연합운동'이 당시 중국에 거점을 두고 있었던 선교회와 일부 선교사들의 선교에 대한 정책과 태도를 바꾸어놓았다.

## 2) 자립교회운동의 주요 양상

### (1) 자립교회의 증가와 발전

19세기 말부터 시작된 자립교회운동은 20세기에 진입하여 더욱 강력하게 진행되었다. 그 결과 자립교회들이 수적으로도 빠른 속도로 증가했을 뿐만 아니라 내부적 성숙과 발전도 이뤄냈다. 20세기 자립교회운동의 중요한 동력은 더욱 강렬해진 반제국주의 정서였다. 일련의 제국주의의 동포 학살과 유린에 대한 소식은 일반 중국인뿐만 아니라 교회 안의 민족주의자와 애국주의자들을 자극하였다. 애국심이 충만했던 신자들은 피 끓는 격문들을 연이어 발표하며 격렬하게 반제국주의운동에 참여하였다. 대표적 애국자였던 위궈전(俞國禎) 목사가 세운 '중국예수교자립회'(中國耶蘇教自立會)는

---

기 YMCA운동의 주도적 리더이며 노벨평화상 수상자였던 미국의 평신도 지도자 존 모트(John R. Mott, 1865-1955)의 사회로 진행되었으며, 주제는 "비기독교 국가들에 대한 선교"였다. 존 모트 의장은 첫날의 기조연설을 통해 에든버러 세계선교대회가 "선교현장의 문제들을 보다 과학적으로 분석하고, 전무후무한 선교 상황의 긴급성을 교회에 알리는 것"에 목적을 두고 있음을 강조하였다. 선교대회 첫날의 의제에 따라 아시아와 아프리카의 복음화를 위한 광범위한 선교 보고와 집중적인 토론이 있었다. 성공적인 세계 복음화를 위해 인도, 동아시아, 이슬람 지역을 집중 선교해야 한다는 의견이 제시되었으며 특별히 이슬람 세력이 급속도로 팽창하고 있는 아프리카 선교의 긴급성이 보고되었다(위키백과).
36    김은수, 『현대선교의 흐름과 주제』(서울: 대한기독교서회, 2010), 26-27.

1925년 6월 13일 「신보」에 다음과 같은 격문을 실어 반제국주의운동에 대한 교회의 의지를 알렸다.

20여 년 전 이미 서양 침략의 폐해를 간파하였고 이러한 간계를 물리치기 위해 노력하였다. 그러므로 우리 교회는 이번 영국과 일본의 야만적 행동에 대해 몹시 분노하여 공리로 지지할 것을 결정하며, 목숨이 남아 있는 한 이 뜻을 버리지 않을 것이다.[37]

이렇게 교회 안에 흐르는 반제국주의 정서는 더욱 적극적으로 서구 선교회와 선교사로부터의 간섭과 치리를 벗어나려 했다. 그래서 중국인이 이끌어가는 자립교회를 설립하고자 하는 분위기를 조성하였다. 제국주의 열강의 중국 침탈에 대한 기독교 신자들의 분노가 자립교회의 발전을 촉구하였다고 할 수 있다.

20세기 자립교회운동의 문을 연 사람은 위궈전(俞國楨) 목사였다. 그가 1906년 봄 상하이 자베이(閘北)에 '중국예수교자립회'라는 기구를 세우면서 자립교회운동이 본격화됐다. 위궈전은 1904년부터 중국기독신자회 회장을 맡았다. 그는 이론의 전파에 만족하지 못하고 이를 행동으로 옮기기 위해 상하이에서 뜻이 통하는 사람들과 이 문제를 놓고 논의하였다. 이것의 결실이 바로 '중국예수교자립회'의 설립이었다.[38] 위궈전 목사는 1894년 상하이 홍커우(虹口) 장로회의 목사를 맡았다. 그는 제국주의로 인한 국내의 어지러운 정치 형세뿐만 아니라 교회 안에서 서구 선교사들과의 갈

---

37    뤄관쭝 편, 『지난 일을 교훈 삼아』, 221.
38    뤄관쭝 편, 『지난 일을 교훈 삼아』, 214.

등으로 민족적 자존심이 많이 상해 있어 더욱 교회 자립에 대한 마음을 굳히게 되었다. '중국예수교자립회'는 애국주의 사상을 갖고 있던 많은 신도의 지지를 받았을 뿐만 아니라 청나라 정부의 비준도 받을 수 있게 되었다. 이 회에 가입하는 교회가 날로 증가해 1915년에는 전국 16개 성에 자립교회가 세워졌다. 1924년에 이르러서는 전국 330여 곳이 넘었으며[39] 신자는 2만여 명을 넘어섰다.[40] 이 숫자는 자립을 향한 중국교회의 의지가 얼마나 강력했는지 잘 보여준다.

당시 자립교회들의 자립 상태는 보통 세 부류로 구분되었다.[41] 첫 번째는, 재정적 자립의 실현에 목적을 둔 교회들 가운데도 여전히 재정적으로는 독립하지 못한 상태, 또는 교회 치리에 외국 선교회의 통제를 받는 교회들이다. 두 번째는, 서구 교회와 완전히 결별하여 자치·자양·자전에 뜻을 모으고 절대로 외국 교회의 관할을 받지 않을 것을 목표로 한 교회들이다. '중국예수교자립회'는 바로 이 부류에 속했다. 세 번째는 첫 번째와 두 번째의 중간 지대에 있었던 교회들이다.

이처럼 20세기 초반의 자립을 위한 교회의 노력은 외부의 도전, 즉 반기독교운동으로 인한 애국 기독교 신자들의 분노가 기폭제가 되었다. 제국주의에 대한 반감은 교회가 자연스럽게 서구 선교회와 선교사들로부터 분리와 독립을 추구하는 데까지 나아가게 했다. 자립교회들은 우선 재정적인 자립의 문제를 해결하고자 했다. 그리고 서서히 서구 신학 사상으로부터 분리하려는 노력으로 나아갔다.

---

39    中華續行委辦會調查特委會編, 『1901-1920年 中國基督敎 照査資料(上)』, 997.

40    段琦, 『奮進的歷程』, 107-108.

41    中華續行委辦會調查特委會編, 『1901-1920年 中國基督敎 照査資料(上)』, 997.

## (2) 신학 사상 자립을 위한 노력

중국교회의 자립교회 설립 의지가 활짝 피어났던 1920-1930년대는 비
단 재정적인 자립을 위한 노력뿐만 아니라 다른 다양한 시도들이 이어졌
다. 이들은 서구의 신학 사상과 교회 의식에 대해서도 강한 반감을 드러내
고 점차 서구 교파들과의 분리를 시도하였다. 중국교회의 이 같은 정서는
자연스럽게 중국 토착신학 형성과 연결되었다. 이 점은 20세기 초반 자립
교회운동의 내용에서 가장 중요한 부분이다. 대표적으로 1917년 웨이언
뽀(魏恩波)가 베이징에 세운 '참예수교회'(眞耶蘇敎會)[42]와 1921년 징텐잉(敬
奠瀛)이 산둥(山東) 마장(馬庄)에 세운 '예수가정' 그리고 같은 해 워치만 니
(Watchman Nee)가 푸저우(福州)에 세운 '취회소'(聚會所)가 있다.[43] 가정교회
의 선두 주자 왕밍따오가 1933년에 세운 '베이징 기독교도회당(基督敎徒會
堂)'도 이 부류에 속한다. 그 외 신학을 강의하고 집필에 전념했던 양샤오탕
(楊紹唐, 1898-1966)과 부흥사로 활동했던 송샹제(宋尙節, 1901-1944)가 있다.
이들은 대부분이 순회 전도자들로서 20세기 초 중일(中日)전쟁 등의 국난
속에서 중국교회의 부흥을 이끌었다.[44] 이들이 이끄는 교회들은 진정한 자
립교회의 모범으로 자리매김했다.

주목할 것은 이를 주도한 지도자들의 신학 배경이다.[45] 이들은 대체로

---

42  웨이언뽀의 '참예수교회'는 초기 은사파 교회로 분류되는데 이들은 당시 대부분의 중국교
    회가 성경을 위배하고 있다고 확신하고 독립적인 전도로 교회를 설립하여, 1926년에는 난
    징에 총부를 설립하였다. 이들은 삼위일체를 부인하여 단지 예수 그리스도만이 유일한 신
    이라 주장하면서 세례와 기도 등 일체의 교회 의식을 모두 예수 그리스도의 이름으로만 진
    행하였다. 또한 안식일과 십계명의 계명만을 사수해야 구원받을 수 있다고 가르쳤다. 이러
    한 이단사상에도 불구하고 당시 신도들이 상당하여 대규모 자립교회의 면모를 갖췄다. 供
    稿·吳保羅, "1949年以前的中國自立敎會", 「福音時報」(2016.9.12.), 2.
43  량자린, 『중국에 축복이 임하다』, 179.
44  김학관, 『중국 교회사』, 158.
45  이들의 신학 배경에 대해서는 林四皓·周復初 編, 『不死就不生(2011近現代中國基督敎神學

초기에 서구 선교회와 선교사와 연관성을 가지고는 있었으나, 유럽과 미국의 정규 신학 교육과 접촉한 적은 없다. 이 말은 당시 서구에서 유행하던 '자유주의 신학 사상'의 영향을 거의 받지 않았다는 것을 의미한다. 이런 이유로 그들은 소위 '기요파'(基要派)라는 보수신학 진영으로 분류되었다.

그러나 여기서 한 가지 설명이 요구되는 부분이 있다. 우선 기요파라는 의미부터 생각해보자. 기요파는 근본주의 신학을 뜻하는 중국어 번역이다. 한자 의미 그대로 '기독교의 가장 근본적인 요소를 중시하고 표방하는 파'라는 뜻으로 이름 붙였다. 이런 의미로 본다면 기요파는 서구의 '근본주의 신학'(Fundamental theology)을 표방하는 신학 부류임을 알 수 있다. 근본주의 신학은 19세기에 출현한 자유주의 신학의 도전에 맞서 정통신학을 방어하기 위한 목적으로 시작되었기에, 하나님의 절대성과 성경의 절대성을 강조한다. 특히 성경의 무오성(無誤性)을 전제한 전통적인 신학을 표방한다. 또한 '세속적 가치관의 새로운 변화와 도전에 경계하는 신학적 경향'을 띠고 있다.[46] 문제는 이 근본주의 신학의 특징에 비춰본다면, 20세기 초반 소위 '기요파'로 불리는 자립교회 지도자들의 신학을 기요파로 구분하는 데 무리가 따른다는 사실이다. 왜냐하면 이들의 신앙은 말씀을 위주로 한다고 하지만 때로는 지나친 문자주의 해석을 고집하기 때문이다. 이들은 성령의 능력을 추구하고 강조하는 성향을 보여 신유나 방언에 치중했다. 말씀을 연구하는 방식이 아닌 직통 계시 등의 방식으로 설교하는 경우가 많았다. 그렇다면 이렇게 다양한 특징들을 보임에도 불구하고 이들을 모두 근본주의 신학을 추구하는 파로 동일하게 구분할 수 있을까?

---

思想學術研討會論文集)』(香港: 聖經資源中心, 2011), 337 참고.

46    위키피디아.

필자는 여기서 이 문제에 대한 시각을 달리할 것을 제안하고자 한다. 즉 기요파는 서구 근본주의 신학과는 다른 면모를 갖고 있음을 이해해야 한다는 점이다. 물론 기요파 역시 서구 근본주의 신학의 가장 중요한 면을 가지고 있다. 기요파에게 가장 중요한 것은 성경의 위치와 권위이기 때문이다. 그러나 중국 기요파는 서구 근본주의 신학과 다소의 차이를 보이고 있는데, 몇 가지 특징을 정리하면 다음과 같다.[47]

첫째, 기요파에게 성경은 배타적인 진리이며 절대적으로 무오하다. 또한 서구의 신학과 교회 전통 위에 있다. 둘째, 성령의 조명을 받을 때 성경이 분명해진다. 셋째, 성경의 주제가 매우 간략하고 명확하다고 인식한다. 가령 인류의 죄, 회개, 구원, 믿음, 영생 등의 핵심 주제를 아는 것이 중요하다고 강조한다. 한편 직접적으로 설명하기 어렵고 전달에 어려움이 따르는 가르침의 경우에는 '영해'(靈解, spiritual interpretation)의 방법을 주로 사용한다. 이들이 영해를 사용하는 것은 자기가 전하려는 뜻이 인간의 이성에서 온 것이 아니고 성령의 조명으로부터 왔음을 강조하려는 것이다. 넷째, 성경 안에는 직접적인 적용을 요구하는 부분이 있다고 믿는다. 기요파는 성경을 묵상하고 연구하는 대상으로만 보는 것에 반대하고 성경 안에 강렬한 현실감이 배태되어 있다고 생각한다. 이들은 성경의 내용 하나하나가 성도의 신앙생활을 가리키고 있어 실제적인 행동으로 옮기도록 요구한다고 강조한다. 이러한 생각과 주장은 중국인들의 현실에 충실하고 실제 이익을 중시하는 사고방식이나 추상적 사고를 별로 중요하지 않게 여기는 사유 방식과 연관되었다고 본다.

---

47    趙盼, "民國時期中國基要波的聖經主義研究", 「基督教學術」16(2016): 55-57.

이상 중국 기요파의 이해를 통해 그들이 서구의 근본주의 신학 사상과 구별되는 독특한 특징이 있음을 알았다. 이러한 이해를 기반으로 20세기 초반 자립교회 지도자들의 신학 사상을 분석한다면, '이들은 성경 말씀을 위주로 하되 각자의 강조점에는 다소 차이가 있었다'라고 결론을 내릴 수 있다. 이 기준에 따르면 왕밍따오는 경건 생활을 중심으로 한 '중생신학'을 강조했다. 반면에 워치만 니는 '영성신학'을 강조했다.[48]

결론적으로, '기요파'는 20세기 중국교회의 자립운동에 이바지한 공이 크다. 이들로 인해 중국교회는 순수한 신앙의 기본 위에서 성경을 우선으로 하고 열정적으로 성경을 연구하는 경건주의 전통을 견지할 수 있었다. 기요파의 이러한 성경 중심 신앙관이 자립교회운동을 추동하는 데 큰 역할을 감당했다.[49] 나아가 현재까지 중국 가정교회가 하나님의 말씀을 최고의 권위에 두고, 이를 중심으로 하는 아름다운 신앙의 전통을 유지하는 데 큰 영향을 미쳤다.

그렇지만 비판적 평가 역시 피해 가기는 어렵다.[50] 기요파가 중국교회에 끼친 부정적인 측면으로 인해 중국교회의 발전에 어려움을 초래한 부분이 많기 때문이다. 그 내용은 다음과 같다.

첫 번째, 기요파는 중국교회에 반지성주의를 초래했다. 반지성주의는 서구 근본주의 신학 사상이 가진 대표적인 부정적 측면으로서 기요파가 중국교회에 끼친 영향력 중 가장 크고 확실한 것이다. 이것은 기요파가 성경의 절대적 우위성과 무오성을 강조하여 전통적인 신학 사상 연구에 대해 일체 부정하고, 성경 내용을 간소화하여 말씀대로의 실천 적용을 중시하다

48    林四皓·周復初 編, 『不死就不生』, 337.
49    趙盼, "民國時期中國基要波的聖經主義研究", 62.
50    이하 기요파 비평에 관해서는 趙盼, "民國時期中國基要波的聖經主義研究", 62-64 참고.

생겨난 현상이다. 이러한 반지성주의는 중국 기요파 교회와 신학에 큰 약점이 되었다.

두 번째, 기요파는 중국교회에 분열주의(分裂主義)를 초래했다. 성경의 무오성은 절대적으로 성경 해석의 무오성까지 보장하진 못한다. 더구나 사람들이 성경으로 자기의 틀린 관점을 모두 보호할 수는 없다. 중국 기요파 역시 그러한데, 이들은 사실상 자유주의파 사상을 반대하는 데만 일치했을 뿐 기타 신학 문제의 관점에 대한 태도는 각자가 달랐다. 이들은 마치 자신들이 성경의 진리를 대변하는 자인 것처럼 성경 본문으로 다른 신학 사상들, 심지어 기요파끼리도 서로 비평하고 공격하는 모순된 현상을 보이기도 했다.

세 번째, 기요파는 개인주의와 영해(靈解)를 남용하는 결과를 초래했다. 성경을 개인이 임의로 이해하고 해석함으로써 기요파 내에서는 개인주의가 성행했다. 특히 이들은 지나칠 정도의 영해 방식으로 성경을 해석함으로써 성경을 자유화·임의화 또는 신비화시키는 결과를 초래하여 많은 해석상의 오해를 불러일으켰다.

이상과 같이 기요파에 대한 이해를 전제로 하여 기요파를 대표하는 왕밍따오의 신학 사상을 자세히 살펴보고자 한다. 그의 신학 사상을 연구함으로써 기요파의 주요 특징을 다시 한번 확인할 수 있을 것이다.

## 3) 왕밍따오의 신학 사상

### (1) 왕밍따오의 생애

>> 왕밍따오
출처: https://www.christiantoday.
co.kr/news/276235

"중국교회를 이끈 3대 거인" 중 하나,[51] "20세기 중국의 가장 위대한 기독교 영수"[52]라 찬사받는 왕밍따오(王明道, 1900-1991)는 중국교회 근본주의 신학 사상을 대표하는 목사다. 그는 자유주의 신학자들로부터 정통신학을 지키기 위해 애쓴 변증가, 열정을 다해 복음을 전한 전도자다. 또한 중국 가정교회 영성의 원천이라는 점에서 "모든 가정교회의 담임목사"[53]라는 칭호도 받고 있다.[54] 왕밍따오는 20세기 중국 자립교회운동의 선구자로서 무엇보다 서구신학 사상에서 분리해 나와 중국 토착 신학 형성에 큰 공을 세웠다. 그는 중국 '기요파'의 대표로 꼽히며[55] 자신의 신학 사상을 집약하고 있

---

51  Leslie T. Lyall은 『中國教會三巨人』(香港: 橄欖出版, 2012)에서 양샤오탕(楊紹唐), 워치만 니와 함께 왕밍따오를 중국교회 3대 거인이라 일컬었다.

52  Tony Lambert, *China's Christian Millions: The Costly Revival* (London: Monarch Books, 1999), 98; Baiyu Andrew Song, "基督與文化對立? 再評王明道通俗新學", 「全球基督教期刊」 (2017): 52에서 재인용.

53  Lian xi, *Reemded by Fire: The Rise of Popular Christianity in modern China* (New Haven, CT: Yale University press, 2010), 129; Baiyu Andrew Song, "基督與文化對立? 再評王明道通俗新學", 53에서 재인용.

54  일반적으로 중국 가정교회의 본격적인 시작은 1949년 신중국 성립과 관련이 있다. 즉 정부는 신중국 산하 삼자회라는 정부 정책에 협력하는 종교기구를 설립한 후 전국의 교회로 하여금 삼자회에 가입하도록 강요하고 이 기구에 등록된 교회는 이른바 공인교회로 인정하였다. 따라서 왕밍따오와 같이 이 기구 가입을 거부하고 비밀리에 모임을 가진 비공인교회들이 가정교회의 원류가 된다고 할 수 있다.

55  宋剛, "基要與本色之間: 賈,王興倪思想比較", 「近現代中國基督教神學思想學術研討會論文集」(2020.9.6.): http://bmu023009.chinaw3.com/html/zhuantiyanjiu/

는 7권의 문집에서, 성경 중심의 신앙생활과 그리스도인의 인격에 대해 강조하고 있다.

　25세에 순회설교자로서 본격적인 사역을 시작한 왕밍따오에게 큰 어려움이 찾아왔다. 이 어려움은 사역이 한창 무르익어가던 1949년 중국공산당에 의해 중화인민공화국이 수립되면서 시작되었다. 공산혁명이 성공하여 세운 신정부가 '중국 기독교 삼자애국운동위원회'(中國基督敎三自愛國運動委員會, 이하 '삼자회')라는 정부 주관의 종교 기구를 만들었다. 전국의 교회가 삼자회에 가입하라는 강요를 당했다. 거듭되는 회유와 압박에도 불구하고 왕밍따오는 '정교분리'의 신앙관을 고수하며 삼자회 가입을 완강히 거부하였다. 그는 설교집을 통해 공산당의 종교정책에 대해 강도 높게 비난했다. 그 결과 공산당은 1955년 8월 7일 그를 전격적으로 체포했고 반동의 죄목을 씌어 15년의 투옥을 선고했다.

　왕밍따오의 투옥에 관해 전해지는 일화에 의하면,[56] 처음 그가 15년형을 선고받고 감옥생활을 시작했을 때는 매일매일 오직 기도와 말씀 묵상 그리고 찬송으로 고통을 견뎠다고 한다. 그러나 날이 갈수록 고문은 가혹해졌고 큰 고통으로 나중에는 정신 분열 증세까지 보이게 되었다. 결국 그는 고문의 고통을 이기지 못하고 삼자회에 가입하겠다고 서명하고 말았다. 출옥 후 왕밍따오가 자기 집 근처를 이렇게 중얼거리며 돌아다닌다는 소문이 돌기 시작했다.

---

　　jidujiaoshixue/20120410/2017.html.

56　왕밍따오의 투옥에 관한 일화에 대해서는 김수진, 『중국 개신교회사』(서울: 홍성사, 1997), 236-237; 데이빗 형제, 『왕명도』, 모퉁이돌 선교회 역(서울: 예영커뮤니케이션, 1994), 37-45 참고.

나는 베드로야…. 나는 베드로야….

왕밍따오가 주님을 배반했다는 소문이 돌자 베이징기독도회당의 교인 2,000명이 교회를 떠나버렸다. 양들이 떠난 일로 왕밍따오는 목회자로서 엄청난 고뇌와 자책에 시달렸다. 결국 그는 깊은 회개 끝에 공산당과 체결했던 서약서를 찢어버렸다. 그리고 다시 십자가의 길로 나아갈 것을 다짐했다. 공산당이 이런 왕밍따오 부부를 가만히 둘 리가 없었다. 공산당은 왕밍따오에게 무기징역을 선고했고 아내에게는 15년 형을 선고하였다. 무기징역을 선고받고 그가 감옥에서 자주 묵상했던 성경 구절은 미가 7:7-9이었다.

오직 여호와를 우러러보며 나를 구원하시는 하나님을 바라보나니 나의 하나님이 나를 들으시리로다. 나의 대적이여, 나로 인하여 기뻐하지 말지어다. 나는 엎드러질지라도 일어날 것이요, 어두운 데 앉을지라도 여호와께서 나의 빛이 되실 것임이로다. 내가 여호와께 범죄하였사오니 그의 노를 당하려니와 주께서 나를 인도하사 광명에 이르게 하시리니 내가 그의 의를 보리로다.

왕밍따오는 감옥생활의 고통으로 여러 번 중병에 걸려 생명의 위협을 느꼈으나 주님의 은혜로 1980년 22년 10개월 만에 출옥했다. 출옥한 후 그는 상하이(上海)에서 가정교회를 개척하여 목양하다가 1991년 7월 28일에 91세의 나이로 주님 품에 안겼다.

## (2) 왕밍따오와 중국교회

왕밍따오의 복음 중심 신앙은 7권의 문집[57]에 그대로 담겨 전수되고 있으며, 그의 나이 50세 즈음 30년의 목회생활을 담은 자서전『伍十年來』(오십년래)[58]도 전해진다. 또한 「靈食季刊」(영식계간)이라는 잡지에 자신의 설교문을 게재하여 중국교회에 '오직 성경', '오직 그리스도', '오직 믿음'의 복음 신앙을 전하고 나누었다. 왕밍따오의 복음 신앙은 정치적 압박 앞에서 삼자회 가입을 놓고 고민하던 많은 교회에 극한의 위기 상황 앞에서 그들이 붙잡아야 할 것이 무엇인지 교훈하였다. 그 결과 많은 교회가 공인교회가 되길 거부하고 지하에서 생명의 복음을 지키기로 결단하였다. 또한 거짓 가르침으로 요동하던 많은 교회를 '바른 말씀', '생명의 말씀'으로 양육하며 구원에서 멀어지지 않도록 이끌었다. 이처럼 왕밍따오가 중국교회에 미친 영향력은 당대 그 어느 목회자나 신학자에 비교할 수 없을 만큼 지대하다. 공산당과 삼자회가 왕밍따오의 삼자회 가입을 그토록 종용하고 강권하였던 것도 교회 내에서 그가 가진 위상 때문이었다. 왕밍따오가 중국교회에 미친 영향력을 종합하면 다음과 같다.

첫째, 왕밍따오의 신학 사상이 중국교회에 미친 영향이다. 왕밍따오는 대학 시험에 낙방한 후 대학 입학을 포기했다. 정식 신학교육을 받은 경험도 없는 것으로 알려져 있다. 아마도 그의 신학은 신실한 신앙인이었던 어머니와 런던선교회[59] 소속의 미션스쿨에 입학하여 받은 정기적인 경건 훈련과 성경 지식 그리고 오순절 계열 선교사와의 만남을 통해 성경의 주요

---

57    王正中編,『王明道文集 1-7』(臺北: 浸宣出版社, 1978). 이 책은 왕밍따오의 설교와 강론 등을 모아놓은 것으로 전 7권으로 편집되었다.

58    王明道,『五十年來』. 미간행, 1950.

59    1795년 영국에서 세워진 초교파적 선교단체다. 중국 최초 개신교 선교사였던 로버트 모리슨은 이 선교회가 해외에 파송한 4번째 선교사다.

교리 등을 습득하면서 형성된 것으로 보인다. 여기에 모리슨 선교사 때부터 중국교회에 전통적으로 전수되어온 복음주의의 가르침도 무시할 수 없다. 이런 신앙의 배경으로 왕밍따오는 말씀 중심, 십자가와 부활 중심, 성화의 삶과 실천을 중시하는 신앙을 갖게 되었다. 혹자는 그와 같은 '기요파' 목사들이 성경의 가르침을 지나치게 강조하고 중시함으로써 중국교회에 반지성주의를 야기하고, 서구 전통의 교파를 떠나 독립하고자 하는 분리주의를 초래하는 등 부정적인 영향을 끼쳤다고 평가하기도 한다.[60] 그럼에도 왕밍따오의 복음적 설교가 중국교회 영성에 미친 영향력에 대해서는 그 누구도 부인할 수 없다.

둘째, 왕밍따오는 1920-1930년대 중국교회가 서구로부터 자립을 꿈꾸며 전개한 '자립교회운동'(自立敎會運動)의 중심인물이다. 그는 1937년에 베이징 기독교도회당을 건축하고 재정뿐만 아니라 신학 사상과 치리, 전도 방법에 이르기까지 모든 면에서 완전히 자립함으로써 자립교회의 전형이요 모범으로 평가받았다.

셋째, 왕밍따오는 명실공히 중국 가정교회의 정신적 지주다.[61] 중국 가정교회는 1949년 신중국 성립 후 삼자회 가입을 거부한 교회들로부터 시작한다.[62] 당시 비공인교회에 대한 당국의 조치로 건물과 교회 조직은 와해되었다. 그러나 교인들은 비밀리에 삼삼오오 가정에서 모여 신앙생활을 이어갔다. 오늘날 중국 기독교인의 70%는 가정교회 교인이다.[63] 이들은 여전히 공산당의 눈을 피해 왕밍따오로부터 전수된 말씀 중심의 영성을 이어가

60    趙盼, "民國時期中國基要波的聖經主義研究",「基督敎學術」16(2016): 62-64.

61    김수진,「중국 개신교회사」, 231-232.

62    김영산,「중국 가정교회 신앙과 생활」(서울: 도서출판영문, 2004), 10-11.

63    「국민일보」, 2021. 1. 27. http://news.kmib.co.kr/article/view.asp?arcid=0923570088.

고 있다. 왕밍따오는 이러한 중국교회 안에서의 영향력으로 "모든 가정교회의 담임목사"[64]로 인정받고 있다.

### (3) 왕밍따오의 저작물

왕밍따오의 설교문은 1976-1978년의 기간 동안 『王明道文庫』로 편집되어 출간되었다. 편집자 왕정쭝(王正中)은 이 책을 편집하게 된 가장 큰 동기를 "그분이 거기에서 지속적으로 주님을 위해 말하는 것"을 그치지 않기를 희망하기 때문이라고[65] 밝혔다. 왕정쭝은 중국인이 있는 어느 곳이든 왕밍따오의 주님을 위한 말씀이 울려 퍼지길 원했다. 이 바람을 담은 『王明道文庫』는 타이베이(臺北) 침선출판사(浸宣出版社)에서 총 7권으로 출간되었다. 이 안에는 왕밍따오의 설교 50여 편이 담겨 있다. 1-7권까지의 설교문 주제를 표로 정리하면 다음과 같다.

| 권 | 주제와 설교제목 | 편집 연도 |
|---|---|---|
| 제1권 | 좁은 문(窄門)—생활 지도<br>• 다섯 통의 편지<br>• 네 개의 비극<br>• 혀의 관리 12원칙<br>• 타인과 관계 25원칙<br>• 종신대사 8편<br>• 생활 가운데 작은 일<br>• 범사에 감사 | 1976년 11월 |

---

64  Lian xi, *Redeemed by Fire: The Rise of Popular Christianity in modern China* (New Haven, CT: Yale University press, 2010), 129; Baiyu Andrew Song, "基督與文化對立? 再評王明道通俗新學", 53에서 재인용.

65  王正中, 『王明道文集第一册』(臺北: 浸宣出版社, 1976), 6.

| | | |
|---|---|---|
| 제2권 | 좁은 길(小徑)—복음<br>• 중생<br>• 주를 알자<br>• 외침<br>• 시대의 소식 | 1977년 4월 |
| 제3권 | 영의 양식(靈糧)—영적 생명 배양<br>• 옛사람을 장사하고 새 모습을 창출하자<br>• 아래로 뿌리를 내리고 위로 열매를 맺자<br>• 폐단을 바로잡자: 성도에게 약이 되는 말씀<br>• 앞차는 이미 전복되었다, 다음 차를 점검하라 | 1977년 6월 |
| 제4권 | 여유 식량(余糧)—주제 연구<br>• 그리스도의 신부<br>• 마귀의 궤계를 신중히 막자<br>• 돈으로 살 수 없는 몇 가지 물건<br>• 성경의 조명 가운데의 은혜 활동<br>• 고통을 겪고 있는 성도에게 씀<br>• 그리스도는 과연 부활했는가?<br>• 신의 존재를 증명하는 7가지<br>• 남은 양식<br>• 왕밍따오 우언집 | 1977년 8월 |
| 제5권 | 소명(召命)—은혜의 간증<br>• 소명<br>• 어둠의 날들<br>• 주님의 정병(精兵) 되기<br>• 은밀한 곳에서의 영적 사귐 | 1977년 12월 |
| 제6권 | 거울삼기(借鏡)—성경 인물<br>• 이 사람들을 보라(상)<br>• 이 사람들을 보라(하)<br>• 고난받는 것이 유익이라<br>• 세상 가장 높은 사다리 | 1978년 2월 |
| 제7권 | 복음 사수(衛道)—진리를 위한 변(辯)<br>• 복음의 진위를 가리기 위한 변(辯)<br>• 예수님은 누구신가?<br>• 나는 왜 성경의 묵시를 믿는가?<br>• 현대 교회의 위기<br>• 세계 인류는 모두 하나님의 아들인가?<br>• 언제까지 두 마음을 품겠는가?<br>• 우리는 신앙을 위하여!<br>• 사람은 천국을 건설할 수 있는가?<br>• 교훈<br>• 풀무와 사자굴 안에서 | 1978년 2월 |

## (4) 왕밍따오의 신학 사상

왕밍따오의 신학 사상은 그의 설교문 등을 모아놓은 7권의 문집에 잘 나타나 있다. 그의 글 안에는 성경의 권위와 무오성을 중시하는 중국 기요파의 특징이 분명하게 드러나 있다. 왕밍따오의 신학 사상은 '오직 성경', '오직 그리스도', '오직 믿음', '오직 은혜', '오직 하나님께 영광'이라는 종교개혁의 핵심 진리로 설명할 수 있다.

### ① 오직 성경

왕밍따오가 목회 기간에 선포한 설교에서는 그의 철학이나 교훈을 찾아볼 수 없다. 모든 설교 내용은 성경에 근거하고, 성경 본문 강론이 설교의 주를 이룬다. 성경은 왕밍따오의 목회의 원천이자 전부였다고 해도 과언이 아니다. 성경에 관한 왕밍따오의 주요 관점은 크게 두 가지다.

**성경은 인간에 의해 지어지거나 편집된 것이 아니라, 하나님의 감동으로 된 것이다**

먼저 왕밍따오는 자신의 성경관을 집약해놓은 "나는 왜 성경이 하나님의 묵시라고 믿는가?"(我爲什麼信聖經是神所黙示的)라는 문장에서 세 가지 이유를 들어 성경의 무오성(無誤性)을 강조한다. 첫째, 구약의 율법은 사랑과 지고한 덕행 그리고 심오한 지혜를 담고 있으며, 나아가 인간에게 일체의 허위, 불공평, 음란, 도둑질, 속임수 등을 엄격히 금하는 도덕성이 높은 책이고(출 23:1-3),[66] 지혜로 충만하다.[67]

---

66 王正中編, 『王明道文集 第七冊』, 107.
67 王正中編, 『王明道文集 第七冊』, 112.

둘째, 왕밍따오는 구약 안의 많은 예언이 모두 이미 성취되었다는 사실을 성경 무오성의 증거로 삼는다.[68] 구약의 많은 예언 중 왕밍따오가 가장 주목하는 것은 그리스도에 관한 부분이다. 즉 유다 지파에서(창 49:10), 다윗의 후손으로(사 11:1-10), 예루살렘에서(미 5:2) 강생할 것이라는 예언이 신약성경(눅 24:44) 안에서 그대로 성취되었음을 강조한다.

셋째, 왕밍따오는 성경의 여러 저자가 있지만 신구약 전서 66권 안에 강론된 중요한 도의 처음과 끝은 서로 연결되고 합해지며 한결같다는 점을 들어[69] 성경이 분명하게 하나님의 감동으로 된 책이라 선언하였다.

### 성경은 매우 위대한 감화력을 갖고 있다[70]

왕밍따오의 성경관의 두 번째 주제는 성경은 품행이 비열하고 포악한 죄인도 고상한 도덕을 품은 선량한 성도로 변화시킬 수 있는 감화력을 가진 책이라는 데 있다. 그가 말하는 성경의 감화력은 다음과 같다.

첫째, 인간은 스스로 포악한 성정을 다스리거나 고칠 수 없다. 하지만 성경 말씀을 배우고 그 안에 거하는 자들은 악을 선으로 바꾸어 옛날 것을 버리고 더욱 새로워질 수 있다. 둘째, 성경은 마음의 눈이 어두워져 스스로 의롭다고 하면서 자신의 죄를 알지 못하던 자들이 겸비하여 자신의 모든 죄를 회개하게 하는 능력이 있다.

### ② 오직 그리스도

왕밍따오의 그리스도에 관한 여러 편의 설교는 '예수님은 누구신가?', '그

---

68    王正中編, 『王明道文集 第七冊』, 114.
69    王正中編, 『王明道文集 第七冊』, 121.
70    王正中編, 『王明道文集 第七冊』, 127-130.

가 이 땅에 오셔서 하신 일은 무엇인가?'를 명확히 선포하는 데 있었다. 그가 예수님의 존재에 대해 먼저 강조하고자 했던 것은 다음과 같은 것이었다. 그는 당시 많은 이들이 예수님을 하나의 종교인으로, 최고의 사표(師表)로, 이상적인 사회 개혁자로만 간주하는 것이 얼마나 성경과 불일치하는지 설명하고자 했다.[71]

### 예수는 그리스도시다

예수님에 대한 여러 명칭 중에서 왕밍따오의 강조점은 우선 '그리스도'에 있었다. 그는 '그리스도'란 '기름 부음을 받은 자'라는 의미이며, 그분의 오심에 대해 이미 오래전 예언자의 입을 통해 성경 곳곳에서 예언하고 있음을(창 49:10; 사 9:6-7; 15:5; 미 5:2 등) 주목하라고 했다.

> 성경의 많은 예언을 통해 우리는 하나님이 세우신 왕이 반드시 이 지상으로 오셔서 대대적인 구원을 베푸실 것임을 분명히 알 수 있다. 성경에 기록된 '기름 부음을 받은 자' 혹은 '메시아' 혹은 '그리스도'는 모두 이분(예수님)을 가리키고 있다.[72]

다음으로, 왕밍따오는 예수님이 '하나님의 아들'이라는 사실을 명백하게 선포했다. 그는 먼저 성경의 증거가 확실하고(창 3:15; 사 7:14; 미 5:2 등), 천사의 증언(눅 1:30-35 등), 세례 요한을 비롯한 예수님 주변인들의 증언(눅 2:10-12; 요 1:32-34), 예수님 자신과 하나님 아버지의 증언(눅 3:21-22; 마

---

71    王正中,『王明道文集 第七冊』, 88.
72    王正中,『王明道文集 第七冊』, 90.

17:5 등) 그리고 사복음서에 기록된 예수님이 일으키신 수많은 기적과 예수님의 부활(고전 15:20)이 그분이 하나님의 아들임을 증명한다고 강조했다.

### 예수님이 우리를 구원하셨다

예수님에 대한 왕밍따오의 다음 신앙고백은 그분이 하신 사역과 역할에 관해서였다. 먼저 "왜 사람은 반드시 거듭나야 하는가?"라는 질문에 대해 왕밍따오는 예수님께서 구도자 니고데모를 향해 "진실로 진실로 네게 이르노니 사람이 거듭나지 아니하면 하나님의 나라를 볼 수 없느니라"(요 3:3)라고 하신 말씀으로 답하고자 했다. 그는 예수님의 이 말씀은 천국에 들어가려면 반드시 중생을 경험해야 한다는 뜻이라고 설명하였다.[73] 덧붙여 그는 인간이 구원을 얻기 위해서는 두 번째 출생, 즉 중생의 체험이 있어야 한다고 설명했다.

인간은 처음에는 육신으로 출생하지만, 그 육체는 언젠가는 후패해진다. 그러나 두 번째 출생은 하나님의 말씀과 성령으로부터 오는 것으로서 성결하며 영원히 부패하지 않는다.[74]

또한 중생의 방법에 대해서는 "예수께서 대답하시되 '진실로 진실로 네게 이르노니 사람이 물과 성령으로 나지 아니하면 하나님의 나라에 들어갈 수 없느니라'"(요 3:5)라는 예수님의 말씀을 인용하면서, 일반 성도들의 눈높이에 맞춰 다음과 같이 쉽게 설명하고자 하였다.

세상의 모든 인류는 고대 이스라엘인들처럼 모두 범죄하여 하나님의 진노를

---

73    王正中, 『王明道文集 第二冊』(臺北: 浸宣出版社, 1977), 5.
74    王正中, 『王明道文集 第二冊』, 2.

사 모두 생명을 잃었다. 그러나 하나님은 진노 가운데서도 이들에게 긍휼을 베풀어 한 가지 구원의 방법을 준비하셨다. 이와 마찬가지로 하나님은 죄지은 인류를 위해 구원의 방법을 마련하셨는데 그것은 바로 십자가에 죄 없는 순전한 희생양을 달리게 한 것이고, 세상의 죄인들이 그 예수님을 믿어 생명을 얻도록 한 것이다. 죄지은 이스라엘 사람들이 구리 뱀을 바라봄으로써 생명을 얻은 것과 같이, 이제 죄인들은 십자가에 달린 예수님을 믿음으로써 새 생명을 얻을 수 있게 되었다.[75]

이 말은 첫째, 구원은 절대로 다른 이름으로는 불가능하고 오직 예수 그 이름만으로 가능하며, 둘째, 그러므로 우리가 구원을 얻으려면 십자가에 달린 예수님을 바라고 믿어야 한다는 의미였다.

### ③ 오직 믿음

왕밍따오는 설교에서 예수 그리스도를 '믿음'으로만 구원받는 도리에 대해 정확하게 설명했다. 그는 두 가지 문제를 제기하고 답에 접근하는 방식을 사용하였다.

#### 진리가 우리를 자유롭게 한다

왕밍따오는 믿음과 구원의 문제를 말하기 앞서 인간이 진정한 '자유'를 얻는 방법이 무엇인지부터 설명했다. 그는 먼저 '자유'는 인간에게 너무나 고귀한 것이고 자유가 없는 삶은 죽음보다 못하지만, 인간들이 목숨과도 맞바꾸고자 하는 자유가 진정한 자유인지를 반문했다. 즉 인간들이 아

---

75    王正中, 『王明道文集 第二冊』, 14-15.

무리 자유를 얻고자 발버둥 쳐도 진정한 자유로부터 멀어지고 있는 이유는, 온 인류가 '자유'의 진정한 의미를 오해하기 때문이다. 또 진정한 자유를 획득하는 방법을 모르기 때문이라고 설명했다.[76] 왕밍따오가 설파하는 '진정한 자유' 그리고 '자유로워지는 방법'은 다음과 같다.

> 우리를 자유롭게 하는 것은 하나님의 말씀, 곧 '하나님의 아들' 외에는 없다. 예수님은 우리에게 "진리를 알지니 진리가 너희를 자유롭게 하리라"(요 8:32)라고 선포하셨다. 그리고 이어 "그러므로 아들이 너희를 자유롭게 하면 너희가 참으로 자유로우리라"(요 8:36)라고 하셨다.[77]

왕밍따오의 이 선언은 "세상의 진리는 시대와 상황에 따라 늘 변화된다. 그러나 하나님은 변함이 없으시며 그의 입에서 나온 말씀도 절대로 변함이 없으신 만고불변의 진리로서, 이 진리가 바로 인간을 자유롭게 한다"는 의미다. 동시에 인간이 진리를 얻으려면 반드시 먼저 복음을 듣고 예수 그리스도를 믿어야 한다는 뜻이다.

### 오직 믿음을 통해서만 영생을 얻는다

또한 왕밍따오는 인간의 근원적인 두려움—죽음—의 문제를 제기하여 믿음과 구원과 영생의 문제를 가르치고자 했다. 그는 우리가 사망의 문제로부터 자유로워지는 것은 그 어떤 인간의 업적이나 선한 행실을 통해서가 아닌 오직 믿음을 통해서임을 명확하게 선포하였다.

---

76    王正中, 『王明道文集 第三冊』(臺北: 浸宣出版社, 1977), 82.
77    王正中, 『王明道文集 第三冊』, 84.

인류 최대의 고통은 아무도 죽는 것으로부터 자유롭지 못하다는 것이다. 그러나 오직 복음만이 인류의 고통을 제거할 수 있다.…누구든지 영생의 도를 믿지 못하고 이러한 영적 도리를 이해하지 못한다면 나는 결국 큰 소리로 '사망에서 벗어나 영원한 생명'으로 들어가도록 하는 우리 주님의 복음—하나님이 세상을 이처럼 사랑하사 독생자를 주셨으니 이는 그를 믿는 자마다 멸망하지 않고 영생을 얻게 하려 하심이라(요 3:16)—을 외칠 것이다.[78]

### ④ 오직 은혜

'오직 은혜'의 신앙 역시 왕밍따오의 신앙관에서 분명하게 드러난다. 이 신앙고백에 대해서 그는 두 가지 부분으로 설명하고 있다.

#### 우리의 구원은 하나님의 은혜다

개혁주의 신학은 우리의 믿음과 구원을 포함한 모든 것이 하나님의 은혜로 우리에게 주어진 것임을 고백한다. 우리에게 은혜를 주시는 하나님은 시편 저자의 고백처럼 긍휼이 많으시고 은혜로우시며 노하기를 더디 하시고 인자하심이 풍부하시다(시 103:8).

우리의 구원은 "그러므로 아들이 너희를 자유롭게 하면 너희가 참으로 자유로우리라"(요 8:36)라는 말씀대로 오직 하나님의 아들 예수님에 의해서만 가능하다. 우리는 오직 그분을 의지하여 우리를 덮고 있던 모든 죄악에서 벗어나 자유인이 될 수 있다.[79] 이것은 인간의 노력이나 힘으로는 절대로 이룰 수

---

78    王正中, 『王明道文集 第七冊』, 8.
79    王正中, 『王明道文集 第三冊』, 84.

없으며 그분의 은혜가 연약한 우리에게 충만히 부어질 때 우리는 완전함을 입게 된다.[80]

왕밍따오는 우리가 입은 구원이 자비와 긍휼하심이 풍부한 하나님의 은혜로 말미암은 것이라고 말한다. 그는 우리의 구원은 오직 예수님에 의해서만 가능하며, 인간의 자력이 아닌 오직 그분의 은혜가 우리에게 부어져야 가능함을 강조했다.

## 은혜로 구원을 입은 자는 성화의 길을 걸어간다

왕밍따오는 성도의 구원이 은혜로 가능했다는 사실을 강조하면서 구원 입은 성도의 삶이 어떠해야 하는지에 대해서도 비중 있게 다루고 있다. 나의 공로가 아닌 주님의 은혜로 구원받은 자는 어떻게 살아야 하나님의 뜻에 맞게 살아가는 것이라 할 수 있는가에 대해 그는 다음과 같이 설명했다.

첫째, 은혜로 구원받은 성도는 모든 삶 속에서 그리스도의 향기를 발하며 살아야 한다(고후 2:14-16). 왕밍따오는 만일 기독교인이 그리스도 안에서 선한 언행, 생활, 품성, 간증 등을 하는 데서 믿음을 갖기 전과 크게 다를 바가 없다면 도리어 그리스도의 영광을 가리게 될 것이라고 말한다. 그러나 그리스도를 영접한 후 성결과 성실, 자비와 공의, 겸손과 온유, 용기와 정직의 열매를 삶 속에서 맺는다면 주변에 큰 영향을 끼치게 될 것이라고 하였다.[81] 이러한 향기는 결국 주변 사람들의 영혼을 주께로 이끌어 죽음에서 생명으로 옮기도록 할 것이다.

---

80    王正中, 『王明道文集 第三冊』, 84.
81    王正中, 『王明道文集 第三冊』, 21.

둘째, 서로 사랑하고 용서하며 화해하는 삶을 살아야 한다. 우리의 구원이 주님의 은혜로 이뤄진 일임을 분명히 깨달은 기독교인은 다른 영혼을 귀중하게 여기고 예수님의 사랑을 적용할 대상으로 여기게 된다. 왕밍따오는 이와 같은 삶이 기독교인의 '휘장'(徽章)이라 설명한다. 그리고 기독교인은 자기의 몸에 이 휘장을 붙이고, 세상 사람들이 바로 우리가 기독교인임을 알게 하도록 해야 한다고 강조했다. 또 세상 사람들은 기독교인들이 서로 돌보고 협력하는 것을 보고 우리가 기독교인임을 알게 될 것이다. 그는 이것이 바로 공중의 권세 잡은 자를 제어하는 가장 확실한 방법이라고 하였다.[82]

#### ⑤ 오직 하나님께 영광

왕밍따오는 교회와 하나님의 자녀인 성도는 항상 하나님을 영화롭게 하는 삶을 살아야 한다고 가르쳤다. 그가 주장하는 하나님을 영화롭게 하는 방법은 기독교인의 모든 삶 속에서 '증인의 삶'을 사는 것이다. 첫째는 신앙상의 증인, 둘째는 일상과 일터에서 증인이 되는 것이다. 그는 기독교인에게 이 영역들은 마치 삼발이 솥(鼎)이 땅 위에 굳건하게 서 있는 것과 같아 이 중 하나라도 빠지면 기독교인의 삶은 완전하게 설 수가 없다고 강조하였다.[83]

### 신앙상의 증인이 되라[84]

왕밍따오는 성도가 하나님께 영광을 돌리려면 삶의 우선순위를 사람

---

82    王正中, 『王明道文集 第三冊』, 44-45.
83    王正中, 『王明道文集 第三冊』, 64.
84    王正中, 『王明道文集 第三冊』, 65 참고.

들 앞에서 자신의 신앙을 고백하는 데 두어야 한다고 말했다(막 8:38). 그는 복음을 배척하는 사람들 앞에서 신앙고백을 하려면 담력이 필요하지만, 복음이 진짜라고 믿는다면 고백하지 않을 수 없다고 주장했다. 또한 좋은 기독교인이라면 불신의 세대, 패역한 이 세대 가운데서도 신앙을 고백해야 한다고 설파했다. 여기서 왕밍따오는 고백의 방법에 대해 지혜를 발휘하도록 권면했다. 성도라면 마땅히 늘 신앙을 고백하고 성경을 읽고 기도해야 하지만, 막무가내식의 공개적 고백은 오히려 하나님의 이름을 욕되게 할 수 있기 때문이다. 그러나 다른 사람 앞에서 기독교인임을 고의로 숨기는 것도 올바른 자세가 아니라고 하였다. 만일 공개적으로 누군가가 내 종교를 물어온다면 당연히 기독교인임을 밝혀야 하며, 불신자와의 식사 시간에도 정정당당하게 감사기도를 드려야 한다고 강조했다.

### 일상생활과 일터에서 증인이 되라[85]

좋은 기독교인이라면 그의 삶 가운데서 증인의 삶을 살아야 한다(마 5:14-16). 왕밍따오는 기독교인은 예수님을 믿는 신앙고백 위에 정직, 성실, 성경, 청렴, 자애, 화평, 용감과 충성의 덕목을 덧입혀야 하며 이로써 세상 사람들을 감복시켜야 한다고 강조했다. 그는 기독교인의 고상한 삶은 비단 우리에게 호감을 보이는 사람들뿐만 아니라 우리를 반대하고 공격하고 훼방하는 사람들을 향해서도 동일해야 한다고 가르쳤다. 그렇게 한다면 그들도 언젠가는 하나님께 영광 돌리는 삶을 살게 될 것이라 강조했다(벧전 2:12).

특히 그는 입술로는 예수님에 대한 신앙고백을 하지만 실제 삶 속에서

---

85    王正中,『王明道文集 第三册』, 65-68 참고.

여전히 불의하고 패역하며 속이고 탐욕을 부린다면 그로 인해 복음 전파는 방해받게 될 것이라 하였다. 왕밍따오는 기독교인의 신앙고백만큼 중요한 덕목은 "흠이 없고 순전하여 어그러지고 거스르는 세대 가운데서 하나님의 흠 없는 자녀로 세상에서 그들 가운데 빛들로 나타내어"(빌 2:15) 빛과 소금의 삶을 통해 하나님께 영광 돌리는 것이라고 했다. 또한 성도에게 일터에서 하나님께 영광 돌리는 삶도 매우 중요한 영역이라 가르쳤다. 그가 성경에서 이 부분의 모델로 든 사람이 다니엘이다(단 6:4). 그는 기독교인들은 다니엘의 신실함을 본받아 직장에서 성실함으로 인정받아야 하며, 신앙인이라 하면서 일터에서 태만하고 세심하게 주의를 기울이지 않아 동료의 평가가 좋지 않다면 이 또한 하나님을 모욕하는 행위라 하였다. 나아가 왕밍따오는 기독교인 직장인의 구체적인 행동 규범으로 절대로 지각하지 않고 일찍 퇴근하지 않기, 자기의 일을 타인에게 전가하지 않기, 오늘의 업무를 절대로 내일로 미루지 않기, 사무실 안에서 한담하거나 남의 뒷담화를 즐기지 않기, 공적인 시간에 사적인 일 하지 않기[86] 등을 제시하였다.

이같이 '기요파'의 수장답게 왕밍따오의 신학 사상 안에는 오직 성경, 오직 그리스도, 오직 믿음, 오직 은혜, 오직 하나님께 영광이라는 개혁주의 사상의 정수가 모두 들어 있다. 그중 왕밍따오의 주된 관심은 성경의 우위성과 무오성에 있었다. 그가 50여 년의 목회 가운데 오로지 말씀 사역에만 치중했던 이유도 이러한 성경관과 밀접한 관련이 있다. 혹자는 왕밍따오가 철저한 성경주의(Biblicism)를 원칙으로 삼았기에 그와 같은 '기요파'들이 성경의 절대적 무오성과 권위성을 지나치게 강조함으로써 서구 교회의

---

86    王正中, 『王明道文集 第三冊』, 67-68.

전통을 무시하고 종파를 떠나는 우를 범했다고 평가하기도 한다.[87] 그러나 '오직 성경'을 외쳤던 왕밍따오와 같은 영적 지도자가 있었기 때문에 교회 말살의 정치적 시도가 있었을 때도 중국교회 제단의 불길이 꺼지지 않았으며, 그 불길이 오늘날까지 가정교회가 지켜온 생명 있는 영성의 밑거름이 되었음을 교회 역사가 증명한다.

### (5) 기요파와 본색화신학파의 관계

왕밍따오가 목회 생활 가운데 받았던 고난은 크게 두 가지였다. 그는 목회가 무르익어 가던 1950년대 신중국 체제에서 삼자회의 압력이라는 정치적 탄압으로 고통받았다. 또한 목회 초기부터 왕밍따오가 대적해야 했던 사람들도 있었는데 바로 자유주의 신학자들이었다. 사실상 이 둘은 깊은 연관성이 있다. 삼자회의 지도자들은 대부분 자유주의 신학 사상을 표방한 사람들이었기 때문이다.

왕밍따오가 직접적으로 비판했던 신학자들은 삼자회의 수장 우야오종(吳耀宗)을 비롯하여 자오즈천(趙紫宸), 우레이추안(吳雷川) 등이었다. 우야오종은 1930년대 중국에서 유행한 사회복음주의를 대표했다. 자오즈천이나 우레이추안은 1920-1930년대에 일어난 '본색화운동'(本色化運動)을 주도한 자들이었다. 본색화운동이란 일종의 토착화운동으로 서구에서 유입된 기독교 사상이 일반 중국인들이 이해하기는 다소 어려운 교리였다는 점

---

87  趙盼, "民國時期中國基要波的聖經主義研究", 54. 쟈오판은 여기서 직접적으로 왕밍따오를 지목하지는 않았고 동시대 유사한 신앙관을 갖고 활동했던 워치만 니의 소군교회의 구호가 "교파를 떠나 성경으로 돌아가자"(走出教派, 歸於聖經)였다는 것을 지적하였다. 송깡(宋剛)은 왕밍따오를 중국 근본주의파로 분류하였다. "基要與本色之間: 賈玉銘, 王明道與倪柝聲思想比較芻議", http://bmu023009.chinaw3.com/html/zhuantiyanjiu/jidujiaoshixue/20120410/2017.html.

과, 기독교가 서구 제국주의의 앞잡이라는 이미지로 인해 중국인들에게 배척당하는 점을 들어 쉽고 친근하게 다가가는 기독교 전파를 목적으로 전개되었다. 그럼에도 후에 자오즈천은 자신의 저서『耶蘇傳』에서 예수님의 천국복음전파 사역을 민족부흥과 정신개혁운동이라 해석하여 소개하였고, 우레이추안은 자신의 저서『基督教與中國文化』에서 공자와 예수님을 비교하거나 사서삼경과 성경을 비교하는 연구를 진행했다. 이로써 모두 기독교의 본질을 벗어났다는 평가를 받았다.

여기서 왕밍따오로 대표되는 중국 '기요파'와 '본색화신학파'의 관계를 정리할 필요가 있다.

첫 번째, 두 파가 활동했던 시대적 배경과 활동 무대다. 이 두 파가 활발하게 활동했던 시대는 1920-1930년대다. 이 시기는 중국 전역에서 반기독교운동이 일어나 기독교의 발전이 잠시 주춤했고 교세가 상당히 위축되었다. 동시에 중국교회 내에서는 깊은 각성의 물결이 일었다. 어떤 방식이든 타개책을 마련해야 했다. 결국 중국교회는 제국주의의 앞잡이라는 이미지를 씻어내기 위해 서구 선교회 및 선교사들과 결별을 고하고 자립교회를 설립하는 길을 선택했다. 이때 대부분의 '기요파' 교회 지도자들이 재정적인 자립과 자치, 자전의 독립을 위한 자립교회 설립 운동에 적극적으로 참여하게 된다. 나아가 이들은 성경 중심의 신앙생활을 강조하고 실천을 중시하는 내용 등을 골자로 하는 토착 신학을 형성하였다. 반면 엘리트 신학자들로 주를 이룬 '본색화운동가들'은 중국교회 교단 설립이나 연합 기구 설립 등에 적극성을 띠었다. 나아가 나름의 토착 신학 형성을 위해 애썼다. 이는 중국 전통문화와 기독교의 만남을 통해 쉽고 친근한 기독교 교리로써 중국인에게 다가간다는 의도에서였다.

두 번째, '기요파'와 '본색화신학파'의 신학 배경의 차이에 관해서다.

대체로 왕밍따오를 비롯한 기요파의 자립교회 지도자들에게는 '본색화운동가'들이 가지고 있는 학술적·체계적인 신학 수학의 경험이 없었다. 가령 왕밍따오는 삼위(三位)의 위치와 상호 간의 관계에 대해 전문적인 토론을 거친 적도 없었다. 그는 단지 성경의 몇 구절 문자를 통해 성자와 성령과 구별되는 성부의 자리가 있음을 확신할 뿐이었다. 예를 들어 창세기 24장을 해석할 때도 왕밍따오는 본문에 등장하는 아브라함, 아들 이삭, 종 엘리에셀 그리고 이삭의 아내인 리브가를 각각 여호와, 예수 그리스도, 성령 그리고 그리스도의 신부로 해석하였다.[88] 이처럼 신학 사상의 주요 개념을 대응 방식으로 해석한 것이 비단 왕밍따오에게만 해당하는 것은 아니었고 대다수의 자립교회 지도자들이 유사한 성향을 보였다. 이는 왕밍따오를 비롯한 대부분의 자립교회 지도자들이 전문적이고 체계화된 신학교육을 받은 적이 없으며 그들의 신학은 독학이나 선교사들 혹은 경건 서적의 일부 가르침 등에 의존하여 형성되었음을 분명히 증명해준다.

세 번째, 중국 '기요파'와 '본색화신학파'는 그들이 믿고 주장하는 신학 사상의 차이로 인해 본질상 가는 길이 달랐다. 왕밍따오가 그의 설교집에서 가장 강도 높게 비판한 사상은 사회복음주의였다. 사회복음주의는 19세기 말 미국에서 일어난 신학 사조이자 종교사회개혁운동으로서, 당시 미국의 자유주의 신학 사상의 영향을 깊이 받아 개인 구속보다 사회 구속을 강조하였다. 사회복음주의가 본격적으로 중국에 유입된 것은 1919년 5·4 신문화운동이 계기가 되어 많은 중국 기독교 지식인들의 지지를 받으면서였다. 당시 중국 사회복음주의를 대표하던 우야오종은 1930년대부터 조국

---

88 宋剛, "基要與本色之間: 賈玉銘, 王明道與倪柝聲思想比較芻議", 林四皓·周復初編, 「不死就不生」, 343.

의 암담한 미래를 통탄하면서 현재 사회의 모순을 제거하고 개조해야 밝은 미래가 도래할 것이라고 가르치는 사회복음주의에 경도되었다. 나아가 우야오종은 개인의 구원에 '행위'를 강조하면서 만일 기독교가 행위를 중시하는 종교임을 사회가 인정한다면 중국 사회는 기독교에 대해, 제국주의의 앞잡이가 아닌 새로운 시각을 갖게 될 것이라 하였다. 그러나 왕밍따오는, 그들은 그리스도의 복음을 전하지 않고 세상에 속한 도리를 전함으로써 사람들에게 복음이 사회개조라고 오해하게 만들 것이며, 이로써 결국 사람들은 참 복음을 듣지 못하고 구원을 얻지도 못하게 될 것이라는 말로 사회복음주의자들을 강하게 비판했다.[89] 즉 이들이 기독교 구원의 도를 말하지 않고 사회개혁만 주장하는 것은 기독교의 참된 구원의 도가 아니며, 많은 이들을 미로 속으로 이끄는 것이라는 비판이었다.[90] 게다가 왕밍따오는 모든 자유주의파는 주 예수의 십자가상에서의 구속 사역을 인정하지 않으며,[91] 동정녀 탄생은 '하나의 우언(寓言)'이라 하고, 예수님이 인류를 대신하여 속죄하신 일을 인정하지 않는 불신파임을 분명히 선언했다.[92] 이같이 왕밍따오의 눈에 비친 삼자회의 지도자들은 자유주의 신학 사상을 기초로 하였기에, 기독교 정통교리를 믿는 왕밍따오는 그들을 용납하고 함께할 수가 없었다.

결론적으로, 중국 '기요파'와 '본색화신학파'의 관계는 다음과 같이 두 가지로 정리할 수 있다.

첫째, 이들은 비록 신학 사상에는 차이를 보였지만 동시대 각자의 자

---

89    王正中, 『王明道文集 第七冊』, 3.
90    王正中編, 『王明道文集 第七冊』(臺北: 浸宣出版社, 1978), 3.
91    王正中編, 『王明道文集 第七冊』, 198.
92    王正中編, 『王明道文集 第七冊』, 199.

리에서 최선을 다해 중국교회가 진정한 토착교회로 설 수 있도록 노력했다. 자립교회 지도자들은 정규 신학을 공부한 경험이 없었지만, 자기의 자리에서 말씀을 전하며 교회의 발전을 위해 노력했다. '본색화운동가들'도 비록 무리한 적용으로 많은 비판을 받았지만, 전통문화와 기독교의 접목이라는 방법을 통해 중국인들에게 말씀을 전하려는 선한 의도로 신학 사상을 정립하고자 했다. 20세기 초 중국교회는 이들로 인해 다양성이라는 꽃을 피울 수 있었고 이로써 중국교회의 발전 가능성을 높였다.

둘째, 이들은 후대에 균형 잡힌 신앙생활이 무엇인지 교훈하고 있다. 즉 그리스도인에게는 성경 말씀에 따른 경건 생활과 시대정신의 적절한 조화가 필요하다. '기요파'와 '본색화신학파'의 본격적인 대립은 1949년 신중국 이후에 시작된다. '본색화운동가들'은 공산당이 제정한 삼자회의 지도자가 되는 길로 걸어갔다. 그들의 선택에 대해서 함부로 평가의 잣대를 들이대기는 쉽지 않다. 당시 기독교 지도자로 부름을 받고 신정부의 정책에 협력할 것을 제안받은 우야오종이 정부의 명령에 따를 결심을 한 것은 비단 자신의 안일과 영달을 위한 것만이 아니었기 때문이다. 우야오종의 우선순위는 교회의 안위에 있었다. 그는 신정부하에서 중국교회가 생존할 수 있는 유일한 길을 선택하고자 했다. 반면, 이 길을 거부했던 '기요파' 교회들은 대부분 소규모로 흩어져 가정교회를 형성했다. 그리고 현재까지 그 영향력은 중국 가정교회 면면에 흘러 내려오고 있다.

사실 이 두 파가 걸어간 길은 서로 극단이라 할 수 있다. 신앙생활에서 개인의 경건과 말씀대로 적용하고 실천하는 것이 중요한가, 아니면 자신이 살아가는 시대를 이해하고 복음의 의미를 시대에 적용하는 것이 중요한가? 1949년 두 파의 역사적 행보는 21세기를 살아가는 우리에게도 양극단을 피하고 조화와 균형 있는 신앙의 길을 걸어갈 것을 교훈한다.

## 4) 워치만 니의 신학 사상

>> 워치만 니
출처: https://ko.wikipedia.org/
wiki/%EC%9B%8C%EC%B9%9
8%EB%A7%8C_%EB%8B%88

워치만 니(Watchman Nee, 1903-1962)는 중국교회 역사에서 왕밍따오와 더불어 매우 영향력이 큰 영적 지도자다. 특히 20세기 초반에 빠르게 성장했던 중국 자립교회인 '소군교회'(小群教會, Little Flock) 창시자로 서구에도 널리 알려져 있다. 워치만 니는 서구 기독교의 영향을 많이 받았지만 이를 독자적인 것으로 세워나가는 데 주력했다.[93] 이 교회는 서구 기독교의 모델을 따르지 않았다. 즉 선교사들에 의해서 창시되지 않은 교회였다. '삼자운동'이라 불리는 토착화 운동에 잘 적응해 빠르게 발전했던 교회였기 때문이다. 워치만 니와 소군교회 교인들이 신중국하에서 성립된 삼자회 가입을 거부했던 이유도, 소군교회야말로 진정한 "중국의 토착화된 삼자운동"을 전개했다고 여겼기 때문이다. 그들은 자신들만이 이 땅의 권세가들이 아닌 눈에 보이지 않으나 진정한 통치자이신 예수 그리스도를 따르는 자들이라고 굳게 믿었다.[94]

### (1) 신앙 배경

워치만 니는 위로 딸을 둘 낳고 집안의 대가 끊어질까 두려웠던 어머니가

---

93  원경준, "기독교 중국화 시대에 직면한 중국 가정교회의 신토착화 교회 모델 방안에 관한 연구: 1920-1930년대 워치만 니의 지방교회를 중심으로"(Midwestern Baptist Theological Seminary 박사학위논문, Kansas City, Missouri, 2022), 88.

94  Joseph Tse-Hei Lee, "Watchman Nee and the Little Flock Movement in Maoist China," *Church History* 74 (2005): 68.

한나와 같이 '아들을 낳으면 평생을 주님께 바치겠다'는 서원기도를 드려 낳은 아들이었다. 그가 태어나자 어머니는 집안을 계승할 아들을 낳은 것에 크게 기뻐했고 주님께 드린 서원기도도 절대로 잊지 않았다. 그로 인해 중국교회 역사에 워치만 니라는 영성의 대가가 출현할 수 있었다.

1903년 광둥성 산터우시(汕頭市)에서 태어난 워치만 니의 본명은 가족 전통에 따라 조상의 덕을 잘 따르라는 의미의 니슈주(倪述祖)였다. 후에 워치만 니는 새로운 영적 사명을 깨닫고 '경고자' 혹은 '영적 지도자'의 의미인 '쩡푸'(儆夫)로 이름을 바꾸었다. 그러나 '쩡푸'가 그다지 마음에 들지 않았던 그는 어머니의 권고를 받아들여 '경고의 소리'라는 의미의 '투어성'(柝聲)으로 다시 개명했다. 이 이름은 영문으로 '수망자'(守望者)라는 뜻으로, 오늘날 사람들에게 그는 'Watchman Nee'로 불린다.[95]

그의 신앙 내력은 조부 니위청(倪玉成) 때부터 시작되었다. 니위청은 미국 회중교회가 운영하는 대학에서 수학했고, 푸젠성 안에서 중국인 최초 목사가 되었다. 이런 가정에서 자란 워치만 니는 일찌감치 복음을 접했다. 13세 때는 영국 성공회에서 세운 삼일서원(三一書院)에서 중·고등 학교 과정을 이수했다. 그의 진정한 회심은 18세 때였는데, 당시 성경을 가르치던 위츠뚜(余慈度)의 집회에서 성령의 감동을 받은 워치만 니는 하나님께 온전한 헌신을 다짐했다.[96] 회심한 후 그는 상하이에서 존 듀이나 버트런드 러셀, 타고르(Tagore)와 같은 사람들의 방중(訪中) 연설을 들을 기회가 있었으나 큰 감화를 받지는 못했다고 고백했다. 대신 위츠뚜(余慈度)의 성경학교에서 전심전력으로 성경을 공부하였다. 이곳에서의 성경 공부가 그의 신학

---

95    Leslie T. Lyall, 『中國敎會三巨人』, 29-30.

96    Angus I. Kinnear, 『中流砥柱-倪柝聲傳』(臺北: 中國主日學協會, 2013), 58.

사상을 형성하는 데 밑거름이 되었을 것이다.

특별히 그의 신학 사상 형성에 깊은 영향력을 끼친 사람은 마가렛 바버(Margaret E. Barber, 和受恩) 선교사였다. 그녀는 독립적이고 개성이 뚜렷한 여성으로 영국 성공회를 따라 중국에 왔다가 푸저우(福州) 도숙 여자중학(Anglican Girls School)에서 교사를 지냈다. 이후 영국에 잠시 돌아가 노리치(Norwich)의 서레이(Surrey) 예배당에서 팬턴(D. M. Panton) 목사에게 세례를 받았다. 1920년에 푸저우(福州)로 돌아온 그녀는 동료 발라드(L. S. Ballard, 黎愛蓮)와 함께 사역에 집중했다. 두 사람은 중국교회의 미래는 중국의 청년 지도자들에게 달려 있다고 믿고 전적으로 이 일에 헌신하기로 작정했다.[97] 그녀는 버려진 공장을 개조하여 매일 성경반을 개설하여 젊은이들을 교육했다. 특별히 기독교인의 생활, 성령의 능력과 신앙의 열매에 대해 교육했다. 이렇게 미래를 위한 제자훈련에 전력하는 그녀에게서 워치만 니는 깊은 감화를 받았다. 워치만 니에게 그녀는 지기(知己)이자 교도원(教導員)이었다.[98]

그의 신학 사상에 영향을 끼친 책으로는 1923년에 소개받은 잔느 귀용[99](Jeanne de la Motte Guyon, 1649-1717)의 전기를 들 수 있다. 이 외에도 그의 종말론에 영향을 미친 책으로는 펨버(G. H. Pember), 로버트 고벳(Robert Govett), 팬턴(D. M. Panton) 등의 저서를 들 수 있다.[100] 이 모든 서적

---

97     Leslie T. Lyall, 『中國教會三巨人』, 80-81.

98     Leslie T. Lyall, 『中國教會三巨人』, 84.

99     프랑스의 신비주의자(mystic)였으며 일종의 신비주의 신학 사상인 'Quietism'(Molinsmus)을 옹호한 혐의로 기소되었다. 로마 가톨릭교회는 이를 이단으로 간주하여 1695-1703년 사이에 그녀를 투옥시켰다(위키 백과, https://en.wikipedia.org/wiki/Jeanne_Guyon, 2019-3-13, 19:47 접근).

100     Angus I. Kinnear, 『中流砥柱-倪柝聲傳』, 76.

은 바버 선교사가 소개하였고 뿐만 아니라 그녀는 워치만 니에게 제시 펜루이스(Jessie Penn-Lewis)[101]와 초기 형제회(Brethren Movement, 兄弟會)[102]의 저작물도 소개해주었다. 이 서적들을 통해 워치만 니는 '교회를 단결하게 하는 하나의 더 간단하고 더 탄력 있는 형태'를 인식하게 되었다.[103] 그는 형제회와 통신을 통해 그들의 저작물을 접하면서 형제회가 기존의 제도적 교회에 불만을 품고, 신도 가정에서 모임을 했던 일에 깊은 영향을 받았다. 이 영향으로 워치만 니는 평신도 동역자들과 벽병집회(擘餠集會)[104]를 시작했다. 다시 말해서 워치만 니가 교파주의를 거부한 주요 배경은 바버 선교사의 교파주의에 대한 부정적인 시각에서 왔다고 할 수 있다. 바버는 독립 선교사로 활동하면서 자신들의 종교적 신념만 인정하는 플리머스 형제회(Plymouth Brethren)의 영향을 받아 전통 교단주의를 거부하였다. 워치만 니는 바로 이러한 영향을 받았던 것이다. 또한 그는 폐쇄적 교회론을 가졌던 비개방적 형제회(Close Brethren)와도 교류했다. 이들은 워치만 니가 교파주의를 거부하게 된 또 다른 배경이 되었다.[105]

　　워치만 니는 교회 생활의 주요 특징을 신도의 벽병(擘餠), 세례, 성경 주해, 신도들 사이의 돌봄 그리고 일상적인 공개적 구원 간증에 두었다. 심지어 워치만 니와 형제회는 공통점도 갖고 있었다. 바로 여성이 공개적인 장소에서 설교하는 일을 엄격히 금하는 것이었다. 더 나아가 그들은 여성

---

101　1861-1927. 웨일스의 복음주의 연사이자 많은 기독교 복음주의 서적의 저자로서 러시아, 스칸디나비아, 캐나다, 미국 및 인도 등에서 사역했다.

102　1831년 잉글랜드 데번 플리머스에서 처음 조직이 만들어진 이 운동은 예언과 그리스도의 재림을 강조하였다.

103　Leslie T. Lyall, 『中國敎會三巨人』, 84-85.

104　'떡을 떼는' 집회.

105　원경준, "기독교 중국화 시대에 직면한 중국 가정교회의 신토착화 교회 모델 방안에 관한 연구", 94.

에게 교회 모임 안에서 수건을 쓰도록 요구했다.[106] 이처럼 여러 가지 면에서 형제회와의 교통은 향후 워치만 니의 사역 주요 부분에 영향을 미쳤다.

1927년 상하이에서 본격적인 사역을 시작한 워치만 니는 1928년에 내지회를 섬기고 있던 찰스 H. 쥬드(Charles H. Judd)와 함께 '지방교회'를 계획했다. 지방교회는 전통적인 교회의 병폐에서 벗어나 순수한 교회를 세우자는 취지의 자치·자양·자전의 삼자원칙을 적용했다. 이때 일명 '소군교회'(Little Flock, 小群教會)라는 이름을 붙였고 『소군교회 찬미집』(Little Flock Hynms)도 발간했다. 그는 사도행전에 나오는 초기 교회의 교제 형식으로 돌아가라는 부르심을 받고 신도들에게 기존의 제도화된 교회에서 분리되라고 격려했다. 이때 많은 기존 교회의 신도들 특히 푸저우의 신도들이 자신의 교회를 나와 소군교회에 가입했다. 이를 두고 기존의 많은 교회들이 "양을 훔쳐 간다"고 고소하기도 하였다. 1928년 첫 번째 컨퍼런스를 상하이에서 열었는데 4개월이 안 돼서 다른 지역에 30개의 교구가 세워졌고 신도 수는 5천 명을 헤아렸다.[107] 이때 그의 신학 사상을 정립하기 위한 간행 작업도 이뤄졌다. 바로 20세기 초 중국 기독교인들의 영적 세계에 대한 이해를 담은 『영에 속한 사람』(屬靈的人)이 바로 그 열매다.[108]

그러나 1949년 공산당이 내전에 승리하여 신중국이 성립되고, 그 산하에 삼자회가 결성되면서 워치만 니의 사역에는 큰 어려움이 찾아왔다. 워치만 니가 삼자회 가입을 끝까지 거부하자 공산당은 그가 운영하던 약품 공장을 빌미로 탈세 혐의를 씌웠다. 그리고는 그를 자본주의자로 몰고 숙

---

106  郭榮剛, "西方倪柝聲之硏究"(1972-2006) (Ph. D. 學位論文, 福建師範大學, 2014), 32.

107  Yuan-wei Liao, "Watchman Nees Theology of Victory: An Examination And Critique From a Lutheran Perspective" (Ph. D. diss., Luther Seminary, 1997), 33.

108  Joseph Tse-Hei Lee, "Watchman Nee and the Little Flock Movement in Maoist China," 76-77.

청 명단에 올렸다. 결국 1952년 4월 워치만 니는 공산당에 의해 체포되고 15년 형을 선고받았다. 그는 1972년 5월 30일 노동 개조 수용소인 안후이 (安徽)성 광더현 바이산 농장에서 소천했다.

## (2) 신학 사상

### ① 인간론

워치만 니의 신학 사상에서 중요한 부분은 인간론이다. 그의 인간론에 대해서는 대표 저서『영에 속한 사람』1-3권에 잘 나타나 있다. 인간론 중에서 주요하게 살펴볼 부분은 '삼분설'(三分說)에 관한 사상이다.

워치만 니는『영에 속한 사람』제1권 1장 "영과 혼과 몸"이라는 제목의 내용에서 일반적인 학설은 '이분설'이라 하지만 성경은 '영과 혼과 몸'의 세 부분으로 구분하고 있다고 설명한다. 그가 근거로 삼는 구절은 데살로니가전서 5:23이다.

친히 너희로 온전히 거룩하게 하시고 또 너희 온 영과 혼과 몸이⋯보전되기를 원하노라.

이 외에 그가 근거로 삼은 성경 말씀은 히브리서 4:12이다.

하나님의 말씀은 살았고 운동력이 있어 좌우에 날선 어떤 검보다도 예리하며 혼과 영과 및 관절과 골수를 찔러 쪼개기까지 하며 또 마음의 생각과 뜻을 감찰하나니.

워치만 니는 먼저 '영'에 관하여 다음과 같이 설명했다. 하나님과 사람의 모든 관계가 다 이 '영' 안에 있는데, 믿는 이들이 자기의 '영'을 모르면 영 안에서 하나님과 교통하는 방법도 모르다가 결국 '혼'(생각과 감정의 부분)에 속한 부분이 이 '영'의 일을 대치하게 된다고 강조한다. 또 인간이 '영'을 갖고 있다는 사실을 성경이 증명했는데, 고린도전서 2:11, 5:4, 8:16, 14:14, 32, 잠언 2:28, 히브리서 12:23, 스가랴 12:1이 그것이며 이 구절들은 인간 에게 '영'이 있으며 이 '영' 안에서 하나님을 경배하는 것임을 말하고 있다 고 설명한다.

나아가 워치만 니는 이 '영'이 세 가지 기능을 가지고 있다고 말한 다.[109] 양심의 기능, 직감(혹은 지각)의 기능, '영' 안에서의 교통(혹은 경배)의 기능이다. 근거로 삼은 말씀을 각각 한 구절씩 든다면, "내 안에 정직한 영을 새롭게 하소서"(양심의 기능),[110] "사람의 사정을 사람의 속에 있는 영 외에는 누가 알리요"(직감의 기능),[111] "내 영으로 섬기는 하나님"(교통의 기능)[112]이다. 워치만 니는 이 구절들을 통해 영 안에는 적어도 이 세 요소가 포함되어 있고 거듭나지 않은 자도 이 세 요소는 있다고 말한다.

워치만 니는 '혼'이 사람의 자각(自覺)으로서 인격적인 기관이라 설명한다.[113] 우리의 지력과 생각, 이상과 애정, 자극과 판단력과 의지 등은 모두 혼의 각 부분이라고 말한다. 그리고 '혼'이 갖는 기능에 대해서는 다음과 같이 설명한다. 혼은 첫째, 의지의 부분을 포함한다. 가령 "내 생명을 내 대적의 뜻(혼)에 맡기지 마소서",[114] "이제 너희는 마음과 정신(혼)을 진정하여

---

109   워치만 니, 『영에 속한 사람(1)』, 56-57.
110   시 51:10.
111   고전 2:11.
112   롬 1:9.
113   워치만 니, 『영에 속한 사람(1)』, 62-63.
114   시 27:12.

너희 하나님 여호와를 구하고"[115] 등의 구절에서 알 수 있다. 둘째, 감정의 부분도 포함한다. "요나단의 마음(혼)이 다윗의 마음(혼)과 연락되어 요나단이 그를 자기 생명(혼)과 같이 사랑하였다",[116] "내 혼이 주를 찬양한다"[117] 등 많은 구절이 있다고 말한다.

'몸'에 관해서[118] 워치만 니는 몸이 영과 혼과 일치되는 강건함과 새로워짐의 중요성을 강조한다. 또한 사람은 영과 혼만 있는 존재가 아니고 몸도 가지고 있기에 영과 혼만을 돌보는 것은 편협하다는 설명을 덧붙인다. 나아가 만일 몸이 중요하지 않았다면 하나님께서 우리에게 몸을 허락하지 않으셨을 것이라 강조한다.

인간의 몸과 영과 혼의 관계에 대한 그의 설명은 다음과 같다.[119] 그는 인간은 몸을 가진 존재로서 우리 영의 직감과 교통과 양심이 아주 강건하고, 혼의 감정과 생각과 의지가 새로워지는 과정을 거쳤더라도, 만일 우리의 몸이 영과 혼과 일치되는 강건함이 없으면 우리는 영에 속한 사람이 될 수 없다고 주장한다. 즉 이 상태는 완전하지 않고 결함이 있다고 본다. 그러므로 영과 혼의 중요성만큼 강건한 몸을 유지하는 것이 중요하다고 했다. 워치만 니는 하나님께서 우리 몸을 매우 귀중히 여기시는 가장 큰 증거는 성육신 사건이라고 말한다. 몸의 중요성을 언급한 후 그는 사람의 몸이 갖는 목적이 무엇인가에 대해 다음과 같은 말씀으로 설명한다.

---

115　대상 22:19.
116　삼상 18:1.
117　눅 1:46.
118　우리 '몸'에 관한 워치만 니의 설명은 『영에 속한 사람(3)』(서울: 한국복음서원, 1993), 209-210 참고.
119　워치만 니, 『영에 속한 사람(3)』, 209-210.

식물은 배를 위하고 배는 식물을 위하나 하나님이 이것저것 다 폐하시느니라. 몸은 음란을 위하지 않고 오직 주를 위하며 주는 몸을 위하시느니라.[120]

워치만 니는 인간 몸의 목적은 주님께서 합당하게 쓰시기 위하여 존재하므로, 인간이 음식을 먹고 마시는 것은 결코 욕망을 채우기 위한 것이 되어서는 안 되며 "오직 주를 위한 것"이어야 한다고 주장한다.[121] 그래서 인간은 질병에 대해서도 적극적으로 대처해야 한다. 질병을 치유하고 예방하는 일은 곧 우리 몸을 하나님을 영화롭게 하는 상태로 보존하는 길이기 때문이다.[122]

## ② 교회론

워치만 니의 교회론은 다음 세 가지 전제로부터 시작한다.

첫째, 종파는 일종의 죄악이자 타락한 조직이다.[123]

둘째, 교회는 지방에 따라 설립해야 한다.[124]

셋째, 현재의 교회는 이미 성경의 원칙에 위배된다.[125]

이런 전제하에서 워치만 니는 예수 그리스도가 교회의 기초가 되심을 시작으로 교회론을 설명한다. 이는 고린도전서 3:10-11 말씀에 근거한다.

---

120 　고전 6:13.
121 　워치만 니, 『영에 속한 사람(3)』, 221.
122 　워치만 니, 『영에 속한 사람(3)』, 235.
123 　Leslie T. Lyall, 『中國敎會三巨人』, 93.
124 　Leslie T. Lyall, 『中國敎會三巨人』, 94.
125 　Leslie T. Lyall, 『中國敎會三巨人』, 94.

내게 주신 하나님의 은혜를 따라 내가 지혜로운 건축자와 같이 터를 닦아두
매 다른 이가 그 위에 세우나 그러나 각각 어떻게 그 위에 세우기를 조심할지
니라. 이 닦아둔 것 외에 능히 다른 터를 닦아둘 자가 없으니 이 터는 곧 예수
그리스도라.

이 말씀은 예수 그리스도가 교회의 기초 되심을 말함과 동시에, 하나님께
서 이미 그 기초를 닦으셨으므로 우리가 다시 다른 기초를 닦을 수도 없고
다른 곳으로부터 시작할 수도 없다는 것을 말하고 있다. 그러므로 워치만
니는 하나님께서 인간에게 요구하는 것은 기초를 닦는 일이 아니라 이미
닦인 이 기초 위에 서는 것이라 강조한다. 그러나 여기에는 분명 질(質)이
존재한다. 하나님께서 우리에게 요구하시는 것은 비단 서는 것에만 그치는
것이 아니라 더 깊은 것, 즉 "무엇으로 이런 일을 하였는가"이기 때문이다.
고린도전서 3:12-13에 이른 바와 같이 워치만 니는 하나님께서는 누가 견
실한 자인지 누가 얕은 사역자인지 보시고 구별하시며 이들 가운데 차이점
을 찾아내신다고 강조한다.[126]

만일 누구든지 금이나 은이나 보석이나 나무나 풀이나 짚으로 이 터 위에 세
우면 각각 공적이 나타날 터인데 그날이 공적을 밝히리니 이는 불로 나타내
고 그 불이 각 사람의 공적이 어떠한 것을 시험할 것임이라.

교회론과 관련하여 워치만 니가 자주 인용하는 성경은 에베소서다. 그는
교회와 관련한 모든 질문의 답을 에베소서를 통해 답하고 있다. 우선 "하나

---

126    워치만 니, 『워치만 니 전집 제2집 40권』(서울: 한국복음서원, 1994), 113-114.

님의 '오늘의 역사'는 무엇인가?"에 대해 에베소서 1:4, 11 말씀으로 하나님의 일은 절대로 하나의 예기된 이상에 도달하는 것이 아니라 하나의 예정된 목표를 성취하는 것임을 우리에게 보여준다고 말한다.

곧 창세 전에 그리스도 안에서 우리를 택하사.

모든 일을 그의 뜻의 결정대로 일하시는 이의 계획을 따라 우리가 예정을 입어 그 안에서 기업이 되었으니.

또한 그 목표는 만물을 "그리스도 안에서 통일되게 하려 함"[127]으로써, 즉 우주 안에서 어떠한 구멍도 남기지 않고 화합을 잃지 않으며 그분 자신 안에 완전한 하나를 실현(지금은 단지 이미 맛봄)하는 것이라 말한다.[128]

나아가 워치만 니는 교회의 역사는 영원하며, 교회가 축복을 받는 것, 교회의 위치, 생활, 사역, 전쟁은 모두 '하늘'에 속하며 또 '하늘'로부터 온 것이라고 강조한다(엡 1:3, 20; 2:6; 3:10; 4:8-12; 6:12). 그렇기에 교회는 영적이며 그 역사는 하늘에 속한 것으로서 절대로 땅의 속박을 받을 수 없다.[129]

또한 워치만 니는 하늘에 속한 교회의 비밀이 이 땅에서 어떻게 구현되는지를 설명하고자 한다.[130] 이는 교회 안의 인간관계를 이르는 것으로 지체 간의 기능을 말한다. 교회 안에서 지체 간의 관계에 관한 말씀으로는

---

127 엡 1:9-10. "그 뜻의 비밀을 우리에게 알리신 것이요 그의 기뻐하심을 따라 그리스도 안에서 때가 찬 경륜을 위하여 예정하신 것이니 하늘에 있는 것이나 땅에 있는 것이 다 그리스도 안에서 통일되게 하려 하심이라."
128 워치만 니, 『워치만 니 전집 제2집 40권』, 119.
129 워치만 니, 『워치만 니 전집 제2집 40권』, 121.
130 워치만 니, 『워치만 니 전집 제2집 40권』, 133-134.

고린도전서 12:21을 들고 있다.

눈이 손더러 "내가 너를 쓸데가 없다" 하거나 또한 머리가 발더러 "내가 너를 쓸데가 없다" 하거나 하지 못하리라.

이같이 사람의 몸에서 가장 작은 지체도 없어서는 안 되는 것과 같이 교회 안에는 모든 지체가 꼭 필요하다는 것을 확고히 한다.

교회의 하늘에 속한 관점과 땅의 관점을 말한 후에 워치만 니는 이제 이 양자(兩者) 사이에 균형이 있을 것을 요구한다.[131] 즉 에베소서의 교회의 관점과 고린도전서의 교회의 관점이 모두 고려되어야 한다는 설명이다. 워치만 니는 이 균형을 '하나님의 갈망'이라고 표현한다. 즉 하나님의 갈망은 하늘에 속한 생명을 땅에 속한 표현으로 나타내시고, 그것은 천사나 영을 통해서가 아니라 사람을 통해 이루어진다고 강조한다. 그는 이처럼 하늘에 속한 몸의 원칙을 따라서 운행하는 것이 교회이며, 자신이 이끄는 지방교회(소군교회)가 바로 이 땅에서 그리스도의 진실된 나타남이라고 강조하였다.

그는 그리스도인이 된 후에는 반드시 교회의 구성원이 되어야 한다고 강조한다. 그 이유는 무엇인가? 첫째, 성경은 우리에게 그리스도의 생활에는 단체의 면모가 있다고 말해주기 때문이다. 우리는 모두 하나님을 모신 대가족으로서 하나님의 자녀다. 둘째, 모든 구원받은 사람들은 하나님이 거하실 단체적인 집이기 때문이다. 셋째, 우리는 모두 그리스도의 몸을 이루는 한 몸의 지체이기 때문이다.[132]

---

131    워치만 니, 『워치만 니 전집 제2집 40권』, 135-136.
132    워치만 니, 『워치만 니 전집 제2집 27권』(서울: 한국복음서원, 1994), 273-274.

마지막으로 워치만 니는 어떤 교회에 가입해야 하는가에 대해 다음과 같은 지침을 주며 말씀의 인도를 받을 것을 권고한다.

이 혼돈된 상황에서(수많은 교파, 수많은 교회가 존재하는 상황에서) 만약 당신이 하나님의 말씀에 따라가고자 하고 성경적 관점에서 문제를 보고자 한다면 여전히 길은 있다. 하나님의 말씀은 이 문제에 대하여 분명한 계시를 준다.[133]

그러나 말씀에의 인도에서 고려할 부분은 있다. 먼저 영적 분별력을 가져야 한다는 점이다. 워치만 니는 분별력을 가질 때 하나님의 어떠하심을 더 정확히 알게 되며 어느 교회를 선택해야 할지를 알게 된다고 강조하였다.

지금까지 워치만 니의 인간론과 교회론을 간단하게 살펴보았다. 그의 신학 사상에 대한 평가는 긍정과 부정으로 분명하게 구분된다.

우선 긍정적인 측면부터 본다면, 워치만 니의 신학 사상이 중국 가정교회와 화교권 교회에 끼친 영향력이 상당하다는 점이다. 무엇보다 중국 가정교회의 형성과 신앙관에 그의 '소군교회'가 끼친 영향은 매우 크다. 교회사가 김학관은 현대 중국 가정교회 창립과 신앙관 확립에 20세기 초반 자립교회운동의 전통이 많은 영향을 주었음을 언급한다. 즉 신앙훈련에 도제식 전통, 성경관 확립에 보수주의·문자주의 및 영해에 입각한 성경 해석 등의 특징들을 말할 수 있다.[134] 그중에 워치만 니가 후대에 끼친 영향력은 매우 크다.

---

133    워치만 니, 『워치만 니 전집 제2집 27권』, 278.
134    김학관, 『중국교회사』, 208.

또한 내지회 선교사였던 레슬리 라이얼(Leslie. T. Lyall)은 워치만 니를 왕밍따오, 양샤오탕(楊紹唐)과 더불어 중국교회를 떠받친 '거인' 중 한 명으로 거론하였다. 그들은 각자의 자리에서 각자의 방식으로 중국교회사에 큰 영향을 끼쳤다.[135]

홍콩 중문대학 신학과 교수 싱푸쩡(邢福增)은 워치만 니의 교회론 자체의 문제보다도 그의 교회론이 형성된 배경에 관해서 이해할 것을 요구한다. 당시 워치만 니는 신도들에게 '종파를 떠나라'고 했지, '교회를 떠나라'고 하지 않았다고 했다. 당시의 복잡하고 타락한 종파와 교회 내 조직, 1인 체제 목회방식, 교회의 세속화 등의 문제에 초점을 맞추고 초기 교회로 돌아갈 것을 주장하면서 지방교회를 제시했다는 것이다.[136] 최근 워치만 니의 지방교회에 관해 논문을 쓴 원경준도 이 의견에 대해 다음과 같이 보충해서 설명하고 있다. 워치만 니의 문제가 되는 배타적 교회론이나 교파주의 거부 등을 평가할 때 우리는 당시 중국교회가 영국 형제회 영향, 서구 기독교와의 문화적 충돌, 민족주의 요소 등이 작용한 토착화 과정에 있었다는 점을 감안해야 한다.[137]

이상과 같은 긍정적인 평가를 종합해보면 워치만 니는 중국 근현대사의 격랑 속에서 '제국주의의 앞잡이'라는 오명을 들으면서까지 중국교회의 생존을 위해 애썼다. 그는 중국 가정교회의 영적 부흥을 일으킨 장본인이라 할 수 있다.

그런데도 워치만 니의 신학 사상은 많은 신학적 지적과 부정적인 평가

---

135  Leslie T. Lyall, 『中國教會三巨人』, 30.

136  邢福增, "巨人愛恨－王明道所認識的倪柝聲", *Ching Feng: A Journal on Christianity and Chinese Religion and Culture Series*, 15:1-2(2017): 144.

137  원경준, "기독교 중국화 시대에 직면한 중국 가정교회의 신토착화 교회 모델 방안에 관한 연구", 88.

를 받았고, 이 점은 여전히 논쟁의 대상이 되고 있다. 워치만 니의 신학 사상에 부정적인 학자 중 하나는 홍콩 복음주의 신학자 량자린(梁家麟)이다. 그는 워치만 니의 인간론과 교회론의 오류를 지적하면서, 그의 인간론 일부는 제시 펜 루이스(Jessie Penn-Lewis)의 영향을 깊이 받았고, 교회론은 주로 존 넬슨 다비(John Lelson Darby)의 신학 사상을 베낀 것이라고 비판하였다.[138]

무엇보다도 워치만 니의 삼분설은 한국에서도 가장 많은 논쟁을 불러일으킨 신학 사상이다. 개혁주의 신학에서는 인간을 영혼과 육체로 보는 이분설을 지지한다. 전통적인 인간론과 달리 워치만 니는 데살로니가전서 5:23의 "친히 너희로 온전히 거룩하게 하시고 또 너희 온 영과 혼과 몸이… 보전되기를 원하노라"와 히브리서 4:12 "하나님의 말씀은 살았고 운동력이 있어 좌우에 날 선 어떤 검보다도 예리하며 혼과 영과 및 관절과 골수를 찔러 쪼개기까지 하며 또 마음의 생각과 뜻을 감찰하나니"의 말씀을 근거로 삼분설을 주장하였다. 이에 대해 워치만 니가 영·혼·육 가운데 영을 지나치게 강조하여 혼과 육을 영의 부속물처럼 이해하고 있는 점, 영성 추구를 오직 영과 관련한 것으로 강조하고 있는 점 등은 인간론의 균형에 큰 오류를 범한다고 지적했다.[139]

또한 역사적으로 볼 때, 워치만 니의 지나친 영해 중심의 성경 해석학은 오늘날 중국 가정교회가 성경을 묵상하고 연구하는 일에 가치를 두지 않는 전통을 만들어버렸다는 강한 비판도 있다.[140] 이 같은 분석에 대해 한

---

138  梁家麟, 『倪柝聲-早年的生平與思想』(惠州: 巧欣有限公司, 2005), vi.

139  원경준, "기독교 중국화 시대에 직면한 중국 가정교회의 신토착화 교회 모델 방안에 관한 연구", 103.

140  朴榮洪, 『屬靈神學: 倪柝聲思想的研究』(香港: 中國神學研究院, 1985), 278-279; 인병국, 『중국 특색의 중국교회를 섬기는 길』(서울: 에스라서원, 2000), 101에서 재인용.

국의 중국 교회사가 김학관도 오늘날 중국 가정교회가 극복해야 할 성경 말씀에 기초한 영적 성숙과 성경적 교회관 정립의 부재, 신비주의 추구와 축복 위주의 신앙관의 연원을 워치만 니의 신앙 전통에서 찾고 있다.[141]

## 5) 자립교회운동에 대한 평가와 영향

### (1) 평가: 중국교회의 성장과 영적 성숙 촉진

20세기 초 '자립교회운동'은 중국교회의 외적·영적 성장을 의미한다. 그렇지만 이에 대한 냉정한 평가는 필요하다. 중국교회의 발전을 위한 긍정적인 측면만이 아니라 부정적인 면도 발견되기 때문이다. 이 운동이 동시다발적으로 다양한 양상을 띤 것이므로 이에 대해 획일적인 평가를 하기란 어려운 일이다. 그러나 다음과 같은 긍정적인 측면에서 공통의 평가는 가능하다.

첫째, 서구 교회로부터 자립하고자 했던 중국교회의 노력은 중국인들에게 제국주의의 앞잡이로 인식됐던 기독교의 이미지를 바꾸어놓는 데 큰 역할을 했다. 자립교회의 노력으로 중국교회가 더 이상 서구 제국주의의 앞잡이가 아니라 나라와 민족의 안위를 염려하는 종교임을 각인시킨 점은 높이 평가받아야 한다.

둘째, 중국교회 자체적으로 성장하고 성숙하는 효과를 낳았다. 중국 교인들은 이 운동을 통해 점차 서구 선교회나 교회에 재정, 행정, 신학 사상 면에서 독립해야 한다는 의식을 가졌다. 그뿐만 아니라 중국교회들끼리의 연합도 매우 중요한 일이라는 것을 배우게 되었다. 이들은 그전까지 중

---

141    김학관, 『중국교회사』, 167.

국교회 상호 간의 연합에 대해서는 큰 자각이 없었다. 이 점은 이제 중국교회가 연합하여 진정한 중국교회를 만들고자 하는 여정에 첫발을 내디뎠음을 말한다.[142]

셋째, 중국 가정교회가 '말씀 중심'의 영성을 형성하는 데 큰 역할을 감당했다. 특히 왕밍따오가 제시한 중국교회가 장차 걸어가야 할 시금석이 성경 속에 있다는 점은, 향후 가정교회가 걸어가야 할 길이 '사도들의 방법을 따라 교회를 세우고 사도들이 믿은 것을 믿으며 사도들이 전한 것을 전하며 사도들이 행한 것을 행하는 것'임을[143] 더욱 명확히 했다고 할 수 있다. 그러므로 중국의 가정교회가 정부의 어떤 외압에도 굴하지 않고 영적 생명을 견지할 수 있었던 것은 이와 같은 왕밍따오의 성경적 가르침을 받아들인 까닭일 것이다.

그러나 이상의 긍정적인 면에도 불구하고 부정적인 측면에 대해서도 언급하지 않을 수 없다. 홍콩의 복음주의 신학자 량자린은 자립교회가 서구 교회와의 분리를 통해 큰 권위를 갖는 데 치중하다 보니 결과적으로 반(反)학술, 반(反)신학, 반(反)역사적인 성향을 띠게 되었음을 지적한다. 다시 말해 그들은 전통적 서구 신학과의 관계를 전면적으로 부정하여 자립교회 중국인 지도자의 많은 수가 자칭 직통계시자라고 자처했으며 성경을 문자적으로만 해석하는 오류를 범하게 되었다.[144] 김학관 역시 자립운동이 분리주의, 신비주의, 교조주의, 경제 공동체주의, 문자주의 등의 성격을 띠고 있어 이후 중국 가정교회가 바른 신학과 교회관을 정립하지 못하고 세상의 빛과 소금으로서의 정체성을 상실하게 된 근본적인 원인이 되었다고 평가

---

142    段琦, 『奮進的歷程』, 123.
143    이병길, 『중국선교의 어제와 오늘』(서울: 개혁주의신행협회, 1987), 19.
144    량자린, 『중국에 축복이 임하다』, 180.

했다.[145] 그래서 향후 바른 신학과 교회관을 정립하는 일이 중국교회의 중요한 과제라고 지적한다.[146]

결론적으로 볼 때, 1920년대 초반 중국교회의 자립운동은 반기독교운동 등 중국인의 반교 정서에 대응한 교회 생존을 위한 최대의 노력이었다. 물론 신학적인 문제점도 있었지만, 중국교회가 재정적인 독립을 이루고 자체적으로 전도회도 운영하는 등 삼자 원칙에 충실한 교회를 만들기 위해 고군분투함으로써 중국 사회 속에서 교회에 대한 이미지를 제고시킨 일은 높이 평가되어야 한다.

### (2) 영향: 신중국 '삼자애국운동'의 형식상의 모델

자치·자양·자전의 삼자원칙이 적용된 교회 설립을 위한 자립교회운동은 신중국의 삼자교회에도 일정한 영향을 미쳤다. 신중국 체제에서 공인교회로 구분되는 교회는 '삼자교회'라 명명되며, 정부의 지지하에 우야오종 등이 중심이 되어 전개했던 교회혁신운동 역시 '삼자운동' 혹은 '삼자애국운동'(三自愛國運動)이라 명명된다. 그뿐만 아니라 이들의 공식 신학원 역시 '삼자 신학원'이라 불리며 이곳에서 교수되는 신학 전체를 '삼자신학'이라 명명한다. 즉 민족주의적 토착화운동에서 출발한 1920년대 삼자 이념은 신중국 성립부터 기독교를 박해하는 삼자회를 형성하는 데 차용되었다.[147] 1920년대 중국교회 자립운동의 주요 모토인 '삼자원칙'은 1949년 성립된 신중국하에서 형식적 모델이 되었다는 것을 알 수 있다.

둘 사이의 연관성에 대한 더 깊은 연구를 위해 먼저 신중국하에서 전

---

145    김학관, 『중국교회사』, 139.
146    김학관, 『중국교회사』, 167.
147    최경옥, "중국교회 三自神學의 형성과 공인 신학원의 분포", 「중국학」 15(2000. 12), 138.

개된 삼자애국운동에 대한 중국 국내 신학자들의 주장을 들어보면 다음과 같다. 현대 중국 교회사가인 두안치(段琦)는 1920년대 본격적으로 전개된 중국 기독교 토착화운동은 1949년 신중국 성립 이후 중국 공산당의 지도 하에 전개된 삼자애국운동을 통해 완전하게 실현되었다고 주장하고 있다. 신중국이 성립된 후에야 비로소 중국교회는 신학 사상의 체계화를 이루고 이로써 중국 기독교인들을 중국 사회에 적응시키는 데 주동적으로 나서게 할 수 있었다는 말이다.[148] 다시 말해서 두안치는 1920년대 중국교회의 토착화운동은 신중국 체제에서 전개된 삼자애국운동의 모태이며 삼자애국운동은 토착화운동의 가장 이상적인 형태라고 주장했다.

산둥성(山東省) 삼자애국운동위원회 부주석 우쩬인(吳建寅) 역시 이와 동일한 시각을 보인다. 그는 중국 기독교는 역사적으로 중국 사회에서의 적응을 위해 부단히 자신을 조정해왔으며, 1920년대 5·4운동이나 반기독교운동의 도전은 당시 중국교회가 어쩔 수 없이 '토착화'라는 과제를 생각하지 않을 수 없었다고 말하고 있다. 나아가 현재 중국교회에서 진행 중인 '삼자신학사상건설' 역시 큰 틀에서 볼 때 선인들의 이와 같은 사고를 계승하는 것으로서, 중국 기독교인들이 걸어야 할 신앙의 길에 대한 모색이라고 평하고 있다.[149]

'이 중국 신학자들의 관점을 어떻게 평가할 수 있을 것인가?'라는 질문에 앞서 신중국이 성립된 후 정부의 요구에 대해 중국 기독교는 어떤 태도를 보였는지 살펴야 한다. 1949년 성립된 중화인민공화국은 중국 사회 전반에 걸쳐 개혁을 요구했고 그중 서구 제국주의의 앞잡이라는 이미지가

---

148    段琦, 『奮進的歷程』 4.
149    吳建寅, "中国本色教会浅探–世纪早期中国教会本色化的尝试", 「金陵神學志」(2007. 3): 45.

있는 기독교는 자연히 우선적인 혁신 대상이 될 수밖에 없었다. 당시 중국 총리였던 저우언라이(周恩來)는 중국 기독교 대표 5인을 접견하고, 중국 기독교는 장기간 제국주의에 이용당해 양교(洋敎)의 이미지를 가지면서 중국인들의 반감을 샀으니 조속히 그 영향에서 벗어나 종교 단체로서의 진면목을 회복하라고 주문하였다.[150] 나아가 저우언라이는 중국의 기독교가 되기 위해서는 삼자원칙이 완전히 실현된 교회를 세워야 한다고 강조했다.[151] 저우언라이의 이 말은 신중국하에 있는 중국 기독교의 미래에 관한 확고부동한 입장이었으며 이러한 정부의 요구에 따라 삼자교회가 탄생하게 되었다.

이처럼 삼자교회의 탄생은 공산당이라는 외부 세력에 대한 중국 기독교의 생존을 위한 선택이었다. 또한 신중국 이후 국가적 차원에서 실행되었던 '삼자애국운동'이 교회 생존을 위한 교회 지도자들의 '고심 속 선택'이었을 가능성도 생각해볼 필요는 있다. 량자린 역시 신정부하에서 삼자애국운동에 적극적으로 앞장섰던 당시 교회 지도자들에 대해 이분법적인 선악 기준이나 어떤 음모론을 수립하지 말 것을 주문한다. 그들을 사탄으로 설정하지 않는다면, 당시 다양한 기독교인들의 정치와 종교에 대한 선택 여부를 연구함으로써 좀 더 정확한 진상을 밝힐 수 있을 것이다.[152]

또한 삼자애국운동이 1920년대에 활발하게 전개되었던 '자립교회운동'의 역사적 맥락에 서 있다는 삼자회의 주장에 대해 형식적으로는 삼자원칙을 표방하고 있다는 점에서 반박할 여지가 없다.[153] 삼자회가 공포한 "삼자선언"은 중국 기독교와 교회의 전반적인 임무 사항과 임무 완성을 위

---

150　王作安, 『중국의 종교문제와 종교정책』, 김광성 역(서울: 한중국제교류재단, 2013), 284-285.
151　王作安, 『중국의 종교문제와 종교정책』, 285.
152　량자린, 『중국에 축복이 임하다』, 212-213.
153　조훈, 『중국기독교사』, 231.

한 기본방침을 다음과 같이 명시한다. "중국 기독교가 과거에 제창하고 지
도한 자치·자양·자전의 운동은 이미 상당한 성과를 거두었지만 금후 최단
기간 이내에 이 임무를 완성하여 기독교 혁신의 목표에 도달해야 한다."[154]
나아가 이것의 실행을 위한 구체적인 방법에 대해서는 "중국 기독교의 교
회와 단체로서 대저 외국인 및 외국의 경제적 원조에 의존하고 있는 것은
구체적 계획을 세워 최단기간 내에 자력갱생의 목표를 실현해야 한다"[155]
라고 밝히고 있다. 이 선언문에 따르면 중국교회의 총체적인 임무, 기본방
침과 실행 방법은 결국 다음과 같이 요약할 수 있다. 첫째, 중국교회는 철
저하게 (미국)제국주의와 그 어떤 관계도 단절해야 한다. 둘째, 중국교회는
완전한 자립을 위해 노력해야 하고 최단기간 내에 기독교에 요구된 혁신의
목표를 이뤄야 한다.

　　표면적으로는 삼자애국운동이 외부의 세력과 단절하고 중국교회만
의 힘으로 자립화된 교회를 이루고자 한다는 취지로 전개되고 있다고 보인
다. 그러나 삼자애국운동이 1920-1930년대에 있었던 자립교회운동이나
본색화운동의 형태로 전개되던 '삼자운동'의 역사적 맥락에 있다고 보는
두안치나 우쩬렌의 관점은 분명히 문제가 있다. 위의 "삼자선언"은 1920-
1930년대 '삼자운동'과 다음과 같은 근본적인 차이를 보이기 때문이다. 김
영호는 둘의 차이를 다음과 같이 말한다. '삼자운동'의 삼자원칙은 선교사
들로부터 독립하여 재정(自養)과 복음 전파(自傳)와 교회 운영(自治)을 주도
적으로 책임지는 것을 의미한다.

　　그러나 중국 공산당이 정한 삼자원칙을 보면, 삼자의 근본적인 의미를

---

154　中國基督教三自愛國運動委員會, 『中國基督教三自愛國運動文選: 1950-1992』(上海: 中國基
　　督教三自愛國運動委員會, 1993), 2.

155　中國基督教三自愛國運動委員會, 『中國基督教三自愛國運動文選: 1950-1992』, 2.

제국주의를 배격하고 정부의 지도를 따라 중국 공산당과 정부에 애국하는 것으로 규정하고 있다. 무엇보다 진정한 네비우스의 삼자정신을 계승하고 있는 1920-1930년대 삼자운동은 성령님이 주체가 되셨다.[156]

이처럼 삼자애국운동은 표면적으로는 삼자원칙을 견지하고 따르는 것 같다. 하지만 역사적으로 내용과 정신 면에서 순수하게 교회 자립을 위해 분투했던 1920-1930년대 교회자립운동의 연장선상에 있다고 보기는 상당히 어렵다.

## 3. 20세기 초 중국교회의 삼자운동 2 : 본색화운동

### 1) 20세기 초 중국교회 상황

20세기에 들어와 중국교회는 자립교회에 대한 의지를 더욱 불태웠다. 이 시기 중국교회는 성숙기에 접어들었다. 그 증거로 교파가 생기고 교인들이 증가하면서 교파 간 연합운동의 필요성이 제기되었다. 또한 이것을 유지하기 위한 각종 기구 설립, 실천 운동 전개 등 교회의 영적 수준도 상당했다. 무엇보다 사상의 자립 의지가 강해져서 기요파 중심으로 자립교회운동이 일었다. 해외 유학파 지식인들을 중심으로는 본색화운동이 활발하게 전개되었다.

---

156    김영호, "기독교의 중국화에 대한 비판적 연구", 「선교신학」 40(2015) : 59.

## (1) 교파 간의 연합운동과 연합기구 설립

모리슨 선교 100년이 지난 20세기 초반의 중국 개신교는 매우 중요한 변화를 맞이했다. 바로 교파를 초월하여 상호 연합하고 협동하고자 하는 움직임이었다. 이 문제가 시급했던 이유는 기독교의 갈등과 교파 간의 분열이 비기독교인들의 공격과 지적 대상이었기 때문이다. 선교 100년을 경과하여 중국에는 약 50개의 선교 단체가 각 교파에 소속되어 활동하고 있었다. 그러나 이들 사이에도 제대로 된 연합이 이뤄지지 못했다.[157]

그런 가운데 장로교가 연합운동의 선구자가 되었다. 장로교가 처음 연합운동을 시도한 것은[158] 1862년으로 푸젠(福建)성을 근거로 하던 미국 귀정회(歸正會)와 영국 장로회가 병합을 실행에 옮기고 '중화자립장로회'(中華自立長老會)라 칭했다. 이후 1890년 상하이에서 개최된 제2차 선교사 대회에서 장로파 선교사들 120명이 한자리에 모여 장로파 교회 간의 연합을 제안했다. 1900년 10월에는 의화단운동으로 상하이에 피신 왔던 장로파 선교사 60여 명이 재차 연합에 관하여 상의했다. 다음 해 10월 장로파 교회 10곳의 대표 54인의 모임(共同集議聯合事)은 각 교회에서 1인씩 파견하여 형성되었고, 여기서 전국장로회가 합일하기 위한 준비를 했다. 이렇게 1902년부터 1905년까지 세 번에 걸친 준비 회의 끝에 '전국장로연회'(全國長老聯會)가 성립되었다. 그 후 1915년에는 전국장로총회(全國長老總會)가 정식으로 성립되었다. 장로교는 1868년부터 월간지 「교무(敎務)잡지」(*The Chinese Recorder*)를 출판하여 각 교파의 선교사들에게 공통의 뉴스와 공통의 문제 토의를 싣게 하였다. 이것이 교파의 연합운동을 촉진했다.

---

157    량자린, 『중국에 축복이 임하다』, 175.
158    장로회의 연합과정에 대해서는 羅偉虹 主編, 『中國基督教(新敎)史』, 473 참고.

성공회는 여러 차례 연합을 위한 회의를 거쳐 1912년 '중화성공회'(中華聖公會)라는 하나의 조직으로 연합되었다. 그 밖에 루터교회는 '중화신의회'(中華信義會), 침례교 역시 '중화침례회'(中華浸禮會)가 동일한 노력 끝에 탄생하였다.[159] 또한 이때 사역의 연합도 이뤄졌다. 이것의 가장 중요한 사항은 1913년 전국적 조직의 협의회 설립을 주도할 기관으로 '중화속행위판회'(The China Cotinuation Committee, 中華續行委辦會)가 조직되었고, 이를 기반으로 1922년 최초의 전국적 조직인 '중화기독교협진회'(The National Christian Council of China, 中華基督教協進會)가 설립되었다는 점이다.

① 중화속행위판회 조직

20세기 들어 중국의 선교사들 사이에서 중국인이 목회하는 교회를 포함하여 전국적인 합동 기관 조직을 위한 움직임이 생겨났다. 이는 세계 선교사적 움직임과 맥을 같이한다. 이것은 1907년의 북미해외선교회의(The Foreign Missions of North America) 석상에서 본격적으로 제기되었다. 1910년 에든버러(Edinburgh)에서 개최된 세계선교대회에서는 전 교파의 일치·협력에 관한 구체적 안건이 토의되었다.[160] 이 회의에 중국 대표는 5인이 참석

---

159  조훈, 『중국기독교사』, 142.
160  1910년 에든버러에서 최초의 에큐메니칼 성격의 세계선교대회가 열렸다. 이 대회의 주제는 "이 세대 안의 세계복음화"로서 참석자들은 기독교 교회가 선교적 사명을 감당하기 위해서는 에큐메니칼 협력이 무엇보다 필요하다 여기고 초교파적 연합운동을 주장했다. 이 대회의 설계자는 존 모트(John R. Mott, 1865-1955)였는데 그는 유럽과 미국, 캐나다로 다니며 유능한 젊은이들에게 선교사로 지원하도록 하였다. 후에는 세계기독학생연합(WSCF)을 창립하고 1900년 2월 2-6일까지 국제학생자원선교운동대회를 개최하였다. 이 대회에 당시 한국 선교사였던 마포삼열(Samuel A. Moffet)이 참석하여 한국교회의 성장비결에 대해 보고하기도 했다. 마포삼열이 말한 한국교회의 성장 비결은 첫째, 성경을 사랑하고 말씀을 공부하는 교회, 둘째, 재정적으로 자립하는 교회, 셋째, 현지 교회 지도자를 사역자로 세우는 교회였다. 이 보고를 통해 마포삼열은 복음화 사역에서 현지 교회가 차지하

하였는데 베이징에서 온 청징이(誠靜怡), 지우지앙(九江)에서 온 캉청(康成) 및 상하이에서 온 장팅룽(張廷榮)과 통징안(董景安) 그리고 웡(C. C Wong) 박사였다. 청징이 목사는 현재 중국교회의 문제는 교회의 자립이라 강조하면서 "중국의 교인들은 이미 중국교회를 운영하고 관리할 준비를 마쳤으며, 외국 선교회와 선교사들이 중국 교인들의 능력 문제를 언급하는 일은 불필요하다"[161]고 강조했다. 나아가 "우리는 머지않아 하나의 연합된 종파로, 나뉘지 않은 교회를 보길 원한다"[162]라며 회의 석상에서 적극적으로 중국교회의 자립과 선교회와 현지의 중국교회들 사이의 합일을 놓고 발언했다.

에든버러 회의가 끝난 후 이 회의의 설계자인 존 모트(John R. Mott, 1865-1955)는 1912-1913년 사이에 아시아 각국을 다니며 교파 협력을 위한 기관 조직을 지도하기 시작했다. 그가 중국에 온 것은 1913년 1월 3일이다. 그의 중국 방문에 맞춰 제4회 기독교전국대회가 3월 11일부터 14일까지 상하이에서 개최되었다. 이 대회의 주요 목적은 에든버러 선교회의 정신을 중국에서 지속하고자 함이었다. 이를 위해 대회 기구를 배치하고, 교회합일(合一)의 이념을 주요 의제로 삼아 토의했다. 그 결과 소기의 성과들이 가시화되었는데 그중 가장 큰 성과는 그해에 중화속행위판회(이하 '위판회')가 조직되었다는 사실이다.

위판회는 '중국교회'를 설립하는 것과 제 교파 연합의 전국적 조직의

---

는 위치는 절대적이며 세계 선교를 위해서는 현지 사역자를 중심으로 선교해야 한다고 강조했다. 김은수, 『현대 선교의 흐름과 주제』(서울: 대한기독교서회, 2010), 19-30.

161　*World Missionary Conference*, 1910. Vol. II, 358. 尹明亮, "愛丁堡會議與中國教會"(碩士學位論文, 山東大學校 大學院, 2010), 27에서 재인용.

162　*World Missionary Conference*, 1910. Vol. II, 352. 尹明亮, "愛丁堡會議與中國教會", 28에서 재인용.

협의회를 설립하는 것을 목적으로 정했다.[163] 또한 중국 각 교회의 에든버러 속행위판회 혹은 서방 각국 지부회와 연계하는 연락 기관의 성격을 지녔다. 위판회는 순수한 고문 기관일 뿐 입법권이나 집행권은 갖지 않았고 다음과 같은 임무를 수행했다.[164]

첫째, 전국대회의 결의안을 집행한다.

둘째, 중서(中西) 교류의 기구가 된다. 즉 에든버러 속행위원회와 연계한다.

셋째, 합력하여 합작사업을 제창한다.

넷째, 교회의 공적인 의견을 발표한다.

다섯째, 각 교회 자문기관으로서의 역할을 수행한다. 놀라운 일은 위판회의 위원 중 4분의 1이 중국인이었다는 사실이다. 실제 활동을 맡은 간사 청징이(誠靜怡)가 중국 측의 간사로 당선되었고, 위판회 소속의 '중국교회와 선교회합일위원회'의 간사도 겸하게 되었다. 중국 자립교회 설립을 위한 회의에서 중국인과 외국인이 거의 동등한 위치에서 협력했다는 사실은 중국교회가 질적으로 성장했음을 의미한다.[165]

중국교회에서 처음으로 시작된 각 교파의 전국적 조직 위판회의 성립은 '연합'과 '합일'이 중국교회 전체의 같은 뜻이라는 것을 확인하게 된 계기였다. 동시에 선교 100년 만에 중국교회가 목표로 했던 '교회자립'에 빛이 비치기 시작했다는 증거였다. 실제로 조직의 지도자 중 3분의 1이 중국인이었다는 점과 중국 측 간사가 뽑혔다는 점은 이제 중국 신도가 중국교회를 주도적으로 이끌고 운영할 수 있는 역량이 생겼다는 것을 의미한다.

---

163   조훈, 『중국기독교사』, 149.
164   王治心, 『中國基督敎史綱』(上海: 上海世紀出版集團, 2007), 149.
165   조훈, 『중국기독교사』, 149-150.

이는 초기부터 중국교회가 삼자원칙 위에서 자립교회를 지향해온 결과로서 자립교회 실현에의 꿈이 한발 다가왔음을 보여준다. 이런 점에서 위판회의 태동은 중국교회 발전에 큰 의미가 있다.

## ② 중화기독교협진회의 건립

이 방면에서 또 하나 주목할 만한 성과는 중국 전체 교회 연합기관의 성격을 지닌 최초의 전국 조직인 중화기독교협진회(中華基督敎協進會, 이하 '협진회')를 건립한 일이었다. 초기 연합기구였던 위판회가 협진회로 바뀌었다 할 수 있는데,[166] 협진회 건립은 1922년 5월 기독교전국대회가 상하이에서 개최되었을 때 결의된 사항이었다. 그동안 위판회의 성과에 대해 보고하면서 자연스럽게 중국교회가 모든 교파를 초월하고 협력하여 하나의 기관을 조직하는 일의 중요성을 깨닫게 되었다. 협진회의 초대 회장은 위르짱(余日章, 1882-1936)이 맡았다.

협진회의 조직도를 보면 회원이 100명이었는데 그 절반 이상이 중국인이었다. 이들 모두 전국의 교회와 단체를 대표하는 자들로 기독교전국대회에서 선출되었다.[167] 협진회가 중국교회를 대표하지만 독단적이고 독행적인 권한을 갖지는 않았다. 협진회는 하나의 독립된 기관이 아니라 전국각 교회와 기관을 연계하는 역할을 하기 위해 만들어졌기 때문이었다. 구체적인 협진회의 기능은 다음과 같다.[168] 첫째, 신도의 신앙과 교제를 깊게 한다. 둘째, 여러 교회의 정보 연락의 중심체가 된다. 셋째, 새 관점에서 연구하고 전도에 필요한 지식을 서로 제공한다. 넷째, 토착교회를 육성한다.

---

166　王治心, 『中國基督敎史綱』, 195.
167　조훈, 『중국기독교사』, 158.
168　김수진, 『중국 개신교회사』, 67.

마지막으로 교회 전체를 대표하고 의지를 표명한다.

이 같은 협진회 직무를 통해 협진회 설립의 의의를 다음과 같이 정리할 수 있다. 첫째, 협진회가 지향하고자 했던 것은 중국 내 교회가 '하나 되는 것'이었다. 이 정신은 1910년 에든버러 세계선교회 이래 지속해온 견해로서 중국교회도 세계교회의 연합운동 추세에 발맞추어 나가고 있었음을 시사한다. 둘째, 중국인 지도자들이 협진회의 중요 위치를 차지했다는 점이다. 협진회의 초대 회장으로 위르짱(余日章)이 선출되었다. 총간사는 청징이(誠靜怡)가 맡는 등 위판회 성립 때 청징이가 중방 쪽 간사를 담당했을 당시와 비교하면 중국교회 주도권에 큰 변화가 생긴 것이다. 이 변화는 중국교회의 발전을 의미하며 중국교회가 점차 자립의 과정으로 나아가고 있음을 증명한다. 다음의 표를 통해[169] 이 시기 중국교회의 발전 양상을 확인할 수 있다.

| 연도 | 전도사 | 성찬 신도 | 학습 신도 |
|------|--------|-----------|-----------|
| 1905 | 3,833 | 178,251 | 256,779 |
| 1910 | 5,144 | 167,075 | 324,890 |
| 1915 | 5,338 | 288,652 | 526,108 |
| 1920 | 6,204 | 366,527 | 806,926 |
| 1928 | 4,375 | 446,631 | |
| 1933 | 5,775 | 488,539 | |
| 1935 | 5,875 | 512,873 | |

**1910-1935년도 중국교회 신자 증가표**

---

169    王治心, 『中國基督教史綱』, 195.

여기서 잠시 중국교회에서 성공적으로 진행된 자립교회운동에 대한 선교
사들의 반응을 살필 필요가 있다. 중국교회의 자립운동을 본 선교사들은
큰 충격을 받았다. 초기에는 이를 서구 선교회와 선교사 사역에 대한 위협
으로 본 반응도 있었다. 1907년 모리슨 선교 100주년을 맞이하면서 선교
사들은 중국 선교 100주년 기념대회를 열었다. 이 대회의 주요 발표 내용
은 중국인들의 민족주의 각성에 대한 것이었고 다음과 같은 우려의 목소리
도 있었다.

이러한 각성이 결코 위험을 내포하지 않는 것이 아니다. 그 특징 중 하
나는 일종의 불안한 정서로, 급히 외국의 통제로부터 또는 외국의 영향에
서 벗어나려는 정서다. 이는 교회 안팎에서 모두 분명히 느낄 수 있다.[170]

그러나 중국교회의 자립 의지가 점점 강력하게 작동해 자립교회가 증
가했다. 선교회에서도 이것이 막을 수 없는 역사의 흐름임을 인식하기 시
작하고 서서히 지도자 자리에서 한발 물러나 있기로 했다. 이 태도 역시 두
부류로 나뉘었다. 하나는, 선교사가 뒤로 물러서 있겠지만 여전히 중국교
회의 지도자 역할을 해야 한다는 것이었다. 1923년 9월 호 「교무잡지」 사
설에 실린 "선교사의 미래"라는 글이 이러한 정서를 반영해준다.

서양 기독교는 반드시 뒤따르는 가운데 지도자 역할을 해야 한다. 선교사들의
중국교회에 대한 역할을 교사와 고문으로, 이렇게 되는 것이 미래 선교사 역
할의 핵심이다.…어떤 이들은 전문가가 뒤에서 일하는 것이 필요하다고 말한
다.…이러한 전문가는 기독교의 어느 한 종류의 활동에만 국한되는 것이 아니

---

170 「1907년 중국에서의 선교사 대회 보고서」 5. 뤄관쫑, 『지난 일을 교훈 삼아』, 231에서 재인
용.

다.[171]

다른 하나는, 중국교회의 지도자 자리는 서양 선교사가 반드시 담당할 필요는 없다고 보는 것이다. 1926년 미국 장로회의 한 선교사는 『진리와 생명』 1권 8기에 "장로교 선교회가 향후 취해야 할 전략"이라는 글에서 "최근 반기독교운동이 심해지고 있는데, 공격 대상은 교회 자체라기보다는 교회의 전략, 즉 서구 선교회의 약점이다"라고 설명하였다.[172]

이처럼 일부 관망 혹은 유보의 태도도 있지만, 중국교회의 자립운동에 대해 적극적인 지지를 표명한 선교사들도 많았다. 1907년 선교 100주년 기념대회의 주요한 의제는 교회연합운동과 연합기구 설립이었다. 주목할 점은 이 자리에 모인 선교사들이 연합기관 조직의 문제에 대해 중국교회도 포함했다는 점이다. 선교사들은 이미 중국교회들과의 연합이 아니면 참된 의미에서의 전도는 불가하다고 생각했기 때문이었다. 선교사들은 중국에서의 복음 전도는 자신들이 아니라 같은 언어와 문화, 생활방식을 가진 현지인이 담당해야 제대로 된 효력을 낼 수 있음을 알고 있었다. 나아가 선교사들은 그 어느 것보다도 자립교회에 관심을 두고 '중국의 교회', '중국인의 전도' 등의 주제로 토론하였다.[173]

이상과 같이 '20세기 초 자립교회운동'은 경제적인 자양을 넘어서 신학 사상의 독립, 행정 관리상의 자치와 자전의 문제에 치중하면서 다양한 양상으로 꽃을 피웠다. 반기독교운동이라는 전국적인 포화 속에서 중국교회는 자신들의 힘으로 운영하고 가르치고 전도하는 자립교회 설립이라는

171    뤄관쫑, 『지난 일을 교훈 삼아』, 232.
172    『중화기독교연감』, 제8기, 1925년. 뤄관쫑, 『지난 일을 교훈 삼아』, 232에서 재인용.
173    조훈, 『중국기독교사』, 144.

위대한 역사적 사명을 완수했다. 중국교회 스스로가 역량이 충분하다는 사실을 증명해냈다는 점에서 '20세기 초 자립교회운동'은 역사적으로 큰 의의가 있다.

### (2) 교회 자체 전도 활동과 신앙 실천운동: 중화귀주운동

이 시기 자립교회운동 안에는 교회의 활발한 전도 활동도 포함되었다. 1918년에는 '중화국내포도회'(中華國內布道會)를 조직하여 중국교회가 중국인 선교사를 미전도 지역에 파견하기 시작하였다. 이 전도회는 중국인 21인의 위원에 의해 운영된 초교파 조직으로서 경비는 전국의 중국인 개신교 신도의 헌금으로 운영되었다.[174]

그뿐만 아니라 자립교회가 내적으로 성숙했다는 증거로서 교회실천운동도 전개되었다. 이른바 '중화귀주운동'(中華歸主運動)으로서 '중국을 주께로!'라는 의미를 담아 전개된 경건실천운동이었다. 위판회가 조직된 후 각 종파와 각 지구의 교회연합운동과 각 지역 연합사역은 더욱 활발해졌다. 1919년 5·4운동이 일어나자 위판회의 지도자들은 그해 12월 상하이에서 전국대회를 열었다. 그중 외국 기독교인들을 초빙하여 향후 중국교회의 사명에 대한 의견을 구했던 일을 주목할 필요가 있다. 이는 5·4운동이 가지는 '과학주의'와 '이성주의' 정신이 중국교회에 매우 부정적인 영향을 미쳐, 일반 중국인들이 기독교에 대해 오해하고 왜곡된 시선을 갖는 데 대한 일종의 대응책 방안을 강구하려는 것이었다.[175] 5·4운동은 항일운동이자 제국주의 반대운동이었지만, 이에 그치지 않고 봉건주의에 반대하고 과

---

174    조훈, 『중국기독교사』, 171.

175    조훈, 『중국기독교사』, 153.

학적 사고방식과 민주주의를 제창하는 문화운동으로 확대되었다.[176] 특별히 과학적 사고방식과 이성(理性)의 강조는 기독교에 대한 중국인의 배타심을 더욱 불태웠다. 그들은 진화론의 관점으로 성경을 비판하기 시작했으며, 기독교가 가지고 있는 신비적 요소를 미신적인 것으로 치부하여 타파의 대상으로 여겼다. 이런 시대적 배경에서 중국교회는 자신들의 힘과 방법으로 중국인들을 교회로 인도해야 한다는 사명감을 품게 되었다.

이에 위판회 지도자들은 이 대회에서 '중화귀주운동위원회'를 구성한 후 '중화귀주운동'을 전개하기로 했다. '중화귀주회의'(China-for-Chirist Conferrance)라고도 명명되는 이 운동은 기독교인들의 신앙을 더욱 견고하게 하고 가정과 학교, 교회에서의 기독교 교육을 강화하고 중국인 기독교 지도자를 양성하여 불신자들에게 복음을 전하는 데 목적을 두었다.[177] 이 운동의 핵심은 중국인 사역자를 양성하여 자국민에게 복음을 전하고자 한 '자전'(自傳)의 원칙을 실행에 옮기고자 한 데 있었다.

이 대회에 참석한 인원은 모두 117인으로서 놀랍게도 중국인은 그중의 반을 차지했다. 1913년 위판회 성립 시기에 중국인 지도자의 비율이 전체 1/4을 차지하였던 것과 비교하면, 불과 6년 사이 중국교회는 이미 이 사역을 진행하는 데 무시할 수 없는 역량을 갖추게 된 것이다.[178] 무엇보다 괄목할 만한 것은 중국인 지도자들의 교육 수준이었다. 자료에 의하면 이때 중국인 지도자 중 대략 7% 정도가 대학을 졸업했고, 25% 정도가 중등 교

---

176  문학 방면에서는 '문언문'(文言文)이라는 전통적 글쓰기로 인해 일반 서민과 소통이 어려웠던 문학 형태에서 벗어나 '백화문'(白話文)이라는 구어체로 쉬운 글쓰기를 지향하는 '문학혁명'이 일어났다.

177  김수진, 『중국 개신교회사』, 60.

178  中華續行委辦會調查特委會編, 『1901–1920年 中國基督敎 照査資料(上)』, 128.

육을 받은 사람들이었다.[179] 이 같은 중국교회 지도자들의 변화와 성장은 중화귀주운동의 의미가 어디에 있는지를 잘 설명해준다. 바로 중국 교인들이 교회와 사회 등 전 방면에서 주도적인 역할을 하게 되었음을 반영하고 있기 때문이다.[180]

중화귀주운동위원회가 벌인 사역을 구체적으로 살펴보면 다음과 같다.

첫째, 중화귀주운동의 잡지를 출간하였다.

둘째, 사회개조운동을 벌여 사회 곳곳의 병폐를 제거하는 데 앞장서 여러 방면에서 기독교가 긍정적인 영향력을 끼치도록 했다.[181] 광저우의 중화귀주운동은 전국적으로 유명했는데 이들은 특별히 도박금지운동을 벌임으로써 사회를 개조하는 쾌거를 일궈냈다.[182]

셋째, 부녀들의 지위를 향상시켰다. 그때까지 중국 여성의 지위는 매우 낮았고 교육 사업에서의 남녀불평등은 더욱 심각했다. 그러나 1898년 상하이에 처음으로 여자학교가 설립되었고, 1916년에 이르러서는 국립여자학교가 3,766개나 생겨나는 등 기독교 학교의 여성교육운동이 빠른 속도로 발전했다.[183] 이런 움직임은 당시의 부녀해방운동과도 맞물려 전족(纏足)[184]이 금지되었고, 1919년에는 여학생들도 시위에 참여하였다. 1913년

---

179  또한 1914-1920년 사이 세례와 성찬을 받은 신도 수도 매년 6% 속도로 증가했다. 中華續
    行委辦會調査特委會編, 『1901-1920年 中國基督敎 照査資料(上)』, 129.

180  中華續行委辦會調査特委會編, 『1901-1920年 中國基督敎 照査資料(上)』, 128-129.

181  葛壯, "評析民國前期基督新敎的大發展", 「社會科學」 4(2010): 147.

182  中華續行委辦會調査特委會編, 『1901-1920年 中國基督敎 照査資料(上)』, 131.

183  中華續行委辦會調査特委會編, 『1901-1920年 中國基督敎 照査資料(上)』, 130.

184  전족의 역사는 송(宋)대부터 시작되며 명·청 시대에 가장 유행하였다. 3-5살 사이의 여아
    의 발을 천으로 꽁꽁 동여매어 성장을 멈추게 하는 풍습인 전족은 중국 여인들을 엄청난 고
    통 가운데로 몰아넣었다. 전족 금지령은 신해혁명 후 많이 늘기 시작했다. 중국교회가 전족
    을 금지시키는 사회운동을 벌인 것은 여성의 존재 가치를 무시하던 전통적 사고방식을 개

이후에는 중국 부녀들을 대표하여 여성들이 전국기독교대회에도 참석하였고 각종 기독교 사업에도 남녀평등을 부르는 주장이 보편적으로 적용되었다.[185]

넷째, 교회의 자립운동을 활성화시켰다. 먼저 자전(自傳) 방면에서는 후난(湖南) 교회의 성과가 매우 컸다. 후베이(湖北) 교회파가 후난(湖南) 지역으로 여행을 가 전도함으로 후난교회에 도움을 주기도 하였다. 둥베이(東北)의 장로회 신도는 둥베이삼성국내포도회(Manchurian Missionary Society, 東北三省國內布道會)를 조직했다. 성공회(聖公會) 신도 역시 국내 전도 사업을 조직하고 중국인이 지도자가 되어 산시(陝西)성 지역을 전도했다. 이어 중화국내포도회(Chinese Home Missionary Society, 中華國內布道會)라는 전국적인 전도회가 조직되어 주로 윈난(雲南)성에서 사역했다. '전국기독교조사보고'에 따르면 당시 중국교회는 적어도 25개 정도의 국내 전도회를 갖고 있었고 이들 단체의 지도자는 전부 중국인이었다.[186] 이로 미루어보아 당시 중국교회는 이미 국내 전도의 규모를 초보적이나마 갖추고 있었다고 할 수 있다. 19세기 말과 비교할 때 이는 매우 괄목할 만한 성장이었다.

## 2) 본색화운동의 전개

'자립교회운동'과 더불어 20세기 초 삼자운동의 또 다른 양상으로 '본색화운동'[187](本色化運動)을 들 수 있다. 본색화운동을 자립교회운동과 비교한

---

혁하고 하나님의 형상으로 회복시켰다는 점에서 큰 의미를 갖는다.

185  中華續行委辦會調査特委會編, 『1901-1920年 中國基督教 照査資料(上)』, 131.
186  中華續行委辦會調査特委會編, 『1901-1920年 中國基督教 照査資料(上)』, 131.
187  우리말로는 '토착화운동'이라고 번역할 수 있다.

다면, 자립을 위한 노력인 삼자운동의 일환으로 일어났다는 공통점을 가진다. 그렇지만 자립교회운동이 기요파 학자와 지도자들이 중심이 되었다면, 본색화운동의 중심은 지식인 계층과 해외 유학파 신학자들이었다.

한마디로 본색화운동은 신학 사상에서 서방의 문화 색채를 제거하고 기독교의 교의(敎儀), 예의(禮儀)와 전통문화를 결합하는 운동이다.[188] 이 운동의 근본 취지는 기독교가 중국에 들어왔을 때 사상이나 조직, 예식 등의 방면에서 중국적 본토 문화와 맞지 않고 융화되지 못하여 종종 기독교 전파에 장애를 가져오자, 기독교 사상과 예식에서 서구의 색채를 제거하여 중국 전통사상과 문화로 기독교를 해석하려는 의도라 하겠다. 김학관은 이 운동을 다음과 같이 정의한다. "20세기 초의 중국교회의 지식인을 중심으로, 중국의 기독교가 서구 기독교나 선교단체와의 관계를 분명히 함으로써 서구 제국주의의 앞잡이가 아닌 중국 기독교인들과 함께한다는 것을 알리기 위한 것이다. 이것은 중국교회의 자립화와 토착화를 목표로 한 운동이었다."[189] 즉 '자립교회운동'이 교회의 경제와 행정 방면에서 외국 선교회로부터 독립성이 강조되는 특징을 갖고 있다면, '본색화운동'은 삼자의 원칙 아래 문화와 교리 면에서 중국화(中國化)된 교회를 건립할 것에 강조점을 두었다고 할 수 있다.[190]

김학관의 지적대로 '본색화운동'은 자립화·토착화를 목표로 하였기에 두 가지 목표를 제시하였다.

첫 번째는, 중국 교인들이 자치·자양·자전의 책임을 갖도록 하는 것이다. 이는 다른 말로 하면 교회 재정의 행정과 사역의 모든 부분의 주인은

---

188    羅偉虹, 『中國基督教(新敎)史』, 433.
189    김학관, 『중국교회사』, 140.
190    王治心, 『中國基督敎史綱』, 212.

중국인이고 선교사는 한발 뒤로 물러나 있는 형태를 말한다.[191]

두 번째 목표는, '본색화운동'의 본질에 좀 더 가까운 것으로서 동방 고유의 문명을 발양하는 데 있었다. '본색화운동'에 앞장섰던 청징이(誠靜怡)는 재정의 자립을 위한 문제보다도 이 시기 중국교회에 더 중요한 과제는 "어떻게 기독교 신자들에게 동방(東方)에서 동방의 필요를 채울 수 있는가? 어떻게 기독교 사상이 동방의 풍속 환경과 역사 사상에 융합할 수 있는가?"라고 하여 당시 '본색화운동'이 갖는 중요성을 설명했다. 또한 1924년 중국에서 사역했던 선교사 에드윈 막스(Edwin Marx)는 '본색화'라는 단어를 '본토화'(本土化, naturalization)와 유사한 의미로 해석하였다. 이는 '기독교가 중국인의 생활과 사상에 동화된 것'을 의미한다.[192] 즉 이 운동은 '중국인에 의한, 중국인을 위한, 중국적 교회'를 뜻하는 것으로, 예배 형식뿐만 아니라 심지어 교의(敎義)에서도 중국의 전통을 최대한 존중하는 입장을 취하였다.[193] 중국 교회사가 왕쯔신(王治心)은 이를 '기독교가 중국문화와 혼인하게 함으로써 기독교로부터 서양의 색채를 깨끗이 지우는 것'이라고 설명한다.[194] 정리하면, '본색화운동'은 기독교와 중국 전통문화 상호 간의 차이점과 충돌을 최소화함으로써, 양자가 불필요한 오해를 피하고 화합과 협조를 통해 상호병존·성장하는 데 의의를 두었다.[195]

'본색화운동' 안에는 교회의 예식과 신학 사상 모두가 포함되었는데,

---

191    王治心, 『中國基督敎史綱』, 213.

192    Edwin Marx, *"Progress and Problems of the Christian Movement since the Revolution (1911),"* *China Mission year Book*, 1924, 97; 吳義雄, 『開端與進展』(桂林: 廣西師範大學出版社, 2011), 147에서 재인용.

193    조훈, 『중국기독교사』, 172.

194    王治心, 『中國基督敎史綱』, 213.

195    량자린, 『중국에 축복이 임하다』, 183.

특별히 신학 사상 면에서 본색화운동의 신학자들은 기독교 교리를 중국 전통 종교의 개념을 사용하여 설명하고자 했다. 기독교의 하나님은 곧 중국의 전통문학 속에 등장하는 '상제'(上帝)를 지칭한다든지, 유가 문화와 마찬가지로 기독교 또한 효(孝)를 강조하고 있다든지, 중국의 '인'(仁)은 기독교의 '사랑'이라는 등의 논리를 폈다.[196] 예식의 토착화에 관해서 량자린은 19세기에 이미 서구 선교사들이 이 방향으로 나아가려 시도했음을 지적했다. 예를 들어 예배 의식에 불교의 예식을 가미하여 예배 때 향초를 피운다든지, 무릎을 꿇고 성경 본문을 외운다든지[197] 혹은 교회당을 사당 형식으로 건축하거나 남녀가 분리하여 앉는 것 등을 강조했다.[198] 이와 같은 노력은 모두 기독교에 대한 중국인들의 불필요한 오해를 차단하고 전도 사역에 방해받지 않기 위한 방책이었다. 또한 20세기 초 리우팅팡(劉廷芳), 쉬띠샨(許地山), 쟝이쩐(蔣翼振) 등의 지식인을 중심으로 먼저 예식의 토착화가 시도되었다. 이들이 편찬한 「자정」(紫晶)이란 잡지에서 중국 기독교인들은 기독교가 중국인의 숭배의식에 적합한 종교인지에 대한 논의를 통해 초기 '본색화운동'의 기틀을 마련하였다.[199]

이 운동의 본격적 시작은 1922년 5월 상하이에서 열린 '기독교전국대회'부터라고 할 수 있다. 기독교전국대회는 모리슨 선교 100주년을 기념하여 1907년 4월 25일부터 5월 7일까지 상하이에서 처음으로 개최되었다. 이 대회는 당시 중국에 있던 선교사들을 중심으로 대다수 교회들의 연합과 합동의 움직임이 진전되어가던 분위기를 반영하는 선교사대회 성격의 모

---

196    량자린, 『중국에 축복이 임하다』, 184.
197    王治心, 『中國基督教史綱』, 213.
198    량자린, 『중국에 축복이 임하다』, 183.
199    량자린, 『중국에 축복이 임하다』, 183-184.

임이었다. 매번 대회마다 각각의 토론 주제가 제기되었는데, 첫 회의 주제는 선교사들의 중국인 교회에 관한 관심이 반영되어 '중국의 교회', '중국인의 전도' 등이었다.[200] 그리고 1922년 5월 상하이에서 제5회 기독교전국대회가 개최되었는데, 이 대회의 주제가 바로 '중국교회'였고 그중 '본색화'는 매우 중요한 내용이었다.

이 대회의 중요한 성과는 최초의 중국 전국 기독교 연합기구인 '기독교협진회'를 정식으로 건립한 것으로, 이 협진회의 종지(宗旨) 중 하나가 바로 '중국교회를 본색화되도록 하자'는 것이었다.[201] 이 대회는 본색화교회에 대해 "한편으로는 세계 각 종파의 기독교회가 역사상 지속적인 관계를 갖는 것이고, 다른 한편으로는 실제로 중화민족 고유의 문화와 정신에 합하는 경험을 갖는 것이다. 소위 중국 본색의 기독교란 안으로는 중국인의 정신을, 밖으로는 중국 모양의 기독교를 갖추는 것이다"[202]라고 이해했다. 이러한 배경으로 사상에서의 독립을 위한 중국교회의 고군분투가 시작되었다. 1925년부터 1928년까지가 본색화운동의 절정기라 할 수 있다.

### 3) 우레이추안의 신학 사상

본색화운동은 주로 지식인 계층의 신학자들을 중심으로 일어났다. 예를 들어 우레이추안(吳雷川, 1870-1944), 자오즈천(趙紫宸), 우야오종(吳耀宗) 등이다. 그중 본색화운동의 기수인 우레이추안의 신학 사상을 살펴보려 한다.

---

200  조훈, 『중국기독교사』, 144.
201  張永廣, "二十世紀上半葉中國基督教會合一運動述評", 「基督教研究」 4(2010): 130.
202  全紹武 等編, "基督教全國大會報告書", 「東傳福音 第19冊(下)」, 111; 沈玉琦, "本色與合作: 1922年上海全國基督教大會研究"(碩士學位論文, 華中師範大學, 2017), 41에서 재인용.

## (1) 우레이추안의 생애와 신학 여정

>> **우레이추안**
출처: http://www.
chinatogod.com/main/z2s_
c_v.php?no=4549&ctg_no
=211&div=2&PHPSESSID=
9a2df281a07d316c0c86
95d85a0c54b8

우레이추안의 본명은 우쩐춘(吳震春)이다. '레이추안'은 그의 자(字)다. 그는 장쑤(江蘇)성 쉬저우(徐州) 출신으로 7세부터 사서삼경(四書三經)을 공부했고 13-14세에 본격적으로 고전을 공부했다. 1914년 그는 44세의 늦은 나이에 친구들의 소개로 처음 기독교를 접하고 이듬해 성탄절에 중화성공회에서 세례를 받았다. 1919년에는 '기독교 신사조운동'을 발기한 생명사(生命社)에 가입했다. 1923년에 중국 인민을 대상으로 개방된 진리회를 조직하여 3년여 동안 「진리주간」의 출판을 주관하기도 하였다. 1926년 그는 옌징(燕京)대학 국문과 교수로 임명받았으나 옌징대학이 일본군에 점령되면서 투옥되었고 결국 1944년 10월 75세의 나이로 사망했다.[203]

우레이추안의 어린 시절을 보아 알 수 있듯이 그의 이력 중 매우 특이한 것은 유가 사상의 영향을 깊이 받았다는 것이다. 이러한 교육 배경이 그의 기독교 사상에 깊은 영향을 미쳤을 것은 자명하다. 어릴 적부터 중국 경전과 고전을 수학했던 우레이추안이 기독교에 귀의한 일은 매우 중대한 사상 전환이었다. 우레이추안 스스로가 밝히는 교회에 가게 된 3가지 이유는 다음과 같다.[204] 첫째, 모친의 자상하고 인내심 많은 성품에 대한 감화 때문

---

203  趙士林·段琦 主編, 『基督教在中國處境化的智慧(上冊)』(北京: 宗教文化出版社, 2009), 161-162.
204  吳雷川, "我個人的宗教經驗", 「生命」3(1923); 趙士林·段琦 主編, 『基督教在中國處境化的智慧(上冊)』, 163에서 재인용.

이다. 둘째, 스스로 쌓아오고 견뎌온 고난과 교육으로 인함이다. 셋째, 정계에 입문한 후 공허한 생활에 대한 불만과 고민 때문이었다. 그가 처음 교회에 갔을 때는 기독교에 대해 순수한 신앙 태도를 견지하여 적극적으로 교회의 각종 공익 활동에 참여하였다. 그러나 후에 1922-1927년까지 전국적으로 일어난 반기독교운동을 접하고 나서 그의 사상이 요동하기 시작했다. 일정 기간이 지나면서 그는 기독교에 대해 다음과 같은 시각을 정립하게 되었다.[205]

모든 교회가 전하는 소식과 해설을 다 믿는 것은 불가하며 교회의 규제와 예교 역시 그렇게 중요해 보이지 않는다. 다만 예수의 인격만이 우리 신앙의 중심이 될 뿐이다. 그분은 친히 모범을 보였고 우리가 반드시 사회개조를 천직으로 여기도록 교훈하셨다. 더욱이 우리에게 처세에 있어 진리에 복종하도록 교훈하셨는데 이것이 바로 우리가 바른 사람이 되는 규범이었다. 나의 신앙은 지금까지도 역시 그러하다.

기독교에 대한 이러한 인식은 당시 사회의 사조와 지식인의 문화 자각이라는 이중의 압박에서 나온 것으로서 전통적인 기독교에 대해 부정적인 시각을 갖고 있었음을 보여준다. 그의 이러한 부정적 시각이 누구로부터의 영향인가에 대해 타이완 정치대학(政治大学) 종교연구소 교수인 차이엔런(蔡彦仁)은 이렇게 평가하였다.

우리는 우레이추안이 직접적으로 서구 신학 사상의 영향을 받았는지, 그 성경

---

205    吳雷川,『基督教與中國文化』(北京: 商務印書館, 2013), 17.

해석의 능력 역시 서구학자의 기초와 묘사를 따랐는지 모른다. 그러나 그는 이성으로써 모범을 삼고 '역사 속의 예수'를 추구하고 천국의 현세적 성격을 강조한다. 이는 당대 서방의 자유파 신학자의 이성적인 사고가 반영되었다고 본다.[206]

그가 특별히 주장한 기독교의 주요한 시각은 '현세의 기독교'로서 그가 바라보는 예수는 '인간'으로서의 일면을 훨씬 더 많이 체현한 분이었다.[207] 우레이추안의 예수에 대한 이러한 이해는 어떤 경로 혹은 어떤 배경에서 형성된 것인가? 우레이추안은 정통 유학자로서 후에 자오즈천과 함께 옌징(燕京)대학[208] 교수를 역임하다가 총장을 맡게 된다. 그는 서구 신학교육을 받은 경험이 없으며, 단지 중국어 성경과 이와 관련한 번역 서적을 통해서만 지식을 습득해 늘 이 문제로 고민하였다. 이런 배경을 고려해보면 그의 자유주의 신학 사상은 많은 부분 동료였던 자오즈천의 영향이었다는 것을 생각해볼 수 있다.

1930년대 우레이추안은 기독교의 이름으로 구체적인 사회 변혁의 방안을 제공하고자 하였다. 이는 곧 천국은 하나의 이상사회로서 그 안에는 사유재산이 없다는 인식에서 나온 것이었다. 그는 최종적인 이상사회는 사회주의라 하면서, "사회 속에서 가장 불평등한 현상은 인류의 빈부가 불균형하다는 것이라 해도 지나침이 없다. 그래서 사유재산을 없애 만물로 하여금 공평한 분배로 돌아가게 한다는 것은 부인할 수 없는 진리다"[209]라고

---

206  蔡彦仁, "經典釋解與文化匯通: 以吳雷川爲例", 「臺灣東亞文明研究學刊」 1 (2004, 12): 324-325; 趙士林·段琦 主編, 『基督教在中國處境化的智慧(上冊)』, 164에서 재인용.

207  趙士林·段琦 主編, 『基督教在中國處境化的智慧(上冊)』, 164.

208  베이징대학의 주 캠퍼스가 위치한 곳이 이전 옌징대학의 캠퍼스라 할 수 있다.

209  吳雷川, 『墨翟與耶穌』(上海: 靑年協會書局出版, 1940), 161; 趙士林·段琦 主編, 『基督教在中

강조했다.

우레이추안의 신학 사상 여정을 근거로 보면, 그는 3단계로 변화의 과정을 겪었다. 제1단계가 순수한 유가 사상 시기다. 제2단계는 처음 기독교에 입문하여 전통적 기독교 사상에서 자유신학으로 전환한 시기다. 당시 사회의 여러 가지 압력과 기독교의 중국 사회 변혁 과정 중의 지위와 역할에 대한 깊은 사고와 고뇌가 처음의 순수한 신앙이 최종적으로 자유주의 신학에 접근하는 결과를 낳았다고 할 수 있다. 제3단계는 우레이추안이 사회주의로 전향하는 단계다. 이 3단계의 신학 사상 전환과 변화를 분석할 때, 우선 유가 사상의 영향은 우레이추안 일생의 주요한 사상적 배경이 되었다는 것을 알 수 있다. 비록 우레이추안이 반기독교운동과 신문화운동 등 각종 사조의 영향으로 중국 전통문화에 대해 비판했지만 사실 완전히 철저하게 중국의 전통문화를 부인하거나 부정한 적은 없었다.[210] 제2단계나 제3단계의 사상 역시 경세치용(經世致用)의 유가 사상이 우레이추안의 사회적인 실천에 응용한 결과라 할 수 있다. 그만큼 '유가 사상'은 우레이추안의 신학 사상에 중요한 요소가 된다.

## (2) 우레이추안의 대표 저서 『기독교와 중국문화』

우레이추안의 사상은 1936년 출판한 대표 저서 『기독교와 중국 문화』(基督敎與中國文化)에 잘 나타나 있다.

현대 중국의 종교 연구가인 주어신핑(卓新平)은 이 책의 서평을 통해 출간 배경을 이렇게 설명하고 있다.[211]

---

國處境化的智慧(上冊)』, 165에서 재인용.

210    趙士林·段琦 主編, 『基督敎在中國處境化的智慧(上冊)』, 166.

211    吳雷川, 『基督敎與中國文化』, 229–230.

(중국) 역사상 기독교와 중국문화는 여러 차례의 교류와 대화를 가져왔다. 처음에는 '순수한' 문화적 의의에서 서로 만나 이해의 과정을 거쳤으나 후에는 점점 사회정치의 내용 안으로 들어오기 시작했다. 이러한 대화는 점점 복잡해졌고 나아가 격렬한 반응을 불러일으켰다.…20세기 20년대 중국에서는 '반기독교운동'이 발생했다. 기독교에 대한 중국 사회의 이러한 강력한 거부는 한편 중국 사회의 정신에 한 층의 '몽롱한 색채'를 덮어씌운 것만 같았고, 그 것은 기독교가 중국의 앞날에 대해 막연함을 느끼게 했다. 그러나 또 한편으로는 중국 기독교 사상가들로 하여금 다시 한번 기독교와 중국 문화의 관계에 대해 깊이 사고할 수 있도록 촉구하는 계기가 되었다. 이로 인해 20세기 상반기는 '기독교와 중국문화'가 핫이슈였다.…이러한 사회 정서 속에서 우레이추안의 『基督敎與中國文化』가 탄생했고 1936년에 출판할 수 있었다.

주어신핑의 말처럼 이 책은 20세기까지 이어진 제국주의의 중국 수탈로 중국 사회에서 제국주의에 대한 반감이 더욱 거세진 정서 가운데 출간되었다. 제국주의에 대한 중국인의 분노는 그의 앞잡이로 여겨졌던 기독교에 대한 분노와 반감으로 나타났고, 이 일은 중국 기독교 지도자들과 신학자들에게 큰 부담으로 다가왔다. 신학자들의 고민은 기독교와 여러 모양으로 충돌을 일으켜온 중국 문화와 조화를 이루고 화해하는 방법을 모색하는 것이었다. 우레이추안의 저서는 이러한 시대적 요구에 충실했다.

    이 책은 한마디로 본색화신학의 정수를 잘 보여주고 있다. 그의 학문의 벗 우야오종의 추천사를 통해[212] 이 책의 성격을 잘 알 수 있다.

---

212    吳雷川, 『基督敎與中國文化』, 4.

기독교와 중국 문화의 관계에 대해 말할 때, 본서 저자의 태도는 매우 칭송할 만하다고 보인다. 저자는 중국 과거 문화의 특징에 속박되어 기독교가 그 문화와 조화를 이뤄야 한다고 주장하지 않을뿐더러, 기독교와 중국 문화가 모두 시대의 부산물이라고 주장하는 이해 얕은 비평가들처럼 다 버려야 한다고 생각하지 않는다. 그가 주장하는 것은 오히려 '기독교의 갱신과 중국 민족의 부흥'이며 나아가 전자는 후자에 대해 일정한 공헌이 있다고 여긴다.

이 책의 출간 배경과 독자 대상에 대해 우레이추안의 말을 빌리면 다음과 같다.[213]

> 작년 6월 우야오종 선생의 편지 한 통을 받았다. 그는 청년협회의 3년 출판 계획 중 하나가 『基督敎與中國文化』이며 나를 작가로 선택했다고 했다.…청년협회와 나는 이 책을 통해 일반 엘리트 지식인이 이 책을 보고 기독교에 대해 어느 정도 이해할 수 있기를 희망하였다. 나아가 개인적으로 청년 학생을 그 대상으로 삼으려 노력했던 것은—그들이 기독교인이든 아니든—모두 예수와 기독교를 이해하고 이로써 중국 민족의 부흥을 일으키고 중국을 위해 신문화를 창조하는 책임을 갖게 하기 위해서였다.

우레이추안의 말에서 감지되는 강조점은 '청년'과 '중국문화의 부흥'이다. 우레이추안은 중국 청년들이 기독교의 창조 정신을 통해 중국 사회를 개조하고 새로운 민족 부흥을 일으키는 데 소용되기를 소망하고 있다.

예수와 기독교에 대한 기본 이해, 그리고 중국 문화로 대략 두 부분으

---

213    吳雷川, 『基督敎與中國文化』, 8-9.

로 나누어 서술한 이 책은 다음과 같이 구성되어 있다.

| 장 | 내용 |
|---|---|
| 제1장 | 서론 |
| 제2장 | 예수 사략(事略) |
| 제3장 | 예수 교훈 강요(綱要) |
| 제4장 | 예수는 그리스도 |
| 제5장 | 기독교의 세계 역사상의 가치 |
| 제6장 | 기독교와 중국의 관계 |
| 제7장 | 과거 중국 문화의 검토 |
| 제8장 | 과거 중국 문화의 검토 |
| 제9장 | 중국 문화 미래의 전망 |
| 제10장 | 기독교 갱신과 중국 민족부흥 |

### (3) 우레이추안의 기독론: 사회개혁자 예수

우레이추안의 신학 여정은 3단계로 구분할 수 있다. 사실 2, 3단계는 신학 사상의 본질상 대동소이하다. 특히 제2단계는 '본색화운동' 참여 시기로 명명할 수 있다. 이 시기 중국 지식인들은 학문적으로도 기독교의 새로운 면모를 구축하는 데 힘썼다. 이들은 일반 중국인들이 기독교를 '서양의 종교(洋敎)'로 바라보는 시선을 제거하는 데 적극적으로 노력하는 한편, 기독교 역시 일반 중국인과 같이 자유와 평등의 사회를 만들고 애국을 제창한다는 점을 부각했다. 그러므로 '본색화운동'은 자립교회를 만들기 위한 기독교 지식인들의 또 다른 노력의 일환이었다고 볼 수 있다. 이들은 기독교와 중국 문화를 접목하여 중국 기독교와 '서양의 종교'를 근본적으로 구분

하려 하였다.[214]

본색화운동에 대한 우레이추안의 획기적인 공헌은 기독교와 중국 문화를 접목하고자 한 데 있다. 그는 당시의 어떤 이보다도 기독교와 중국 전통문화에 정통하였다. 그가 구상한 기독교 본색화 사상의 주요한 근원은 대부분 중국 전통문화에서 기원했다고 해도 과언이 아니다.[215] 그의 사상은 『基督教與中國文化』에 잘 나타나 있다. 다음에서 이 책을 중심으로 우레이추안의 본색화 신학 사상에 대해 알아보고자 한다. 특별히『基督教與中國文化』안에서 그가 제기한 문제를 중심으로 가장 중요한 부분인 기독론을 살펴보면 다음과 같다.[216]

### ① 예수님이 오신 목적: 군왕으로서의 치리

우레이추안의 예수님에 대한 첫 번째 질문은 이렇게 시작한다. "예수는 자신 스스로 그리스도라 인정한 것인가? 그의 동기는 무엇이고 그의 최초의 계획은 무엇이었나?"

이 문제에 대해 우레이추안의 답은 다음과 같다. "예수님의 그리스도로서 자기 인정의 동기는 바로 12세 되던 해 유월절, 관례에 따라 예루살렘 성전에 올라가 한 말에 담겨 있다. 즉 '豈不知我应当以我父的事为念麽?'(내가 응당 아버지의 일을 생각할 것임을 알지 못하였습니까?)[217] 이 한마디였다."[218] 우레이추안은 예수님의 이 한마디가 단지 개념에 불과하지만 이를 토대로 이후 20여 년의 준비 시간을 거쳐 결국 그리스도로서 자원하고 확정한 것이

---

214  趙士林·段琦 主編,『基督教在中國處境化的智慧(上冊)』, 170.
215  李韋, "吳雷川的宗教教育觀探析",「基督教研究」2(2012): 227.
216  吳雷川,『基督教與中國文化』, 64-74.
217  눅 2:49, "내가 내 아버지 집에 있어야 할 줄을 알지 못하셨나이까?"(개역개정)
218  吳雷川,『基督教與中國文化』, 64.

라고 말한다.

또한 그리스도로서 예수님이 시행하려 한 최초의 계획은 일반 유대인들이 생각하는 '군왕으로서의 그리스도'였다고 강조한다.

그것의 첫 번째 증거로, 세례 요한이 감옥에 갇혔을 때 요한의 제자들이 예수님에게 했던 질문을 들었다. "예수께 여짜오되 '오실 그이가 당신이오니까? 우리가 다른 이를 기다리오리이까?'"[219] 우레이추안에 의하면, 지금 감옥에 있는 요한이 굳이 제자들을 보내 예수님에게 이 같은 질문을 한 이유는 자신이 보고 들었던 예수님의 행동과 그들 사이(예수님-요한)에 약속한 내용이 다르기 때문이다. 즉 요한은 이미 예수님이 '군왕으로서의 그리스도'가 될 것을 약속했음에도 지금 예수님의 행동이 군왕으로서의 그리스도의 행동과는 부합하지 않기에 그가 그리스도 되심을 의심했다는 것이다.[220]

두 번째 증거로, 그는 예수님이 이미 열두 제자를 부르실 때 그의 계획에 대해 언급했고 그 후에야 비로소 그들을 이스라엘의 각 성으로 파송했던 사실을 든다. 또한 베드로가 자신들이 모든 것을 다 버리고 주를 따른 것에 대한 보상이 무엇인가 묻자 예수님이 "내가 진실로 너희에게 이르노니 세상이 새롭게 되어 인자가 자기 영광의 보좌에 앉을 때 나를 따르는 너희도 열두 보좌에 앉아 이스라엘 열두 지파를 심판하리라"[221] 하신 말씀이 강력한 증거라고 강조한다. 이 말에서 제자들이 예수님께 받은 첫인상은 그분이 유대 국가를 회복하고 군왕으로서 예비하는 것이었다고 우레이추

---

220    吳雷川, 『基督教與中國文化』, 65.

221    마 19:28.

안은 주장한다.[222]

예수님이 이스라엘의 군왕으로 오시는 것이 최초의 계획이었다면 그분이 이렇게 오셔서 하고자 한 일은 무엇인가? 우레이추안은 바로 '사회개혁'이었다고 답한다.[223] 즉 유대인의 소망이 무력으로 속히 외국의 속박에서 벗어나 이스라엘이 독립하는 것이라면 예수님은 오히려 내외적인 정세를 깊이 살피고 철저히 개혁하길 원하셨다. 다시 말해 예수님은 백성의 고통을 해결하고 그로 인해 진정한 행복을 누리게 하는 새로운 국가를 건설하려고 했다는 주장이다. 우레이추안은 예수님의 이 계획이야말로 당시 유대인이 처해 있던 상황에 가장 적합한 것이었다고 강조한다. 왜냐하면 당시의 유대인들은 로마의 식민지로 고통받고 있었으나, 로마는 유다에 대해 단지 군병을 파견하여 지키게 하고 세금을 징수하는 두 가지 일을 중시하였을 뿐 유다의 내정에는 간섭하지 않았기 때문이다. 그래서 당시 내정을 개혁하는 일에 최선을 다할 수 있었지만 외교 문제로는 비화되지 않을 수 있었다는 것이다. 그러므로 기회를 이용하여 행하고자 한 예수님의 최상책이었다고 강조한다.[224]

### ② 천국 건설의 방법: 사회개혁

우레이추안은 "예수님이 최초의 계획 후에 변화가 일어났는가? 그분은 어떻게 자신의 계획을 바꾸어 가고자 하였는가?"에 대한 질문을 던지고 스스로 다음과 같이 답한다.

예수님은 자신의 처음 계획이었던 '이스라엘의 군왕으로서의 그리스

---

222    吳雷川, 『基督敎與中國文化』, 65.

223    吳雷川, 『基督敎與中國文化』, 65.

224    吳雷川, 『基督敎與中國文化』, 66-67.

도'가 되는 계획을 스스로 바꾸길 원하셨다고 한다. 예수님의 심경 변화를 유발한 동기는 다음 두 가지다.[225]

첫째, 본래 예수님은 첫 번째 사역을 세례 요한과 나누길 원하셨다. 즉 요한은 갈릴리의 백성들에게 말씀을 선포하고, 예수님은 예루살렘의 지도자들을 접촉하는 일을 맡고자 했다. 이렇게 둘이 협력한다면 일은 쉽게 성공할 터였다. 그러나 불행하게도 예수님이 등장하고 얼마 지나지 않아 요한이 헤롯왕에 의해 옥에 갇혔다. 예수님은 이제 중요한 동지를 잃은 것이다. 그들의 사역 역시 어려움에 봉착했으므로 원래의 계획을 추진하는 일은 무리였고, 할 수 없이 권력을 잡을 때까지 기다리며 단지 선포하는 데 주력할 수밖에 없었다고 말한다. 우레이추안은 이것이 예수님이 계획을 변경할 수밖에 없었던 외적 요인이라고 말한다.

둘째, 예수님 자신의 내적인 문제였다. 그는 예루살렘 지도자들, 갈릴리 백성들과 접촉하면서 그들이 자신의 가르침을 수용할 수 없다는 것을 알아챘다. 만약 여전히 정권 취득이 유일한 목적이라면 반드시 그가 장기간 수양해온 환상을 사용하여야 했다. 돌이 변하여 떡이 되게 하고, 성전 꼭대기에서 뛰어내리고, 사탄에게 경배하는 등의 정당치 못한 수단을 쓴 후에 비로소 만분의 일만큼 희망을 품을 수 있다. 이것은 예수님 자신의 신중한 사고를 거친 후에야 가능한 것이며, 그렇게 하지 않으면 정권을 취득할 수 없다. 이것이 예수님이 계획을 바꾸고자 했던 두 번째 이유다.

이어 우레이추안은 이렇게 예수님이 이미 왕이 되려는 계획을 바꾸셨는데 왜 결국 스스로 그리스도라 인정하였느냐는 질문에 답하고자 한다. 우레이추안의 설명은 다음과 같다. 예수님이 품었던 원래의 이상은 일단

---

225  吳雷川, 『基督教與中國文化』, 67.

정권을 취득한 후 진리에 따라 이스라엘의 사회 제도를 개혁해서 세계적인 새로운 시험의 무대로 만드시는 것이었다. 즉 각국의 모범이 될 수 있는 최대의 성공적인 천국을 건립하는 것이었다. 그러나 그가 처한 시대적 한계로 인해 이룰 수가 없었다. 단지 자신 한 몸을 희생하여 악의 세력과 다툼으로써 진리의 씨를 인간 세상에 전파하고 번영하고 발전하여 인류에게 보편적인 행복을 누리도록 할 수 있었다.[226] 우레이추안은 그것의 증거로 요한복음에서 빌라도가 당신이 유대인의 왕이냐는 질문에 예수님이 답하신 말씀을 인용한다. "예수께서 대답하시되 '네 말과 같이 내가 왕이니라. 내가 이를 위하여 태어났으며 이를 위하여 세상에 왔나니 곧 진리에 대하여 증언하려 함이로라. 무릇 진리에 속한 자는 내 음성을 듣느니라'."[227] 즉 예수님은 진리로써 세계를 개혁하는 자가 바로 진리의 왕이라는 사실을 분명히 말씀하셨다고 강조한다.

### ③ 교회의 죄: 예수님의 진정한 교의(사회개조)를 전파하지 않음

예수님에 대한 우레이추안의 마지막 질문은 이것이다. "예수가 그리스도가 되는 대사(大事)에 대해 제자들은 어찌하여 그분의 생전에 이해하지 못했는가? 또 어찌하여 그분이 돌아가신 후에야 제자들이 유대인에게 그분이 그리스도임을 증명했던 것인가?"

이 질문에 대해 우레이추안은[228] 예수님이 그리스도가 되는 대사는 당시의 상황에서 함부로 공개적으로 밝힐 수 있는 사안이 아니었다고 말한다. 그러므로 예수님이 제자들과 늘 함께 지냈어도 그들에게조차 속마음을

---

226    吳雷川, 『基督敎與中國文化』, 69.

227    요 18:37.

228    吳雷川, 『基督敎與中國文化』, 70.

말할 수 없었다. 예수님이 세상을 떠난 후 제자들은 엄청난 충격에 휩싸였다. 그러나 그들에게 바로 감동이 물밀듯 밀려들었고 이로써 이들은 유대인에 의해 십자가에 못 박혀 죽은 자가 바로 그리스도시라는 사실을 인정했다. 이것은 지극히 자연스러운 매우 중요한 전환이었다. 그러나 제자들은 유대인들에게 예수 그리스도의 십자가 대속에 관하여 설명했을 뿐, 예수님이 하려던 사회개조에 대해서는 한마디도 하지 않았다. 그들은 예수님의 그리스도 되심에 대한 진정한 의미에 대해서는 설명하지 않았다. 이로써 이후 교회가 복음을 전할 때 개인의 구원만 중요하게 여겼다. 사회개조에는 소홀했고 결국 예수의 교의(教義)는 실현될 수 없었다. 우레이추안은 이것은 제자들이 평계치 못할 죄라고 평하고 있다.

『基督教與中國文化』에 나타난 우레이추안의 신학 사상은 기독교가 갖는 사회적 기능에 주요 강조점을 둔다. 그가 말하는 종교의 최후 목적은 사회개조다. 우레이추안은 신학 사상에 대한 정확하고 전면적인 이해는 부족했으나 교회가 중국 사회의 변혁에 관여해야 한다고 주장했다.

특히 우레이추안의 기독론은 오직 예수님의 인성(人性)에만 편중되었다. 중국 중앙민족대학 철학·종교학 교수인 자오스린(趙士林)과 중국사회과학원의 기독교 연구원이자 현대 중국 교회사가 두안치(段琦) 역시 우레이추안의 기독론은 예수님의 인성에 강조점을 둔다고 보았다. 이들은 우레이추안의 예수님 인격에 대한 강조가 다음 세 부분과 관련된다고 말한다.[229]

첫째, 예수님의 사역과 인격 간의 연관성이다. 예수님은 하나님 아버지를 본받았다. 예수님은 직관력으로 하나님의 뜻을 알고 실행에 옮기려

---

229    趙士林·段琦 主編,『基督教在中國處境化的智慧(上冊)』, 180.

했다.

둘째, 인간을 섬기는 것과 예수님의 인성 간의 연관성이다. 우레이추안은 성경에 이른 대로 예수님이 세상에 오셨던 것은 인간을 섬기러 온 것이지 섬김을 받고자 함이 아니었다고 말한다. 이 점은 중국에서 천 년 동안 봐왔던 군왕의 이미지와는 매우 다르다.

셋째, 진리의 증거와 예수님의 인격 간의 연관성이다. 예수님은 자신이 진리를 분명히 하고 진리에 복종하고 진리를 위해 싸우다 그것을 위해 죽었다. 우레이추안은 그의 죽음이 결국 위대한 인격을 이루었다고 설명한다.

그러나 우레이추안이 추구한 신학은 인간 예수, 로마의 억압 아래에 있던 유대의 해방을 위해 오신 예수, 부조리한 사회를 개혁하여 이 땅에 천국을 실현하고자 한 예수, 이 같은 이상을 실현하기 위해 먼저 이 땅의 정치적 권력을 취하기를 계획했던 인간 예수의 모습만 강조할 뿐 인간의 영혼을 구원하여 영생을 누리도록 하는 구원자 예수에 대한 언급은 없다.

## (4) 유교와 기독교의 접목

기독교가 한 나라에 전파되는 과정에서 어떤 방식으로든 그 나라의 문화와 관련을 맺을 수밖에 없다. 그것은 '충돌'의 양상일 수도 있고 '융합'의 양상일 수도 있다. 우레이추안은 기독교와 중국 문화(전통문화, 여기서는 주로 유교)를 일종의 동반자 관계로 인식하고 있다. 그러므로 당연히 충돌이 있을 수 없다.

### ① 예수와 공자(孔子)

우레이추안은 기독교를 받아들이기 전에 이미 유교의 영향을 많이 받고

있었지만 동시에 유교에 대한 회의감도 느끼고 있었다. 특히 그는 무술정
변,[230] 의화단운동, 신문화운동 등 중국 사회에 큰 영향을 주었던 일련의 사
건들을 겪으면서 유교는 중국 현대화에 아무런 영향력도 끼치지 못했던 반
면 기독교의 영향으로 서구의 현대화가 시작되었다는 점에 주목하기 시작
했다. 이 두 가지 큰 차이점이 그가 유교에서 기독교로 옮긴 가장 주된 이
유다. 그러나 이미 유교의 깊은 영향과 감화 속에 있었던 우레이추안은 기
독교인이 되면서 곧바로 기독교와 유교의 비교연구에 착수했다. 구체적으
로 말하면 기독교와 중국 문화의 비교연구라 할 수 있다. 유교 학자인 우레
이추안에게 이것은 당연한 과정이었다.

그가 정식으로 이 부분에서 중국교회의 인정을 받은 것은 1940년 「金
陵神學志」[231]의 청탁으로 "예수와 공자"(耶蘇與孔子)라는 글을 쓰면서부터
다.[232] 그는 이 글 처음에 자신이 기독교와 유교의 비교연구를 시작하게 된
계기를 다음과 같이 설명한다.

이 논제는 금릉신학지사에서 지정한 것이다. 내가 기독교에 입문하고서, 기독
교 친구들은 내가 이미 유교를 공부했는데 또 예수의 교의를 믿는다고 하니
반드시 예수나 공자 각각에 상당한 이해가 있어서 비교를 통한 평론을 할 수
있으리라 생각하는 듯했다. 그런 이유로 기독교 단체에서 우연히 강연을 청해
오거나 기독교 잡지사에서 원고를 부탁하게 됨으로써 일련의 제목을 지정하

---

230  청·일 전쟁 결과 참패를 당하자, 중국인들은 정치 체제의 개혁과 부국강병책을 강구하였
    다. 이를 변법자강운동 혹은 무술변법이라 한다.
231  1932년 1월에 난징금릉신학원 주체로 창간된 기독교 학술지다.
232  嚴錫禹, "融儒家精神與基督教精神于一身-吳雷川基督教思想研究", 「金陵神學志」 3-4期
    (2011): 35.

여 발표하게 되는 일이 자주 있었다.[233]

우레이추안이 주요하게 다룬 비교연구 영역은 다음 세 가지다. 첫째 경전의 비교, 둘째 '하나님의 인간 창조(上帝造人)'와 '천명지위성'(天命之謂性)[234]의 비교, 셋째 '기독교의 예언(預言基督)'과 '상망지성'(想望至聖)[235]의 비교다.

첫째, 경전의 비교에서 우레이추안은 표면적으로 유교의 경전과 성경이 상당히 많은 유사점이 있다고 본다. 그는 기독교의 경전은 '성경'이고 유교의 경전은 '13경'[236]으로서 성경은 66권, 13경은 100권이 넘는다고 언급한다. 또한 경전의 역사에서 성경은 저작하는 데 1천 년이 넘게 걸렸다면, 13경은 2천 년이 넘는 역사를 지닌다고 비교한다.[237]

둘째, '하나님의 인간 창조(上帝造人)'와 '천명지위성'(天命之謂性)의 비교에 우레이추안은 먼저 창세기 2:7과 유가 중용(中庸)의 구절을 비교한다.

여호와 하나님이 땅의 흙으로 사람을 지으시고 생기를 그 코에 불어 넣으시니 사람이 생령이 되니라.

---

233 吳雷川, "耶蘇與孔子", 「金陵神學志」11(1940): 93; 嚴錫禹, "融儒家精神與基督敎精神于一身-吳雷川基督敎思想硏究", 36-37에서 재인용.
234 하늘(天)이 명하는 것(命), 그것을 일컬어 성(性)이라 한다.
235 바라고 원하면 성(聖)에 이른다.
236 사서(四書)는 『논어』(論語), 『맹자』(孟子), 『중용』(中庸), 『대학』(大學), 삼경(三經)은 『시경』(詩經), 『서경』(書經), 『역경』(易經: 주역이라고도 함), 오경(五經)은 『시경』(詩經), 『서경』(書經), 『역경』(易經), 『예기』(禮記), 『춘추』(春秋), 삼례(三禮)는 『주례』(周禮), 『의례』(儀禮), 『예기』(禮記), 춘추삼전(春秋三傳)은 『춘추좌씨전』(春秋左氏傳), 『춘추공양전』(春秋公羊傳), 『춘추곡량전』(春秋穀梁傳) 총 13경을 말한다(위키백과).
237 吳雷川, "耶蘇與孔子", 「金陵神學志」11(1940): 93; 嚴錫禹, "融儒家精神與基督敎精神于一身-吳雷川基督敎思想硏究", 36-37에서 재인용.

하늘이 명한 것을 곧 성(性)이라 하고, 본성을 충실하게 따르는 것이 도(道)이
고, 도를 바르게 닦는 것을 교(教)라 한다(天命之謂性, 率性之謂道, 修道之謂教).

우레이추안은 이 두 구절 모두 인간의 기원에 관한 것이라 말하지만, 창세
기 2:7은 단지 '상징 문자'일 뿐이라 간주한다. 즉 창세기의 이 구절은 신화
화된 언어로서 인류 선조들의 사유 방식에 부합하는 것이라고 본다. 상징
언어의 특징은 직관적으로 이해하기 쉽다는 점이다. 이에 반해 중용의 언
어는 '개괄적 화법'으로서 이 말을 이해하려면 반드시 누군가의 주해가 필
요하다. 결국 우레이추안은 이 두 구절에 대해 다음과 같은 결론을 내린다.
"창세기와 중용에서 말하고자 하는 의미는 동일하다. 문자의 외표가 다른
것은 다만 문화 발전의 빠르고 느림에서 기인할 뿐이다."[238]
　셋째, '기독교의 예언과 상망지성'(想望至聖)'의 비교다. 각각의 출처는
성경 이사야서와 『중용』이다. 이사야 11:1-10에는 메시아 탄생의 예언이
나온다.

이새의 줄기에서 한 싹이 나며 그 뿌리에서 한 가지가 나서 결실할 것이요 그
의 위에 여호와의 영 곧 지혜와 총명의 영이요 모략과 재능의 영이요 지식과
여호와를 경외하는 영이 강림하시리니⋯그날에 이새의 뿌리에서 한 싹이 나
서 만민의 기치로 설 것이요 열방이 그에게로 돌아오리니 그가 거한 곳이 영
화로우리라.

---

**238**　吳雷川, "耶蘇與孔子", 93; 嚴錫禹, "融儒家精神與基督教精神于一身-吳雷川基督教思想研
究", 37에서 재인용.

이와 비교하는 『중용』 31장의 일부를 소개하면 다음과 같다.[239]

오직 천하의 지극한 정성만이 총명과 예지로 두루 세상일을 처리할 수 있으니 이렇게 하면 너그럽고 부드러운 포용성을 지녀 세상 사람들로부터 환영을 받게 된다.

힘차고 굳세며 강직하므로 올바른 이념을 지켜나갈 수 있고 이렇게 되면 위엄과 올바른 행실로 연결되어 세상의 모든 존경을 받게 되며 조리와 분별이 있어 옳은 판단을 할 수 있다.

님의 행동은 한없이 깊고 넓으며 깊은 근원이 있어 그때그때의 주위 사정과 꼭 들어맞는다.

이러한 행동은 하늘과 같고 깊은 근원은 거대한 연못과 같다.

그가 보이기만 하면 백성들이 하나같이 공경하며, 말을 하면 믿지 않는 사람이 없으며, 행동을 하면 백성들이 기뻐하지 않는 사람이 없다.

이로써 님의 명성이 중국에 넘치고 나아가서는 오랑캐에게까지 뻗어나가 그 덕화(德化)가 한없이 미치게 된다.

하늘과 땅, 해와 달이 비치는 곳, 이슬과 서리가 내리는 곳, 사람들이 사는 모든 공간에 그의 덕화가 넘쳐 모든 일이 잘 해결되며 효도도 생기게 된다.

이 모든 님의 덕은 하늘의 뜻과 일치한다.[240]

---

239  서근석, 『중용: 나에게 비치는 등불』(서울: 풀잎, 1992), 119.
240  『중용』 31장의 전문은 다음과 같다. 唯天下至聖, 爲能聰明叡智, 足以有臨也, 寬裕溫柔, 足以有容也. 發强剛毅, 足以有容也. 齊莊中正, 足以有敬也. 文理密察, 足有別也. 薄博如天, 而時出之. 薄博如天, 淵泉如淵. 見而民莫不敬, 言而民莫不信, 行而民莫不說. 是以聲名洋溢乎中國, 施及蠻貊. 舟車所至, 人力所通, 天之所覆, 地之所載, 日月所照, 霜露所隊, 凡有血氣者莫不尊親. 故曰配天.

우레이추안은『중용』과 이사야서의 서술 내용이 유사하다고 보고 있다. 『중용』에서도 성인이라 불리는 자는 각종 덕성을 모두 구비하였다. 그리고 성인의 언행은 백성들의 존경을 불러일으키며 신뢰받고 설득하기에 충분하다. 마지막으로 성인의 이름과 명예가 먼 지역까지 전파되며 이로써 그의 공덕은 하늘과 능히 짝할 수 있을 정도가 된다.

이 두 비교를 통해 우레이추안은 이사야서의 저자 예언자 이사야,『중용』의 저자이자 공자의 손자인 자사(子思), 이 두 사람은 사상 방면에서도 같고 문자의 기세 역시 놀라운 일치를 보인다고 결론 내렸다. 다만 아쉬운 부분으로 둘 다 목적은 같았으나 시대에 대한 각자의 영향력은 달랐다는 점을 들었다.[241] "유대인이 읽은 이사야서는 모두 하나님의 계시였고 예언자의 예언이었다. 즉 예수 강림의 암시였다. 그러나 중국인이 읽은『중용』은 단지 일종의 이론으로서 예언과 신비의 성격을 갖추지 못했다."[242]

## ② 성령과 인(仁)

우레이추안은 유교와 기독교는 상통하는 체계적인 원리가 있다고 보고 기독교의 성령과 유교의 인(仁)의 비교를 통해 예를 든다. 그는 "하나님은 영이시다"라는 사실을 인정한다.[243] 그러면서도 기독교의 성령은 곧 유가에서 말하는 '인'과의 유비를 통해 설명할 수 있다고 전제하고 다음의 6가지 이유를 들어서 자신의 의견을 보충한다.[244]

첫째, 성령은 기도하여 얻을 수 있다. 예수께서는 "너희가 악할지라도

241    嚴錫禹, "融儒家精神與基督教精神于一身-吳雷川基督教思想研究", 39.
242    吳雷川, "耶蘇與孔子", 93; 嚴錫禹, "融儒家精神與基督教精神于一身-吳雷川基督教思想研究", 39에서 재인용.
243    吳雷川,『基督教與中國文化』, 46.
244    吳雷川,『基督教與中國文化』, 47-49.

좋은 것을 자식에게 줄 줄 알거든 하물며 너희 하늘 아버지께서 구하는 자에게 성령을 주시지 않겠느냐"(눅 11:1)라고 하셨다. 이는 우리 기도의 유일한 목적은 바로 성령을 얻기 위한 것이며, 이 또한 마치 유가에서 인(仁)을 구하는 것과 큰 차이가 나지 않는다. 이에 대해 공자도 "我欲仁, 斯仁至矣"(내가 인[仁]하고자 한다면 인은 가까이 오는 것이다)라고 하였다.

둘째, 성령을 훼방하면 죄 사함을 못 받는다. "그러므로 내가 너희에게 이르노니 사람에 대한 모든 죄와 모독은 사하심을 얻되 성령을 모독하는 죄는 사하심을 받지 못하겠고…"(마 12:31). 이에 대해 공자 역시 "人而不仁, 如禮何?"(사람이 어질지 못하면 예[禮]가 있은들 무엇하리?)라고 하였다.

셋째, 성령이 매번 용서에 대해 말씀했다. "우리가 우리에게 죄지은 자를 사하여 준 것 같이 우리 죄를 사하여 주옵시고…"(마 6:12-15). 그런데 공자도 『논어』에서 "夫仁者, 己欲立而立人, 己欲達而達人, 能進取譬, 斯爲仁之方也已"(무릇 인[仁]이라 하는 것은 자신이 서고자 한다면 남을 세우는 것이고, 자신이 이루고자 한다면 남을 이루도록 하는 것이다. 가까운 곳에서 취해 비유할 수 있다면, 인을 실천하는 방법에 가깝다고 할 수 있다)라고 하였다.

넷째, 기독교에 "하나님 나라는 너희의 마음에 있다"라는 내용이 있다면, 공자는 안연(顏淵)에게 대답하길 "克己復禮爲仁, 一日克己復禮. 天下歸仁矣"(자신을 극복하고 예[禮]로 돌아가는 것이 인[仁]이며, 단 하루라도 극기하여 예로 돌아가면 천하가 인으로 돌아간다)라고 하였다.

다섯째, 성령을 입은 자는 사람을 심판할 수 있다. 예수님은 마태복음에서 천국의 열쇠를 받은 베드로에게 지상에서 정죄권과 사면권의 권세를 허락하셨다. 공자는 『논어』에서 "惟仁者能好人能惡人"(오직 인[仁]한 사람만이 남을 좋아할 수 있고 남을 미워할 수 있다)라고 하였다.

여섯째, 예수님은 요한복음에서 제자들에게 "그러나 내가 너희에게 말하노니 내가 떠나가는 것이 너희에게 유익이라. 내가 떠나가지 아니하면 보혜사가 너희에게로 오시지 아니할 것이요 가면 내가 그를 너희에게로 보내리니"(요 16:7)라고 하셨다. 우레이추안은 예수가 가지 않으면 성령이 올 수 없다는 말을 이해하기란 쉽지 않다고 말한다. 이 말을 쉽게 이해하는 방법은 공자의 '살신성인'(殺身成仁)의 답변밖에 없다. 즉 그는 "예수가 자신의 목숨을 버린 후, 인(仁)의 도리가 바로 당대에 빛났다. 이것이 바로 살신성인이다. 제자들도 그에게 감동했는데 성령이 어찌 그들 가운데 오지 않겠는가?"라고 말하고 있다.

결국 우레이추안은 성령과 인(仁)은 이름만 다를 뿐 실상은 동일한 것이라 말하고 여기서 예수의 교의와 유가는 상통한다고 보고 있다.[245] 우레이추안의 기독론이나 성경과 유교 경전의 비교연구, 나아가 성령과 인의 비교연구의 일차적 목적은 분명히 기독교와 유교의 유비를 통해 중국인들이 기독교를 쉽게 이해하도록 함에 있었다. 그러나 우레이추안의 생명을 구원하는 능력이신 성령과 인간의 사상에 불과한 인(仁)의 단순 비교 혹은 구원의 말씀인 성경과 경전의 비교연구에서 종교다원주의 사상이 강하게 녹아 있음을 명확하게 감지하게 된다.

## 4) 본색화운동의 평가와 영향

본색화운동에 대해서 1920년대 선교사들이나 현대 구미의 선교학자들은 이를 자립교회운동으로 나타난 초기 삼자운동과 연관하여 사용하기도 하

---

245    吳雷川,『基督教與中國文化』, 49.

였다. 또 이의 연장선상에서 한 단계 발전한 형태로도 말한다.[246] 이들이 이해한 바와 같이 본색화운동은 전개 취지나 내용 면에서 자립교회운동과 깊은 연관성을 갖는다. 즉 자립교회운동은 교회 재정의 독립을 강조하고 있다. 본색화운동은 사상과 제의 방면에서 독립을 강조하는 부분이 다르다. 하지만 크게는 삼자원칙에 충실하여 중국인의 힘으로 치리하고 중국이라는 토양에 맞는 기독교를 형성하고자 한 점에서 삼자운동을 그 공통분모로 볼 수 있다.

자립교회운동과 더불어 본색화운동은 1900년 의화단운동 이후 지속된 '양교'(洋敎)라는 기독교에 대한 세간의 인식과 외국 선교회의 비호와 재정에 의존한다는 조롱에 대해 명실공히 '독립'을 선언하고자 한 중국교회의 강한 열망을 보여주었다.[247] 또한 이 점이 당시 중국 사회와 문화에 맞는 중국 기독교를 뿌리내리고자 하는 중국 기독교인들의 일치된 요구였다는 점에서 볼 때 그 자체로 매우 큰 의의를 지닌다. 1924-1927년의 대대적인 반기독교운동의 발발은 기독교 본색화운동을 새로운 사조로 부각시켰고, 1925년 5·30사건부터 1928년까지가 본색화운동의 절정기라 할 수 있다.[248]

본색화운동의 참여자들은 주로 지식인 교회 지도자들이었고, 이들의 신학 배경은 대부분 자유주의 신학이었다. 본색화운동이 활발하게 진행될 수 있었던 것은 1920년대 초반 기독교 지식인들을 중심으로 기독교 학술 단체인 '북경증도단'(北京證道團)이 성립된 데 있다. 이들은 주로 옌징대학 지식인들이었다. 이들의 적극적인 참여와 지지로 만들어진 이 단체가 '본

---

246  吳義雄, 『開端與進展』, 146.

247  Peter Tze Ming Ng, "Cheng Jingyi: Prophet of His Time," *International Bulletin of Missionary Research* 36(2012. 1): 14.

248  羅偉虹 主編, 『中國基督敎(新敎)史』, 434.

색화운동'의 중요 기지가 되었다.[249] 이들은 일찍부터 「진리주간」, 「생명월간」 등의 정기간행물을 통해 자신들의 문화 진지를 구축하여 각계각층에서 들려오는 기독교 비판의 소리를 수용하였다. 이 일은 일절 외국의 지원이나 원조, 선교사와의 관계를 단절한 가운데 진행되었다. 이 같은 움직임을 중심으로 본색화운동이 서서히 뿌리내리기 시작했다.[250] 본색화운동의 평가와 영향은 다음과 같다.

## (1) 평가: 토착화인가 중국화인가?

우레이추안, 자오즈천과 같은 지식인을 중심으로 전개된 본색화운동에 대한 평가는 크게 긍정과 부정의 양면성을 보인다. 중국 내 교회사가들은 대체로 이 운동에 대해 긍정적으로 평가한다. 1920년대 초기 기독교가 '양장'(洋裝)을 입고 있어 중국인들에게 환영받지 못했으므로 서구 제국주의와 사상 면에서 거리를 두려는 기독교의 노력이었던 본색화운동은 중국 기독교의 생존을 위해 필요한 과정이었다는 주장이다.[251] 중국 교회사가 왕쯔신(王治心) 역시 이 운동은 본질상 "자리(自理)·자양·자전의 중국화교회(中國化教會)"[252]를 말한다면서, 중국 기독교는 이 운동을 통해 자신의 책임을 깨달았을 뿐만 아니라 서구 선교사의 중국에서의 지위까지 바꿔놓았다고 말한다.[253] 이 말은 본색화운동이 그동안 중국교회에 있던 선교사들의 주요한 역할과 주도권을 중국 지도자들 쪽으로 넘기는 뜻깊은 전환기를 마련하

249    김학관, 『중국교회사』, 140.
250    김수진, 『중국개신교사』, 203.
251    吳建寅, "中國本色教會淺探-20世紀早期中國教會本色化的嘗試", 「金陵神學志」季刊(2007), 44.
252    王治心, 『中國基督教史綱』, 212.
253    王治心, 『中國基督教史綱』, 217.

는 계기가 되었다는 평가다. 두안치(段琦) 역시 본색화운동은 "풍부한 중국 문화를 바탕으로 기독교와 중국문화를 하나 되게 하는 것이며 중국의 풍토에 적합하게 하는 것이다"[254]라고 긍정적으로 평가한다.

그러나 중국 원저우(溫州)의 가정교회 목회자이면서 기독교사가인 셔허(Ezra Pan, 舍禾)[255]는 다음과 같이 비판한다.[256]

우레이추안은 수많은 중국 고전과 기독교 교의를 비교하면서 각종 진리의 근원이 하나라고 보았다. 즉 우레이추안은 기독교 신앙과 유가 사상은 두 가지 다른 표현 양식을 가지고 하나의 동일한 '도'를 말한다고 전했다. 그리고 결국 자신의 저서 『基督教與中國文化』를 통해 "중화민족부흥! 중화민족부흥! 중화민족부흥!!!"을 절창하고자 한 것이다.

즉 기독교의 형식을 빌려 중화 부흥을 꾀하려는 시도라는 의미다. 또 다른 본색화운동가 자오즈천(趙紫宸)에 대해서도 셔허는 1949년 신중국 성립 후 자오즈천이 만든 '기독교와 마르크스주의' 사상 이론은 바로 우레이추안의 사회주의의 영향을 받았다는 분명한 증거라고 지적한다.[257]

일부 한국 선교학자들도 이 운동을 순수한 토착화운동이 아닌 중화 부흥의 의도를 가진 '중국화'(中國化)의 일환으로 보고 있다. 중국 기독교 역사학자 조훈은 이는 '중국인의, 중국인에 의한, 중국인을 위한' 기독교를 만들자는 운동이라[258] 하였다. 또한 선교학자 김영호는 이 운동이 신학 사

---

254  段琦, 『奮進的歷程』, 5.
255  저서로 2018년 간행된 『當代溫州基督教研究』가 있다.
256  舍禾, "三自的剖析", 「舍禾文集」(2008. 3), 19.
257  舍禾, "三自的剖析", 19.
258  조훈, 『중국기독교사』, 172.

상 면에서 서구 문화가 갖는 색채를 없애고 기독교의 교의와 예전 등에서 중국 전통문화와의 결합을 모색한다는 점에서 결국 '기독교의 중국화 운동'이었다고 주장한다.[259] 무엇보다 그는 이 운동이 전개되던 시대적 배경이 민족주의 고조기였다는 점에 주목할 것을 요구했다. 그러면서 본색화운동이 강한 민족주의적 성향을 보인다는 점을 생각하면 중화사상의 중국화와 연결될 가능성이 충분하다고 보았다.[260] 이 점은 중국을 대표하는 중국 사가 왕쯔신(王治心)이 이 운동의 성격에 대해 '중국 신자들의 국가주의 발흥'[261]이라고 자평한 데서 명확해진다.

　　한마디로 부정적인 평가자들의 논지는 본색화운동이 기독교 본질을 흐리고 '중화사상'이라는 하나의 사상을 믿게 할 수 있다는 것이다. 사실 이 가능성은 본색화운동을 주도한 신학자들의 학문적 배경에서 잘 드러난다. 이 운동의 주창자인 우레이추안, 자오즈천, 청징이(誠靜怡) 등은 대부분 중국의 전통 교육을 받았고 특히 유교에 대한 일정한 지식을 구비한 사람들이다. 예를 들어 자오즈천은 유가의 천인합일(天人合一) 사상, 효(孝) 사상, 윤리나 죄의식 등의 개념에서 기독교가 유교를 완성하고 부족한 점을 보충할 수 있다고 보았다.[262] 다시 말해 부정적인 평가자들은 일단 본색화운동의 취지가 기독교와 중국 문화 사이의 간격을 좁히려는 데 있었다는[263] 점은 받아들인다. 동시에 본색화운동이 이러한 면모로 인해 기독교의 본질을 흐리고 중국화를 강조하는 양상으로 흐르게 하였음도 지적한다. 이로써 신

259　김영호, "기독교의 중국화에 대한 비판적 연구", 57.
260　김영호, "기독교의 중국화에 대한 비판적 연구", 57.
261　王治心, 『中國基督教史綱』, 273; 조훈, 『중국기독교사』, 192에서 재인용.
262　邢福增, 『尋索基督教的獨特性-趙紫宸』(香港: 建道神學院, 2003), 36-62; 김병태, "한중(韓中) 토착화신학 비교연구", 144에서 재인용.
263　김병태, "한중(韓中) 토착화신학 비교연구", 143.

학적 사고가 충분하지 못한 일반 기독교인들은 자립교회 설립과 중화사상의 발흥이라는 개념을 혼동할 수 있다.

본색화운동이 과연 중화민족의 발흥이라는 중국화를 실현하려는 목적이었는가 아니면 대중에게 더욱 친근하게 다가가는 진정한 의미의 중국 기독교를 만들려 한 것인가 하는 평가에는 어느 정도 관용이 요구된다. 이 운동의 전개 내용 중 많은 부분이 충분히 중화사상의 강조나 이의 발흥을 강조하는 것은 아닌가 하는 의구심을 갖게 한다. 그뿐만 아니라 기독교 자체에 중국 전통문화의 색채를 입히려는 시도로 인해 복음의 본질이 흐려지고 진리가 상대화되는 것은 아닌지 매우 우려되는 지점이 많은 것이 사실이다. 마르크스 사상가 천두슈(陳獨秀)의 영향을 받았다고 보는 청징이는 심지어 "기독교를 중국문화 안에 흡수시킬 때 중국적 기독교는 비로소 완성된다"[264]고 강조함으로써 기독교의 본질을 위협하는 발언을 하였다.

그렇지만 본색화운동은 '제국주의의 앞잡이'며 '서양 종교'라는 이미지에 갇힌 당시 중국 기독교가 반기독교적인 중국 사회에서 교회를 살리고 보호하고자 하였던 생존전략의 일환이었다는 사실도 고려해야 한다. 이 운동이 거둔 성과나 정치적 함의는 차치하더라도, 본색화운동가들이 기독교와 중국 문화를 통합하고 연계하여 기독교에 반감이 있거나 서구 기독교 사상에 대한 이해 부족으로 복음의 내용을 제대로 이해하지 못해 받아들이지 못했던 중국인들에게, 복음의 내용을 쉽게 전하고 기독교 신자에 합당한 삶이 무엇인지 권면하고자 했던 진정성은 충분히 이해할 수 있기 때문이다.

---

**264**　林治平編, 『近代中國餘基獨敎論文集』(臺灣: 宇宙光出版社, 1985), 161; 舍禾, "三自的剖折", 22에서 재인용.

## (2) 영향: 신중국 '삼자애국운동' 발기의 주역

1920-1930년대 본색화운동에 참여했던 대부분의 사람이 서구 학문뿐만 아니라 중국의 전통 학문과 문화에 조예가 깊은 지식인 계층이었다는 사실은 이미 언급했다. 이들은 중국에 기독교가 유입된 이후에도 중국인들이 지속적으로 서구 사상과 선교회, 선교사들을 의존함으로써 쉽게 기독교를 수용하지 못한다는 사실을 알고 기독교 토착화를 위해 노력했다. 그러한 점들이 이들을 본색화운동에 들어서게 한 주요한 동기가 된다.

지식인들의 진지한 고민은 당시 기독교 관련 잡지에 실었던 문장들의 제목을 통해서도 알 수 있다. 자오즈천은 "본색교회 탐구"(本色敎會的商榷), 또 다른 본색화운동가 쉬쭈환(許祖煥)은 "어떻게 본색교회를 창조할 것인가"(如何創造中國本色的敎會)라는 제목으로 본색화 신학에 대해 논했다. 우야오종은 "중국 기독학생은 응당 무엇을 할 것인가?"(中國的基督敎學生應當作什麼), 우레이추안은 "미션스쿨(중학) 개조에 대한 나의 의견"(對于敎會中學校改良的我見)이라는 제목의 문장으로 토착화 교회를 건설하는 방향을 논하였다.[265] 비록 이들의 관점은 다소 달랐지만 분명하게 중국교회가 서구 교회에서 분리되는 것을 강조하고자 했다.

지식인들의 이 같은 교회에 관한 고민은 신중국 성립 후에도 지속된다. 자오즈천은 자신의 책에서 신중국 초기 교회의 문제는 '제국주의 혐의를 벗어내는 일'이었다고 말했다.[266] 우야오종 역시 당시 중국교회가 개혁해야 할 가장 중요한 문제는 교회와 제국주의의 관계로서 '양교'의 이미지

---

265   그 외 많은 지식인의 이에 대한 문장에 관해선 段琦, 『奮進的歷程』, 220-221을 참고할 것.
266   趙紫宸, 『中國基督敎會改革的途徑』(上海: 靑年協會書局, 1950), 31; 문영걸, "중국 지식계층의 기독교 이해―자오즈천(趙紫宸)의 신앙과 신학연구"(Ph. D. 학위논문, 목원대학교대학원, 2007), 171에서 재인용.

에 갇힌 기독교, 제국주의의 중국 침략 수단이 된 기독교라 하였다.[267] 이것은 저우언라이(周恩來) 총리가 기독교 지도자들이 모인 자리에서 현재 기독교가 당면한 어려움의 근원은 장기간 제국주의에 이용당하면서 중국 인민들에게 '서양 종교'의 이미지를 준 데 있다고 지적함으로써 기독교 쇄신에의 요구를 한 데서 더욱 분명해졌다. 신중국의 요구를 실행에 옮길 책임자로 우야오종이 선출되었다. 그의 지휘 아래 중국교회는 곧바로 제국주의와의 단절을 주로 하는 '삼자혁신운동'[268]을 전개하게 되었다. 신중국 종교 지도자들의 면면을 보면 우야오종, 장쉐엔(張雪巖), 자오즈천과 같이 본색화운동에 참여한 자유주의 학자들로서 이들이 신정부에 적극적인 지지를 보낸 데는 국민당의 부패정치에 대한 환멸 외에 공산주의에 대한 희망, 그리고 이 같은 신학적 배경이 크게 작용하였다.

이러한 배경에서 본색화운동가들은 신중국 삼자회 성립의 주역이 되었다. 신정부의 막강한 후원을 받으며 성립된 삼자회는 대대적으로 기존교회 혁신운동인 '삼자애국운동'을 벌였다. 또 본색운동가들은 전국 교회들에 신정부의 통치 정책에 적극적으로 협력하라고 독려했다. 삼자애국운동은 표면적으로는 자치·자양·자전의 삼자운동을 내세웠다. 하지만 실제로는 혁신이라는 명분으로 기존 교회를 와해시키고, 신자들을 제국주의에 맞서게 하며, 애국이라는 명분으로 신중국의 통치 방침에 적극적으로 협조하도록 만들었다.

---

267  中國基督敎三自愛國運動委員會, 『中國基督敎三自愛國運動文選 1950-1992』, 9.
268  후에 삼자애국운동으로 명명함.

# 제3장

# 1949-1976년의 중국교회

## 삼자운동의 두 길[1]

1     이 장의 일부 내용은 「복음과 선교」 43(2018)에 "중국교회 삼자애국운동(三自愛國運動) 연구"라는 제목으로 게재된 바 있으며 수정·보완을 거쳐 이곳에 실었음.

1920-1930년대는 중국교회가 서구 교회와 선교회로부터 재정적·사상적 독립을 추구하던 절정기다. 이것이 자치·자양·자전의 가치 실현이라는 점에서 필자는 이 움직임을 삼자운동이라 명명했다. 이 시기에 독립을 위한 삼자운동은 크게 두 가지 양상으로 일어났다. 하나는, 기요파 목사와 신학자들을 중심으로 한 자립교회운동이다. 이 운동의 강조점은 주로 재정적인 독립에 있었다. 즉 서구 제국주의와의 분리는 이들에게 재정적 독립을 추구하는 양상으로 나타났다. 다른 하나의 운동은 지식인 신학자들을 중심으로 한 사상적 독립운동인 본색화운동이다. 본색화운동의 주안점은 서구 기독교로부터의 사상적 독립에 있었다. '자립교회운동'과 '본색화운동'의 관계에 대해 다음과 같이 정리할 수 있다.

첫째, 이들이 각자의 자리에서 자립을 위한 삼자운동을 벌였지만, 이들의 의도와 목적은 같았다. 서구 제국주의와 관련 없는 기독교, 중국교회를 세워가겠다는 취지였다. 둘째, 자립교회운동이 주로 기요파를 중심으로 재정적 독립에 치중하였다면, 본색화운동은 지식인 신학자들을 중심으로 주로 사상적 독립에 치중했다고 할 수 있다.

자립교회운동과 본색화운동이 1950년대에 들어와서는 어떤 삼자운동을 벌였는가? 1949년 공산혁명의 성공으로 수립된 신중국하에서 이 두 부류의 운동가는 그 목적과 의도에서 완전히 다른 길을 걷게 된다. 먼저 본색화운동가들은 신정부의 정치 이념과 통치에 협력하는 길로 나갔다. 이에 반해 자립교회운동가들은 이에 대항하고 거부하는 길로 나아간다. 이제 제3장의 서막을 열려고 한다. 시기는 신중국이 시작하는 시점인 1949년부터 극우 공산당원들이 벌인 문화대혁명이 끝나는 1976년까지다. 필자는 이 기간을 '삼자운동의 두 길'이라 명명했다. 이 제목처럼 공산당의 통치하에서 두 운동의 주동자들은 신앙과 신념에서 완전히 다른 길을 선택하여 걸어가게 된다.

## 1. 시대적 배경

### 1) 정치적 상황

#### (1) 두 차례의 국공합작

중국혁명 과정에서 두 차례에 걸친 국공합작(國共合作)은 매우 중요한 사건이다. 국공합작이란 중국 국민당과 공산당 사이에 맺었던 연합 전선을 의미한다. 중국 현대사에서 국민당과 공산당은 두 차례 협력관계를 맺었다. 제1차는 1924-1927년까지로 반제(反帝) 투쟁을 내세웠지만 바로 결렬되었다. 제2차는 1937-1946년까지 일본의 중국 침략에 공동으로 대응하기 위해 맺어졌다.

제1차 국공합작을 통해 국민당은 명실공히 현대 중국을 주도하는 중심적인 정치세력으로 부상했다.[1] 그러나 쑨원(孫文)이 국민당을 개편한 후 북벌을 개시하던 중 1925년 3월 12일 타계함으로써 국공합작도 결렬의 움직임을 보이기 시작하였다. 쑨원이 사망한 후 군권은 당시 황포사관학교

---

1     서진영, 『중국혁명사』(서울: 한울아카데미, 1992), 121.

교장이었던 장제스(蔣介石)가 독점했다. 장제스 체제하에서 국민당과 공산당의 대립은 더욱 첨예화되었다. 장제스가 미국과 영국의 지원을 받아 지방정부와 군벌을 무력화하고 당내의 반대 세력을 제압하는 데 힘쓰는 동안, 공산당은 농업혁명과 노동운동을 강화하고 토지개혁을 실행했다. 그리고 노동자와 농민으로 구성된 군대를 조직하고, 공산당의 군대인 홍군(紅軍)을 조직하는 등 장제스에 대항할 수 있을 정도로 세력을 강화하였다.[2] 이에 장제스는 '내부의 적(중국 공산당)을 먼저 평정하고 외부의 적(일본)을 물리친다'는 뜻인 '양외필선안내'(攘外必先安內), '선안내 후양외'(先安內後壤外) 방침을 세우고 먼저 홍군 토벌에 나섰다.[3] 그러나 홍군의 유격술에 말려들어 대패하자 대규모 병력으로 공산당의 근거지를 봉쇄한 후 공격을 통해 점령 지역을 철저히 지키는 작전을 폈다. 그 결과 마오쩌둥과 홍군은 그들의 근거지를 버리고 1934-1935년에 걸쳐 2만 5천 리의 대장정 길에 오르게 되었다. 국민당과 격렬한 전투 속에서 홍군의 주력 부대는 처음 푸젠성을 탈출하여 11개의 성을 거치고 54개 도시를 점령하여 드디어 서북 지방의 산시(陝西)성에 도착하였다. 이 일을 통해 공산당의 혁명 근거지가 중국 동남부에서 서북부로 옮겨졌으며 마오쩌둥이 확고부동한 지도자로 부상하게 된다.

　　한편 만주가 국민당 정부의 지배하에 들어가자 일본은 만주 침략 사건인 만주사변(滿洲事變)을 일으키고 만주국을 건립하였다. 일본의 중국 침략 야욕이 드러나기 시작했지만, 장제스는 일본에 대해 무저항주의 방침을 하달했다.

---

2　나태종, "중화인민공화국 성립과정 연구: 근대화운동과 국공의 협력과 갈등을 중심으로", 「군사논단」 63 (2010. 가을), 245.

3　나태종, "중화인민공화국 성립과정 연구", 245.

공산당은 코민테른의 지시를 받아 항일운동 전략을 내세우기 시작하였다. 즉 공산당은 항일투쟁 연합군 창설에의 의지를 갖고 장제스와 회담을 시도하고자 했다. 이를 위해 장쉐량(張學良)을 사주하여 '서안사변'(西安事變)⁴을 일으켜 홍군 토벌 격려차 시안(西安)에 들른 장제스를 체포하게 함으로써 그로부터 내전의 정지와 연공항일(聯共抗日)을 끌어냈다.⁵

일본은 중국이 연합항일전선을 구축할 것을 염려하여 미리 제압할 목적으로 1937년 7월 '노구교사건'(蘆溝橋事件)⁶을 일으켰고 동북 삼성(東北三省)⁷마저 침략했다. 이에 민중과 중국의 많은 지식인은 양당이 속히 내전을 중지하고 항일을 위해 합작하기를 호소하였다.⁸ 이를 계기로 양당 간에 제2차 국공합작이 성립되었다.

그러나 장제스가 공산당을 최대의 원수로 인식하고 공산군에 대한 대대적인 토벌 작전을 실행함으로써 자신의 정치적 포부를 성취하는 데 진력하여 항일전에서는 패전만 거듭하였다. 이에 반해 공산군은 유격전을 전개하면서 꾸준히 세력 확장에 주력하여 1940년경에는 80만의 당원을 가진 거대한 정치세력으로 발전하였다.⁹ 이러한 공산당의 폭발적 증가는 국민당을 자극하기에 충분했고 항일전 과정에서도 공산군의 세력 확대를 경계하는

---

4   1936년 12월 12일 공산군 토벌을 위하여 산시성(陝西省) 시안(西安)에 주둔 중인 장쉐량(張學良) 휘하의 구(舊)북동군(만주군)이 난징(南京)에서 독전(督戰)을 위하여 온 장제스(蔣介石)를 감금하고 국공(國共) 내전의 정지와 거국일치에 의한 항일(抗日)을 요구한 사건(네이버 지식백과).

5   나태종, "중화인민공화국 성립과정 연구", 246.

6   1937년 7월 7일 밤 베이징 남서부 교외의 노구교에서 일어난 중국군과 일본군의 충돌 사건으로 중일전쟁의 발단이 되었다.

7   중국 동북쪽에 있는 지린성(吉林省)·랴오닝성(遼寧省)·헤이룽장성(黑龍江省) 등 3성을 이르는 말.

8   李百齊, "論第二次國共合作", 「文史哲」 3(2000): 80.

9   서진영, 『중국혁명사』, 232.

태도를 보임으로써 양당의 협조 체제에 금이 가기 시작했다.[10] 양자 간의 오랫동안의 뿌리 깊은 불신은 결국 무력 충돌까지 일으켰다. 결국 1941년 1월에 발생한 신4군사건[11]으로 양당의 통일전선은 악화일로를 걷게 되었다.[12]

1945년 일본군의 패망으로 중일전쟁(1937-1945)은 8년 만에 종결되었다. 하지만 양당 간에 유지되어온 오랫동안의 반목은 1946년 7월 전면적인 내전으로 폭발했다.

## (2) 국민당과 공산당의 정면충돌[13]

1945년 8월 중일전쟁은 일본의 패망과 중국의 승리로 종결했으나 상처뿐인 영광이었다. 오랫동안의 전쟁으로 중국 측 전사자와 희생자 수는 천만 명이 넘었다. 정신적 피해와 더불어 물질적 피해도 너무나 컸다. 농업과 경공업의 생산력은 현저히 떨어졌고 교통 통신망은 거의 작동하지 못했다. 이렇게 항일투쟁이 종식되었지만, 이것은 양당이 정면충돌로 가는 새로운 국면을 암시했다. 1945년 8월 15일 일본의 패망과 동시에 양당은 그간 일본이 점령하고 있었던 지역에 대한 쟁탈전을 벌이기 시작했다. 1946년까지 국민당은 병력 300만으로, 100만의 병력을 갖고 있던 공산당보다 우위를 점하고 있었다. 국민당은 화중과 화남 지역을 이미 점령했고, 반면 공산당은 중북, 화북 지역과 연안 지역을 점령했다.

---

10  나태종, "중화인민공화국 성립과정 연구", 247.
11  신4군사건이란 양쯔강 이남의 화중(華中) 지역에서 활동하던 중국 공산당의 신4군에 대해 국민당 정부가 1940년 10월 1일 1개월 이내에 양쯔강(揚子江) 이북으로 철수할 것을 명령하였는데 이를 집행하는 과정에서 몇 차례에 걸쳐 국민당군이 돌연 이동 중이던 신4군을 포위, 공격하여 타격을 입힌 사건이다. 서진영, 『중국혁명사』, 233.
12  서진영, 『중국혁명사』, 233.
13  이 부분에 대한 자세한 내용은 김학관, 『중국교회사』, 149-153 참고.

그러나 양당 간의 전면전 개시의 위기를 접한 당시 중국인들의 바람은 사실 양당의 무력 충돌이 아닌 협상을 통한 민주적 통일 정부의 수립이었다. 이러한 국민 정서를 읽은 양당은 겉으로는 협상을 통하여 원만히 해결하고자 하는 정치회담을 진행했다. 하지만 실제로는 무력 충돌을 불사하고자 하여 경계 태세를 늦추지 않았다. 국민당은 장제스를 지도자로, 공산당은 마오쩌둥을 지도자로 세워 1945년 8월 28일부터 10월 10일까지 총칭(重慶)에서 협상을 위한 정치 회의를 개최했다.

이 협상 회의에서 여러 가지 주요 안건들을 통과시키는 데 양당이 합의했지만, 종전 후 새로운 중국 건설에 대한 양당의 청사진과 견해의 차이는 너무나 컸다. 결국 양당은 1947년 초부터 충돌하기 시작했다. 1947년 여름이 되면서는 병력 면에서 훨씬 우위를 점하고 있던 국민당이 오히려 공산당에게 밀리기 시작하여 주도권을 내주게 되었다. 그리고 1948년 9월부터 12월까지 치러진 만주 전투에서 공산당은 결정적인 승리의 기회를 잡았다. 만주는 공업시설이 집중된 곳이며 양당 모두에게 전략적으로 매우 중요한 곳이었다. 처음에는 국민당이 잠시 승리의 기분을 맛볼 수 있었다. 그러나 승리의 기쁨은 오래가지 못하고 1947년 후반부터 공산당 군대에 힘없이 무너졌다. 공산당은 여세를 몰아 1949년에는 베이징과 톈진을 비롯한 주요 도시를 접수하고 난징, 상하이, 창사(長沙) 등을 차례로 함락시켰다. 그리고 결국 중국의 전 지역을 장악하였다.

이런 상황에서 국민당과 장제스는 1949년 8월 1일, 50만 병력과 200만의 피난민을 데리고 타이완으로 철수하였다. 처음의 열세를 딛고 승리한 공산당은 중국 대륙을 통치하는 집권당이 되었다. 공산당의 유격전 승리, 국민당의 내분과 지도력 상실, 국민당 군대의 사기 저하 등이 주요 요인이라 할 수 있다.

## 2) 교회적 상황

### (1) 교회의 항일투쟁

1931년 만주사변 후 중국교회 안에서는 침략군 일본을 향해 '화평'을 강조하는 유애(唯愛)와 '맞서 싸울 것'을 주장하는 항전(抗戰) 사이에 논쟁이 있었다. '화평주의'인 '유애주의'(唯愛主義)는 국제 기독교 조직인 '유애사'(唯愛社)와 긴밀한 관계에 있었다. 유애사는 탈종교, 탈민족적인 국제적인 기독교 조직으로서 인류의 하나 됨을 강조하고 '사랑과 화평'으로 악을 극복하자고 주장하며 전쟁과 폭력을 반대하였다. 중국의 유애사는 1922년 초기 삼자회의 지도자 우야오종(吳耀宗)에 의해 건립되었다.[14] 반면 항전을 주장한 파는 예수님의 언행을 볼 때 반드시 비폭력과 비저항만이 기독교의 선택이었다고 볼 수 없다고 강조하며 폭력은 기독교가 용인한 것이라고 주장하였다.[15] 이 밖에도 때와 사안에 따라 다양성과 유동성을 발휘한 중간파도 존재했다.[16]

1930년대에 들어서면서 중국은 만주사변과 중일전쟁을 겪으며 말할 수 없는 고통의 시간을 보냈다. 1937-1945년까지의 중일전쟁 기간 일본은 중국의 대부분 지역을 차지하였고 폭행, 살해, 납치, 강간 등의 폭력 행사로 중국인들을 큰 고통에 빠뜨렸다. 교회도 예외일 수 없었다. 국민당과 공산당의 오랜 내분으로 인해 선교활동이 위축되어 많은 어려움을 겪던 교회는 서구 선교사들과 기독교인들에 대한 일본의 핍박으로 특히 더 침체되

---

14    羅偉虹 主編, 『中國基督教(新教)史』, 571-572.
15    羅偉虹 主編, 『中國基督教(新教)史』, 573.
16    羅偉虹 主編, 『中國基督教(新教)史』, 576-578.

었다.[17] 1937년 중일전쟁이 시작된 후 개신교 신도 수는 1926년의 40만 명에서 약 65만 명으로 증가하였으나, 1941년 태평양전쟁 발발 후에는 교회와 교회학교의 심각한 파손으로 신도 수가 77만 명으로 답보 상태에 머물렀다.[18]

중일전쟁 초기 일본은 교회의 인사들과 교회 부지에 대해서는 크게 강제적이지 않았다. 베이징이나 톈진의 교회에 대한 관리를 예로 들자면, 표면상으로는 서구 선교사들을 불러 대화를 나누고 그들에게 이동에 대한 자유를 허용하였다. 중국교회의 활동에 참여하거나 좌담회, 강연회 등의 자리를 마련하여 교회 인사들을 초청하는 등 온건한 방법이 실시되는 듯했다. 그러나 실제 그들의 목적은 교회 인사들의 사상을 개조하여 그들이 소위 '대동아공영권'(大東亞共榮權)[19]의 효력을 갖게 하려는 것이었다.[20] 일본의 교회 핍박이 심해지는 시기는 태평양전쟁 발발 직후로서 일본은 초기의 온건한 태도에서 급격하게 변화하여 모든 영미(英美) 계통의 개신교회를 봉쇄하고 교회당과 학교 및 병원까지 차압하여 직접 관리하기 시작했다.[21] 이 시기 많은 교회당이 약탈당했고 신앙 활동도 전면적으로 중지될 수밖에 없었다.

그러나 중국교회가 잇따른 민족적 위기와 교회에 닥친 고난을 그대로 수용한 것만은 아니었다. 이 시기 일본의 침략으로 인해 교회 성장에 어려

---

17  김학관, 『중국교회사』, 156.

18  조훈, 『중국기독교사』, 219.

19  제2차 세계대전 당시 일제가 아시아 대륙 침략을 합리화하기 위해 내세운 정치 슬로건. 제2차 세계대전 당시 일제는 동아시아 지역에서 구미의 식민지 지배를 타파하고 아시아 제민족의 해방을 위한다는 명목하에 대동아공영권 결성을 주장하면서 침략정책과 전쟁을 정당화했다(다음백과).

20  柳海濤, "抗日戰爭時期的河北基督敎", 「軍事歷史硏究」(2010. 3), 14.

21  柳海濤, "抗日戰爭時期的河北基督敎", 14.

움이 생기자, 중국교회는 이 상황을 타개하기 위해 항일활동에 적극적으로 참여하기 시작했다. 당시 중국 기독교인들이 벌인 주요 항일활동은 다음과 같다. 첫째, 각종 항일투쟁을 돕기 위한 기구와 단체를 설립했다(비상시기복무위원회, 국난구제회, 전시복무회 등). 둘째, 재력과 인력을 동원하여 항일전선과 난민을 도왔다. 셋째, 기독교의 국제단체를 이용하여 국제평화의 지지와 국제적인 원조를 요청하였다.[22]

당시 중국교회의 항일활동에 관한 자료를 보면 교회들이 민족의 위기에 맞서 국난 타개를 위해 얼마나 고군분투했는지 잘 알 수 있다. 항일전쟁 초기 장쑤(江蘇) 지역에 머물고 있었던 서구 선교사들 역시 중국교회의 항일활동에 적극적으로 동참하였다. 이들이 할 수 있는 최선의 노력은 먼저 일본의 잔인함과 만행을 본국에 알림으로써 일본의 중국 침략 행위를 만방에 보도하여 중국인들이 국제적으로 동정과 지지를 받게 하는 것이었다. 이들은 본국 정부와 국제사회의 관심을 집중시키기 위해 편지나 일기, 다큐멘터리 등의 형식으로 일본의 난징대학살의 잔학성을 기록하였다. 이 자료들은 후에 세계인들이 일본의 잔학성을 규탄하는 데 증거물이 되었다.[23]

중국교회 항일활동의 가장 큰 공헌은 난민 보호에 있었다. 특히 난징대학살의 현장이었던 장쑤교회 신도들의 활약이 눈부셨다. 난징대학살 발발 전부터 이미 선교사들과 일부 외국 거주자들이 일본 점령구에 난민보호기구를 마련하여 그들을 수용하였던 기록을 찾을 수 있다.[24] 중일전쟁이 절정이었던 1938-1941년 사이에는 설상가상으로 자연재해까지 덮쳐 중국

---

22  姚民權·羅偉虹, 『中國基督敎簡史』(北京: 宗敎文化出版社, 2000), 237-239; 조훈, 『중국기독교사』, 219에서 재인용.

23  高俊, "簡述江蘇基督敎界的抗日活動", 「江蘇科技大學學報」 8(2008), 2.

24  高俊, "簡述江蘇基督敎界的抗日活動", 2.

인들의 곤고함이 극에 달했다. 이때 미국 선교사들은 상하이에서 쌀과 밀가루, 옷 등을 공수해와서 각 교회에 분배하는 등 난민 지원에 수고를 아끼지 않았다.[25]

이렇게 중일전쟁 시기 기독교인과 중국교회가 전개한 구국 활동은 각 방면에서 눈부신 성과를 거두었다. 이 일을 통해 교회는 내적·외적으로 괄목할 만한 성과를 얻었다.[26] 첫째, 국난의 위기에 교회의 애국적 행위들은 사회와 민중의 큰 호평을 받았다. 이로써 중국인들에게 기독교는 제국주의의 앞잡이이며 조국의 위기에도 개인 구원에만 관심을 갖는 이기적인 종교라는 편견이 감소되고 새로운 인식이 형성되었다. 둘째, 이 시기의 구국 활동은 중국교회에 자립교회의 의지를 더욱 불러일으켰다. 왜냐하면 이 시기에 서구 선교사들이 거의 귀국하거나 강제 이주되어 중국교회의 일은 반드시 중국 기독교인들이 부담해야 한다는 거룩한 열망이 생겨났기 때문이다.

## (2) 사회복음주의의 확산

이처럼 중일전쟁 시기 중국교회는 전쟁을 반대하고, 난민 보호와 구제 등의 구국 활동을 통해 내·외적으로 성숙과 큰 발전을 이루었다. 국난을 맞이하여 내적으로 교회는 더욱 연합하였고, 일부 교회는 서남(西南) 각 성의 소수민족 가운데 복음 전도를 시작하는 등 복음 전파의 영역을 개척하기도 하였다.[27] 또 선교사들의 갑작스러운 부재(귀국, 강제 이동 등)에 대비하여 자립교회의 설립이 무엇보다 중요하다는 사실을 인식하게 되었다. 나아가 교회가 벌인 눈부신 구제 활동으로, 그간에 제국주의의 앞잡이로서의 이미지

---

25    高俊, "簡述江蘇基督敎界的抗日活動", 2.

26    柳海濤, "抗日戰爭時期的河北基督敎", 19.

27    元西門, 『中國敎會史』(CA: OCM, 1999), 18.

를 다소 벗을 수 있게 되었다. 이러한 내·외적인 수확은 중국교회의 발전에 매우 중요한 요소였다. 이 요소들은 중일전쟁을 마치고 중국교회가 걸어가야 할 중요한 지침을 마련해주었다. 이제 중국교회는 중국 문화와 중국 사회를 더욱 이해하고 국가 안에 존재하는 교회가 국가와 어떤 관계를 맺어가야 할지 깊이 고민하게 되었다.

1930년대 중국 사회가 이러한 교회의 고민에 탄력을 불어넣은 사상이 있다. 이미 중국 사회 전반에서 불고 있던 '사회복음사상'이다. 교회가 이 사상과 연관을 맺게 된 것은 19세기 말, 20세기 초 중국에 들어온 서구 선교사들의 신학 배경과도 관련이 있다. 19세기 초 처음 중국에 개신교를 전해준 선교사들은 대부분이 유럽의 경건주의와 미국의 부흥운동사상을 품고 들어온 사람들이었다. 이들은 구원과 영생의 소망을 주로 강조했고, 사회 윤리보다는 개인 윤리를 강조했다. 반면 19세기 말에서 20세기 초에 입국한 선교사들은 미국의 사회복음사상의 영향을 많이 받았다. 영혼의 구원만큼 육신의 행복에도 의미를 두어야 한다는 신앙관이었다. 그리하여 이들은 중국에서 영혼 구원의 일뿐만 아니라 중국 사회의 개혁 사업에도 적극적으로 관여하였다. 이들이 가장 중점을 두었던 사업은 교육 분야였다. 이들은 교육이 사람을 변화시킬 수 있고 교육 사업만큼 사회복음이 가장 잘 실현될 수 있는 길은 없다고 생각했다.[28]

이러한 사회적 분위기에 발맞춰 1920년대 조직된 전교회연합기관인 중화기독교협진회에서는 초창기부터 공업 위원회를 조직하고 공업 노동계의 개조를 주장했다. 그뿐만 아니라 언론기관이었던 '진리주간사', '생명사' 역시 사회개조를 외쳤다. 기독교학교 평신도 대표단도 사회개조를

---

28    량자린, 『중국에 축복이 임하다』, 186.

표명하였다.[29] 이러한 사회개혁운동은 개인이 주도하기보다 주로 '중화
민국거독회'(中華民國拒毒會), '도덕회'(道德會), '난징개량회'(南京改良會) 등
의 조직들이 주도하였다. 사회개혁의 주요 내용은 일반 대중의 문맹과 무
학 퇴치, 농촌의 기술 개선을 통한 생활 수준 향상이었다. 또한 화장실, 진
료소, 병원 등의 설립을 통한 위생 문제 해결이었다. 더 나아가 정치적 부
정부패 방지를 위한 공무원 급료 인상과[30] 금연과 마약, 도박을 금지시키고
재난에서의 구제, 악습을 개량하는 등의 활동이었다.[31] 이렇게 중국교회 안
에 불어온 사회복음사상은 교회의 지식인 지도자들에게 영향을 미치면서
점차 견실하게 교회 안에 뿌리를 내렸다. 이 운동의 지도자들은 주로 기독
교와 '중국전통문화'를 접목하여 중국인들을 전도하고자 했던 본색화운동
가들인 우야오종, 자오즈천, 우레이추안 등이었다.


## 2. 삼자애국운동


1949년 10월 1일 중국 공산당은 마오쩌둥을 지도자로 하여 천안문 광장에
서 사회주의 체제인 '중화인민공화국'의 수립을 공포했다. 이어서 중국 공
산당은 청나라와 국민당의 잔재를 일소하고, 사회주의식 정치 체제의 기초
를 공고히 하기 위해 정치·경제·문화 등 다방면의 사업을 전개하였다. 또
한 신정부는 즉각적으로 교구 내 교회들에 정식으로 등록할 것을 요구하였

---

29      김수진, 『중국개신교사』, 143.
30      김수진, 『중국개신교사』, 145-146.
31      량자린, 『중국에 축복이 임하다』, 187.

다. 통계에 의하면 당시 22개 종파 안에 있는 중국 기독교인들은 대략 100만 명 정도 되었다.[32]

## 1) 삼자애국운동의 전개

### (1) 시작과 "삼자선언"

중국 공산당은 공산혁명이 승리하던 1949년 9월 21일에 인민정치협상회의[33](이하 '정협')를 소집했다. 그리고는 「중화인민정치협상회의 공동강령」(中華人民政治協商會議共同綱領, 이하 「공동강령」[共同綱領]),[34] 「중화인민공화국 중앙인민정부조직법」(中華人民共和國中央人民政府組織法) 및 「중국인민정치협상회의 조직법」(中國人民政治協商會議組織法)의 3개 문건을 통과시킴으로써 정식으로 신정부의 주요 정치기구 성립을 공포했다. 특히 「공동강령」 총론 제5조에는 '종교신앙의 자유권'이 명기되었다.[35] 이와 관련하여 8인의 종교계 대표가 이 회의에 초대받았다. 불교 2명, 이슬람교 1명과 개신교에서는 5명의 인사가 참석하였다. 개신교 인사는 우야오종, 자오즈천, 리우량모(劉良模), 장쉐엔(張雪巖), 덩위즈(鄧裕志, 女) 등이었다. 이들은 주로 1920-

---

32　Fuk-tsang Ying, "The Regional Development of Protestant Christianity in China: 1918, 1949 and 2004," *The China Review* 9 (Fall 2009), 76.

33　1949년 출범한 정책자문기구다. 중국에서는 매년 전국인민대표대회와 전국인민정치협상회의가 개최되는데, 이 둘을 통틀어 양회(兩會)라 부른다. 전국인민대표대회는 1954년 출범한 중국 헌법 최고 국가권력기관이다. 중국 양회는 1959년 처음 시작되었으며, 매년 진행되는 최대의 정치 행사다.

34　1954년 헌법이 정식으로 통과되기 전까지 국가의 시정준칙이 된 국가의 임시헌법이라 할 수 있다.

35　총론 제5조: 중화인민공화국 인민은 사상, 언론, 출판, 집회, 결사, 통신, 신체, 거주, 이전, 종교신앙 및 시위 등의 자유권을 갖는다.

1930년대 본색화운동에 앞장섰던 자들이다.[36] 참석자 5명은 중국 기독교계에서 대표로 선임된 자들이 아니라 신정부에 의해 지명된 인사들이었다. 이 회의에서 우야오종은 다음과 같이 발언하였다.[37]

중화인민공화국 건설 계획 가운데 종교는 종교가 차지해야 할 지위를 차지하고 있다. 「공동강령」에 종교 신앙 자유의 원칙이 확정되었다. 우리는 이 자유를 귀중하게 여겨야 한다. 우리는 또한 이 자유를 헛되게 하거나 남용해서는 안 된다. 우리는 최선을 다해서 종교의 부패한 전통, 과거 봉건 세력, 제국주의자들과 연계된 부분을 철저하게 제거해야 한다.

이는 중국 개신교가 장차 신정부의 뜻을 받들어 신정부의 기독교에 대한 요구를 적극적으로 수용할 뜻이 있음을 시사한다. 이어 이들은 전국 각지의 교회에 정협과 「공동강령」의 결의안을 전달했다. 그런 후에 교회의 반응을 살필 목적으로 전국기독교협진회, 기독교청년회, 여청년회와 협진회, 그리고 중화기독교회 전국총회를 중심으로 연합 방문단을 구성하였다. 단장은 우야오종이 맡았다. 이 방문 활동을 통해 교계에서 우야오종의 명망과 입지가 확실하게 공고해졌다. 방문단은 1950년 4월 베이징에 도착했다. 5월에는 베이징과 텐진 지역 기독교 지도자 19인과 함께 저우언라이 총리와 첫 번째 접견을 가졌다. 이때 이들은 기독교가 각 지방에서 수모당했던 100여 건의 사건을 수집하여 당면한 고충을 전했다. 더불어 정부 차원에서

---

36  여기서 유교가 제외된 것은 옛 중국의 정신적 지주로 보았기 때문이며, 로마 가톨릭이 제외된 것은 바티칸의 반공성과 보수성 때문이었다. 특히 로마 가톨릭은 대토지와 막대한 재산을 소유하고 있었기 때문에 공산당의 입장을 쉽게 받아들일 수 없었다. 金英山, 『중국삼자사학』, 47.

37  王作安, 『중국의 종교문제와 종교정책』, 283-284.

문제를 해결해달라고 요청했다. 이에 대해 저우언라이는 오히려 기독교 인사들이 제기한 문제들의 근원은 기독교가 장기간 제국주의의 앞잡이로 이용당한 데 있다고 답했다. 저우언라이는 이를 심각하게 지적하고, 교회 지도자들에게 다음과 같은 사항을 준수할 것을 요구하였다.[38]

중국 종교단체들이 마땅히 지켜야 할 것 첫째, 반제국주의운동을 일으켜서 100년 가까이 연관된 제국주의와의 관계 및 제국주의의 앞잡이로서의 기독교를 청산해야 한다. 둘째, 약속을 준수하여 노상에서의 전도를 금해야 한다. 셋째, 독립자주, 자력갱생, 자치·자양·자전의 교회를 건립해야 한다.

더 나아가 제2차 접견 때 저우언라이는 먼저 각 종교계가 종교를 뛰어넘어 단합하여 중국 인민을 위해 봉사해야 한다고 강조했다. 각 종교계는 민주와 애국의 입장에 서서 모든 종교활동이 신민주주의 사회에 유익이 되도록 해야 하며, 반드시 정치적으로 「공동강령」을 옹호할 것을 요구하였다. 이어진 제3차 접견에서는 정부와 종교계의 더 나은 협력 실행에 대한 문제를 지적했다. 그는 유물론자와 유심론자도 정치적으로 협력해야 하며 반드시 서로 존중해야 한다고 말했다.[39]

　　이상 세 차례 저우언라이와의 만남으로 기독교 지도자들은 신정부 하에서 걸어가야 할 기독교의 노정에 대해 깊이 고민하지 않을 수 없었다. 과거 반기독교운동의 포화를 맞아 자립교회의 필요성을 절감했던 중국교회는 이제 공산혁명으로 성립된 신정부 하에서 교회의 생존을 모색하지 않

---

38　趙天恩·張婉芳,『當代中國基督教發展史, 1949-1997』(臺北: 中福出版有限公司, 2010), 60.
39　趙天恩·張婉芳,『當代中國基督教發展史』, 60-61.

을 수 없었다. 일련의 고민과 깊은 토론 끝에 중국교회는 '새 시대에 맞는 교회의 새 방침'을 담은 「중국 기독교의 신중국 건설의 과정에서 노력해야 할 길」(中國基督敎在新中國建設中努力的途徑, 약칭 「삼자선언」[三自宣言])[40]이라는 선언문을 작성하기에 이르렀다. 이 선언문의 초안은 우야오종이 담당하였다. 이후 기독교 지도자들의 비판이 제기되자, 여덟 차례 수정을 거쳐 저우언라이의 인가를 받아 1950년 7월 28일 정식으로 공표하였다.

우야오종은 선언문을 기초한 후 40명의 기독교 지도자[41]를 발기인으로 삼고 교회 각지로 선언문을 보내 서명하도록 하였다. 1950년 9월 23일 「삼자선언」 전문이 「인민일보」 제1면 전면에 실렸다. 또한 거대한 편폭에 1차로 서명한 기독교인 1,500여 명의 명단과 통계 숫자가 전부 실렸다. 1953년까지 이 선언문에 서명한 신도 수만 해도 40만 명이 넘었다.[42] 이 선언은 새로운 정부의 기독교에 대한 입장을 표명한 것이었다. 더불어 중국 기독교가 표명한 신중국하에서의 행보에 대한 것이기도 했다.[43] 「삼자선언」의 전문[44]을 살펴보면 다음과 같다.[45]

개신교가 중국에 전래된 지도 벌써 140년이 넘는 역사를 갖게 되었다. 이 100

---

40  「혁신선언」(革新宣言)으로도 불린다.

41  발기인 40인의 교파 배경을 살펴보면 다음과 같다. '기독교청년회'와 '여청년회' 10인, '협진회' 및 기타 연합조직 6인, 위리(衛理) 공회 3인, 중화기독교회 3인, 침례회 2인, 순도(循道) 공회 2인, 기타 교파 3인, 신학교 2인, 교회학교 6인, 기타 방면 3인. 이 명단을 보면 중국 기독교의 매우 명망이 있던 일부 지도자들, 예를 들면 중화성공회의 교주 전부는 침묵을 지켰음을 알 수 있다. 趙天恩・張婉芳, 『當代中國基督敎發展史』, 659.

42  趙天恩・張婉芳, 『當代中國基督敎發展史』, 63.

43  조훈, 『중국기독교사』, 229.

44  中國基督敎三自愛國運動委員會編, 『中國基督敎三自愛國運動文選(1950-1992)』, 1(元載: 人民日報 1950. 9. 23.).

45  조훈, 『중국기독교사』, 229-231 참고.

여 년 동안 기독교는 중국 사회에 상당한 공헌을 해왔다. 그러나 매우 불행하게도 기독교가 중국에 전래된 지 얼마 되지 않아 제국주의가 중국에서 활동을 시작했다. 그리고 기독교를 중국에 들여온 자들이 대부분 이러한 제국주의 국가에서 왔기 때문에, 기독교는 제국주의와 의식적이거나 무의식적으로 또한 유형적·무형적으로 관계를 맺게 되었다. 현재 중국의 혁명은 승리했으며, 제국주의는 중국 역사상 이 공전(空前)의 사실에 대해 달갑지 않을 것이다. 그들은 반드시 갖은 방법을 동원하여 이 기성(旣成)의 사실을 파괴하기를 기도할 것이다. 그들은 기독교를 이용하여 분리를 도발하고 중국에서 반동 세력을 조성하려는 음모를 기도할 수도 있다. 우리는 제국주의에 대한 경계심을 제고하고 또 기독교의 신중국에서의 분명한 정치적 입장을 표하며, 중국인 스스로가 주인이 되어 운영하는 중국교회를 만들도록 촉구할 뿐만 아니라, 전국의 기독교도가 신중국 건설에 대해 응당 져야 할 책임을 지시하기 위하여 이 문건을 발표한다. 우리는 전국의 기독교가 이 문건이 제시하는 원칙을 실현하도록 노력해줄 것을 호소한다.[46]

## 총체적 임무

중국 기독교회 및 단체는 철저하게 「공동강령」을 옹호하고 정부의 영도하에

---

46　基督教傳到中國, 已經有一百四十多年的歷史, 在這一百多年當中, 它對中國的社會, 曾經有過相當的貢獻. 但是, 不幸得很, 基督教傳到中國不久以後, 帝國主義便在中國開始活動, 又因爲把基督教傳到中國來的人們, 主要的都是從這些帝國主義國家來的, 基督教同帝國主義便在有義無義, 有形無形之中發生了關係. 現在中國的革命勝利了. 它們一定要用盡千方百計, 企圖破壞這個旣成的事實, 它們也會利用基督教, 去進行它們挑發離間, 企圖在中國制造反動力量的陰謀. 爲要提高我們對帝國主義的警惕, 爲要表示基督教在新中國中鮮明的政治立場, 爲要促成一個爲中國人自己所主持的中國教會, 爲要指出全國的的基督徒對新中國建設所應當負起的責任, 我們發表了下面這個文件. 我們愿意號召全國的基督教, 爲實現這個文件所提供的原則而努力.

제국주의와 봉건주의 및 관료주의를 반대하여 독립·민주·평화·통일 그리고 부강한 신중국을 건설하기 위해 분투한다.

## 기본 방침

첫째, 중국 기독교회 및 단체는 응당 최대의 노력과 유효한 방법으로써 교회 신도로 하여금 분명하게 제국주의가 중국에서 저지른 죄악과 과거 제국주의가 기독교를 이용했던 사실을 인식시켜 기독교 내부의 제국주의의 영향을 숙청하고 제국주의, 특히 미국 제국주의가 종교를 이용하여 반동 세력을 배양하고자 하는 음모를 경계해야 한다. 동시에 그들이 전쟁에 반대하고 평화를 옹호하는 운동에 참가하도록 호소해야 할 뿐만 아니라 철저하게 정부의 토지개혁정책을 이해하고 옹호하도록 교육해야 한다.

둘째, 중국 기독교회와 단체는 반드시 유효한 방법을 사용하여 일반 신도의 애국민주주의 정신과 자존자신의 심리를 배양하여야 한다. 중국 기독교가 과거에 제창한 바 있는 자치·자양·자전 운동은 이미 상당한 성과를 이루었다. 금후 응당 최단기 내 이 사항을 완수해야 할 것이며 자아 비판을 제창하며, 각종 업무를 검토 정리하고, 간소화하여 기독교 혁신의 목표를 달성해야 한다.

## 구체적 방법

첫째, 중국 기독교회와 단체로서 무릇 여전히 외국 인재나 경제 후원자에 의존하고 있다면 반드시 구체적인 계획을 세워 자력갱생의 목표를 실현해야 한다.

둘째, 금후(今後) 기독교와 단체는 종교 업무 방면에서 응당 기독교 본질에 대한 깊은 인식, 종파 간의 단결, 지도자 배양과 교회 제도의 개선에 중점을 두어야 한다. 일반 업무 방면에서는 응당 반제, 반봉건, 반관료자본주의 교육 및 노동생산, 시대인식, 문예오락활동, 식자교육, 의학위생, 아동보육 등 인민을 위한 봉사 업무에 중점을 두어야 한다.

위의 「삼자선언」은 「중국 기독교의 신중국 건설의 과정에서 노력해야 할 길」(中國基督敎在新中國建設中努力的途徑)이라는 원제목이 말해주듯이 신중국 하에서의 중국 기독교의 노정을 확실하게 밝히고 있다. 「삼자선언」이 표명한 목적을 정리하면 다음과 같이 요약할 수 있다.[47] 첫째, 중국 기독교회 및 단체의 제국주의에 대한 경계다. 둘째, 기독교의 신중국에서의 분명한 정치 입장표명이다. 셋째, 중국인 스스로가 조직한 중국교회를 만드는 것이다. 넷째, 전국 기독교의 신중국 건설에 대해 마땅히 부가시킬 책임을 지시하는 것이다.

　이처럼 중국교회는 정부의 지도하에 '반제국주의운동'을 추진하여 신중국 건설에 앞장설 것을 강력하게 요구하였다. 이를 기본으로 중화인민공화국의 교회 전체를 지도하며 통일시킬 운동을 전개하였다. 이 운동이 바로 '삼자애국운동'이다. '삼자운동'은 「삼자선언」에 명기된 대로 철저하게 교회의 혁신운동 및 반제국주의운동, 애국운동을 의미한다.[48] '삼자애국운동'은 초기에는 '삼자혁신운동'이라고도 명명되었으나 후에 '삼자애국운동'으로 변경되었다. '삼자애국운동'의 주요 활동 내용을 살펴보면 이 점이 분명하게 드러난다. 주요 활동 내용은 '삼자애국운동'의 서명운동, 반제국주의운동, 애국운동, 공소운동(控訴運動), 정치학습운동 등으로 반제국주의

47　趙天恩·張婉芳, 『當代中國基督敎發展史』, 62.
48　조훈, 『중국기독교사』, 232.

성향, 교회혁신에의 성향이 강했다.

그러나 당시 우야오종이나 리우량모 등이 기독교 지도자들 사이에서 위상이 높지 않았다는 점, 선언문의 기초 후 발기인으로 초청된 40여 명의 중국교회 지도자들이 우야오종과의 개인적인 친분으로 개별적인 요청에 응했다는 점 등으로 볼 때, 「삼자선언」이 전체 중국 기독교를 대표하는 것은 아니었음을 알게 된다. 량자린은 이 선언문이 기존 교회조직과 주류 세력의 주도하에 토론과 기초를 거쳐 나온 것이 아니라는 점에 주목해야 한다고 강조한다.[49] 타이완과 홍콩의 기독사가 쟈오톈언(趙天恩)과 장완팡(張婉芳)도 「삼자선언」은 지나치게 정치화된 것으로서 당시의 중국 전체 기독교 입장의 대변이라고는 볼 수 없다고 하였다.[50] 실제로 당시 많은 자립교회가 이 선언문에 반대했다. 기독교협진회는 1950년 10월 상하이에서 연례회의를 개최하고 우야오종의 서명운동에 반대했다.[51] 그러나 반대 세력은 미미했고, 정부의 지지하에 서명운동이 활발히 진행되고 있어 뜻을 이루기에는 역부족이었다.

## (2) 전개 과정 및 목적

「삼자선언」이 공포되면서 본격적인 '삼자애국운동'(三自愛國運動)의 기치가 올려졌다. 우야오종은 그들이 전개하려고 하는 삼자애국운동에 대해 다음

---

49    량자린, 『중국에 축복이 임하다』, 206.

50    趙天恩·張婉芳, 『當代中國基督教發展史』, 62.

51    그 외 많은 자립교회들이 서명운동에 반대했다. 대표적으로 왕밍따오를 들 수 있는데, 그는 삼자애국운동은 '예수를 파는 것'이라고 하며 이에 협력하는 것을 끝까지 거부하였고, 1955년, 1958년 두 차례 체포되어 총 2년간의 옥고를 치렀다. 또 야소가정의 창시자 징톈잉도 이에 반대하다가 1952년 체포되었으며, 소군(小群)교회의 창시자 니투셩(워치만 니) 역시 1952년에 체포되었다.

과 같이 의미를 설명하였다.[52]

> 현재 우리가 제창하려고 하는 기독교혁신운동은 그 의미에 있어 비록 과거
> 몇 차례의 운동과 일치하나, 그 내용과 본질상 앞서의 운동들과는 다른 것이
> 다. 해방 이전의 중국은 제국주의, 봉건주의, 관료자본주의 통치하에서 반(半)
> 봉건·반(半)식민지 상태였다. 과거 몇 차례의 기독교운동은 모두 이러한 사
> 회의식 형태 아래서 발동된 것이며 한 번도 이 의식의 형태 범위를 벗어난 적
> 이 없다. 해방 후의 중국은 제국주의, 봉건주의, 관료자본주의 이후의 신중국
> 으로서 신민주주의의 중국은 사회주의 노선을 향하여 매진하는 중국이다. 기
> 독교혁신운동은 이러한 환경과 새로운 의식에서 나온 구호다. 그들의 목표는
> 단지 과거 기독교의 다른 약점을 청산하려는 것만은 아니며 중국의 기독교
> 터전을 전반적으로 개조하려는 것으로, 그로 하여금 서구 사회 전통의 영향에
> 서 벗어나게 하고 중국 구사회사상의 속박을 벗어나게 하여, 예수 복음 본래
> 의 면모를 회복하게 함으로써 기독교를 신중국 건설 과정에서 하나의 적극적
> 인 힘으로 변화시키는 것이다.

신정부의 기독교 인사 151명은 이 운동을 전국적 조직으로 전개하기 위해
1951년 4월 베이징에서 정부 요인과 회의를 진행했다. 그 결과 25인으로
구성된 '중화기독교 항미원조 삼자혁신운동위원회 준비위원회'(中華基督教
抗美援助三自革新運動委員會籌備委員會)를 발족했다. 그리고 1954년 7월 22일
부터 8월 6일까지 이 위원회가 주최하여 베이징에서 중국기독교전국회의
를 개최하였다. 이 회의 참석자는 전국 각지의 대표 232인과 교회 및 단체

---

52    中國基督教三自愛國運動委員會編, 『中國基督教三自愛國運動文選 1950−1992』, 6.

의 대표 62인이었다.[53] 이때 열린 회의에서 우야오종은 지난 4년간의 성과에 대해 보고하는 시간을 가졌다. 그는 이 보고에서 지난 4년간 중국교회는 인사와 행정 경비 등의 방면에서 기본적으로 제국주의와의 관계를 단절했고, 제국주의의 영향을 일소함으로써 자치·자양·자전의 삼자정신을 실현했다고 긍정적으로 자평했다.[54] 또한 여전히 이 운동에 적극적으로 참여하지 않는 교회와 성도들이 있으므로 계속해서 부족함을 메꾸어가는 노력이 필요하다는 사실도 강조하였다.[55]

이 회의를 마치며 대표자들은 「전국의 동역자들에게 고함」(告全國同道書)이라는 문건을 채택하고, '삼자혁신운동'이라는 이름을 '삼자애국운동'으로 바꾸었다. 우야오종은 이름을 바꾼 이유를 다음과 같이 설명했다.[56]

삼자혁신운동은 바로 중국 기독교가 진행하고 있는 반(反)제국주의운동의 기본 내용으로서 신앙을 개혁하거나 교회 제도를 개혁한다는 의미가 있다. 그러나 '혁신'이라는 두 글자가 종교개혁이나 신앙 간섭으로 오해를 야기하기 쉽고…또 이후 중국 기독교의 본질이 '반제국애국운동'에 있다는 사실을 명확히 하기 위해, 우리는 운동 고유의 명칭에 구속될 필요가 없다고 여겼다. 이에 우리 일원 전체는 '중국 기독교 삼자애국운동'으로 바꾸는 데 동의했다.

즉 삼자혁신운동은 종래의 신앙 개혁과 교회 제도 개혁의 단행을 뜻하지만, 자칫 '혁신'이란 단어가 교회에 대한 정부의 신앙 간섭이라는 오해를

53    조훈, 『중국기독교사』, 236.
54    中國基督教三自愛國運動委員會編, 『中國基督教三自愛國運動文選 1950-1992』, 44.
55    中國基督教三自愛國運動委員會編, 『中國基督教三自愛國運動文選 1950-1992』, 48.
56    中國基督教三自愛國運動委員會編, 『中國基督教三自愛國運動文選 1950-1992』, 67.

낳을 수 있다. 그래서 반제국주의 애국운동에 참여하는 데 반감을 초래할까 염려되므로, 그 강조점을 '혁신운동'에서 '애국운동'으로 바꾸기로 했다는 뜻이다. 그리고 이 운동을 구체적으로 전개해나갈 전국기구의 성격을 지닌 '중국 기독교 삼자애국운동 위원회'(이하 '삼자회')를 설립하였다. 삼자회는 139명의 위원으로 구성되었고 주석은 우야오종이며, 부주석으로 천젠쩐(陳見眞), 우링광(吳聆芳), 천총꾸이(陳崇桂), 장장추안(江長川), 추이셴샹(崔憲詳), 딩위장(丁玉璋) 등 6인을 선출하였다. 딩광쉰(丁光訓) 등 42명의 상무위원, 비서장 리주원(李儲文)과 4인의 부비서장을 두었고,[57] 이 기구에 가입한 교회를 '삼자교회'라 명하였다. 이처럼 삼자애국운동의 조직과 발전은 종래의 어떤 종교 단체보다도 신속했고 체계적이었다.

## (3) 활동 내용

삼자애국운동의 활동 내용을 살펴보면 이 운동이 지향하는 바가 무엇인지 더욱 명확해진다. 삼자회가 주관하여 전국적으로 전개한 활동들은 다음과 같다.

### ① 공소운동

공소운동(控訴運動)이란 기독교 신도들 스스로 제국주의자를 고발하는 운동이다. 공소회(控訴會)는 각지에서 열렸는데 1951년 5-12월까지 108회의 공소회가 거행되었고, 1953년 9월까지 전국 133개 도시에서 227회나 진행되었다.[58]

---

57  王作安, 『중국의 종교문제와 종교정책』, 288.
58  조훈, 『중국기독교사』, 233.

삼자회는 신정부의 정책에 적극적으로 협조하기 위해 설립되었고, 그 일환으로 공소운동이 시작되었다. 이것이 당시 중국 기독교가 갖고 있었던 가장 절박한 사안이었다는 것과 연관이 있다. 이들은 1951년 4월 25일 삼자위원회 제1차 회의 중「잠복해 있는 교회 내부의 제국주의 분자 및 변절자에 대한 공소운동의 보편적 전개」(普遍展開對潛伏內敎會內部之帝國主義分子及敗類之控訴運動)의 결의안을 제출하고, 삼자회의 적극적인 추동하에 전국적인 공소회를 전개하였다.

공소운동의 대상은 다음과 같이 분류되었다.[59]

첫 번째 부류는 협진회, 성공회, 안식일회, 남녀청년협회, 성경공회 및 기독교출판기구 등 기독교단체 혹은 교회조직이나 기구였다. 이는 미국이 중국을 침략하는 과정 중 반동 행위를 저질렀다는 이유에서였다.

두 번째 부류는 중국인 전도자들로서 이들의 죄목은 신중국 성립 전 정보를 수집하거나 중국 공산당 지도자를 폄하하는 언론을 유포하고, 기독교인들이 '정치를 초월하고' '영혼에 속한 것들을 따르도록' 선동하여 공산당을 반대하게 한 것과 삼자애국운동을 파괴하는 행동을 한 것들이었다. 많은 자립교회 목사들이 이 범주에 속하였다.

세 번째 부류는 한마디로 '변절자들'로 불리는 자들로서 공산당 지도자를 공격하거나 삼자애국운동을 반대한 자들이었다.[60] 적지 않은 중국 목사에게 '미국 스파이' 등의 죄목이 지워지기도 하였다.[61] 선교사들은 풍요로운 생활을 영위하면서 중국 교인들에게는 빈곤을 감수하도록 하고 영혼 구원만을 권장했다는 죄목이 씌워졌다. 또 중국 교인의 경우에는 장제스

---

59    羅偉虹主編, 『中國基督教(新敎)史』, 673.
60    羅偉虹主編, 『中國基督教(新敎)史』, 673.
61    趙天恩·張婉芳, 『當代中國基督敎發展史』, 77.

(蔣介石)를 도와 인민을 압박한 죄, 장제스 정권하에서 새로운 운동을 적극적으로 추진한 것 등의 죄를 물었다.[62]

1951년 이후 공소운동은 군중들 앞에서 비판받는 형식에서 점점 간행물 등을 통한 비판으로 진행되었다. 통계에 따르면 1951년부터 1954년 12월까지, 13개 기독교 간행물에 등재된 공소문이 158편이나 되었다.[63]

### ② 반제국주의 애국운동

삼자애국운동의 배경과 관련한 중요한 정치적 사건은 1950년 6월에 발발한 한국전쟁[64]이다. 한국전쟁으로 인해 중국과 미국이 적대국이 되었다. 그러자 신정부는 교회를 압박하여 미 제국주의와의 관계 청산에 박차를 가하도록 했다. 중국 공산당은 즉각적으로 미국에서 오는 모든 선교자금을 동결시켰다. 그리고 북한을 돕고 미국에 대항한다는 '항미원조(抗美援朝) 운동'을 전개하였다.

당시 중국 내의 많은 교회·기독교 단체·기독교 학교·선교병원·교회에서 주관한 각종 사업의 재원은 거의 미국에서 보내주는 보조금에 의존하고 있었다. 갑자기 자금이 동결되자 이들은 경제적 어려움에 봉착했고, 급기야는 해산할 수밖에 없는 상황에 이르렀다. 이러한 상황은 신정부에게도 이로울 게 없었다. 1950년 12월 29일 정무원(政務院)은 기독교 단체들을 도와 문제를 해결하기 위해 궈모뤄(郭沫若) 부총리의 「미국보조금을 접수하고 처리하는 문화교육기관 및 종교단체방침에 관한 보고」(關于處理接受美國津貼的文化敎育機關及宗敎團體方針的報告)를 통과시키면서 다음 4가지 사항에

---

62    조훈, 『중국기독교사』, 233-234.
63    羅僞虹主編, 『中國基督敎(新敎)史』, 675.
64    중국에서는 '항미원조(抗美援朝) 전쟁'이라 부른다.

대해 결의안을 발표하였다.[65]

첫째, 신정부는 외국 보조금에 의지하고 있는 기독교 단체들이 완전히 자립할
수 있는 계획을 실행할 것이다. 둘째, 외국 보조금에 의존하고 있는 의료기관
은 국가사업으로 접수하거나 민간단체가 접수하고 지속적으로 경영함으로써
자립할 수 있도록 할 것이다. 셋째, 외국에 의존하던 구제기관 역시 중국인민
구제총회에서 모두 접수하여 관리하게 될 것이다. 넷째, 외국에 의존하고 있
는 종교 단체는 응당 중국 신도가 관리 운영하는 단체로 완전히 탈바꿈해야
할 것이며, 정부는 그들의 자립·자양·자전 운동을 격려할 것이다.

이와 동시에 정무원은 「외국보조금 및 외자경영을 접수한 문화교육구제기
관 및 종교단체 등기조례에 관하여」(關于接受外國津貼及的外資經營之文化教育救
濟機關及宗教團體登記條例)를 반포하고 각 기관에 등기를 요구하였다. 만일 이
를 지키지 않으면 처벌받아야 하는 등 상황이 매우 엄중하였다.[66]

이 같은 정부 입장을 접한 중국교회와 종교 단체는 어떠한 방식이든지
입장 표명이 필요했다. 1951년 1월 5일 우야오종 등 26인의 기독교 지도자
들은 정무원의 처리 방침을 옹호한다는 선언을 발표하면서, "이 결정은 완
전히 중국 인민의 이익에 부합된 것이며 더불어 분명하게 중국 기독교 혁
신사업의 완성을 촉진시키는 것이다"[67]라고 강조하였다. 이 선언 후 기독
교 내의 애국인사들은 개인적 혹은 연명으로 '항미원조'의 글을 「인민일
보」, 「대공보」에 발표했다. 나아가 전국의 교회 및 기독교 단체는 '기독교

---

65    羅偉虹主編, 『中國基督教(新教)史』, 664-665.
66    趙天恩·張婉芳, 『當代中國基督教發展史』, 65.
67    趙天恩·張婉芳, 『當代中國基督教發展史』, 66.

삼자혁신호'(基督教三自革新號)라고 명명한 전투기를 헌납하기 위한 모금을 하였다.[68] 또 미국이 일본을 무장시키는 일을 반대하는 강연회와 전국적인 시위 운동을 전개하기도 하였다.[69]

1951년 4월 정무원은 '미국의 보조금을 받는 기독교 단체를 치리하기 위한 회의'(處理接受美國津貼的基督敎團體會議)를 개최하였다. 회의 마지막 날에는 「미국 후원금을 접수한 기독교 종교단체의 처리 방법에 관하여」(對於接受美國津貼的基督敎團體處理辯法)를 통과시켰다. 이 문건의 주요 내용은 중국교회 및 기독교 단체는 외국 선교단체와의 관계를 끊는다는 것으로서 현재 교회나 단체에서 사역하고 있는 미국인은 행정업무를 맡을 수 없으며, 교회에 속한 대·중·초등학교는 모두 반드시 교회와 분리해야 하며, 교회가 원래 경영하고 있던 의료나 복지사업은 만일 스스로 운영하길 원하는 경우 반드시 이사회를 조직해야 한다는 것이었다. 또한 외국 후원금을 받은 교회나 부속사업체는 반드시 정무원의 「등기조례」에 따라 등기해야 한다는 내용이었다.[70]

이날 또 하나의 중요한 문건이 통과되었는데 곧 「기독교 각 교회 단체 대표연합선언」(中國基督敎各敎會團體代表聯合宣言, 이하 「연합선언」)이다. 이 선언은 기독교가 제국주의에 이용당한 도구가 된 것을 지적하면서 특히 세계기독교협의회가 통과시킨 '조선(朝鮮)에 관한 결의'에 대하여 엄중하게 항의하는 내용을 실어 전국의 동역자들에게 호소하였다.[71] 다음은 「연합선언」의 주요 내용으로, 두 번째 항목이 '조선에 관한 결의'에 대해 항의하고

---

68    조훈, 『중국기독교사』, 233.
69    김수진, 『중국교회사』, 161.
70    趙天恩·張婉芳, 『當代中國基督敎發展史』, 70.
71    趙天恩·張婉芳, 『當代中國基督敎發展史』, 70-71.

결의를 다진 내용이다.

첫째, 정무원이 공포한 「미국의 보조금을 접수한 문화교육 구제기관과 종교단체를 처리하는 방침 결정」(處理接受美國津貼的文化敎育救濟機關和宗敎團體的方針的決定)과 관련한 문건 「등기조례」 및 이 회의에서 통과된 '처리방법'을 옹호하고 집행하여 최후로, 철저하게, 영원히 그리고 전면적으로 미국 교회와 기타 선교회와 일체의 관계를 단절하여 중국 기독교의 삼자를 실현한다.

둘째, 항미원조운동에 적극적으로 참여하여 널리 애국 공약에 서명하고 집행한다. 매 교회, 기독교 단체와 기독교 간행물은 모두 항미원조를 선전하고 이를 매 신자에게까지 미치도록 해야 한다.

셋째, 「공동강령」 및 정부의 토지개혁을 옹호하고 반혁명운동을 진압하며, 정부에 협조하여 기독교 안에 잠복하고 있는 반혁명분자와 변절자들을 색출하며, 각지 기독교 교회와 단체는 제국주의 분자와 혁명 변절자의 공소운동을 적극적으로 전개해야 한다.

넷째, 애국주의 교육을 강화하고 학습운동을 광범위하게 전개하여 신도의 정치 인식을 제고해야 한다.

이 「연합선언」은 이전에 발표한 「삼자선언」보다 더욱 정치적 색채가 농후한 것으로, 완전히 정부 입장에 서서 신도들이 실천해야 하는 구체적인 임무를 요구했다.[72]

---

72    趙天恩·張婉芳, 『當代中國基督教發展史』, 71.

### ③ 정치학습 강요

1950년 중국 공산당은 기독교인들의 정부 정책에 대한 지지를 높이고 그들의 사상을 개조하여 공산주의에 귀향하도록 하는 정책을 지시했다. 이는 지방정부가 직접 교회의 책임자들에게 소그룹 정치학습조, 토론회 등의 형식을 띠는 정치 학습활동에 참여하도록 하는 내용을 담았다.[73] 기독교인들이 학습할 내용은 a. 학습회의 목적 및 올바른 학습 태도에 대하여, b. 중국의 위대성과 장래의 전망에 대하여, c. 제국주의에 대하여—특히 제국주의가 중국의 문화 침략을 위해 어떻게 이용했는가에 관하여, d. 정부의 종교정책과 삼자혁신운동의 의의에 대하여 등이었다.[74]

　　삼자회의 수장 우야오종은 "학습은 삼자혁신운동의 가장 기본적인 작업이다"라고 했다. 그러면서 『공산당이 나를 교육하였다』(共産黨敎育了我)나 천총꾸이(陳崇桂)의 『나의 정치사상 변화의 과정』(我政治思想改變的過程)을 기독교 인사들의 자아 개조 학습을 위한 모델로 삼도록 했다. 이 두 권의 책에서 결론은 공산당의 이론은 완전하고 정확하여, 오로지 공산주의만이 중국과 세계를 구제할 수 있다는 것이다.[75]

### ④ 신학교육의 장악

중국 공산당은 신정부의 정책에 적극적으로 동참하는 목회자들을 양성하기 위해서는 반드시 신학교육을 장악해야 한다고 생각했다. 그래서 신학계의 인사와 신도를 통제하고 개조하는 방안을 마련하고자 하였다. 신중국 초기 중국에는 50-60개의 신학원이 존재하였다. 대부분 소규모였고 각 교

---

73　　趙天恩·張婉芳, 『當代中國基督敎發展史』, 81.
74　　조훈, 『중국기독교사』, 234.
75　　趙天恩·張婉芳, 『當代中國基督敎發展史』, 82.

파에서 자율적으로 운영하고 있었다.[76] 1951년에 중앙교육부는 기독교대학을 인수했고, 기독교대학 중 신학원을 따로 분류하여 사립대학으로 만들었다.

삼자회의 신학대학교육 장악은 먼저 신학원 합병의 형태로 나타났다. 1952년 8월 15-19일까지 '삼자회'는 상하이에서 화둥(華東)[77] 지역 신학교육 좌담회를 개최했다. 당시 화둥 지역에는 11개의 신학원이 존재했는데, 각각의 신학원 지도자들은 우야오종의 지시하에 '중국교회의 신학교육문제'에 대한 담화를 나누었다. 이 회의에서 화둥 지역의 각 신학원을 합병할 계획을 세웠다. 입학 인원은 극소수인데 교직원은 수십 명이나 되는 상황은 인력 낭비이며 매우 비합리적이라는 이유에서였다.[78] 이렇게 해서 11개의 신학원은 모두 운영이 중지되었고 일괄 난징금릉신학원(南京金陵神學院)[79]으로 귀속되었다.[80] 이사장은 우야오종이었고, 이사회는 추이셴샹(崔憲詳), 천총꾸이(陳崇桂), 사오징산(邵鏡三) 등 27인으로 구성되었다. 유학을 마치고 귀국한 딩광쉰(丁光訓)이 원장으로, 청징이(誠靜怡)와 딩위장(丁玉璋)이 부원장으로 초빙되었다.

베이징(北京)의 경우에는 당시 옌징신학원, 베이징신학원, 연합여자성도학원(聯合女子聖道學院) 등 3개의 신학원이 존재하였다. 이 세 곳도 우야오종의 지도하에 1954년 4월 19일 옌징협화신학원(燕京協和神學院)으로 합병

---

76  羅僑虹主編, 『中國基督教(新教)史』, 692.
77  중국의 경제가 가장 발달한 남방 지역을 일컬음. 산둥(山東)성, 저장(浙江)성, 장쑤(江蘇)성, 푸젠(福建)성 등이 이에 속함. 도시로는 취푸(曲阜), 항저우(杭州), 상하이(上海), 푸저우(福州) 등이 있음.
78  中國基督教三自愛國運動委員會編, 『中國基督教三自愛國運動文選 1950-1992』, 39.
79  난징(南京) 신학원의 전신.
80  趙天恩·張婉芳, 『當代中國基督教發展史』, 83.

되었다. 둥베이(東北)에 소재한 신학원은 1894년에 세워진 '둥베이(東北)신학원'이 대표적이었다. 이곳은 1898년 '펑톈(奉天)신학원'으로 개명하였다가, 1953년 옌징(燕京)신학원으로, 1954년 다시 옌징협화신학원(燕京協和神學院)으로 합병되었다.[81] 이외 많은 신학원과 성경학교들이 기타 학교에 합병되었다. 그렇지만 합병과 상관없이 학원 내에는 반드시 각종 정치학습과정을 개설하여 중국 공산당 및 정부 홍보의 정치활동에 참가하도록 했다.[82]

### ⑤ 기독교 출판물의 장악

중국 공산당에게 출판기구는 인민의 사상교육 강화를 위한 주요 수단이었다. 1951년 3월 16-22일까지 중앙출판총서는 베이징에서 기독교 출판회의를 개최했다. 여기에서 기독교 출판사는 반드시 반제(反帝)와 교회자치를 원칙으로 하며, 애국주의를 선전하고 정부의 정책을 옹호할 것과 더 이상 해외원조는 받지 않겠다는 원칙을 정하였다.[83] 우야오종은 '중화기독교출판협회'를 조직하여 모든 출판 발행을 책임졌다. 1951년 4월에는 정식으로 「천풍」(天風)을 삼자회의 잡지로 정하였다.[84]

그뿐만 아니라 우야오종은 주요 인사를 각 교회로 파견하여 교회 내부 심사 작업을 책임지게 하였다. 이는 기독교 출판물에서 친미반공(親美反共)의 '독소'와 제국주의 사상의 '제거 여부'에 대한 심사였다.[85] 엄격한 심사하에서 기독교 출판사업은 큰 타격을 입었다. 1951년 7월 심사 결과 해방 전까지 출판되었던 136종의 기독교 잡지는 56종으로 감소했다. 그런 뒤에

---

81    孫家驤, "東北基督敎神學院百年簡史", 「金陵神學志」 4(1996): 69-70.

82    趙天恩·張婉芳, 『當代中國基督敎發展史』, 84.

83    趙天恩·張婉芳, 『當代中國基督敎發展史』, 85.

84    조훈, 『중국기독교사』, 235.

85    조훈, 『중국기독교사』, 235.

11월에 이르러서는 24종으로 줄어들었다. 또한 이때까지 겨우 7종만이 정부에 등록한 상태였는데,[86] 1952년에는 「출판인쇄관리와 발행사업조례」(管理出版印刷與發行事業條例)하에서 모든 출판사가 정부에 등록해야 했다. 그러면서 정기적인 보고서를 제출해야만 했다.[87] 물론 소수의 교회 인사들은 이러한 압력에도 용기 있게 자비로 출판함으로써 정부의 심사를 비껴가기도 했다. 하지만 대부분의 기독교 출판기구는 정부의 통제를 받아야 했다. 더불어 모든 서적은 정부의 정책을 홍보하는 데 적극적으로 협조해야만 했다.

이상에서 삼자애국운동이 벌인 내용들을 살펴볼 때, 이 운동은 예배나 기독교의 본질을 탐구하고 이단적인 요소를 제거하는 종교혁신운동이 아니었다. 사실은 신정부의 종교정책에 협력하고 선전하는 데 목적을 둔 반제국주의 애국운동이었다.

## 2) 우야오종의 신학 사상

>> 우야오종
출처: https://www.
christiantoday.co.kr/
news/276235

초기 '삼자애국운동'을 지도하고 이끈 사람은 우야오종(吳耀宗, 1893-1979)이다. 우야오종의 신학 사상을 통해 삼자애국운동의 성격을 더욱 명확하게 규명해볼 수 있다.

우야오종의 신학 사상은 중국의 정치적 상황에 따라 전환됐다는 것이 특징이다. 초창기 기독교 입문부터 1931년까지는 사회복음사상을 수용하여 평

---

86  趙天恩·張婉芳, 『當代中國基督教發展史』, 85.
87  趙天恩·張婉芳, 『當代中國基督教發展史』, 86.

화적인 방법을 통해 중국 현실의 문제를 개조하고 개혁해야 한다는 생각이었다. 그런데 1931년 이후부터는 점차 공산주의 사상에 가까워졌다. 결국 신중국 수립 후에는 삼자회의 수장 자리에 서게 된다.

### (1) 1931년 이전: 사회복음사상 수용

우야오종은 1893년 광둥(廣東)성 순더(順德) 출신으로 비기독교 가정에서 자라났다. 기독교와의 처음 접촉은 1911년 여름, 한 기독교 컨퍼런스 때 이루어졌다. 그러나 그가 진정으로 기독교에 감화받은 것은 1913년 존 모트(John Mott, 1865-1955)[88]의 연설을 들으면서였다.[89] 존 모트의 강렬한 연설에 감동받은 우야오종은 4년 후 강한 신앙 체험을 하게 되었다.

기독교에 귀의한 후 우야오종은 매일매일의 삶에 의미가 생겼고 기독교야말로 중국인 개개인의 '필요'라는 것을 깨닫게 되었다. 이러한 깨달음은 그의 직업관에도 영향을 주었다. 그는 어떠한 일이든 기독교에 유용한 일을 해야겠다고 결심하고 주위 친구들의 권유로 약 1년간 베이징청년회 학생 간부로 일했다. 당시 그의 심중에는 진리의 화신이신 성육신하신 예수님으로 가득 차 평안과 기쁨이 넘쳤다.[90] 이 고백 후 그는 25세가 되던 해에 베이징공리회에서 세례를 받았다. 그러나 세례를 받은 후 얼마 지나지 않아 개인구원을 중시하던 그의 신앙관에 변화가 생기기 시작했다. 복음의 사회적 책임에 눈을 뜨게 된 것이다. 이후 '사회복음'(Social Gospel)은 우야오종의 신학 사상을 형성한 주요한 요소가 된다.

---

88    YMCA, 기독교 학생운동, 교회일치운동의 세계적인 지도자다. 세계기독교학생연맹(World Student Christian Federation, WSCF)을 결성했고, 1946년 노벨평화상을 수상했다.

89    吳耀宗, 『吳耀宗全集 第一卷』, 邢福增編(香港: 香港中文大學出版社, 2015), 230.

90    吳耀宗, 『吳耀宗全集 第一卷』, 邢福增編, 95.

'사회복음사상'은 19세기 말 미국에서 일어난 신학 사조로서 종교사회개혁운동이다. 이것은 기독교윤리 입장에서 자본주의 사회의 각종 죄악에 답함으로써 하나님 나라를 실현하고자 하는 운동을 말한다. 이 사상의 핵심은 기독교의 사회개혁 실천이 사회 진보와 그리스도화를 촉진해서 하나님 나라가 지상에서 실현되는 것에 있다. 사회복음사상은 당시 미국의 자유주의 사상의 영향을 깊이 받아 '개인의 구속(救贖)'보다 '사회의 구속'을 강조하였다. 사회복음사상이 본격적으로 중국에 유입된 것은 5·4신문화 운동이 계기가 되어 많은 중국 기독교 지식인들의 지지를 받으면서였다. 사회복음사상이 중국에 유입된 시기는 20세기 초반이었으며, 어떤 한 개인이 소개했다기보다 여러 사람과 여러 경로를 통해 유입되었다고 할 수 있다.[91] 일단 20세기 초반 중국에 들어온 미국의 일부 선교사들이 이 사상을 유포함으로써 중국 기독교계에 큰 반향을 일으켰다. 이들 중 많은 이들은 이미 사회복음사상에 영향을 받고 있었다. 또한 미국의 저명한 설교가 존 모트(John. R. Mott)와 셔우드 에디(Sherwood Eddy)가 1912-1914년 중국을 방문하여 설교하였는데 그 내용의 대부분이 중국 사회의 문제에 대한 것이었다. 에디가 구체적으로 "중국의 전망", "국가패망의 이유", "중국의 단점", "기독교가 국가의 유일한 희망" 등의 제목으로 설교하자 군중들은 흥분을 가라앉히지 못했다. 동시에 많은 관련 서적들도 출간되어 사회개조와 기독교의 공헌과 도움에 관한 토론을 불러일으켰다.

우야오종이 사회복음사상을 쉽게 수용할 수 있었던 몇 가지 이유를 들자면 다음과 같다.

---

91    유입 과정에 대해서는 劉家峰·劉莉, "基督教社會主義在近代中國的傳播與影響", 「基督教研究」(2009), 104-105 참고.

첫째, 우야오종을 비롯한 당시 기독교 지식인들의 공통된 고민은 조국 중국의 미래 문제였다. 제국주의의 침략으로 풍전등화의 위기에 빠진 중국을 구할 방법을 모색하고 있던 이들에게 사회복음사상은 희미하게나마 구원의 희망을 보여주었다. 특히 그가 1927년 미국 유학에서 돌아온 후 에디 등의 설교를 듣고 또 자신이 일하던 전국청년협회에서 교회부 주임 간사를 맡으면서 이 사상의 영향을 많이 받았다.[92]

둘째, 격변하는 중국의 정치적 상황과 청년들을 중심으로 사회혁명 의식이 싹트고 있었던 사회 분위기도 그에게 영향을 주었다. 국민당의 부패와 실정으로 백성들의 실망과 좌절이 극에 달했고 그 영향으로 국내의 경제 상황 또한 농촌의 파산, 공업의 쇠락으로 이어졌다. 설상가상 일본제국주의의 침략과 수탈로 중국은 하루가 다르게 몰락해갔다. 대체로 이러한 상황은 중국인들의 사상을 진보적으로 만들어갔다.[93] 우야오종 역시 이때 항일구국운동에 적극적으로 참여하면서 뜻을 같이하는 진보 성향을 지닌 민주인사 및 좌익 성향의 지식인들, 특히 공산주의자들과 조금씩 접촉을 시도하게 되었다. 우야오종은 이미 20년대부터 중국 내의 공산주의의 발전에 주목했고, 특히 공산주의 사상이 청년층을 중심으로 전파되고 있는 것에 주목하였다.

그는 당시 혼란과 비통 가운데 있던 조국의 현실을 보았다. 그리고는 기독교인의 한 사람으로서 사회 문제와 기독교의 관계, 기독교의 사회적 책임 등의 문제에 깊은 관심을 가지게 되었다. 나아가 우야오종은 국난의 위기 속에서 '이상적 사회 실현'의 목표를 세웠고, 이를 위해 근본적인 사

---

92    李偉, "不期而遇的社會福音和唯愛主義-以吳耀宗爲例分析", 「基督宗教研究」 02(2014), 282.

93    吳耀宗, 『吳耀宗全集 第二卷 上冊』, 邢福增編(香港: 中文大學出版社, 2017), 212.

회개조가 필요하다는 사실을 인식했다.

### ① 중국 사회에서 사회복음사상의 역할

일본제국주의가 중국을 침략해 국내에 정치적 혼란이 왔고 국민당의 부패로 도탄에 빠진 백성의 참담한 모습 앞에 우야오종이 기독교인의 한 사람으로서 가졌던 고민은 오직 하나였다. 바로 중국 사회에서 기독교의 역할과 책임은 무엇인가다. 그는 중국 사회를 개조해야만 한다는 부담감을 안고 있었다. 불합리와 무기력, 낙후와 미개함을 면치 못하여 열강들로부터 민족적 자존심이 짓밟히고, 사회적으로는 각종 죄악을 양산하는 중국 사회를 개조하기 위해 그는 기독교가 해줄 역할에 대해 주목했다.

> 초기의 기독교는 열렬한 열정이 충만하고 혁명정신이 충만한 종교였다. 그러나 현재의 기독교는 어떤 때는 열정이 보이는 듯도 하나, 혁명정신은 일찌감치 상실하였다. 2천 년 동안 기독교는 개인의 영혼 구원에 편중되었고 사회개조의 문제는 소홀하였다. 이로써 통치계급의 호신용 부적이 되어버렸고 착취계급제도의 옹호자가 되어버렸다. 기독교는 오체투지 하면서 적의 면전에 엎드려졌으면서도 여전히 자신은 인류의 구원성(城)이며, 사회의 선봉이라고 착각하고 있다. 이미 초기 기독교의 배신자가 되어버렸다는 사실을 깨닫지 못하고 있다.[94]

우야오종은 자기 시대의 기독교를 초기 기독교가 변질한 것으로 간주했다. 또한 본래 기독교의 복음이 사회복음이었다는 사실을 예수님 자체의 삶을

---

94    吳耀宗,『社會福音·沒有人看見過上帝』, 邢福增 編(香港: 橄欖出版社, 2016), 22-23.

통해 증명하여야 한다고 말했다. 그는 자신이 믿는 '사회복음사상'의 성격에 대해서 다음과 같이 분명하게 선언했다.

첫째, 당시 기독교가 제시하던 '사회개혁운동'과 '사회복음사상'은 근본적인 차이가 있다고 언급했다. 그는 기독교가 교육, 의료 및 구제 방면에 참여하는 것은 단지 일반적인 사회개량일 뿐이며, 근본적으로 사회 제도의 변화를 가져오는 것은 아니라고 강조하였다. 진정한 사회복음은 반드시 장기적이고 광범위한 안목을 갖추고, 인과(因果) 관계를 정확히 보며, 사회 제도 배후의 복잡한 구성요소에 대한 전면적 이해를 갖춰야 한다. 이때 비로소 진정한 의미의 사회개조가 이뤄진다.[95]

둘째, 우야오종은 자신이 믿는 사회복음사상은 "자연적으로 개인복음을 포함한다"[96]고 했다. 즉 '개인복음'과 '사회복음'은 절대로 떨어질 수 없는 것임에도 불구하고 지금까지 기독교가 보여준 가장 큰 문제는 개인을 중시하고 사회를 홀시한 데 있다고 지적하였다.[97] 우리 심령이 진심으로 하나님을 찾는다면 자연스럽게 형제를 돌아보게 되는 것처럼 개인복음과 사회복음은 하나의 유기적인 순환 구조를 갖고 있다는 것이다.[98] 그는 이 순환의 논리를 예를 들어 구체적으로 강조한다.

사회 방면에서 보면 우리는 반드시 먼저 우리가 처해 있는 환경을 분명히 알아야 한다. 우리들의 사회에 대한 갖가지 현상들을 응당 하나의 맥락으로 관찰해야 한다. 우리는 현 사회가 양산해낸 고통과 그것이 일어나게 된 원인에

---

95    吳耀宗, 『社會福音·沒有人看見過上帝』, 47.
96    吳耀宗, 『社會福音·沒有人看見過上帝』, 23.
97    吳耀宗, 『社會福音·沒有人看見過上帝』, 58.
98    吳耀宗, 『社會福音·沒有人看見過上帝』, 57.

대해서 반드시 명확하게 인식하고 확실한 견해를 가져야 한다. 이러한 인식에서부터 우리는 자연스럽게 현상에 대한 불만족감이 생기게 될 것이고 이에 따라 합리적인 사회 건설에 관한 요구를 하게 될 것이다. 이러한 감각과 요구는 일종의 동력이 되어 우리를 불안하게도 하고 분노하게도 하고 조직화하여 단결하도록 한다. 그래서 우리는 이 안락감으로부터, 상아탑으로부터, 옥중생활로부터, 압박의 공기 가운데로부터 분발하여 일어나 직접적으로 혹은 간접적으로 사회혁명의 사업에 참여하게 되는 것이다.[99]

그러나 우야오종은 이러한 성격을 바탕으로 한 사회복음사상을 중국 사회에서 어떻게 적용할 수 있을 것인지 쉽게 답을 내릴 수 없었다. "어떻게 그것이 중국에서 효력을 발생할 수 있을까?", "누가 그것을 선전하고 실현시킬 수 있을 것인가?" 이러한 문제로 그가 고민에 빠진 이유는 그가 보고 있는 중국 기독교는 너무나 '여유롭고 한가로우며', '무사안일'해 보였기 때문이었다. 그는 현재의 중국 기독교가 갖춰야 할 것은 단지 개인 구원을 전제로 하는 것만이 아니라, 이 사회를 개혁하고자 하는 정신이며 사회복음이 중국 사회가 분발하는 데 적용되어야 한다고 생각했다. 구체적으로 어떻게 적용되어야 하는가? 우야오종은 다음과 같이 중국에서 사회복음사상이 적용되는 가치와 의의를 정리하고 있다.

첫째, 사회복음사상이 요구하는 것은 단지 지엽적인 개량이 아닌 사회의 전면적인 개조라는 점이다.[100]

둘째, 사회복음사상이 사회를 개조하려는 것은 기독교의 입장이라는

---

99    吳耀宗,『社會福音·沒有人看見過上帝』, 58.
100   吳耀宗,『社會福音·沒有人看見過上帝』, 47.

점이다. 우야오종은 이를 '예수주의의 입장'이라고 명한다.[101] 우야오종은 예수님은 사회개조 문제에 대해 독특한 견해를 갖고 있었는데 그것은 무력 사용을 반대하고 심령의 해방을 강조한 데 있다고 하였다.[102] 그러므로 그의 사상은 예수님의 견해에 따라 사회를 개조하는 것이다. 우야오종에 따르면, 예수님은 또한 인간의 가치와 의의 및 가능성을 중시하였고, 이것을 부인하는 어떤 세력에 대해선 반대하였다. 이것이 예수주의와 기타주의가 완전히 다른 점이며, 기독교의 인류에 대한 특수한 공헌이다.[103] 우야오종은 여기서 라인홀드 니버(Reinhold Niebuhr)의 사회개조에서 종교의 공헌에 대한 다음의 말을 인용하였다. "사회의 윤리적 복원 과업에 대한 종교의 공헌은, 그것이 인간의 인격을 존중하고 존경받을 만한 인격을 만드는 데 도움을 준다는 점이다. 인간이 서로를 믿지 않으면 사회를 만들 수 없다. 그리고 인간 본성의 실상에서 잠재력을 볼 수 없다면 서로를 믿을 수 없다. 더 나아가 개인의 가치를 파괴하지 않고 완벽하게 우주의 빛으로 인간의 본성을 해석할 수 없다면 잠재력을 발견하는 믿음도 가질 수 없다."[104]

셋째, 우야오종은 많은 이들이 종교는 종교, 정치는 정치라고 생각하여 양자는 연대적인 관계를 맺지 못한다 생각한다고 지적했다. 그러면서 사회개조, 인생 개조를 하려면 정치적 활동이나 사회와 연관을 맺지 않을 수 없다고 강조한다. 동시에 그는 이것이 결코 교회의 명의를 빌려 정당을 조직하거나, 기독교 기관의 명의를 빌려 정치에 참여하는 것이 아님을 명백히 구분한다. 그것은 단지 선지자적 열정과 교육적 방법으로 직접 또는

---

101　吳耀宗,『社會福音·沒有人看見過上帝』, 48.

102　吳耀宗,『社會福音·沒有人看見過上帝』, 48.

103　吳耀宗,『社會福音·沒有人看見過上帝』, 48.

104　Reinhold Niebuhr, *Does Civilization Need Religion?: A Study in the Social Resources and Limitations of Religion in Modern Life* (New York: Macmillan, 1928), 62.

간접으로 정치활동에 참여하는 것이다.[105] 우야오종은 간디의 "나의 진리 추구는 나로 하여금 어쩔 수 없이 정치에 투신하게 하였다. 여기에 나는 한 치의 주저함이 없었다"[106]라는 말을 인용하면서 이것이야말로 신앙인이 마 땅히 품어야 할 태도라고 선언하였다.[107] 우야오종의 이 발언이야말로 사회 복음사상의 정치 및 현실 사회에 대한 이해와 종교의 책임에 관한 생각을 잘 보여준다.

넷째, 사회를 개조하고 이 땅에 천국 건설을 촉진하는 데 개인의 행동 뿐 아니라 단체의 행동, 또 전문가적 행동이나 아마추어적 행동 모두가 필 요하다. 왜냐하면 행동은 사실을 산출하는 유일한 조건이기 때문이다. 그 러나 무슨 행동을 해야 하는가의 문제에서는 개개인들 모두가 답해야 한 다.[108]

다섯째, 사회문제나 시류에 대해 정확한 인식을 하는 것이 필요하며 그것으로 행동의 기초를 삼아야 한다.[109]

여섯째, 사회개조를 위해서는 희생을 감수해야 한다. 즉 사회 각 방면 에서 구(舊)사상을 버리고 신(新)사상을 받아들여야 할 것이며, 옛 관습을 고치고 새로운 습관을 들여야 하는 희생이 따르는 일이라 강조한다.[110]

일곱째, 사회를 개조하여 천국을 실현하고자 한다면, 민중의 삶에 가 까이 가서 그들의 생활과 수요를 인식해야 한다. 만일 이러한 인식이 혁명

---

105    吳耀宗,『社會福音・沒有人看見過上帝』, 50.
106    甘地(Mohandas K. Gandhi),『甘地自傳』, 吳耀宗 譯(上海: 青年協會書局, 1933), 319; 吳耀 宗,『社會福音・沒有看見過上帝』, 50에서 재인용.
107    吳耀宗,『社會福音・沒有人看見過上帝』, 50.
108    吳耀宗,『社會福音・沒有人看見過上帝』, 50.
109    吳耀宗,『社會福音・沒有人看見過上帝』, 51.
110    吳耀宗,『社會福音・沒有人看見過上帝』, 51.

의 기초가 되지 않는다면, 모두 나타났다 일순간에 사라질 뿐이며 사회로 전이되는 역량은 없는 것이다.[111]

　　이상을 통해 우야오종이 보여주고자 하는 이상사회의 모습은 무엇이며 이상사회 실현을 위한 수단과 구성원의 자세가 무엇인지 잘 알 수 있다. 우야오종은 조국의 안팎의 어려운 문제들을 해결하는 방법은 전면적인 사회개조임을 인식했다. 사회적 구원을 강조하는 사회복음사상이 당대의 국난을 타개할 최선의 방책이라고 여겼던 것이다.

### ② 사회개조의 힘: 유애주의[112]

우야오종은 사회복음사상을 '유애혁명'(唯愛革命)이라 불렀다.[113] 이는 우야오종이 유애사(唯愛社, International Fellowship of Reconciliation)[114]에 가입한 1921년부터 만주사변이 일어난 1931년까지 그가 숭상한 사회복음사상의 핵심 가치였다. '예수주의', '유애주의', '사회복음'은 모두 동일한 개념이다.[115] 즉 이 시기 우야오종은 중국 기독교가 중국 사회를 위해 할 일은 철저한 사회개조인데, '개조된 사회'가 지향하는 것이 바로 '사랑의 사회'이며, 그 실현의 방편은 유애주의(평화주의)라고 보았다.

　　우야오종은 유애주의(唯愛主義, Pacifism)의 정의와 이를 수단으로 한 '사랑의 사회'의 모습을 다음과 같이 설명한다.

---

111　吳耀宗,『社會福音·沒有人看見過上帝』, 52.

112　'유애주의'를 우리말로 번역한다면 '평화주의'가 되겠지만 여기서는 원래의 의미를 그대로 전달하기 위해 '유애주의'로 쓰기로 한다.

113　吳耀宗,『社會福音·沒有人看見過上帝』, xxix.

114　국제적 성격을 띤 종교와 민족을 초월한 기독교 조직으로서 1914년에 설립되었다. 인류의 일체성을 강조하고, 사랑(화평)만이 악을 극복할 수 있는 힘이라 주장하였고, 전쟁과 폭력을 반대하였다. 현재는 48개 국가에 71개 지사를 두고 있다.

115　吳耀宗,『社會福音-沒有人看見過上帝』, xxix.

첫째, 유애주의는 '인간의 가치', '인간의 가능성', '수단과 목적의 일치'를 기본으로 한다.[116] 우야오종은 "인간은 가치를 지닌 존재다. 그러므로 인간의 가치를 말살하는 그 어떤 것, 즉 풍속, 제도, 계급, 개인이나 단체 그 모든 것을 막론하고 유애주의자는 그것들을 타도해야 한다"[117]고 하였다. 또한 인간이 가진 가능성에 대해서도 "인간은 모두 향상성(向上性)과 전진성(前進性)의 가능성을 지닌 존재다. 강도 같은 사회에 악영향을 주는 자도 날 때부터 강도로 태어나지 않았다. 다만 그의 가정과 제도 등 여러 가지 환경의 산물이 그를 둘러싼 환경을 바꿔버린 것이다. 그가 강도질을 더 이상 못 하도록 하려면 먼저 그의 마음 상태를 바꿔놓아야 한다"[118]라고 했다. 그는 이것이 유애주의자의 의무라고 보았다. 또한 유애주의의 기본 신앙 중 하나는 수단과 목적이 반드시 일치해야 한다는 것이다. 그에 따르면 "수단은 목적의 과정이며, 목적은 수단의 종점"[119]으로서 양자는 절대 나뉠 수 없다.

둘째, 유애주의는 사회개조에 폭력을 사용하지 않는다. 유애주의가 지향하는 사회는 '같이 일하고 같이 누리고 같이 소유하는 사회'(共勞共享公有)다. 이 목적은 다른 사회주의와 다를 것이 없다. 그러나 여기서 강조해야 하는 것은 유애주의가 이 목적을 실현하는 데 비폭력의 방법을 사용한다는 것이다.[120] 나아가 우야오종은 유애주의의 비폭력의 방법에 대해 많은 이들, 특히 공산주의자들의 비판을 받는 점에 대해 강하게 반발한다. 그는 두 명의 친구 사이에 자주 다툼이 있어 평소 경쟁하고 헐뜯는 사이라 할지라도, 만일 그중 한 명이 경쟁을 멈추고 선의로 대하기 시작하면 둘의 관계는

---

116    吳耀宗,『社會福音·沒有人看見過上帝』, 143.
117    吳耀宗,『社會福音·沒有人看見過上帝』, 143.
118    吳耀宗,『社會福音·沒有人看見過上帝』, 143.
119    吳耀宗,『社會福音·沒有人看見過上帝』, 143.
120    吳耀宗,『社會福音·沒有人看見過上帝』, 148.

쉽게 회복될 것이며, 나아가 서로를 향한 선의가 비약적으로 발전할 가능성이 크다고 설명했다. 이것이 바로 유애의 방법이며, 창조적 사랑이라고 강조한다.[121] 우야오종은 이 원리를 사회개조에 적용하고자 했다. 유애주의로써 사회를 개조하는 방법은 무엇인가? 그는 인도의 간디가 사용하던 방법이라 전제하고, 세 가지를 들어 설명한다.[122]

첫째, 분명한 의식(意識)으로 민중을 깨우는 것이다.
둘째, 엄격한 조직으로써 민중을 훈련시키는 것이다.
셋째, 비협조의 방식으로 지배계급에 저항하는 것이다.

우야오종은 이같이 유애주의를 수단으로 이상적인 사랑의 사회가 이뤄질 수 있다는 가능성을 꿈꾸었다.

### ③ 유애주의와 공산주의 사상의 차이

우야오종은 사회개조의 수단으로 유애주의를 강조했다. 그러면서 공산주의 사상이 제시한 과격한 무력 사용을 통한 사회개조와는 구별된다는 사실을 분명히 했다. 사회개조에 대한 열망은 사실 우야오종만이 아니라 당시 중국 지식인의 보편적인 열망이었다. 이 열망의 근원을 추적하면 제국주의의 중국 침략에 대한 민족주의의 발로에 있다. 그러므로 사회복음주의 사상이 제기한 사회개조 문제는 일본제국주의의 중국 침략에 대한 중국 기독교인들의 도전이었을 것이다. 더불어 다른 종교들에도 심각한 당면과제가

---

121    吳耀宗, 『社會福音·沒有人看見過上帝』, 149.
122    吳耀宗, 『社會福音·沒有人看見過上帝』, 150.

아닐 수 없었다.[123] 그러나 이에 대응하는 방법에는 분명한 차이가 있었다. 우야오종은 사회복음사상을 처음 접하고 오직 사랑의 방법으로만이 사회 개조가 가능하며 이런 사회가 가장 이상적이라고 생각했다. 자본주의 제도 아래에서의 사회는 계급의 충돌과 전쟁의 위협을 초래하며, 유애주의에서 가장 중시하는 인간의 가치를 부정한다. 이와 같은 점에서 우야오종은 자본주의와 정반대 입장을 표하는 공산주의에 대해 1920년대부터 주의를 기울여왔다. 특히 공산주의가 청년들 사이에 전파되는 것에 주목하였다. 그러면서도 그는 사회개조 방법에서 자신의 선택은 유애주의에 있음을 분명히 선언했다.

> 우리는 공산주의의 목표를 동정한다. 그러나 우리는 공산주의가 사용하는 수단에는 절대 동의할 수 없다. 우리는 공산당의 치밀한 조직과 열렬한 정감 그리고 희생의 정신에는 감탄한다. 그러나 우리는 그들과 같이 사회 복리를 위한다는 명목으로 개인의 관계를 홀시하고 개인의 가치를 부인하는 일에 함께할 수 없다. 가령 우리가 현재의 두 종류의 세력 가운데 하나를 선택해야 한다면 자연스럽게 공산주의를 선택할 수밖에 없을 것이다. 대략적으로 볼 때 공산주의는 우리들의 사회 공익에 대한 요구를 만족시킬 수 있기 때문이다. 그러나 우리는 이러한 선택을 할 수 없다. 우리는 예수님의 사회복음이 어떠한 중요한 부분에서는 공산주의 이상의 의미가 있다고 믿기 때문이다.[124]

위의 말은 당시 우야오종이 꿈꾸던 사회가 어떤 방법으로 만들어져야 하

---

123　李韋, "抗戰時期基督教的身分焦慮與思想掙扎: 吳耀宗社會福音和唯愛主義思想的互動探析", 「法浴水風: 中國文化與基督教的對話」31(2014), 245.

124　吳耀宗, 「社會福音·沒有人看見過上帝」, 44.

는지 확실히 알게 한다. 우야오종이 소망하는 이상사회는 비폭력적 방법으로, 곧 '그리스도 주의 사랑'의 수단으로 도달하는 사회다. 그는 특별히 사회복음과 공산주의의 큰 차이점을 '목적을 이루는 수단'이 무엇인가에 두었다. 유애주의가 꿈꾸는 '같이 일하고 같이 누리고 같이 소유하는' 사회의 목표는 공산주의와 같다. 그러나 유애주의가 사용하는 수단이 비폭력이라는 점에서 분명한 차이가 있다.

그는 이외에 유애주의와 공산주의의 차이점을 다음과 같이 정리한다.[125]

첫째, 기독교와 공산주의의 목적과 출발점이 완전하게 일치하지는 않는다. 기독교의 목적은 '천국의 강림'이지만 공산주의의 목적은 계급 없는 자유 평등 합작의 사회다.

둘째, 기독교와 공산주의는 사회개조에 대한 방법이 서로 다르다. 기독교는 비폭력이나 공산주의는 무력을 사용한다. 즉 목적은 같으나 수단은 다르다.

셋째, 철학의 기초도 완전히 같지 않다. 기독교는 유심주의(唯心主義)나 공산주의는 유물주의(唯物主義)와 변증법이 철학의 기초가 된다.

넷째, 기독교의 창시자는 예수님이시고 공산주의의 창시자는 마르크스다. 둘 다 열정 있고, 선지자적 안목을 가지고 사회정의를 주장하여 전 인류를 위해 하나의 신천지를 창조하려고 한 것은 같다.…그러나 예수님은 때를 가리지 않고 사람들을 사랑하셨다. 심지어 원수까지도 사랑하셨다. 마르크스도 사람을 사랑했다. 그러나 필요하다고 생각하면 그는 상대를 죽일

---

125    吳耀宗, 『社會福音·沒有人看見過上帝』, 156-171.

수도 있었다.

이러한 두 사상의 차이점에 관한 생각은 1931년 전까지 우야오종의 공산주의에 관한 입장이 상당히 '유보적'이었음을 시사한다. 그러나 우야오종은 일본제국주의의 침략이 긴박해지자 만주사변을 기점으로 유애주의를 버리게 된다. 전국적인 항일의 물결 속에서 우야오종은 공산주의자들과 자주 접촉하게 되었고, 공산주의에 대한 동경심이 점점 커졌다. 그리고 1940년대에 이르러서는 공산주의의 기본 사상을 긍정하고 수용하게 된다.

**(2) 1931–1949년: 공산주의 사상 수용 — 유물론에 입각한 신관(神觀) 확립**

① 『하나님을 본 자는 없다』(沒有人看見過上帝)의 출간 배경

1931년이 지나면서 우야오종은 점차 공산주의 사상을 수용하는 쪽으로 선회하게 된다. 만주사변을 지나면서 나약한 중국 사회를 개조하는 데 더욱 강력한 실천 방안이 필요하다는 사실을 자각했기 때문이다. 이러한 자각은 자연스럽게 사회개조의 방편으로서 공산주의 사상을 대하는 데 이르렀다. 그리고 다음과 같이 기독교와 공산주의의 연계점을 찾았다.

첫째, 양자는 사회개조에 대한 공통의 목적이 있다. 구체적으로 사회주의를 실현하여 평등한 민주 자유의 '하나님 나라'를 건설하는 것이다.

둘째, 수단 방면에서는 국공합작(國共)의 관계로 인해 중국 공산당은 이미 격렬한 투쟁의 방법을 포기했다. 이와 동시에 기독교는 항일문제에서 역시 무력 저항을 받아들였기에 쌍방은 서로의 의견을 수렴할 가능성이 있다.

셋째, 기독교는 역사와 현실의 실패로 인해 구체적인 사회개조 방안을 제출할

방법이 없었다. 이 방면에서 공산주의는 현저하게 기독교 위에 있다.

넷째, 비록 기독교가 실패한 부분이 있다고 할지라도 여전히 혁명정신에 근거
하여 특수한 공헌을 발휘하고 사회혁명 과정 중 잘못된 점과 편차에 초
점을 맞춰 지도할 수 있다.[126]

이 네 가지 방면은 기본적으로 모두 실천의 측면을 다루고 있다. 우야오종
은 이 점에서 기독교와 공산주의가 협력의 가능성을 매우 긍정적으로 검토
하고 있음을 알게 되었다. 이로써 1940년대에 진입하면서 우야오종은 진
일보한 측면에서 양자를 결합하는 방법을 모색하면서 동시에 기독교의 특
수한 역할을 확립하려 하였다. 『하나님을 본 자는 없다』(沒有人看見過上帝)는
바로 이러한 사상적 배경의 산물로서 1940년대 우야오종의 신학 사상을
가장 잘 반영하고 있는 책이다. 이 책은 1940년대 우야오종의 신학 사상 연
구를 위한 필독서로 알려져 있다.[127] 우야오종의 아들 우종쑤(吳宗素)는 "중
국 신학 사상을 연구하는 외국 학자들은 우레이추안의 『基督教與中國文
化』, 자오즈천의 『基督教哲學』 그리고 부친의 『하나님을 본 자는 없다』를
중국 신학 사상을 대표하는 3대 서적으로 여긴다"라고 했다.[128]

우야오종은 이 책으로 중국 사회의 기독교에 대한 도전에 답하고자
하였다. 19세기 말에서 20세기 초 기독교에 대한 세상의 도전이 '기독교
는 제국주의의 앞잡이인가?'였다면, 이제 기독교는 또 다른 도전에 직면하
게 되었다. 곧 '기독교는 비과학적이고 비이성적이며 유심적(唯心的)으로

---

126   吳耀宗, 『社會福音·沒有人看見過上帝』, xlvii.

127   필자가 참고한 책은 2016년도 邢福增이 편집하고 출간한 『社會福音·沒有人看見過上帝』이
다. 吳耀宗, 『社會福音·沒有人看見過上帝』, 邢福增 編 (香港: 橄欖出版社, 2016).

128   吳耀宗, 『社會福音·沒有人看見過上帝』, xlvii.

서, 무신론의 유물론과는 철천지원수다'라는 세간의 지적이었다. 우야오종은 사실 '제국주의의 앞잡이'라는 정치적 측면에 대해서는 별로 개의치 않았다. 그렇지만 과학이성과 철학 측면의 질문과 관련해서는 깊이 통찰하기 시작했다.[129] 홍콩의 교회사가 싱푸쩡(邢福增)은 "이 책의 종지(宗旨)는 하나님 신앙의 존재 토론을 통해 이론적 측면에서 더 나아가 하나님 신앙과 유물론 사이의 관계를 조화시키는 것에 두고 있다"[130]고 평가했다. 그렇듯이 이 책은 '중국인이 이해한 기독교적 신관과 당시 중국 지식계가 가장 중시하던 과학이성 및 유물론의 상호 조화'를 주요 내용으로 한다.[131]

② '과학적 신관'의 확립―하나님과 유물론

우야오종은 『하나님을 본 자는 없다』(沒有人看見過上帝)에서 자신의 신관을 밝히고 있다. 몇 가지 질문을 통해[132] 그의 신관을 알아보도록 하겠다.

a. 하나님은 과학이성의 객관적 실재에 부합하는 분이신가?

이 문제에 대한 우야오종의 답을 듣기 전에 전제해야 하는 것이 있다. 이 책의 제목 『하나님을 본 자는 없다』가 의미하는 바가 무엇인가 하는 점이다. 이 책의 편집자 싱푸쩡은 제목으로 인해 많은 이들이 요한복음 1:18

---

129    趙士林·段奇 主編, 『基督敎在中國處境化的智慧(下)』(北京: 宗敎文化出版社, 2009), 457.

130    吳耀宗, 『社會福音·沒有人看見過上帝』, xlvii.

131    邢福增 編, 『大時代的宗敎信仰: 吳耀宗與二十世記中國基督敎』(香港: 基督敎中國宗敎文化研究社, 2011), 130.

132    질문들은 현대 중국 교회사가인 쟈오스린(趙士林)과 뚜안치(段奇)가 제시한 질문을 참고하였다. 이 두 학자는 우야오종의 신학을 '실천의 신학'으로 명명하면서, 우야오종은 신중국 초기 기독교의 영수로서 기독교와 현실 사회를 결합하려는 노력을 통해 기독교의 중국화 과정에서 큰 역할을 감당했다고 평가한다. 趙士林·段奇 主編, 『基督敎在中國處境化的智慧(下)』, 455-483 참고.

"본래 하나님을 본 사람이 없으되 아버지 품속에 있는 독생하신 하나님이 나타내셨느니라"에서와 같이 예수님을 통해 나타내신 하나님에 대해 토론하는 것으로 착각하고 있다고 지적한다. 그러나 이 책 안에서 우야오종이 밝히려는 것은 '하나님의 존재 자체'에 관한 문제다. 그는 단순히 새로운 논증을 하려는 것이 아니라 근본적으로 독창적인 이론을 세우려 한다. 즉 하나님의 존재에 관한 토론에서 더 나아가 하나님 신앙과 유물론의 관계에 대해 다루고 이를 해결하려는 것이었다.[133] 그런 이유로 이 책에서 그는 가장 먼저 하나님의 '존재' 문제를 제기하는데 이것을 스스로 '과학적 신관'이라 명명했다. 그는 과거 역사상 출현했던 하나님의 존재를 논증하려 했던 이론들, 예를 들면 우주논증, 목적논증 혹은 본체논증 등을 비판했다. 이것들은 모두 '주관과 공상(空想) 위에 건축하는 것'이었지 결코 '과학적·실재적(實在的) 신관'이 아니었다고 강하게 비판한다.[134]

우야오종은 종교가와 과학자가 서로 다르지만, 그렇다고 해도 종교는 절대로 이지(理智)를 버려서는 안 된다고 생각했다. 그래서 그가 제일 먼저 한 일은 종교 안의 미신적 요소들을 제거하는 것이었다. 그는 "하나님에 대한 신앙은 반드시 한 번의 심각한 이지(理智)의 세례를 받아야 한다. 왜냐하면 이 신앙은 추상적이고 정감적이기 때문이다. 역사상 모든 종교는 미신적인 요소로 충만했다"[135]고 비판했다. 동시에 지금의 중국 기독교가 해결할 급선무는 "하나님 신앙 안에 있는 진리와 사실을 근거로 한 요소들을 모두 흡수하고 추출하여 비현실적이고 현묘(玄妙)한 환상 가운데 나온 요소

---

133    吳耀宗,『社會福音·沒有人看見過上帝』, l.

134    吳耀宗,『社會福音·沒有人看見過上帝』, li.

135    吳耀宗,『社會福音·沒有人看見的上帝』, 227.

들을 모두 제거해버리고 폐기하는 것이다"[136]라고 주장했다.

우야오종은 하나님에 대해 다음과 같은 사실을 전제한다. 즉 "소위 '하나님'은 일원적(一元的)이고 인격적(人格的)인 분이며, 우주를 통일하시고 인생의 보편적인 진리를 지배하시는 분"[137]이라는 점이다. 또한 우야오종은 하나님이 '인격적인 우주의 보편적 진리'라는 사실이 절대로 과학과 이지(理智) 사이에서 모순을 발생시키지 않는다고 하였다. 오히려 그는 이런 이론들은 인간의 생명을 더욱 풍부하게 해줄 것이라 한다. 마치 이태백(李白)[138]의 시가 과학도 아니고 철학도 아니지만, 그 안에는 과학도 있고 철학도 있어 감정이 더욱 풍부해지는 것과 같다. 우야오종은 하나님이 우주를 관통하며 일체를 통치하는 권위가 있고 공평무사(公平無私)하시며, 동시에 사람과 관계를 맺고 사람의 모든 필요를 만족시킬 수 있어서 그들을 자유롭게 하고 풍성한 생명을 얻게 하신다고 강조한다.[139]

나아가 그 하나님의 존재를 증명하는 것이 가능한가라는 문제에 대해 우야오종은 중국인에게 매우 익숙한 사유 방식을 제시하고자 한다.

첫 번째, 도가의 '도'(道)로 하나님을 해석하는 방법이다. 우야오종은 하나님은 '영'이시므로 인간이 그를 볼 수도 없고 만질 수도 없다고 했다. 그러나 인간의 행동을 통해 사람 마음의 '선함과 악함'을 표명할 수 있듯이, 우주를 관통하는 하나의 힘을 통해 하나님의 존재를 깨닫고 알 수 있다. 이를 알기 쉽게 설명하기 위해 그는 중국인에게 익숙한 역경(易經)의 "形而上者謂之道, 形而下者謂之器"(형이상학적인 것을 '도'[道]라 하고, 형이하학

---

136    吳耀宗, 『社會福音·沒有人看見的上帝』, 228.
137    吳耀宗, 『社會福音·沒有人看見的上帝』, 233.
138    중국 성당(盛唐) 때의 시인. 중국 최고의 시인으로, 시선(詩仙)으로 불린다.
139    吳耀宗, 『社會福音·沒有人看見過上帝』, 237-238.

적인 것을 '기'[器]라 한다)[140]를 인용한다. 여기서 형이상학적인 '도'는 객관적 규범을 말한다. 형이하학적인 '기'는 구체적인 물체로서 만지고 담을 수 있는 기물 등을 가리킨다. 우야오종에게 하나님은 우주 만물을 관통하고 통일하는 '도'다. 우주 만물의 현상을 떠나면 우리는 '도'를 알 길이 없어지며 하나님도 알 수 없게 된다. 마치 우리가 인간의 외표(外表)를 떠나면 인간의 내심을 알 수 없는 것과 같은 이치다.[141] 즉 우야오종에게 하나님은 객관적으로 존재하는 분이시다.

두 번째, 우야오종에게 하나님은 하나의 '명사'로도 말할 수 있다. 그에게 '도'(道), '천'(天), '상제'(上帝)는 단지 명사의 차이일 뿐 사실 모두 하나다. 즉 누군가가 '상제'라는 명사를 부정한다 해도 그 사실을 부정할 수는 없다. 우야오종은 이 같은 이치를 다음의 비유를 들어 설명하고자 한다.

자각하든 못하든 간에 당신은 매시간 하나님과 접촉하고 있다. 이것은 마치 매시간 호흡하고 있는 것과 같고, 순간마다 수중에서 수영하는 것과 같다. 왜냐하면 하나님이 특별하고 다른 것이 아니고, 바로 우주에 편만하시고, 우주를 관통하시고, 인간을 위해 잠시라도 떠날 수 없는 그 '도', 그 '규율', 그 '진리'이기 때문이다. 사도 바울은 "이는 사람으로 혹 하나님을 더듬어 찾아 발견하게 하려 하심이로되 그는 우리 각 사람에게서 멀리 계시지 아니하도다. 우리가 그를 힘입어 살며 기동하며 존재하느니라"[142]라고 하였다.

---

140 『역경 繫辭上』 '도'(道)와 '기'(器)는 중국 고대 철학의 개념으로서 '도'는 무형의 규율이나 준칙을 의미하고, '기'는 곧 유형의 제도나 사물을 의미한다. 양자는 추상적인 것과 구체적인 것을 대조하기 위한 관계다. 吳耀宗, 『社會福音·沒有人看見過上帝』, 245.

141 吳耀宗, 『社會福音·沒有人看見上過帝』, 246.

142 행 17:27-28.

### b. 예수 그리스도는 하나님이신가?

기독교 교리 가운데 가장 심오한 것이 삼위일체다. 이성주의자 우야오종은 '삼위일체 교리'를 비롯하여 예수님의 '신인(神人) 양성(兩性) 교리'와 '부활 사건' 등을 받아들이지 않았다. 덧붙인다면 그는 단순히 이를 부정한 게 아니었다. 성경 본문을 분석해보니 하나님에 대한 사람들의 견해가 모두 일관적이지 않았고, 시대에 따라 변화했기 때문이다. 그에게 삼위일체의 하나님관은 오랜 시간 경과하면서 많은 학자와 기독교 전통 속에서 발전하고 최종적으로 형성된 것에 불과했다. 이처럼 역사적 분석을 통해 우야오종은 전통적인 기독교 삼위일체론의 신성성을 파괴했다.[143]

그는 "성경 속의 하나님이 줄곧 변화되지 않는 건 아니다. 그분은 시대에 따라 인간의 인식에 따라 부단히 변화하고 발전해왔다. 하나님이 변화된 것이 아니라 인간의 의식이 변화된 것이고 진보된 것이다"[144]라고 하였다. 그의 견해에 따르면 하나님은 처음에는 단지 전쟁의 신이었으나, 나중에 사랑의 하나님으로 변화되어갔으며, 처음에는 단지 한 지역의 신이었으나 후에는 전 세계 사람들이 경배하고 숭배하는 신이 되었다.[145] 이러한 변화 발전에 대해 우야오종은 고고학을 의거했다. 먼저 구약성경을 분석하면서 신에 대한 관념은 환경에 따라 점차로 변화되어갔다고 보았다.

그는 신약성경의 신을 구약과 다른 분으로 인식한다. 물론 신약의 하나님은 구약과 많은 관련이 있으며 특별히 선지 전통을 계승하였다고 보았다.[146]

---

143  趙士林·段奇 主編,『基督教在中國處境化的智慧(下)』, 473.

144  吳耀宗,『社會福音·沒有人看見過上帝』, 270.

145  吳耀宗,『社會福音·沒有人看見過上帝』, 271-272.

146  吳耀宗,『社會福音·沒有人看見過上帝』, 284.

신약성경 안의 신관 형성은 비록 교회와 회당의 분리가 그 배경을 이루지만 주요 요소는 예수님의 성격이었다. 신약의 신관이 구약과 다른 이유는 예수님의 창조성이 낳은 풍부한 생활과 교훈 때문이다. 매우 이상한 것은 그분은 하나님에 대해 새로운 말을 한마디도 한 적이 없다는 것이다.…그분은 히브리 전통의 찌꺼기들을 다 버리고 그 안의 정수들을 창조적으로 뽑아내었다.…그래서 그의 신관은 '새로운' 것이며 가히 혁명적이라 할 수 있다![147]

우야오종은 예수 그리스도를 하나님으로 보지 않았다. 오히려 그는 예수님과 하나님이 서로 다르다고 생각했다. 예수 그리스도를 하나님으로 여기게 된 것은 바로 "예수님의 제자들이 그를 신격화했기 때문이다"[148]라고 하였다. 또한 "우리는 이러한 인상(印象)들이 완전히 예수 자신의 사상인지 아닌지 감히 말할 수 없다"[149]라고 했다. 예수님이 하나님이라고 하는 근거 자료들 역시 예수님이 친히 쓴 것이 아니라 제자들이 받은 인상들을 적어놓은 것이라고 말했다.

이러한 우야오종의 사상은 '메시아'라는 단어가 갖는 함의가 어떻게 변화 발전한 것인지에 대해서도 동일하게 적용된다.

예수님 당시 '메시아'는 그분의 '본질'을 의미하는 것이 아니라 유대 민족을 구원하라는 그분의 '사명'을 지칭하는 단어였다. 그러나 후에 '메시아'라는 단어는 진정한 의미를 상실해버렸다. 왜냐하면 원래의 '사명'을 의미하는 명사가 하나의 고유명사가 되어버렸기 때문이다. '예수 그리스도'는 바로 이 변

---

147   吳耀宗,『社會福音·沒有人看見過上帝』, 286.

148   吳耀宗,『社會福音·沒有人看見過上帝』, 287.

149   吳耀宗,『社會福音·沒有人看見過上帝』, 287.

화 발전의 결과다.[150]

나아가 우야오종은 다음과 같이 말하며 이 모든 것은 예수님을 신격화한 결과라고 하였다.

바울 서신 안의 '주'라는 단어는 '메시아'라는 단어를 대신한 것이다. 당시 '주'라는 단어는 초인(超人)의 의미가 있었기 때문에 후에 비유대인 성도들에게 익숙한 '예수 그리스도'라는 단어 역시 '초인'이라는 의미를 갖게 되었다. 요한복음에 이르러서 이 의미는 진일보하여 예수 그리스도를 '도'(道)라고 하였다. 이것이 바로 '하나님의 영원한 말씀(話)'인 것이다.[151]

이후부터 하나님의 영광이 예수님의 얼굴에 반영되어 나타났고 하나님에 대한 인식은 예수님을 통해 얻어졌다고 하였다.[152]

**c. 예수님은 성부 하나님을 어떻게 인식하셨는가?**

우야오종은 예수님의 하나님에 대한 가장 중요한 개념은 "하나님은 아버지시다"에 있다고 강조한다. 이는 주기도문의 시작이 "하늘에 계신 우리 아버지"인 것에서 잘 알 수 있다.[153] 우야오종의 '아버지'는 매우 의미가 깊다. 그는 다음과 같이 '아버지'의 개념을 강조한다.[154]

---

150    吳耀宗,『社會福音·沒有人看見過上帝』, 288.
151    요 1:1.
152    吳耀宗,『社會福音·沒有人看見過上帝』, 288.
153    吳耀宗,『社會福音·沒有人看見過上帝』, 297.
154    吳耀宗,『社會福音·沒有人看見過上帝』, 298.

아버지는 우리 생명의 근원이다. 그와 우리는 매우 친근하며 그는 우리를 사랑하신다. 그리고 시시각각 우리를 돌보신다. 우리를 위해 계획하시지만 동시에 우리의 엄한 스승이기도 하시다. 그분은 우리의 지도자요 주재자이시다. 우리가 비탄에 잠기고 실의에 빠져 있을 때 위로를 주시고 풍랑 가운데 흔들릴 때 우리의 반석이시다.

나아가 예수님의 "하나님이 아버지시다"라는 관념은 여러 차례 "하나님은 우리를 사랑하신다"로 나타난다고 하였다. 하나님 아버지의 사랑은 끝이 없고 누구에게나 차별이 없다.[155] 하나님 아버지의 사랑은 요한복음과 요한1서에 기록된 "하나님이 세상 사람들을 사랑하시는데 심지어 그의 독생자를 주시기까지 하셨다"에서 더욱 선명하게 드러난다.[156] 그러므로 우야오종은 하나님 아버지를 믿는 자들 사이에는 형제라는 관계가 생긴다고 하였다.

또한 그는 전능하시고 선하시며 우리를 사랑하시는 하나님을 논하면서도 동시에 하나의 모순을 발견했다고 말한다.

세상에는 고통과 죄악, 천재지변과 화, 생로병사가 있다. 만일 하나님이 선하시고, 사랑이시고, 전능하시다면 왜 이러한 것들이 발생하는 것인가? 만일 그분이 고의로 이러한 것들을 발생시킨다면 그분은 선한 분이 아니며, 만일 그것들의 발생을 저지하지 못한다면 그분은 전능하시지 않다.[157]

---

155    吳耀宗, 『社會福音·沒有人看見過上帝』, 298.
156    吳耀宗, 『社會福音·沒有人看見過上帝』, 299.
157    吳耀宗, 『社會福音·沒有人看見過上帝』, 301-302.

이에 대한 그의 답은 바로 이것이다. "인생의 화복득실(禍福得失)이 반드시 사람의 선악과 직접적인 연계가 있는 것은 아니다."[158] 그는 누가복음 13:1-5에 나오는 예수님의 말씀을 인용하여 이 물음에 대한 답을 제시한다.

> 그때 마침 두어 사람이 와서 빌라도가 어떤 갈릴리 사람들의 피를 그들의 제물에 섞은 일로 예수께 아뢰니 대답하여 이르시되 "너희는 이 갈릴리 사람들이 이같이 해받으므로 다른 모든 갈릴리 사람보다 죄가 더 있는 줄 아느냐? 너희에게 이르노니 아니라. 너희도 만일 회개하지 아니하면 다 이와 같이 망하리라. 또 실로암에서 망대가 무너져 치어 죽은 열여덟 사람이 예루살렘에 거한 다른 모든 사람보다 죄가 더 있는 줄 아느냐? 너희에게 이르노니 아니라. 너희도 만일 회개하지 아니하면 다 이와 같이 망하리라."

우야오종은 이 말씀의 의미가 결국 "인생의 고통은 개인의 죄로 인한 것이 아니고 사회의 죄도 아니며, 단지 하나님의 뜻을 드러내기 위한 것"이라고 설명한다. 또한 소위 하나님의 뜻이란 자연법칙의 인과에 의한 운행으로서 이것의 인과는 매우 복잡하고 필연적이며 인간의 주관적인 애증을 초월하기 때문에, 반드시 인간의 선악과 연계하여 일어나는 것이라고 말하기 힘들다는 것이다.[159] 이렇듯 인생이 완벽한 선 안으로 들어오기 전까지 고통은 피하기 어렵다.

그렇다면 예수님은 이러한 인생의 고통에 대해 어떤 태도를 보이셨는

---

158　吳耀宗,『社會福音·沒有人看見過上帝』, 302.
159　吳耀宗,『社會福音·沒有人看見過上帝』, 302-303.

가? 우야오종은 요한복음 16:33을 인용하여 "이것을 너희에게 이르는 것은 너희로 내 안에서 평안을 누리게 하려 함이라. 세상에서는 너희가 환난을 당하나 담대하라. 내가 세상을 이기었노라"라고 답한다. 결국 그 답은 예수님의 십자가 희생이다. 물론 우야오종은 십자가의 고난이 이 세상의 모든 고난을 다 해석해줄 수는 없지만, 적극적인 태도를 이용해 고난을 이길 수 있다고 보았다.[160] 나아가 그는 여기에서 예수님의 십자가를 넘어 부활 사건은 인간이 할 수 있는 최대의 경험을 대표한다고 했다. 이 경험으로 인간의 삶이 가능하고 사회의 생존이 가능하다. 그리고 이것이 바로 유가에서 말하는 '인'(仁)이며 예수님이 말한 '사랑'이라고 하였다.[161]

지금까지 1940년대 우야오종의 신학 사상을 대변해주는 『하나님을 본 자는 없다』(沒有人看見過上帝) 안에 나타난 그의 신관을 살펴보았다. 이성과 과학의 힘이 지배하던 5·4 신문화운동 이후 기독교가 비과학적이며 비이성의 종교라는 세간의 도전에 대해 그는 이성과 과학으로 설명할 수 있는 '과학적 신관'을 제창했다. 그가 기독교 교리에 대한 세상의 몰이해에 맞서 기독교를 변증했던 일은 높이 평가해야 할 것이다. 그러나 이러한 선한 의도에도 불구하고 우야오종의 신관에 나타난 문제점들을 간과할 수는 없다.

량자린은 다음과 같은 두 가지 이유를 들어 우야오종의 신관을 강하게 비판한다.

첫 번째,[162] 우야오종의 신관은 인본주의 신앙이라는 점을 간과해서는

---

160 吳耀宗, 『社會福音·沒有人看見過上帝』, 304.
161 吳耀宗, 『社會福音·沒有人看見過上帝』, 304.
162 이하 량자린의 비판에 대해서는 梁家麟, 『吳耀宗三論』, 邢福增 編(香港: 道建神學院, 1996), 80 참고.

안 된다. 이러한 점은 그의 신관 여러 부분에서 발견되지만, 특히 "예수 그리스도는 하나님이신가?"라는 물음에서 우야오종은 삼위일체 교리를 부정하고 있다. 그는 예수 그리스도를 하나님으로 보지 않았다. 오히려 예수님과 하나님은 서로 다른 분이라고 생각했다. 전통신학에서 예수 그리스도를 하나님으로 여기게 된 것은 바로 예수님의 제자들이 그를 신격화했기 때문이라고 하면서, 성령님의 인도와 경륜으로 세워진 예수님의 신성을 인정한 교회 전통을 완전히 부인하였다.

두 번째,[163] 우야오종의 신관은 '만유재신론'(萬有在神論) 쪽에 상당히 가깝다. 만유재신론은 우주 만물이 신 속에 존재한다고 보는 견해다. 즉 하나님 안에 모든 것이 존재한다고 보는 철학 사유다. 이는 우야오종이 신의 존재 증명을 설명하면서 인간은 시시각각 하나님을 접촉하고 있는데, 이는 인간이 공기를 마시는 것과 같고 물고기가 물을 떠나 살 수 없는 것과 같아서 인간은 잠시도 우주의 도와 규율, 진리를 떠나 살 수 없다고 강조한 데서 확실히 드러난다. 이 말은 곧 인간은 신을 떠나 살 수 없다는 뜻이다. 인간이 하나님을 인식할 수 있는 가능성은 우주의 현상으로부터만 가능하며, 이 인식이 변화된다면 하나님의 이해까지도 달라질 수 있다고 본다. 우야오종은 본인 스스로 18세기 스피노자(Benedict de Spinoza)의 철학 및 신학 사상과 자신의 신관이 유사하다는 점을 다음과 같이 언급한 바 있다.

스피노자의 신관과 우리의 신관은 기본적으로 유사한 점이 있다. 스피노자는 하나님과 객관적 우주를 하나의 물질로 본다. 이것은 우리가 말한 바와 같은 것으로서, 단지 우주의 현상으로부터만 하나님을 인식할 수 있다는 의미다.

---

163    梁家麟, 『吳耀宗三論』, 111-113.

이 현상을 떠나면 우리는 하나님을 인식할 길이 없다.[164]

나아가 "인간은 변화 중의 현상(Becoming)을 가지고 현상 배후의 불변하시는 본체(Being)를 추정하는 것이다"[165]라고 보충하였다. 즉 우야오종에게 하나님은 신비한 존재로서 단지 우주적 현상으로서만 알 수 있는 존재다.

그러나 이 세계에서 일어나는 현상만 관찰한다면 인간은 신에 대해 완전히 인식할 수 없다. 량자린은 바로 이러한 문제점을 들어 이 신관은 '인간은 하나님을 절대 알 수 없다'는 불가지론(不可知論) 사상으로 이끌 가능성이 높다고 비판하였다. 성경은 분명히 우리에게 가르친다. 하나님의 자녀인 우리는 비단 우주의 현상을 통해서만이 아니라 하나님과 영 안에서 직접 교제할 수 있다. 그리하여 우리는 성령 안에서 하나님이 어떤 분인지 알고 느끼고 깨닫게 된다.

> 우리 주 예수 그리스도의 하나님, 영광의 아버지께서 지혜와 계시의 영을 너희에게 주사 하나님을 알게 하시고 너희 마음의 눈을 밝히사 그의 부르심의 소망이 무엇이며 성도 안에서 그 기업의 영광의 풍성함이 무엇이며 그의 힘의 위력으로 역사하심을 따라 믿는 우리에게 베푸신 능력의 지극히 크심이 어떠한 것을 너희로 알게 하시기를 구하노라.[166]

---

164 吳耀宗, 『社會福音·沒有人看見過上帝』, 251-252.
165 吳耀宗, 『社會福音·沒有人看見過上帝』, 253.
166 엡 1:17-19.

## (3) 1949년 신중국 성립 후: 삼자애국운동의 기수

우야오종은 1931년 만주사변 이후 일본에 대한 국민당의 비저항 정책에
실망하고 점점 공산당에 가까워지기 시작했다. 그리고 1949년 신중국이
수립되었을 때 기독교인 대다수가 무신론을 주장하는 공산당을 두려워했
던 반면, 우야오종은 오히려 신정권을 환영하고 신정권에 완전히 투신하고
자 하였다. 그는 이것이 신중국하에서 기독교가 나아갈 유일한 출구이며
생존의 길이라 여겼다.

### ① 사상 전환의 요인

1931년 만주사변을 계기로 유애주의자에서 공산주의 사상으로 가까워지
던 우야오종은 결국 신정부하에서 공산주의 사상을 적극적으로 받아들이
고 삼자애국운동의 기수가 되었다. 화평의 방법을 통한 소극적인 사회개조
를 외치던 그가 과격한 방법을 통해 사회개조를 실행하려는 공산주의 사상
을 적극적으로 수용하기로 한 것이다. 그의 사상 전환의 요인을 두 가지 정
도로 정리해볼 수 있다.

첫째 요인은, 1931년 9월 18일 일본이 일으킨 만주사변으로 조국의
위기가 현실화되고서부터다.[167] 참혹한 조국의 현실은 우야오종으로 하여
금 줄곧 비폭력의 소극적인 저항을 펼쳐오던 태도에서 무력을 주장하는 저
항자가 되게 하였고, 국민당의 소극적인 항일투쟁 정책에 반대하고 적극
적으로 공산당의 입장을 지지하는 쪽으로 선회하게 하였다. 급기야 1937
년 중일전쟁에 이르러 공산당이 국민들과 고통을 함께하며 적극적으로 민

---

167    제3세계 신학연구소 편, 『중국기독교와 삼자운동』(서울: 나눔사, 1990), 52.

족의 위기를 극복하는 모습을 보며 공산당을 중국의 희망으로 확신했고,[168] 1938년 5월에는 정식으로 저우언라이(周恩來) 등 공산당 인사들과 접촉할 기회를 얻게 되었다. 이때 그는 공산당 인사들에게 큰 호감이 생겼다. 그는 항전, 국공합작, 중국혁명, 종교 등의 문제에 대해 그들과 폭넓은 대화와 토론의 시간을 가졌다. 그리고 1941년에 태평양전쟁이 발발하자 청두(成都)에 5년 정도를 머물게 되었다. 이 시기에 공산당 인사들과의 만남은 더욱 빈번해졌고 저우언라이와는 '친구'가 되었다.[169] 결정적으로 1946년 5월 국민당의 부패정치로 완전히 실망해 있던 우야오종이 6월 23일 국민당으로부터 등을 돌리게 되는 사건이 일어난다. 이날 우야오종은 간발의 차로 생명을 잃을 뻔했다. 상하이 각계 인민 대표로 선출되어 난징의 장제스(蔣介石)가 이끄는 국민당 정부에게 내전 중지를 요구하기 위해 기차를 타고 가는 도중, 대표단이 해관에서 기습을 당한 것이다. 다행히 우야오종은 친구의 도움으로 위기를 모면했다. 그러나 이 사건 후 우야오종의 국민당에 대한 불신과 분노는 극에 달했고, 이 일을 계기로 공산당의 사상과 사회개조 방식 등에 더욱 가까워진 것으로 보인다.

또 다른 요인은, 당시 중국교회 내에서 불고 있던 실천 중심의 '사회복음사상'이다.[170] 일찌감치 우야오종이 받아들였던 사회복음사상은 그가 살던 시대에 조국의 현실을 바라보며 교회가 조국을 위해 할 일이 무엇인지 고민하던 중국교회와 지식인 신도들에게 활력과 소망을 불어넣기에 충분했다. 즉 중국 기독교의 발전과 변화는 중국의 정치적 상황과 밀접한 관련

---

168    제3세계 신학연구소 편,『중국기독교와 삼자운동』, 52.
169    趙士林·段奇 主編,『基督教在中國處境化的智慧(下)』, 425.
170    邢福增 主編,『大時代的宗教信仰–吳耀宗與二十世紀中國基督教』, 邢福增 編(香港: 基督教中國宗教文化研究士, 2011), 359.

속에서 이뤄졌다. 이러한 상황은 자연스럽게 중국교회가 조국의 현실적 상황은 외면할 수 없는 시대적 사명임을 깨닫게 했다. 그 시기에 우야오종이 어깨에 짊어진 역사적 임무는 중국 기독교를 공산주의 국가에서 합법적으로 생존할 수 있는 기독교로 개조하는 것이었다. 그가 삼자애국운동에 자치·자양·자전 외에 '애국'이라는 새로운 요소를 주입했던 이유도 바로 여기에 있다.[171]

## ② 신중국 이후 우야오종의 신학 사상

### a. '행위의 신앙' 강조

신중국 성립 후 우야오종이 쓴 대다수 저서는 사회현실과 밀접한 정치성 내용이 많았다. 예를 들면 "제국주의를 반대하고 삼자애국의 길을 걸어가자"라는 등의 시대 조류를 따르는 것이었다. 반면 신학 방면의 글은 비교적 적었다. 1954년에 연속 발표한 세 편의 『因眞理得自由』(진리로써 자유를 얻다)는 신중국 성립 후의 대표적 신학 논저로 손꼽는다. 역시 정치적 색채를 띠는 이 책 안에서 우야오종은 특히 전통적인 중국 기독교가 '인신칭의'(因信稱義) 교리만을 강조한다고 말했다. 그는 행위와 신앙의 관계에 관한 중요성을 강조하면서 행위는 당사자의 신앙 표현이라고 강조했다. 특별히 예수님의 말씀을 들어 다음과 같이 설명한다. "예수님의 교훈에는 한 가지 특징이 있는데, 한 가지 사건을 보면 그것의 표면만 보지 않고 그의 실제까지 보신다. 한 사람에 대해서도 그의 언어만 듣지 않고 그의 행위까지 보려 하

---

171  "기독교 혁신의 임무가 단지 '삼자'를 완성하는 것에만 있지 않다. 그것은 기독교의 대내적 임무다. 그러나 여전히 대외적 임무도 갖고 있다. 즉 혁신선언 중 언급하였던 「공동강령」을 철저하게 옹호하고 정부의 영도하에 제국주의, 봉건주의, 관료자본주의를 반대하고 독립, 민주, 화평, 통일과 부강한 신중국을 건설하여 분투하는 것이다."

신다. 단지 그가 무엇을 믿는가만 묻지 않고 그의 신앙을 어떻게 표현하는 가도 보려 하신다."[172] 우야오종은 예수님이 이처럼 '한 사람의 신앙이 그 사람의 행위와 얼마나 부합하는지' 여부를 중시했다고 말했다.

우야오종은 개인 신앙에서 행위의 중요성을 강조했다. 나아가 이를 중국 사회의 현실과 연계하여 기독교가 행위를 중시하는 종교임을 사회가 인정한다면 기독교에 대한 새로운 시각을 갖게 될 것이라고 강조한다.

> 오늘날의 시대는 우리 기독교에 하나의 엄중한 도전을 주었다. 그들은 "기독교는 좋은 것이다. 예수의 복음은 길이요, 진리요, 생명이다. 그렇다면 너희들은 행위와 사실로써 너희들의 신앙을 증명해낼 수 있는가?"라고 묻고 있다. 만일 우리가 행위와 사실로써 우리의 신앙을 증명해내지 못한다면 기독교는 사람들에게 무시당할 것이며 심지어 시대의 찌꺼기로 변해버리고 말 것이다. 그러나 만일 우리가 행위와 사실로써 우리의 신앙을 증명해서 언행에 부합하는 기독교를 만든다면, 다른 이들은 우리를 분명히 새로운 눈으로 바라보게 될 것이다. 우리를 중시할 뿐만 아니라 매우 훌륭한 친구로 여기게 될 것이다. 이로써 기독교 또한 대대적으로 흥왕하게 될 것이다.[173]

이 말은 기독교 신앙의 본질이 예수 그리스도의 가르침을 삶 속에서 증명해내는 데 있으며, 중국의 현실은 바로 이런 기독교를 요구하고 있다는 사실을 강조한다. '인신칭의' 교리가 기독교의 매우 중요한 교리임이 맞다.

---

172  吳耀宗, "因眞理得自由",「天風」1, 2(1954): 4; 趙士林·段奇 主編,『基督教在中國處境化的智慧(下)』, 514에서 재인용.

173  吳耀宗, "因眞理得自由",「天風」5(1954): 4; 趙士林·段奇 主編,『基督教在中國處境化的智慧(下)』, 516에서 재인용.

문제는 많은 이들이 이것을 믿기만 하면 구원받고 다른 행위는 아무것도 필요 없다고 오해하고 있다는 점이다. 우야오종은 다음과 같이 자신이 강조한 '신앙과 행위의 관계'가 무엇인지에 대해 분명하게 설명한다. "바울이 말한 바의 믿음은, 행위를 벗어난 죽은 믿음이 아니라 사람에게 사랑이 넘치는 살아 있는 믿음을 갖게 하는 것이다."[174]

우야오종의 신학 사상에서 행위 강조의 근원은 그가 일찍이 관심을 가졌던 사회복음사상에 있을 것이다. 그가 강조한 사회의 구원은 당시 중국의 비참한 정치적 현실과 맥을 같이했다. 결국 우야오종은 항일투쟁을 계기로 항일전선에 적극 뛰어든 공산당의 실천 행위에 감동하여 공산당 인사들과 적극적인 교류를 나누게 되었다. 그리고 1946년 8월 「천풍」(天風) 복간사를 통해 자기의 실제 행위로써 신앙을 실천하겠다는 의지를 보여주었다.

기독교는 자유평등을 주장하며 철저히 민주적이다. 이로써 기독교는 응당 진보적이고 혁명적이다. 단지 진보적이고 혁명적인 기독교만이 진정으로 예수의 정신을 표현할 뿐이다. 이 시대에 대한 기독교의 사명은 사람을 노예로 삼고, 도구로 삼는 현 사회를 인간을 존중하고 가치 있는 존재로 보도록 바꾸는 데 있다.…이 사명을 완수하기 위해 기독교는 두 가지 중요한 임무를 갖고 있는데, 하나는 시비(是非)를 분명히 밝히는 것이고, 나머지 하나는 진리를 증명하는 것이다.[175]

---

174  吳耀宗, "向耶蘇學習", 「田家」 15(1956): 7; 趙士林·段奇 主編, 『基督教在中國處境化的智慧(下)』, 518에서 재인용.

175  韓文藻, "國際來往和公立自主辨好教會", 『中國基督教三自愛國運動文選 第 一券』(上海: 中國基督教兩會, 2006), 533; 羅偉虹 主編, 『中國基督教(新教)史』, 491에서 재인용.

## b. '애국'의 강조

우야오종은 매우 강렬한 애국심과 구국의 정신을 가졌다. 우야오종의 신학 사상 여정을 살펴보면 애국심이 매우 중요한 역할을 해왔다는 것을 알게 된다. 그가 일찍이 사회복음사상에 경도되어 진지하게 기독교와 국가의 관계를 숙고하게 된 것도 반기독교운동을 접한 후였다. 또한 그가 공산주의에 점차 빠져들게 되었던 계기 역시 항일투쟁이라는 국가적 중대사 앞에서 공산당이 취한 적극적인 애국 행위를 지켜본 데 있었다. 이 애국의 정신은 이처럼 줄곧 우야오종의 신학 사상을 형성하는 배경이 되었다. 나아가 이는 신정부 수립 이후 기독교 지도자의 한 사람으로서 향후 기독교 여정을 결정짓는 데도 같은 작용을 하였다. 그래서 '애국'의 강조는 삼자애국운동의 주요한 내용이 되었다.

신중국이 건국되는 과정에서 기독교와 사회주의의 관계는 서로 다른 단계에 있었으면서도 모두 민족주의와는 관련을 맺고 있는 매우 복잡한 상황에 놓여 있었다.[176] 이러한 정황에서 대다수 지식인이 신중국의 건국에 대해 관망하는 태도를 견지했다. 그러나 우야오종은 매우 큰 기대 속에서 신정부를 환영하였다. 그는 신정부하에서 전개될 미래를 하나의 '개혁의 시대', 즉 인민 해방의 시대로 보았다.[177]

소위 '해방'은 봉건주의, 제국주의와 관료주의로부터의 해방을 말한다. '개혁'이란 아래에서 위로 바뀌어 가는 것이며, 위에서 아래로 바뀌어 내려오는 것이다. 정확히 말하자면 사회 안에는 '상', '하'가 없는 것이며, 모든 사람에

---

176    邢福曾 主編, 『大時代的宗教信仰』, 468.
177    邢福曾 主編, 『大時代的宗教信仰』, 468.

게 평등한 기회가 주어져야 할 뿐만 아니라 평등하게 발전해야 한다.[178]

그의 이 말은 해방의 진정한 의미가 개인의 영혼 구원에 있는 것이 아니라 사회의 구원에 있음을 강조한다. 우야오종이 꿈꾸는 신중국은 봉건주의와 제국주의로부터 해방된 자유로운 인민이 주인이 된 사회였다. 신중국에 대한 그의 기대는 신중국하에서 전개될 기독교의 여정에 대해서도 같았다. 그가 기독교 지도자로서 신정부의 요구에 부응할 것을 다짐한 것은 공산당에 대한 신뢰와 공산주의에 대한 신념에서 비롯된 것이기도 했다. 그리하여 그는 중국 기독교는 장차 '시대의 조류 속으로' 돌진해야 한다고 생각했고 이것이 기독교가 당면한 시대적 사명이라고 확신했다. 그는 이렇게 하는 것은 결코 신정부에 대한 영합이 아니라고 강조했다.[179] 그에게 이 조류는 옳은 것이었기 때문이었다.

따라서 그가 주도했던 삼자애국운동은 반제(反帝) 청산 등을 목표로 하는 '교회혁신'을 전제로 하였다. 이 전제 위에서 '애국'의 정신을 주(主)로 하여 전개하였다. 신중국하에서의 중국 기독교는 더 이상 서구 제국주의의 도구로 이용되어서는 안 되며 지금껏 '침략', '수탈', '속임수', '우화'(愚化)된 기독교의 모습은 제거하고, 삼자원칙하에서 진정한 자립을 이뤄내야 한다는 것이 그의 주장이었다.

---

178    吳耀宗, "人民民主專政下的基督敎(續)", 「天風」176(1949. 8. 20.), 4; 邢福曾 主編, 『大時代的宗敎信仰』, 468에서 재인용.

179    吳耀宗, "人民民主專政下的基督敎(續)", 「天風」177(1949. 8. 27.), 4; 邢福曾 主編, 『大時代的宗敎信仰』, 484에서 재인용.

### ③ 신중국 이후 우야오종의 신학 사상 평가

지금까지 삼자애국운동의 기수 우야오종의 신학 사상을 살펴보았다. 주목할 것은 그가 주장하는 신학 사상의 변천 과정이다. 그는 처음에 복음주의에서 시작하여 사회복음사상을 받아들였다. 후에 신중국하에서는 삼자회의 중심인물이 되어 삼자애국운동의 발기인이 되었다. 특기할 것은 몇 번에 걸친 우야오종의 신학 사상 전환의 주요한 동기가 조국 중국의 비참한 현실을 개조하고자 하는 민족주의 정신에서 비롯되었다는 점이다. 다시 말해 우야오종의 신학 사상 전환은 복음의 사회적인 책임 문제에 대한 깊은 고민에서 비롯되었다.

그러함에도 그의 신학 사상과 '삼자' 이론은 냉철하게 평가해야 한다.

첫 번째,[180] 량자린은 우야오종의 신앙 여정이 처음부터 끝까지 자유주의 신학 사상의 전통을 따랐다고 평한다. 즉 성경 자체가 말씀하는 신앙, 예를 들면 '성육신'(成肉身)이나 동정녀 탄생 등을 폄하고 '황당하고 기이한 이야기, 이해하기 힘든 신앙'이라 하면서 "나는 이러한 신앙에 대해 시종 받아들일 수 없었다"라고 말하였음을 강조한다. 나아가 우야오종의 신학 사상에서 더 큰 문제는 복음이 가지고 있는 사회적 역할을 강조하여 실천신학은 표명하였지만, 전통적인 복음의 역할인 개인의 영혼 구원의 능력에 대해서는 동의하지 않는 점이다. 복음의 사회적 책임에 관해서는 그가 일찍이 사회복음사상에 경도되었을 때부터 많은 언급이 있었다. 실제로 삼자애국운동으로 실천의 의지가 드러났지만, 그의 신학 사상에서는 개인 구원의 능력이 있는 복음의 역할에 대해서는 찾아볼 수 없다.

두 번째, 우야오종이 생각하는 '삼자'의 의미에 대해서 객관적인 평가

---

180  첫 번째 전체 내용은 梁家麟, 『吳耀宗三論』, 86 참고.

가 필요하다. 우야오종은 삼자에 대해 이렇게 정리했다. '자치'는 서구 제국주의의 중국교회에 대한 관할과 통제에서 벗어나는 것이고, '자양'은 서구 제국주의의 경제적 지원을 정지하는 것이며, '자전'은 제국주의의 독소를 함유한 신학 사상을 벗어버리는 것이다.[181] 이런 의미에서 본다면 우야오종의 '삼자' 이론은 1920-1930년대 자립교회의 이상 속에서 전개된 '삼자운동'의 이념과는 크게 다르다.

1920-1930년대에 중국교회는 기요파를 중심으로 자립교회운동을 전개해 재정의 자립을 꾀하였고, 지식인을 중심으로 사상의 자립을 꾀한 본색화운동을 전개했다. 이 두 운동은 모두 중국교회의 자립을 위한 '삼자운동'의 주요 부분이었다. 이런 배경에서 홍콩 중문(中文)대학 신학원 원장인 싱푸쩡(邢福增)은 우야오종의 '삼자운동'은 일종의 정치운동이며, 그의 '삼자'에 대한 해석 역시 정치적 색채가 충만하여 과거 중국교회의 '삼자'에 대한 기본 이해를 부정하고 진정한 의미를 가린다고 평했다.[182] 그는 우야오종이 신중국을 지지함으로써 정치적 역량을 가지고 '기독교 혁신운동'을 시행하여 그의 '삼자' 이념을 완전히 실행한 사실이 이를 뒷받침한다고 주장한다.[183]

량자린도 이 점에 대해 분명히 지적하고 있다. 그는 먼저 「삼자선언」의 발표 과정에 문제가 있었다고 말한다. 선언문 기초가 이루어진 후 중국교회 지도자들 40명을 발기인으로 삼고 각지 교회 지도자들에게 서명하도록 강요하였다는 것이다. 그러므로 이 선언문은 기존의 중국교회를 대표하는 교회 조직이나 당시 주류 세력의 주도로 발표된 것이 아니라는 점을 명

---

181  邢福增 主編, 『大時代的宗教信仰』, 361-362.
182  邢福增 主編, 『大時代的宗教信仰』, 362.
183  邢福增 主編, 『大時代的宗教信仰』, 362.

확히 짚어야 한다.[184] 나아가 더욱 고려해야 하는 것은 우야오종이 이렇게 비정상적인 방법으로 일을 추진해야 했던 배경이 무엇인가 하는 점이다. 량자린은 그중 하나로 "우야오종이 선언문을 통해 자신들을 추종하는 군중의 힘을 결집해서, 기존의 교회 조직을 탈피하여 새로운 출발을 위한 탈권운동(奪權運動)을 전개하려는 의도를 품고 있었다"[185]라며 그의 정치적 의도를 지적한다. 즉 우야오종이 정치적 역량을 교회 정권의 탈취에 사용하려 했다는 것이다. 이것을 언급하면서 량자린은 신중국 정부 역시 삼자애국운동의 서명운동을 통해 우야오종 등을 육성하려 했다고 주장한다. 서명운동이 1950년 8월부터 1951년 12월까지 32만 명을 넘어섰다는 사실이 보여주듯, 이는 신중국 정부가 협진회와 기존의 교회 지도자들에게 엄청난 정치적 압력을 행사하고 우야오종의 지위를 견고하게 해주었기에 가능한 일이었다.[186]

이와 같은 우야오종의 정치성을 고려한다면 삼자애국운동에서 제출한 '삼자'는 싱푸쩡(邢福增)의 지적처럼 중국교회가 전통적으로 지향해왔고, 신중국이 성립되기 전 다양하게 삼자의 정신을 구현하고자 했던 중국교회의 정통 노선에 서 있다고 할 수 없다. 즉 삼자애국운동은 '삼자'에 대한 기본 이해를 부정하고 진정한 의미를 가리고 있다고 평할 수밖에 없다.

---

184    량자린, 『중국에 축복이 임하다』, 206.
185    량자린, 『중국에 축복이 임하다』, 206.
186    량자린, 『중국에 축복이 임하다』, 207.

## 3. 삼자회의 저항 세력

신정부의 전폭적인 지지와 지원으로 승승장구할 줄 알았던 삼자애국운동
의 길은 그렇게 순탄하지만은 않았다. 삼자애국운동을 전개하는 데 있어
우야오종 같은 삼자회의 주요 지도자들과 신앙 노선을 달리하는 사람들이
있었기 때문이다. 이들은 대부분 근본주의 신앙에 근거했던 기요파(基要派)
에 속했던 자립교회 지도자들이다. 이들은 자신들과 정치에 대한 신념을
달리하는 삼자회에 절대로 가입할 수 없음을 명백히 밝혔다.[187]

### 1) 자립교회의 저항 배경

신정부의 지지하에 기독교 혁신운동을 전개한 지 4년 만에 우야오종은 중
국교회가 인사와 행정, 경비 등에서 제국주의와의 관계를 청산하기 시작
했으며 초보적이나마 자치·자양·자전을 실현했다고 긍정적으로 평가했
다.[188] 그러나 그들의 평가대로 상황이 밝지는 않았다. 삼자애국운동에 강
력하게 저항하는 세력들이 있었기 때문이다. 이 세력의 중심에 선 자들은
주로 자립교회 지도자들로서 왕밍따오를 위시하여 '소군(小群) 교회'의 창
설자 워치만 니, '예수가정'의 창시자 징뎬잉 등이 있었다. 그들의 신학 사
상은 대부분 근본주의나 성령파에 기초했다. 그들은 삼자애국운동의 지도
자 우야오종 등을 자유주의파로 간주하고, 사람이 아닌 하나님 앞에 순종

---

187    趙天恩·張婉芳, 『當代中國基督教發展史』, 86.

188    中國基督敎三自愛國運動委員會編, 『中國基督敎三自愛國運動文選, 1950-1992』, 41-42.

하겠다는 자신들의 신앙 원칙을 견지하려는 뜻을 밝히면서 삼자회 가입을 완강히 거부하였다.[189]

그들이 삼자애국운동을 거부한 이유를 정리하면 다음과 같다.

첫째,[190] 그들은 '삼자애국운동'은 단순한 신앙개혁운동이 아니며 결국 중국 기독교의 정치 모습을 바꾸려 한다고 간주했다. '초(超)정치' 신앙을 고수해오던 자립교회가 이 운동에 참여하지 않으려는 것은 당연한 일이었다. 특히 왕밍따오는 정교합일(政敎合一)은 기독교와 마귀의 합일과 같다고 주장하였다. 그는 이 세상에는 수많은 불평등한 일들이 존재하지만, 기독교인의 정치 참여는 이 세상에서가 아니라 예수 재림 후의 내세에서의 일이라고 가르쳤다. 결론적으로 왕밍따오는 교회는 이 세계와 정치를 버려야 한다고 여겼고, 교회가 세상의 탐욕과 권력과 권세를 탐하는 것에 반대했다.

둘째, '삼자애국운동'의 기독교 지도자들이 대부분 현대파(자유주의파)에 속해 있었기 때문에 자립교회가 견지해오던 근본주의 신앙과는 큰 거리가 있다는 점이다.[191] 자립교회 지도자들은 삼자애국운동의 지도자들이 자유주의 신학 사상을 기초로 하여 성경 안의 기적들을 믿지 않고 진리를 거부하는 자들이라 질책했다. 나아가 이들과 같은 자들에게 속해 있는 교회는 성결을 지키지 못하고 쉽게 변질될 것이며 하나님이 아닌 사람을 좇게 될 것이기에 결코 그들을 따를 수 없다고 선언했다.[192]

셋째, 이들은 대부분 1920-1930년대 격렬하게 일어난 반기독교운동

---

189    趙天恩·張婉芳,『當代中國基督教發展史』, 88.
190    蘇東鈺, "中國基督知識分子政策關係觀研究-以1920至1940年爲例-",「基督宗教研究」 1(2015): 202-203.
191    羅偉虹主編,『中國基督教(新敎)史』, 698.
192    趙天恩·張婉芳,『當代中國基督教發展史』, 88.

속에서 서구 제국주의와 무관한 순수 자립형 교회를 만들기 위해 분투했던 자립교회 지도자들이었기에, 이미 자신들은 자치·자양·자전의 삼자원칙을 성취하였다고 여기고 있었다. 즉 자신들은 서양 제국주의와의 관계에서 결백하다고 여겼으므로, 제국주의와의 단절을 강조하는 삼자교회 안에 가입해야 할 당위성을 찾지 못하고 있었다.

이러한 자립교회들은 삼자회에 매우 불편한 존재가 될 수밖에 없었다. 하지만 자립교회들이 전체 교회에 미치는 영향력이 컸기 때문에 삼자회 쪽에서는 그들을 타도하기 위해 '반동', '반혁명' 등의 정치적 명분을 내세워야 했다. 그리하여 1955년 8월 왕밍따오는 반혁명이란 죄목으로 체포되었다. 1956년 1월 워치만 니 역시 동일한 이유로 체포되고 그의 소군교회는 반혁명 집단이라는 이유로 해체되었다.[193] 1956년 10월 29일 중국 공산당은 삼자 외의 그 어떤 기독교 활동도 모두 위법으로 간주하겠다고 발표하는 데 이르렀다. 이는 삼자교회만 유일한 기독교회로 인정한다는 의미로서 삼자교회 외의 모든 교회를 해체할 수 있는 명분을 제공했다.[194]

이렇듯 신중국 체제에서 중국교회는 삼중 압력의 시험기를 지나오고 있었다. 당시 중국교회 지도자들은 당과 정부의 압박으로 다음과 같은 번민에 빠질 수밖에 없었다.[195]

첫째, 「삼자선언」에 서명해야 하는가? 서명하면 '애국자'요 하지 않는 자는 '반동'으로 분류될 것이다.

둘째, 장기간 함께한 동역자들을 고소해야 하는가? 고소자는 '인민의 편'에

---

193    량자린, 『중국에 축복이 임하다』, 212.

194    량자린, 『중국에 축복이 임하다』, 212.

195    趙天恩·張婉芳, 『當代中國基督教發展史』, 92.

서는 것이지만 하지 않으면 '인민의 적'이 될 것이다.

셋째, 삼자회에 가입해야 하는가? 가입하면 애국종교활동이지만 참가하지 않
으면 타도의 대상이 될 것이다.

이러한 번민과 교회를 향한 삼자회의 직간접적인 압박은 많은 교회를 삼
자회 안으로 들어가도록 하였다. 삼자회는 이렇듯 그동안 독립적으로 목회
활동을 해온 교단과 교회들을 서서히 소멸시켰다. 그러면서 모든 교회를
"단결"이라는 구호로 폐쇄하고 그들의 통치 아래 두었다.[196] 이런 상황에서
여전히 삼자회 가입을 거부하며 십자가 고난을 지고자 했던 자립교회들은
가정을 중심으로 신앙생활을 이어가고자 하였다. 실제로 가정교회만이 예
배와 성도들 간의 교제를 지속시킬 유일한 방책이었다.

여기서 잠깐 당시 가정교회의 상황에 대해 언급할 필요가 있겠다. 설
명한 대로 당시 가정교회가 부흥하게 된 데는 신중국하에서의 삼자회를 통
한 압박과 핍박을 피하기 위한 방책이라는 배경이 주도적이다. 그러나 엄
밀히 말하자면 가정교회는 이미 1949년 이전부터 농촌 지역에서 흔히 볼
수 있는 교회 형태였다. 이것이 신중국 초기에 삼자회의 압박을 피해 소그
룹 형태의 모임을 하면서 더욱 부흥한 것이다. 그리고 문혁기의 핍박을 통
해 한 번 더 가정교회가 증가했다고 할 수 있다. 이러한 가정교회의 부흥에
는 1920-1930년대 우후죽순으로 생겨난 자립교회들의 공로가 컸다. 자립
교회는 기존 교단에서 탈피하여 자생해왔다. 징텐잉이나 워치만 니, 왕밍
따오 등이 설립한 자립교회들이 가정교회를 세워나가는 데 큰 역할을 했
다. 또한 신앙관 형성에도 큰 영향을 미쳤다. 이들은 주로 개인 구원에 치

---

196    토니 램버트, 『중국교회의 부활』, 김창영 역(서울: 생명의말씀사, 1991), 23.

중하고 근본주의, 문자주의, 정교분리(政敎分離) 등의 신앙관을 가졌다. 이러한 신앙관은 오늘날까지 중국 가정교회에 면면히 이어지고 있다.

## 2) 대표 저항교회

### (1) 베이징 기독교도회당의 왕밍따오

삼자애국운동이 시작된 후 삼자회의 지도자들은 여러 차례 왕밍따오(1900-1991)에게 '삼자애국운동'에 적극적으로 참여할 것을 권유했다. 그러나 그는 '초(超)정치'를 견지한다는 이유를 들어 협력할 수 없다는 강력한 입장을 표했다. 이 같은 태도는 정교합일(政敎合一)을 반대하는 왕밍따오의 신학적 신념을 그대로 반영한다. 즉 교회는 이 세상과 정치를 버려야 하며, 권력과 세력을 가져서는 안 된다는 주장이다.

1954년 여러 차례의 공소대회(控訴大會)와 개조를 거쳐 교회가 대부분 삼자회 안으로 들어가자, 삼자회 쪽에서는 그해 7월에 베이징에서 '중국기독전국대회'를 개최하였다. 대회 전야에 천젠쩐(陳見眞) 주석을 비롯하여 천총꾸이(陳崇桂), 셰용친(謝永欽), 추이셴샹(崔憲詳), 주꾸이션(竺規身) 목사 등 평균 연령 70세가 넘는 노목사들이 왕밍따오에게 회의에 참석해줄 것을 거듭 권했지만 그는 완강히 거절하였다. 또한 그해 10월 23일에는 베이징시 종교사무처장 주재로 왕밍따오와 기타 근본주의파 지도자들을 청해 좌담회를 열 계획이었지만, 이 역시 뜻을 이루지 못했다.[197]

왕밍따오는 삼자회의 지도자들을 '불신파'(不信派)라 규정하고 "교회는 불신파를 경계하고, 제지하고, 멀리할 것과 절대로 그들과 사귀지 말고

---

197   羅偉虹 主編, 『中國基督教(新敎)史』, 700.

연합도 하지 말라"고 경고하였다. 나아가 "불신파들과의 연합은 의심할 것 없이 신을 배반하는 행위"[198]라 규정하고 이들과 철저하게 단절할 것을 요구하였다. 1953년부터 왕밍따오는 자신이 만든 신앙잡지인 「영식계간」(靈食季刊)에 여러 편의 설교문을 써 자신의 신앙관을 명백히 밝히고자 했다. 그중 "사람에게 순종할 것인가, 하나님께 순종할 것인가?"(順從人, 還是順從神?)라는 설교문에서 왕밍따오는 다음과 같이 선포했다.

> 기독교인은 세상의 권세와 제도에 복종해야 하는가? 이 문제에 대한 나의 답은 다음과 같다. 첫 번째, 우리는 응당 하나님께 순종해야 한다. 두 번째, 우리는 하나님 명령의 범주를 벗어나지 않는 한 역시 세상의 모든 제도와 권력에 순종해야 한다. 그러나 만일 사람의 제도와 권력이 하나님의 명령과 서로 저촉이 된다면 우리는 사람에게 순종해서는 안 되며 오직 하나님께만 순종해야 한다.[199]

그는 이같이 세상의 권력과 모든 제도가 하나님의 뜻을 거스른다면 순종하지 않아도 된다는 메시지를 통해, 당시 세상 권세로부터의 압박에 고민하던 많은 교회에 어떤 길이 성경에 합당한지 가르쳐주고자 했다. 진정한 성경적 길이란 예수 그리스도가 바로 인간 역사의 주인임을 인정하고 고백하는 길이다. 왕밍따오는 교회를 향해 인간의 눈에 보이는 것이 전부가 아니며 인간의 역사를 이끌어가시는 분은 '오직 예수 그리스도'이심을 고백하는 주권신앙을 가질 것을 호소하였다.

---

198    羅偉虹 主編, 『中國基督教(新教)史』, 700.
199    王正中, 『王明道文集 第七冊』, 206.

이 같은 왕밍따오의 초지일관한 신앙과 공산당에 굴복하지 않는 용기와 담대함은 다른 기독교 지도자들과 교회에 큰 힘을 주었고 고난을 극복하도록 격려하는 외침이 되었다.[200]

## (2) 소군교회의 워치만 니

소군교회(小群敎會) 일명 '취회소'(聚會所)의 창시자 '워치만 니'(1903-1972)는 1903년 푸저우(福州)의 미국 웨슬리회에 속한 기독교 가정에서 태어났다. 워치만 니가 처음 사역을 시작한 것은 1922년 푸저우에서였다. 그는 그곳에 지방교회를 세우고 후에는 자신의 영적 체험서인 『영에 속한 사람』(屬靈的人)이라는 책을 발간하여 배포하였다. 워치만 니가 세운 지방(地方)교회는 일명 '집회소'의 뜻을 가진 '취회소' 혹은 '작은 무리'라는 뜻으로 사용된 '소군교회'라 알려진 교회다. 기존의 교회를 인정하지 않고 독자적으로 일어난 교회운동이라 할 수 있다.[201]

워치만 니의 기존 교회에 대한 관점은 다음과 같다. "첫째, 종파는 일종의 죄악이고 타락한 조직이다. 둘째, 교회는 지방에 따라 설립되어야 한다. 셋째, 현재의 교회는 이미 성경의 원칙을 벗어났다."[202] 특히 삼자교회를 향해 정면으로 부정적인 태도를 보이며, 신도들에게 정치와 이 땅에서의 권세를 초월할 것을 요구하였다. 결국 워치만 니는 제국주의와 국민정부 지지 등의 정치적 죄목으로 기소되어 1952년 50세에 둥베이(東北)에서 당국에 체포되었다.[203] 이후 안후이(安徽)성 광더현의 노동 개조 수용소에서

---

200  데이비드 아이크만, 『베이징에 오신 예수님』, 김미수 역(서울: 좋은씨앗, 2005), 89.

201  김학관, 『중국교회사』, 137.

202  Leslie T. Lyall, 『中國敎會三巨人』, 93-94.

203  워치만 니 체포 후 일부 취회소의 지도자들은 삼자애국운동에 적극적으로 참여했는데, 상하이의 탕쇼우린(唐守臨)과 푸젠의 쩡쭝꽝(鄭證光)은 1954년 기독교전국대회에서 제1기

복역하다가 1972년 5월 숨을 거뒀다.

### (3) 예수가정의 징텐잉

1921년 징텐잉(敬奠瀛, 1890-1957)이 산둥마쫭(山東馬莊)에서 창립한 '예수 가정'(耶蘇家庭) 역시 삼자회의 타도 대상이었다. 예수가정에 소속되고자 하는 사람은 우선 혈연관계를 모두 단절해야 했다. 사유재산이 인정되지 않으므로 모두 예수가정 공동체에 헌납해야 했다. 또한 예수가정 공동체는 성령파에 속하여[204] 신도들에게 성령 충만, 방언, 휴거 등의 체험과 장시간 기도 생활을 권했다.[205]

징텐잉은 처음 신중국의 성립 초기 '삼자혁신운동'에 적극적으로 참여하였고 「삼자선언」에 서명한 첫 번째 그룹에 속한 자이기도 하였다. 또한 그의 적극적인 인도로 1951년 4월에는 20만 2천 명의 서명 신도 중 예수가정의 서명 신도가 약 1,800명이나 되었다.[206] 그러나 징텐잉이 내부에서 봉건가정제를 실시하고 금욕생활을 강조하며 외부 세계와 단절시키면서, 신중국의 사회생활에 적응하는 데 어려움이 생겼다. 급기야 토지개혁운동이나 농민토지분배, 생활개선 등 사회생활의 면모에 큰 변화가 생기면서 내부 변화의 요구가 제기되었다.[207]

결국 이러한 내부의 혼란은 바로 삼자회에 보고되었고, 삼자회는 1952년 봄에 이르러 마쫭을 반동봉건의 지주장원으로, 징텐잉은 지방의 악덕 지주로 규정하였다. 이후 4개월 정도 심도 있는 학습과 공소, 신도들의 정

---

삼자위원회 위원으로 선출되기도 하였다. 羅偉虹 主編, 『中國基督敎(新敎)史』, 703.
204 羅偉虹 主編, 『中國基督敎(新敎)史』, 676.
205 김학관, 『중국교회사』, 136.
206 羅偉虹 主編, 『中國基督敎(新敎)史』, 677.
207 羅偉虹 主編, 『中國基督敎(新敎)史』, 677.

치 각오를 새롭게 하는 일들을 거쳐 결국 예수가정은 해체되었다. 그들의 모든 재산은 사회로 환원되었으며 농민 신도들은 '베이신좡기독교회'(北新莊基督教會)로 편입되어 다시는 회복할 수 없었다.[208] 징톈잉은 공소회를 거친 후 체포되어 산둥 타이안(山東泰安)에서 감옥살이를 하다가 1956년에 사망하였다.

## 4. 문화대혁명기의 중국교회(1966-1976)

### 1) 문화대혁명의 발발 원인과 전개 과정

신중국하에서 중국 기독교가 어떤 변화를 겪었는지를 알기 위해서는 우선 문화대혁명(文化大革命, 이하 '문혁')과 중국교회의 관계를 살펴야 한다. 문혁은 현대중국 정치사에서 가장 큰 혼란을 가져온 사건으로 꼽힌다. 문혁이 진행되는 동안 중국교회의 체제와 제도가 모두 와해됐다. 그 대상은 가정교회는 말할 것도 없고 삼자교회와 삼자교회 지도자들까지 모두 포함됐다.

　　문예계와 학계에 대한 비판을 서두로 지식인 숙청으로 불을 지핀 문혁은 점점 당내 투쟁과 군부 숙청으로 번졌다. 급기야 마오쩌둥을 중심으로 한 혁명파와 류사오치(劉少奇)와 덩샤오핑(鄧小平)을 중심으로 한 실용파 간의 정권탈취 싸움으로까지 번졌다. 1966년부터 10년간 지속된 문혁은 중

---

208　羅偉虹 主編,『中國基督敎(新敎)史』, 678.

**>> 문화대혁명**
출처: https://www.zhihu.com/
collection/119380541

국의 정치, 경제, 사회 전 부문에 파국을 야기했다.[209]

문혁 발발의 태동은 이미 1956년부터 시작되었다. 그해 소련 공산당 제20차 대회가 열렸는데, 대회 마지막 날 총리 흐루쇼프(Nikita [Sergeyevich] Khrushchov)가 뜻밖에도 스탈린을 비난하는 연설을 했다. 특히 그가 비난한 것은 스탈린의 '피의 숙청' 외에 '스탈린 일인 숭배사상'이었다. 이러한 흐루쇼프의 태도 변화는 마오쩌둥과 중국 당 지도부에 심각한 정치적·사상적 충격과 문제를 안겨주었다. 이는 반세기 이상 소련의 독재자를 공개적으로 우상화한 데 대한 당혹감의 차원을 넘어 당시 중국인들이 모방하고 있던 소련식 사회주의의 사회적·도덕적 타당성에 근본적인 의문을 제기했기 때문이다.[210] 나아가 정치적으로 이미 일인 독재의 강력한 정치체제를 구축해 놓은 마오쩌둥에게는 충격을 넘어 정치적 위기를 불러왔다.

흐루쇼프의 스탈린 격하운동의 바람은 중국의 지도층에서부터 각계 각층으로 퍼져나갔다. 마오쩌둥의 신정부는 새로운 정치적 위기에 직면하지 않을 수 없었다. 결국 이를 잠재우기 위해 마오쩌둥이 선택한 타개책은 중국 지식인들에게 미리 체제를 비판할 수 있는 자유를 주는 것이었다.

---

209    최관장, "중국 문화대혁명(1966-76)에 관한 연구", 「중국연구」 25(2000): 4.
210    모리스 마이스너, 『마오의 중국과 그 이후 1』, 김수영 역(서울: 이산, 2014), 235.

1956년 5월 2일 마오쩌둥은 최고국무회의에서 '백화제방(百花齊放), 백가쟁명(百家爭鳴)', 이른바 '쌍백정책'(雙百政策)이라는 슬로건을 선언했다. 이는 말 그대로 대중들에게 언로(言路)를 열어주어 공산당에 대해 마음껏 비판하게 하고 공산당은 이 비판을 감내하겠다는 의지를 나타낸 정책이었다. 이 구호는 사실상 지식인들을 정치적 속박에서 풀어주려는 의도였다기보다 당의 활력을 복원하기 위함이었다.[211] 하지만 막상 지식인들이 공산당에 대해 불만과 비판을 마구 쏟아내자 당은 태도를 바꾸었다. 마오쩌둥이 자신의 정치 노선과 뜻을 달리하는 자들이나 의심되는 인사들을 다시 탄압하는 '반우파(反右派) 투쟁'을 벌이기 시작한 것이다. 반우파 투쟁이 진행되는 동안 조금이라도 공산당을 비판하면 숙청의 대상이 되었고, 심지어 공산당에 반대하지 않은 자도 탄압의 대상이 되었다.

또 다른 문혁 발발의 주요인은 경제적 불평등이라 할 수 있다. 마오쩌둥은 근대적인 사회주의 사회를 만들겠다는 목적으로 1958년부터 1960년대 초까지 농공업의 대증산 정책인 대약진운동(大躍進運動)을 전개했다. 대약진운동을 통해 공산당은 공업은 연간 성장률 26-32%, 농업은 13-16%라는 비정상적인 목표를 이루고자 하였다. 이를 위해 재래 기술과 백성의 힘을 총동원하여 달성하도록 함으로써 전국적으로 열광적인 건설 붐이 조성되었다.[212] 나아가 단기간의 목표 달성을 위해 제철이나 댐 건설에 수많은 사람이 동원되었고, 농업 생산성을 높인다는 명목하에 인민공사(人民公社)라는 대규모 집단농장화가 추진되었다. 대약진운동이 진행되는 동안에는 모든 농민의 토지와 가축, 농기구 등이 인민공사의 공동소유가 되었으

---

211   모리스 마이스너, 『마오의 중국과 그 이후 1』, 238.
212   구보 도루, 『중국근현대사 4』, 강진아 역 (서울: 삼천리, 2013), 125.

며, 농업 생산 경영도 하나로 통일되었고, 개별적으로 식량 배급이나 생활 필수품 배급 등이 통일적으로 관리되었다.[213] 대약진운동은 이같이 운영되었기에 이 운동이 진행되는 동안에는 사회적 불평등이 잠시 주춤했다. 그러나 이것이 실패로 끝난 1960년대 초반부터 사회적 불평등이 점점 심해졌다. 특히 농촌 지역 인민공사의 쇠퇴, 농촌시장의 성장, 집단 노동의 감소 등으로 농민들 사이의 빈부 격차가 현격히 벌어졌다.[214] 나아가 도시와 농촌 간의 빈부 격차를 줄이려 했던 정부의 정책 역시 실패로 돌아가면서 도시와 농촌의 격차는 더욱 커져만 갔다.

그 외에 대약진운동이 실패로 끝난 후 사회주의 비전이 부재하게 되면서 중국인들은 집단 공황 상태에 빠지게 되었다. 당과 지도부는 이 무기력을 대체할 또 다른 동력을 찾아야만 했고 마오쩌둥은 당과 인민을 다시 정신적으로 무장하고자 했다.[215]

초기 문혁의 발발에 불을 지핀 것은 홍위병운동(1966년 5-12월)이었다. 문혁이 시작되자 중국공산당 중앙위원회는 급진적 사회주의화 정책을 이끌어갈 '중공중앙문혁소조'(中共中央文革小組)[216]라는 그룹을 결성했다. 마오쩌둥은 이 그룹을 통해 "打倒一切, 全面內戰"(일체를 타도하고 전면적으로 내분을 일으키다)라는 구호를 내세워, 중앙 및 지방의 기존 통치 질서를 파괴하고 1인 통치가 집단 통치를 대신하도록 함으로써 마오쩌둥의 일인 숭배는 최고조에 달했다.[217] 이 일인 숭배사상을 지지하고 호응한 그룹이 바로

---

213    구보 도루, 『중국근현대사 4』, 128.

214    모리스 마이스너, 『마오의 중국과 그 이후 2』(서울: 이산, 2014), 439.

215    모리스 마이스너, 『마오의 중국과 그 이후 2』, 443.

216    이 그룹은 마오쩌둥 부인 장칭(江靑)을 중심으로 린뱌오(林彪), 캉성(康生), 장춘차오(張春橋) 등으로 구성되었다.

217    최관장, "중국 문화대혁명(1966-76)에 관한 연구", 19.

홍위병이었다. 이들은 공산당의 정체성 교육을 충실히 받고 공산당 지도부의 내부 사정에도 밝았으며 문혁파의 움직임에 따르는 것이 마오쩌둥의 뜻에 부합하는 것이라 이해한 학생들이었다. 마오쩌둥은 일차적으로 전국 각지에서 모인 1,200만의 홍위병을 접견하고 이들로 신속하게 이 운동을 전개하도록 독려했다. 홍위병운동은 점차 전국적으로 퍼져 파괴적 집단이 되어갔다. 마오쩌둥은 이 폭동을 이용하여 정적 '류사오치(劉少奇) 파'를 옹호하는 지방 간부들을 타도하고자 하였다.[218] 결국 그해 10월에는 다수파를 대표하던 덩샤오핑(鄧小平)과 류사오치가 자아비판을 하는 데까지 이르렀다.

'홍위병운동'으로 인해 중국 각지의 사회질서가 무너지고 전통 유산들이 파괴되었다. 마오쩌둥의 하수인 역할을 했던 홍위병들은 광적으로 '사구(四舊) 파괴운동'[219]을 전개했다. 「인민일보」 1966년 6월 1일 사설에는 "소탕 일체의 우귀사신[220](牛鬼蛇神)"이라는 머리글을 쓰고, "구(舊)사상, 구(舊)문화, 구(舊)풍속, 구(舊)습관을 파괴하고(四舊 파괴), 신(新)사상, 신(新)문화, 신(新)풍속, 신(新)습관을 세우자(四新 건설)"는 구호를 외쳤다. 그러면서 수천 년간 내려온 고대의 악습을 제거하고 새로운 무산계급 사상을 건설하자고 제안했다.[221] 이 같은 구호 아래 전개된 이들의 파괴 활동은 가히 전 중국의 사회체계와 가치관을 모두 흔들어놓았다고 해도 과언이 아니다.[222]

---

218  趙天恩·莊婉芳,『當代中國基督敎發展史(1949-1997)』, 193.
219  구(舊)사상, 구(舊)문화, 구(舊)풍속, 구(舊)습관의 파괴를 의미한다.
220  우귀사신(牛鬼蛇神)은 온갖 귀신을 이르는 말로 사회의 잡배와 불한당을 의미한다.
221  羅偉虹 主編,『中國基督敎(新敎)史』, 751.
222  홍위병의 '사구 타파' 운동은 '계급투쟁'이라는 명분을 갖고 맹목적인 비판, 체벌, 가택몰수, 방화, 대량의 고전명저와 우수한 전통문물 및 문화 훼손을 초래했다. 또한 이들의 극좌 노선은 종교를 미신, 반동으로 낙인찍어 탄압하는 구실을 마련했으며 허다한 종교 서적과 문물, 성상과 서간 등을 파괴하였다. 뿐만 아니라 종교 지도자들을 '우귀사신'으로 간주하

홍위병은 마오쩌둥의 정치적인 지지를 받았을 뿐만 아니라 광범위하고 치밀한 조직체를 갖고 있었기에 대규모의 파괴 활동이 가능했다.

## 2) 문화대혁명하의 중국 기독교

### (1) 문화대혁명 시기 중국 공산당의 종교정책

#### ① 종교 활동의 전면적 금지

중국 전체가 극단적 좌경화의 기류에 휩싸이는 가운데 종교정책 역시 극단적 노선으로 치달을 수밖에 없었다. 1969년 8월 잡지 「홍기」(紅旗)는 "종교는 인민의 아편이다"라는 문장을 거듭 실었다. 또한 "우리는 일관되게 종교를 믿는 것을 보호할 뿐만 아니라, 믿지 않을 자유도 보호한다고 주장해왔다. 공산당은 신교자유의 정책을 집행한다. 그러나 절대로 그들의 유심론(唯心論)이나 종교 교의에는 찬성할 수 없다. 우리는 반드시 유심주의, 승려주의와 각종 종교 미신들을 비판할 것이다"[223]라는 문장을 실었다. 이는 표면적으로는 이들이 종교를 허용하는 것 같았으나 결국 중국에서의 종교 소멸에의 의지를 보인 것과 다름없다.[224] 이 같은 의지는 실제로 교회 현장에서 표면화되었다. 이 기간 적지 않은 가정교회 지도자들이 체포되어 강

---

고 폭행, 감금하였다. 羅偉虹 主編, 『中國基督敎(新敎)史』, 751.

223 于奮, "從炮製「共産主義基督敎」看蘇修叛徒的墮落", 「紅旗」(1969. 8): 65-70; 趙天恩·莊婉芳, 『當代中國基督敎發展史(1949-1997)』, 202에서 재인용.

224 중국 공산당의 종교 소멸의 의지는 이미 1962년부터 시작되고 있었다. 1962년 마오쩌둥은 제8기 제10차 중앙위원회 전체회의에서 자산계급의 부활을 방지하고자 계급투쟁을 강조했는데, 종교사상 역시 착취계급의 사상의식이라 간주하고 계급투쟁 방식으로 종교 비판을 하였다. 나아가 1965년에는 농촌에서 사청(四淸)운동―청(淸)정치, 청(淸)경제, 청(淸)조직, 청(淸)사상―을 실시하여 종교 소멸을 기도하였다. 김광성, "중국 종교자유정책에 대한 역사적 고찰", 「복음과 선교」 23(2013. 9): 22.

제노동수용소로 보내졌다. 문혁 기간에는 삼자애국운동 지도자들 역시 고난의 여정에서 예외일 수 없었다. 이들은 공개적인 타도의 대상이 되었고 거리로 내몰려 대중에게 무차별 공격을 당하기도 하였다. 그뿐만 아니라 교회당은 강제로 폐쇄되었고 교회 조직은 해산되었다. 교회 직원들은 강제로 연행되었으며, 성경은 몰수되어 불태워졌다.[225] 문혁 시기에 기독교를 비롯한 모든 종교 행정 부서는 폐쇄되었고 모든 종교 활동은 거의 중단되었다.

### ② 마오쩌둥의 신격화운동

문혁 기간 동안 미신 타파를 외치던 중국 공산당은 아이러니하게도 또 하나의 미신을 대중들에게 주입하고 있었다. 이른바 '마오쩌둥(毛澤東) 개인숭배운동'을 추진한 것이다. 정치 선전을 위해 마오쩌둥 자신도 개인숭배를 적극적으로 이용하고자 했다. 예를 들면 자신의 저작을 성경처럼 떠받들게 하거나 자신을 신격화하여 대중들에게 하나님으로 각인시키는 것 등이다.[226] 마오쩌둥의 개인우상숭배에 힘을 실어준 것은 홍위병 조직이었다. 홍위병들은 '사구타파'의 구호 아래 교회당의 십자가와 천주교의 마리아상, 사당 안의 석가상을 떼어내고 대신 마오쩌둥 사진을 걸었다. 도시나 농촌 할 것 없이 각 가정에 마오쩌둥의 초상화를 걸도록 했다.[227] 나아가 직장에서는 출근 후와 퇴근 전 반드시 마오쩌둥의 초상화 앞에 일렬로 서 있어야 했다. 심지어 아침에 일어나자마자 반드시 '모 주석과 린뱌오(林彪)[228] 부

---

225  羅偉虹 主編, 『中國基督教(新敎)史』, 753.
226  趙天恩·莊婉芳, 『當代中國基督敎發展史(1949-1997)』, 203.
227  趙天恩·莊婉芳, 『當代中國基督敎發展史(1949-1997)』, 204.
228  중화인민공화국의 군인이자 정치가(1907-1971). 중화인민공화국 부총리 겸 총리 권한대
     행(1968-1971)과 중화인민공화국 국방부 부장과 중화인민공화국 원수를 역임했다. 그러

주석의 만수무강(毛主席萬壽無疆, 林副主席 永遠健康)'을 기원해야 했고, 저녁에
는 마오쩌둥의 초상화를 향해 자신의 잘못된 점을 반성하며 용서를 구하
도록 강요하기도 했다.[229] 홍위병과 공산당의 마오쩌둥 개인 우상화 작업은
1963년 전국적으로 '레이펑 학습하기 운동'(學習雷鋒運動)을 전개하면서부
터 이미 시작되었다고 할 수 있다. 즉 스무 살의 청년 레이펑(雷鋒)[230]이 쓴
일기에 나타난 중국 공산당과 마오쩌둥에 대한 강한 우상숭배 사상을 전국
청년들의 모델로 삼도록 하였다.

　마오쩌둥은 1966년 8-11월까지 베이징 천안문에서 홍위병을 접견하
는 집회를 하면서, 홍위병들이 급진적인 종교적 숭배의 수준으로 들어가
도록 만들었다.[231] 마오쩌둥 우상숭배가 강요되는 가운데 중국 일반 대중은
맹목적으로 마오쩌둥 사상을 '절대적 진리'이자 하나의 종교로 받아들였
고 중국 공산당의 종교 탄압은 더욱 거세어 갔다.

---

나 마오쩌둥과의 갈등으로 쿠데타를 시도했다가 실패한 후 소련으로 망명하던 중 추락사
했다(위키백과).

229　趙天恩·莊婉芳, 『當代中國基督敎發展史(1949-1997)』, 204.

230　1940-1962. 중국 인민해방군의 모범병사다. 후난성 창시 출신으로 아동단과 소년선봉대
에 들어가 활동하였으며, 1957년에는 중국공산주의청년단에 들어가 중국 각지의 농장이
나 공장에서 작업하는 등 봉사활동을 계속했다. 1960년 인민해방군에 입대했다가 1962년
8월 15일, 랴오닝성 푸순에서 트럭 사고로 순직했다. 사후 마오쩌둥 등 공산당 지도자의 말
을 인용한 일기가 발견되었다. 그는 이상적 군인상으로 널리 선전되기 시작해, 1963년 3월
5일에는 마오쩌둥이 직접 향뇌봉동지학습(向雷鋒同志學習, 레이펑 동지에게 배우라) 운동
을 지시하기에 이른다. 이 슬로건은 문화대혁명 중 각종 신문이나 교과서에 수없이 인용되
며 우상으로 떠받들어졌다. 그 후로도 오늘날에 이르기까지 정부의 공식 캠페인에 수없이
활용되어, 3월 5일은 "레이펑에게 배우는 날"(Learn from Lei Feng Day)로 지정돼 학생들
이 공원이나 거리를 청소하는 날이 되었다. 또한 고향인 창시와 순직지인 푸순에는 레이펑
기념관이 설립되어 있다(위키백과).

231　죠나단 차오(趙天恩) 편, 『中共의 基督敎 政策』, 김장환 역(서울: 한국방송센터출판부,
1984), 114.

## (2) 문화대혁명 시기 중국교회의 상황

1966년부터 시작되어 1976년까지 벌어진 문화대혁명 기간에 홍위병을 앞세운 중국 공산당의 종교적 탄압 및 파멸정책으로 인해 중국교회는 역사의 그 어느 시기보다 고난의 십자가 길을 걸을 수밖에 없었다. 종교 탄압은 이미 1962년부터 시작되고 있었다. 마오쩌둥은 '8기 10중 전회(全會)'에서 계급투쟁을 강조하면서 자산계급의 부활을 예방하고자 하였다. 그는 종교 신앙을 착취계급의 사상의식으로 간주하여 계급투쟁 방식으로 비판하였다.[232]

### ① 교회의 외적 상황

문혁 시기 동안 중국교회의 상황을 이해하기 위해 1958년 전국적으로 전개된 대약진운동하의 교회 상황을 먼저 서술할 필요가 있다.

첫째,[233] 교회의 활동 장소가 대폭 축소되었고 교인들의 숫자도 감소했다. 인민공사가 시작되면서 농민들이 자유롭게 모여 활동하던 장소나 거주지 혹은 과수원 등이 모두 단체에 귀속되었고, 농민의 노동력이나 토지는 그 어떠한 보상도 없이 단체를 위해 제공해야 했다. 교회 역시 교회당과 교회 소유의 부동산 등을 헌납하여 '대약진'의 실제적인 모범을 보여야 했다. 이로써 교회의 활동장소는 점차 축소될 수밖에 없었다. 그뿐만 아니라 대약진운동이 목표한 생산량을 채우기 위해 교인들을 포함한 많은 노동력이 투입되면서 점차 교인들의 기본적인 예배 시간도 줄어들 수밖에 없었다.

---

232  1965년에는 농촌에서 이른바 사청운동(四淸運動), 즉 정치(淸政治), 경제(淸經濟), 조직(淸組織), 사상(淸思想)의 네 가지 부분에서 정화운동을 실시함으로써 종교 소멸을 획책하였다.

233  羅偉虹 主編, 『中國基督敎(新敎)史』, 730.

주일에도 대다수 교회의 좌석 반 이상이 비어 있게 되었다. 당시 베이징의 교회 65곳 중 1958년 여름에 신자가 한 명도 남아 있지 않은 교회가 몇십 개나 되었고, 전체 교인 수는 500여 명을 넘지 못했다.[234] 이로 인해 교회의 재정이 심각하게 악화되었다. 1951년 교회가 해외의 원조로부터 독립과 함께 절연을 선언했지만, 1958년에 이르러서도 여전히 '자양'(自養)의 문제는 해결되지 못했고 오히려 가중되었다. 이는 교인 수가 점차적으로 줄어들면서 헌금액도 줄었기 때문에 초래된 현상이었다.[235]

둘째,[236] 교회 교파의 분열 현상이 일어났다. 신중국 성립 후 삼자교회가 탄생하면서 많은 교회를 흡수했지만, 중국에는 여전히 해외의 지원에 의존하는 교회 외에도 순수 중국 전도인에 의해 건립된 자립교회라 불리던 가정교회들이 존재하였다. 대약진운동 기간을 지나면서 교회의 교인 수와 헌금액이 감소하였다. 이로써 각 교파의 분열과 경쟁은 더욱 과열될 수밖에 없었고 서로에 대한 공격과 배척으로 교파의 대립은 가속화되었다.

주목할 것은 이 같은 교인의 감소, 이어진 교회 재정의 악화로 인한 교파의 경쟁과 분열의 상황은 교회들의 합병을 촉진해서 연합으로 예배하는 형태를 마련했다는 것이다. 연합예배는 인민공사의 영향으로 농촌에서부터 시작되었는데, 1958년 상반기에 저장(浙江)성 닝보(寧波) 교회는 전체 시에 있는 교회에 다음과 같이 4대 지침을 하달했다. 첫째 경제적 통일, 지원의 통일, 둘째 목회자의 통일적 배치, 셋째 교회 재산의 통일적 관리, 넷째 생산 기구의 설립 관리와 목회자의 생산업 종사[237] 등이다. 연합예배의 영

---

234  蕭志恬, 『羅竹風記念文集』(上海: 上海辭書出版社, 1997), 106-107; 羅偉虹 主編, 『中國基督教(新教)史』, 731에서 재인용.
235  羅偉虹 主編, 『中國基督教(新教)史』, 731.
236  羅偉虹 主編, 『中國基督教(新教)史』, 732.
237  羅偉虹 主編, 『中國基督教(新教)史』, 733.

향은 전국적으로 이어졌지만 무리한 합병으로 인한 문제도 적지 않았다. 합병했을 경우 고려해야 할 문제들이 산재했기 때문이다. 우선 경제 방면에서 큰 교회의 경우 합병을 반기지 않았고, 이후 자신들의 경제적 지위나 인사 방면에서 원래의 지도자 위치를 상실할 것을 염려하는 자들도 생겨났다. 무엇보다 신앙 방면에서 합병 이후 신앙생활 형태나 예배 방식의 차이에 따른 악영향을 우려하는 목소리도 컸다. 특히 이른바 성령파에 속해 있던 자립교회들은 합병을 원하지 않았다. 이러한 문제점들은 신도 합병에서도 크게 드러났다. 교인들은 합병 후에 교회당은 적고 거리는 먼 상황에서 예배드리는 데 어려움을 초래할 것으로 생각했다. 또한 목사와의 관계가 좋았던 교인 중에는 후에 목자와의 관계에 문제가 생길 것도 걱정했다.[238] 그러나 이런 모든 염려에도 불구하고 교회교파합병 문제는 지속적으로 진행되었고, 1958년 말에는 전국 각지에서 완전히 연합예배 형태를 갖추었다.[239]

### ② 교회의 내적 상황: 핍박과 연단

중국교회에 닥친 시련은 문혁이 발생한 1966년 이후에 더욱 심각해졌다. 대약진운동 기간에는 소수의 교회당이 조금이나마 존재했다. 그러나 문혁이 발생한 후에는 그나마도 문을 닫고, 공장이나 창고 혹은 공공 회의장이나 간부 사무실 등으로 전락해버렸다. 극좌 성향을 띤 홍위병의 무분별한 파괴 행위는 전국의 교회 건축물에도 미쳤다. 1966년 말에 이르러서는 전국의 교회당 대부분이 홍위병에 의해 점거되었고 교회의 등기는 관할 부서

---

238  羅偉虹 主編,『中國基督敎(新敎)史』, 734.
239  羅偉虹 主編,『中國基督敎(新敎)史』, 735.

로 인계되었다. 종교 활동에 관해서도 '자산계급의 모임'이라고 지명되어 일률적으로 금지되었다.

그뿐만 아니라 당시 유일한 신학교였던 난징의 금릉신학원도 막대한 손해를 입었다. 1966년 6월에 이르러서는 난징신학원 역시 휴교할 수밖에 없었으며, 종교 서적을 비롯한 도서관 서적들이 불태워졌다.[240] 베이징의 한 목격자에 의하면 당시의 상황은 이렇다. "모든 교회 문이 다 부서졌고 교회당은 불탔으며 십자가들은 다 철거되었다. 또 모든 목사는 목에 하나 이상의 죄명을 쓴 플래카드를 두르고, 때론 일명 '얼간이 모자'와 같은 큰 모자를 쓰고 가두 행진을 해야 했다. 그들의 가두 행진은 그들이 '혁명'에 반대한다는 의미를 내포했다. 홍위병들과 공산당 간부들은 가정교회마다 성경과 찬송가와 각종 기독교 서적들을 찾아내기에 골몰했다."[241]

이 시기는 비단 가정교회만 탄압받은 것이 아니다. 홍위병의 극좌 행동으로 '삼자회'는 강제 해산되었고, 삼자교회 대부분은 실제로 교회 문을 닫을 수밖에 없었다. 삼자회의 지도자들 역시 비판에서 제외될 수 없었다. 이들의 죄목은 '자산계급과 착취계급의 대표'였다. 이때 삼자회를 대표하는 잡지 「천풍」(天風)도 정간되었고, 삼자회의 지위 고하를 막론하고 대다수 지도자가 비판받아 '노동개조'를 선고받았다. 금릉신학원의 직원들 역시 악질분자, 사상반동분자, 문제가 심각하지 않은 자로 구분하여 고소당했다.[242] 즉 문혁 시기 공식적인 기독교는 중국 땅에서 완전히 소멸되었다. 교회는 폐쇄되었고 성경은 불에 탔으며, 많은 성도들과 목사들이 옥에 간

---

240    趙天恩·莊婉芳, 『當代中國基督敎發展史(1949-1997)』, 206.

241    Richard Van. Houten., ed., *Wise as serpents Harmless as doves* (HK: Chinese Church Research Center, 1988), 27.

242    趙天恩·莊婉芳, 『當代中國基督敎發展史(1949-1997)』, 209.

히거나 강제수용소에 보내졌다. 이러한 혹독한 박해는 세계의 기독교사에서 유례를 찾아보기 힘들다.[243]

비록 문혁으로 인해 교회의 모든 활동이 전면적으로 금지되었으나 이 일로 인한 영적 유익도 분명히 존재했다. 이때 제도화된 교회의 흔적은 사라졌지만, 역설적으로 태풍이 지나간 후 중국 사회에 활기차고 새로운 비제도화 교회가 재창출되는 기초가 마련된 것이다.[244] 많은 교인이 핍박을 피해 은닉하거나 분산되어 나가므로 무형의 교회는 여전히 존재하고 발전할 수 있었고 이른바 중국교회 부흥의 중요한 기초석을 다지게 되었기 때문이다. 물론 극한 상황에서 신앙을 버리는 자들도 생겨났지만 수많은 기독교인이 자신의 신앙을 지켜나갔다. 그들은 나름의 방법을 동원하여 성경을 읽고 말씀을 들었고 심지어 비밀모임도 만들어 신앙을 공유했다. 표면적으로는 중국의 기독교가 멸절된 것 같았지만 오히려 점진적 부흥을 하고 있었던 것이다.[245] 이는 문혁이 중국교회에 가져다준 하나의 큰 축복과도 같았다. 대약진운동이 진행되는 동안 이뤄졌던 강압적인 교회합병이 시발점이 되어 문혁 기간 많은 교회가 문을 닫거나 피신하면서 비밀스럽게 교회가 확장되어갔던 것이다. 특별히 교회는 위험의 요소를 줄이고자 소그룹 형식을 많이 띠었고 상하이 및 화난(華南) 지역에 밀집되었다. 이때 이들 모임의 주요 목적은 '단결'과 '교통'에 있었는데 실제로 위험을 무릅쓰고 다른 가정교회에 가서 말씀으로 위로하고 권면하는 목자들도 있었다.[246]

실제로 문혁이 진행되었던 1966-1976년까지 상하이(上海), 닝보(寧

---

243    토니 램버트, 『중국 교회의 부활』, 30.
244    토니 램버트, 『중국 교회의 부활』, 19.
245    趙天恩·莊婉芳, 『當代中國基督教發展史(1949-1997)』, 216-217.
246    趙天恩·莊婉芳, 『當代中國基督教發展史(1949-1997)』, 217.

波), 원저우(溫州), 샤오산(蕭山), 샤먼(廈門), 구톈(古田), 산토우(汕頭), 차오양(潮陽), 시닝(西寧), 란저우(蘭州), 우루무치(烏魯木齊), 바오토우(包頭), 톈진(天津), 허난(河南) 등지의 가정교회는 절대로 모임을 중단하지 않았다.[247] 원저우에 있는 가정교회의 경우 매일 모임을 가졌는데 매번 200-300명 정도의 인원이 모였다. 모임이 발각되어 군인들에게 끌려가 정신적·육체적으로 징벌을 당하는 경우도 많았지만 신도들은 모이기를 멈추지 않았다.[248] 모임은 약 20명의 평균 인원이 주축이 되어 주로 간증이나 근황을 나누었다.

이렇듯 문혁이라는 거대한 역사의 물결이 지나가는 동안 교회는 완전히 명맥이 끊어지는 듯했으나, 지하에서는 소그룹 형태의 교회가 끊임없이 탄생, 유지, 부흥되고 있었다. 이는 실로 중국교회가 연단 중에도 인내하며 하나님 나라를 세워나가려 한 노력에 대한 하나님의 보상이자 축복이었다. 그들은 위험을 무릅쓰고 복음을 전하기에 힘썼다. 또한 당시 가정교회에서 기적을 경험하는 일은 매우 보편적인 현상으로 기독교의 신비를 경험하면서 신도의 수는 부단히 증가하였다. 또 하나의 신기한 일은 교회 지도자들이 '노동개조'라는 명목으로 변방으로 보내지면서 오히려 이들을 통해 농촌과 산간벽지에 복음이 전해지게 된 사실이다. 현재의 시베이(西北) 교회들의 발전은 사실 이러한 과정에서 얻어진 복음의 열매들이다.[249]

문혁이 진행되는 동안 삼자교회나 가정교회 모두 고난을 비켜갈 수 없었지만, 연단의 기간에 사실상 중국교회는 매우 큰 영적 가치와 깨달음을 얻을 수 있었다. 즉 '주와 함께 고난을 받고, 주와 함께 죽고, 주와 함께 부

---

247   趙天恩·莊婉芳, 『當代中國基督敎發展史(1949-1997)』, 217.
248   趙天恩·莊婉芳, 『當代中國基督敎發展史(1949-1997)』, 218.
249   趙天恩·莊婉芳, 『當代中國基督敎發展史(1949-1997)』, 218.

활하는' 영적 진리를 체험하게 된 것이다. 이로써 그들은 믿음이 성장했고 예수님의 진정한 용서와 화해 메시지의 의미를 깨닫게 되었다. 이런 의미로 문혁의 고난은 중국교회와 신도들에게 장래 중국교회 부흥의 동력이 되었다고 말할 수 있다.

### 3) 우야오종의 종교 자유를 위한 노력

문혁이 진행되는 동안 '삼자애국운동'의 기수 우야오종 역시 핍박을 피하기 어려웠다. 사실 당시 우야오종의 자세한 상황을 알기는 쉽지 않다. 우야오종의 삼자애국운동 선언문이나 강연문을 실은 「문선」[250]에도 문혁 기간의 자료들은 누락되었고, 또 홍콩에서 출간된 우야오종 전집 역시 1941년까지의 행적과 사상만을 담고 있기 때문이다. 따라서 문혁 시기 동안 우야오종의 상황이나 문혁에 관한 시각은 본인의 저술보다 제3자의 서술에 의존할 수밖에 없다.

우선 문혁 기간에 그가 처한 상황에 대해서는 동시대를 살았던 삼자회 동역자 자오즈천(趙紫宸)에 관한 자료를 통해 추정할 수 있다. 자오즈천은 문혁 기간 동안 끊임없는 비판을 받아야 했고 집안의 책자와 재산까지 모두 몰수당했다. 심지어 밤낮으로 수색당했고 체벌까지 받았다. 후에는 팔순의 노구를 이끌고 강제노동 개조소까지 가야 했는데 그 이유는 '사상 개조'였다.[251] 이로 미루어보아 우야오종 역시 삼자교회 지도자로서 급진적 홍위병들에게 육체적·정신적 고통을 겪었을 것은 자명하다.

---

250    中國基督敎三自愛國運動委員會 編, 『中國基督敎三自愛國運動文選 1950-1992』(上海: 中國 基督敎三自愛國運動委員會出版, 1993).

251    陳宣明, "紫宸遇紅兵-文革風暴中的揷曲", 「福音文宣社雙月刊」87(1990): 12.

이 시기 동안 우야오종의 좀 더 구체적인 상황에 대해서는 중국 기독교협회의 한 후배가 쓴 "追憶吳耀宗先生的晚年"(우야오종의 만년을 추억하다)이라는 회고의 글을 통해 알 수 있다. 이 회고의 글을 요약하여 문혁 초기부터 그의 행적을 정리하면 다음과 같다.[252]

1966년 문혁이 발생한 초기, 기독교와 관련한 기관 종사자들은 모두 시짱(西藏)에서 열린 기독청년회에 참가하여 학습을 받아야 했다. 당연히 우야오종도 동석했는데 그 모임 가운데 홍위병이 진주하면서 심각한 비판 대회가 열렸다. 이 자리에서 우야오종은 '우귀사신(牛鬼蛇神)의 총우두머리'로 검사 대상이 되었다. 조사와 검열은 지속되었고 1970년 이후 중병에 걸린 후부터 몸과 마음이 함께 고통을 받았다. 1975년 베이징에서 열린 제4차 전국인민회의에 참석하기 전 그는 오랜 동료들에게 "헌법상 종교 신앙의 자유가 주어졌건만 실제로 종교 활동이 모두 정지되었다. 이것이 무슨 종교 신앙의 자유인가?"라고 물으면서 이 문제를 가지고 저우언라이 총리를 만나려는 의지를 보였다. 1954년 중국헌법 88조에는 "중화인민공화국과 공민은 종교 신앙 자유가 있다"는 조문이 있었으나, 문혁 사인방[253](四人幇)은 이를 "공민은 종교를 믿을 자유와 믿지 않을 자유, 무신론을 선전할 자유가 있다"로 수정하였다. 이것은 명백한 무신론 선전을 위한 것이었으므로 우야오종은 이에 불만을 표시한 것이다. 그러나 애석하게도 저우언라이가 중병에 걸려 만남이 제대로 이루어지지 못해서 우야오종의 바람은 실현되지 못했다.

---

252  曺聖潔, "追憶吳耀宗先生的晚年", 「世紀」(2010): 28-29 참고.
253  문혁 기간 동안 마오쩌둥의 주위에서 권력을 장악한 네 사람을 말한다. 각각 마오쩌둥의 부인이자 정치국 위원이었던 장칭(江青)과 중국 공산당 중앙위원회 부주석이었던 왕홍원(王洪文), 정치국 상임위원이자 국무원 부총리였던 장춘차오(张春桥), 문예비평가 겸 정치국 위원 야오원위안(姚文元)이다.

그는 당일 저우언라이에게 제출하려고 준비한 문건을 서면으로 발표했는데, 이 일을 통해 우야오종이 문혁 시기 동안에 교회의 자유를 찾기 위해 얼마나 노력했는가를 알게 된다. 그는 민족 재난의 시기, 특별히 교회를 핍박하고 종교의 자유를 말살하는 영적 말살의 재난에 대해 결코 소극적으로 대처하지 않았다. 그는 모든 의지를 담아 잘못된 법률 조문을 바꾸고자 지속적이고 적극적으로 노력했다. 그 노력은 1978년 제5차 전국인민대표회의 1차 회의가 열리기 전, 병으로 입원한 상황에서도 상하이에서 열린 '헌법수정요구 의견을 위한 좌담회'에 서면으로 자신의 의견을 제출하는 데서 빛을 발했다. 그는 리우양모(劉良模)에게 자신의 의견을 위임하는 서면서에 1954년의 '종교 신앙의 자유를 보장하는' 헌법 조항으로 복원할 것을 강력히 요청했다.

그러나 이 의견은 아쉽게도 이루어지지 못했다. 우야오종의 헌법 조항 수정에의 열망은 그 뒤에도 이어졌고, 중병으로 직접적인 회의 참석은 어려웠지만 자신의 의견을 굽히지 않았다. 결국 1982년에야 이 열망이 열매를 맺었는데 딩광쉰, 자오푸추(趙朴初), 러관중(羅冠宗) 등의 지속적인 노력으로 제5차 전국인민대표회의에서 '헌법 36조'로 수정되었다. 수정된 내용은 다음과 같다.

중화인민공화국은 종교 신앙의 자유를 갖는다. 어떤 국가 기관이나 사회단체와 개인은 강제적으로 공민이 종교를 믿게 할 수도 또 믿지 못하게 할 수도 없다. 국가는 정상적인 종교 활동을 보호한다. 어떤 이도 종교를 이용하여 사회 질서를 파괴하거나 공민의 신체 건강에 해를 가할 수 없고 국가교육 제도 활동을 방해할 수 없다. 종교단체와 종교사무는 외국 세력의 지배를 받지 않는

다.[254]

수정된 조문을 받은 우야오종과 종교계 사람들은 대단히 만족했다. 이는 종교 신앙의 자유를 위해 우야오종이 각고의 노력을 기울인 결과였다. 또한 이 결과는 문혁 시기에 개인과 교회가 당했던 처절한 고통도 결코 우야오종의 견고한 애국애교의 의지를 꺾지 못했다는 것을 의미한다.

1976년 6월 문혁이 종결된 이후 처음으로 상하이시 기독교 삼자애국운동위원회가 주최한 제1차 위원 회의가 있었다. 이때 우야오종은 병세가 깊어졌으나 전국 삼자의 주석 자격으로 참여하였다. 또 1979년 9월에는 상하이 목은당(沐恩堂)에서 처음으로 예배가 재개되었는데 우야오종은 예배에 참석하길 간절히 원했으나 병이 더욱 심해져 참여하지 못했다. 후에 삼자회 부비서장이었던 션더롱(沈德容)의 전언에 의하면, 우야오종은 예배가 재개된 데 대해 매우 기뻐했고 성탄절 예배에는 반드시 참석하고자 하는 의지를 내비쳤다고 한다. 그러나 아쉽게도 그는 9월 17일 86세로 세상을 떠났다.[255]

이상의 문혁 시기 동안 우야오종의 행적을 통해 우야오종의 문혁관을 정리해볼 수 있다. 문혁이 진행되던 10여 년 동안 가정교회뿐만 아니라 공인교회인 삼자교회까지 양자가 피해를 입었다. 홍위병들의 '4구 파괴운동(破四舊)'의 과격한 행동 아래 중국 각지의 교회는 파괴되었고, 공인 신학원의 수업도 모두 중지되었다. 성경과 기독 서적들이 불살라지는 것은 예삿일이었다. 삼자회의 지도자 우야오종도 예외가 아니었다. 어떤 대자보에는

---

254    曹聖潔, "追憶吳耀宗先生的晚年", 29.

255    曹聖潔, "追憶吳耀宗先生的晚年", 29.

우야오종의 죄명을 '자산계급과 착취계급의 대표'라 기록하였고, '삼자운동'은 '류사오치(劉少奇)와 우야오종이 꾸민 하나의 음모'라고도 하였다.[256] 우야오종을 비롯한 삼자회의 지도자들은 모두 이런 식의 정치적 비판을 면치 못했고 홍위병의 투쟁 대상이 되어야 했다. 공개적인 비판을 넘어 심지어 이들은 거리로 끌려가 군중의 야유를 받아야 했으며 강제 노동에 끌려가기도 했다.

문혁 시기의 교회에 대한 핍박으로 우야오종이 느꼈을 분노와 절망이 얼마나 컸을지 가히 짐작할 수 있다. 특별히 공민신앙자유의 원칙조차 작동하지 않는 극좌의 정치 행태를 보게 된 우야오종은 이를 절대로 묵과할 수 없다고 생각했다. 이 분노와 절망은 곧바로 행동으로 이어졌다. 그가 신앙자유의 정책을 수정하도록 한 각고의 노력들이 바로 그것이다. 신앙자유의 원칙이 복원되어 새롭게 예배가 시작된 시대를 우야오종이 보지 못한 것은 매우 아쉬우나, 문혁이라는 교회 멸절의 시기 동안에 투쟁했던 그의 노력은 문혁 이후 삼자교회가 더욱 체계를 갖춰갈 수 있었던 원동력이 되었다.

---

256    趙天恩·莊婉芳,『當代中國基督敎發展史(1949-1997)』, 207.

# 제4장

# 개혁개방기의 중국교회

# 1. 시대적 배경

## 1) 정치적 상황

문혁이 종결의 시점으로 달려가던 1973년 즈음 중국의 정치 상황을 정리하면 대략 다음과 같다.[1] 저우언라이가 덩샤오핑을 다시 불러 부총리 직을 맡겼다. 그러나 당시 덩샤오핑의 권력 기반은 공고하지 못했다. 결국 1976년 1월 저우언라이가 사망하자 마오쩌둥을 등에 업은 사인방은 덩샤오핑 대신 당시 제6부총리 겸 공안부장으로 있었던 화궈펑(華國鋒)을 선출하여 총리로 임명하였다. 이로써 덩샤오핑의 입지는 더욱 좁아졌다. 이런 상황에서 마오쩌둥은 오랫동안 파킨슨병으로 고생하면서 정무를 제대로 볼 수 없는 지경에 이르렀다. 결국 그는 1976년 9월에 세상을 떠났다. 그동안 사인방의 정신적·정치적 지주였던 마오쩌둥의 사망 후, 장칭(江淸)은 마오쩌둥을 계승하여 자신이 당 주석이 되고 사인방을 국가 요직에 임명하기를 희망하는 등 새로운 권력투쟁을 일으켰다. 그러나 총리로서 권력 기반을 확실하게 잡고 있었던 화궈펑으로 인해 그들의 권력 탈취는 저지됐다. 덩샤오핑 역시 사인방을 타도하고자 하는 세력과 함께 은밀하게 행동하기 시작했다. 1976년 10월 5일 중국 인민해방군 총사령부에서 당시 중국의 지

---

1    이매뉴얼 C. Y. 쉬, 『근-현대 중국사 하』, 938-939 참고.

도자 5인의 비밀회담이 열렸다. 이 회의에서 그들은 사인방이 정변을 일으키기 전에 과단성 있는 행동을 취하여 일거에 사인방을 체포할 것을 결정했다. 10월 6일 새벽 장칭과 사인방이 모두 일망타진되어 베이징에서 격리수감되었다. 이들은 당에서 제명되었고 모든 직무를 박탈당했다. 그들은 음모자, 극좌분자, 반혁명주의자, 국민당의 대표라는 질책을 당했다.[2] 이로써 10년 동안 중국 민족의 재난이었던 문혁은 사실상 종결되었다.

사인방의 몰락 후 주석의 자리에 오른 화궈펑이 직면한 문제는 다음 세 가지였다. 첫째, 마오쩌둥의 후계자로서의 합법성, 둘째, 덩샤오핑의 복권, 셋째, 경제개발계획을 재조정하여 현대화 건설을 추진하는 것이었다.[3] 이 중 덩샤오핑의 복권 문제에 대해서는 평안히 마오쩌둥 이후의 시대로 넘어가길 희망하고 있었던 부총리 리셴녠(李先念)의 중재로 덩샤오핑이 재기용됐다. 5개년 계획도 수정하여 현대화 건설 속도를 가속화하는 데 동의했다.[4]

마침내 중국 공산당 제11기 5중전회(1980.2.23-29)는 마오쩌둥의 '정치 제1주의'를 버리고, 덩샤오핑의 '경제 제1주의'를 채택함으로써 덩샤오핑의 개혁개방의 시기가 왔음을 알렸다.[5] 화궈펑은 총리직을 사퇴했고 자오쯔양(趙紫陽)이 총리로 추천되었으며, 후야오방(胡耀邦)이 당 총서기를 맡게 됨에 따라 실용주의파가 당과 정부의 정권을 완전히 장악했다. 바야흐로 덩샤오핑은 새로운 사회주의 개혁자가 되었고, 그의 개혁을 통해 중국은 빈곤과 정체에서 벗어날 수 있게 되었다.

---

2    이매뉴얼 C. Y. 쉬, 『근-현대 중국사 하』, 941.
3    이매뉴얼 C. Y. 쉬, 『근-현대 중국사 하』, 944.
4    이매뉴얼 C. Y. 쉬, 『근-현대 중국사 하』, 944.
5    이매뉴얼 C. Y. 쉬, 『근-현대 중국사 하』, 946.

## 2) 교회적 상황

문혁 시기 동안 중국 공산당의 종교 소멸정책으로 타격을 입었던 교회에 다시 신앙의 봄이 찾아온 시기는 1976년이 지나서였다. 1978년 12월 중국 공산당의 전체회의에서 개혁개방정책이 결정되었고, 때에 맞춰 종교정책에도 변화가 찾아왔다. 1979년 중국 당국은 문혁 이전의 '종교 신앙 자유정책'을 집행할 것을 선언했다. 중국 공산당이 1982년 3월 1일에 발표한 「중국 사회주의 시기 종교 문제에 관한 기본관점 및 기본정책」(關于我國社會主義時期宗敎問題的基本觀點和基本政策, 이하 「19호 문건」)은 중국 공산당의 종교정책에 대한 가장 구체적이고 권위 있는 서면상 발언이며, 현재까지 중국 공산당의 종교정책을 주도하는 문건이다.[6] 또한 이와 동시에 발표한 「중화인민공화국 헌법수정초안」(中華人民共和國憲法修改草案)은 1979년 헌법 법률 중 종교 신앙 정책과 관련한 조문에 대해 대폭적으로 수정한 것이다. 이 두 문서를 통해 중국 공산당은 당이 어느 정도 종교 신앙의 자유를 허용하고 있다는 것을 보여주고자 하였다.[7]

이러한 종교 신앙 자유정책을 선언한 주요 배경은 덩샤오핑 집권 시기의 국가 목표가 '경제발전'이었다는 데 있다. 이는 곧 '통일전선전술'의 논리로서 당의 최대목표를 달성하기 위해서는 사회 각계각층의 모든 세력과 전략적으로 협력을 도모해야 한다는 것을 말한다.[8] 중국 공산당에게 종교는 '경제발전' 달성을 위한 하나의 중요한 수단이었다.

---

6    趙天恩·莊婉芳, 『當代中國基督敎發展史(1949-1997)』, 302.

7    趙天恩·莊婉芳, 『當代中國基督敎發展史(1949-1997)』, 302.

8    강준영, "중국 개혁개방 이후 종교정책의 변화와 중국종교의 부활", 「중국연구」30(2002. 12): 581.

## (1) 「19호 문건」

1982년 「19호 문건」이 선언되면서 다시 종교의 자유가 찾아왔다. 이 문건은 중국 공산당의 종교 신앙 자유정책을 존중하고 보호한다는 기본원칙을 강조하고 마르크스주의 종교관을 견지하겠다는 의지를 보여준 이정표라 할 수 있다.[9]

중국 공산당은 이 문건을 공표한 후, 바로 전국종교업무회의를 소집하고 새로운 종교정책의 취지를 전국에 알리기 시작했다. 취지문의 처음 부분을 소개하면 다음과 같다.

> 중앙서기처는 최근 종교 문제를 연구하여 「중국 사회주의 시기 종교 문제에 관한 기본관점 및 기본정책」(關于我國社會主義時期宗教問題的基本觀點和基本政策) 문건을 완성했다. 본 문건은 건국 이래 비교적 체계적으로, 당이 종교 문제에 대해 정·반(正·反) 모두의 역사 경험을 총결산하여 기본관점과 기본정책을 천명한 것이다. 각 성과 시, 자치구의 당위원회와 중앙정부의 관련 부서, 국가 기관의 관련 조직들은 본 문건을 접수한 후 종교 문제에 대해 진지하게 조사 연구하고 토론하여 각 항목의 정책이 제대로 실현되도록 촉구하고 감독해야 한다.[10]

이 문건은 취지문에서 밝혔듯이 개혁개방정책을 실행한 중국 공산당 지도부가 발표한 최초의 종교 관련 문건이다. 중국의 종교정책이 법제화되기

---

9    詹石窗, "堅持實事求是精神, 開拓宗教研究新局面", 「宗教學理論與其他宗教研究」1 (2013): 231.

10   http://www.chinesetheology.com/ChinaReligiousPolicy/19documentBIG5.htm (2019-10-12, 13:58 접근)

전까지 이 문건의 내용이 법보다 더 중요한 역할을 하였다. 따라서 개혁개방 초기 중국 정부의 종교자유정책은 이 문건을 근거로 시행되었다.[11] 이 문건의 내용 중 중요한 부분을 소개하면 다음과 같다.[12]

첫째, 종교신앙의 자유 정의에 관한 것이다. 종교신앙의 자유 정의는 '매 공민은 신앙종교의 자유를 가질 뿐만 아니라 믿지 않을 자유도 갖는다. 이런 종교를 가질 자유도 있고 저런 종교를 가질 자유도 있다. 동일한 종교 안에서도 이런 종파를 가질 자유가 있고 저런 종파를 가질 자유도 있다. 종교신앙 자유정책의 실제, 곧 종교신앙의 문제는 공민 개인의 사적인 것이다. 그러나 무신론자인 공산당원은 응당 게으르지 말고 무신론을 선전하는 것을 견지해야 한다.

둘째, 본 문건은 4개의 '절대불허' 원칙을 제기한다. 종교가 국가행정, 사법, 학교교육과 사회공공교육에 간섭하는 일은 절대로 불허한다. 사람에게 강제로 압박을 주는 일은 결코 불허한다. 특별히 18세 이하의 소년아동의 입교, 출가 혹은 사당에 가서 경(經)을 학습하는 일을 불허한다. 이미 도태된 종교 봉건적 특권과 강압적 수탈제도의 회복을 절대로 불허한다. 종교를 이용하여 당과 사회주의제도를 반대하고 국가통일과 국내 각 민족 간의 단결을 파괴하는 일은 절대로 불허한다.

셋째, 애국종교조직의 임무에 관해서다. 애국종교조직의 임무는 당과 정부에 협조하여 종교신앙 자유 정책 집행을 관철시키고, 광대한 개신교도와 종교계 인사를 도와 애국주의와 사회주의적 각오를 부단히 제고(提高)하

---

11    김광성, "중국 종교자유정책에 대한 역사적 고찰", 26.
12    趙天恩·莊婉芳, 『當代中國基督教發展史(1949-1997)』, 305-306.

고, 종교계의 합법적 권익을 대표하여 정상적인 종교 활동을 할 수 있게 조직함으로써 교무(敎務)를 잘 수행하는 것이다. 일체의 애국종교조직은 모두 당과 정권의 지도를 접수하고, 당과 정부의 간부 역시 응당 종교 조직에 지지와 지원을 베풀어 스스로 자신의 문제를 해결하고, 대체를 원하지 않아야 한다. 종교와 사회주의제도는 또한 상당한 종교 학식을 구비한 젊은 종교 직업에 종사하는 그룹을 갖춘다.

위의 내용을 살펴보면 「19호 문건」은 이전의 종교정책에 비해 종교에 대해서 상당히 온건한 태도를 반영하였음을 알게 된다. 그러나 그렇다고 종교의 자유가 완전히 보장된 것은 아니었다. '종교신앙의 자유' 조항이 결코 '전도'의 자유를 포함하지 않으며, 또한 '믿지 않을 자유' 조항은 '종교신앙의 자유'를 제한하는 데 얼마든지 적용할 가능성이 있기 때문이다. 정상적인 종교 활동은 반드시 애국종교조직 안에서만 가능하며, 관리하는 장소 안에서만 거행할 수 있다는 조항이 있는 한 종교 활동이 자유로울 리 없다. 타이완과 홍콩의 복음주의 신학자인 자오천언(趙天恩)과 장완팡(莊婉芳)은 중국 공산당이 결국 '통일전술' 전략을 진행하려는 의도로 종교신앙 자유의 정책을 부활한 것으로 해석하였다.[13]

중국 공산당은 이 문건을 발표한 후 곧이어 제9차 전국종교공작(全國宗敎工作) 회의를 베이징에서 개최하여 이 문건을 학습하고 관철할 것을 명하였다. 특별히 이 문건에서 눈여겨볼 사항은 여기서 언급한 종교 활동을 위해서는 종교 각각의 애국종교조직이 필요하다는 점이다. 조직의 정비와 활동 개시를 위해 중국 기독교는 1980년 10월에 난징에서 제3회 전국회의

---

13    趙天恩·莊婉芳, 『當代中國基督敎發展史(1949-1997)』, 273.

를 개최하였다. 문혁으로 인해 1960년 제2회 때로부터 20년 만에 재개된 것으로,[14] 이 회의에서 중앙통전부 부부장(副部長) 쟝쯔이(張執一)는 다음과 같은 연설을 하였다. 그의 연설을 통해 이 회의의 성격을 파악할 수 있기에 요약하여 소개한다.[15]

첫째, 애국주의는 전국인민 사상·정치 일치의 기초이며 '사화'[16](四化)를 실현하는 것을 중요한 의의로 삼는다. 애국주의는 사회주의를 기본 내용으로 삼는다.

둘째, 기독교가 중국인의 종교가 될 수 있었던 것은 삼자회의 공로다. 우야오종이 열심히 공산당을 도왔던 것을 찬양한다. 왕밍따오 등 소수인들은 '외국 잔동 세력의 졸개'다. 당의 종교정책을 회고할 때 집행상의 성취와 과실은 정책 관철에 어려움이 있음을 인정하는 것이다. 그러므로 반드시 더욱 강하게 해외 침투 작업을 표해야 한다.

셋째, 삼자회의 기본 임무는 외래 세력의 침투에 반대하는 것이다. 그다음이 교회당을 개방하는 것이고, 성경을 발간하는 것이며 전도 인원 등을 배양하는 내부 문제다.

넷째, 국가는 절대로 종교 활동에 간섭해서는 안 되며 종교 사무의 관리에 대해서도 마땅히 더욱 엄격하게 해야 한다. 당의 지도는 곧 '정치상, 사상상의 지도이며 조직상의 업무 담당이 아니다.' 각지의 삼자회와 교회는 자치(自治)를 진행해야 한다. '애국적인' 목사들에 대해서는 손을 놓아야 하며, '비애국적인' 자유 전도인들에 대해서는 통제해야 한다. 간부에 대

---

14    趙天恩·莊婉芳, 『當代中國基督教發展史(1949-1997)』, 314.
15    趙天恩·莊婉芳, 『當代中國基督教發展史(1949-1997)』, 314-315.
16    4개의 현대화를 의미한다. 즉 공업, 농업, 국방, 과학의 현대화를 말한다.

해서도 정책과 법령 교육을 시켜야 한다.

다섯째, 우야오종을 신도와 종교계 인사들이 학습할 모범으로 삼아야 한다.[17]

이 연설 가운데 주목할 부분은 삼자회의 공로를 치하하고 그것의 임무를 지정한 데 있다. 이는 「19호 문건」 이후 중국에서 삼자회의 활동이 더욱 활발하게 진행될 것임을 암시한다. 특히 쟝쯔이는 삼자회의 기본 임무 중 가장 첫 번째를 외래 세력의 침투에 반대하는 것이라고 강조함으로써, 삼자회가 처음 설립 때의 정신과 취지의 맥에 서 있음을 천명했다.

결론적으로 「19호 문건」으로 인해 중국교회는 문혁의 어둠의 시기를 지나 제한적이나마 자유의 봄을 맞이하게 되었다. 이로써 문혁 이전에 삼자애국운동을 주관했던 삼자회가 부활하여, 문혁 이후의 중국교회를 이끌어갈 수 있는 여건이 조성되었다.

### (2) 「헌법수정초안」 중 종교신앙에 관한 조항

「19호 문건」 공포 후 한 달 후인 1982년 4월 27일 전국 제5회 인대상위회(人大常委會)는 「헌법수정초안」(憲法修改草案, 이하 「헌초안」)을 통과시키고 공포하였다. 이것은 중국 건국 이래 4번째의 헌법 수정안으로, 1978년 헌법 조문 중 "공민은 종교를 불신앙하고 무신론을 선양할 자유를 갖는다"라는 구절을 제거하고 다음과 같이 '종교신앙 자유'에 관한 조안을 수정하였다.

「헌초안」(憲草案) 제35조문에서는 중화인민공화국 공민은 종교신앙의 자유를 가진다. 어떤 국가기관, 사회단체와 개인은 공민신앙종교나 불신앙종교를

---

17    趙天恩·莊婉芳, 『當代中國基督教發展史(1949-1997)』, 314-315.

강제할 수 없으며, 신앙종교와 불신앙종교의 공민을 무시할 수도 없다. 국가는 정상의 종교 활동을 보호한다. 어떤 사람도 종교를 이용하여 반혁명활동을 진행하거나 질서를 파괴할 수 없고, 공민의 신체 건강을 해칠 수 없으며 국가 교육제도의 활동을 방해할 수 없다. 종교는 외국의 지배를 받지 않는다.[18]

새로운 「헌초안」이 공포된 후 전국 각지에서는 학습과 토론 활동이 전개되었다. 전국정협(全國政協)[19]은 여러 차례 토론회를 열었고, 정협 중 종교계 인사는 6차례나 회의하면서 「헌초안」 중 종교신앙 규정에 대해 토론하고 만족을 표했다. 신헌법은 그해 제5회 인대회(人大會)[20] 4차 회의에서 통과되었다.[21]

---

18  「인민일보」, 1982. 7. 3. 趙天恩·莊婉芳, 『當代中國基督教發展史(1949-1997)』, 310에서 재인용.

19  중국인민정치협상회의(中國人民政治協商會議)는 중국 공산당과 민주당파(중국 공산당의 위성정당), 단체, 정계 등의 대표로 구성되는 중화인민공화국의 조직으로, 약칭은 정협(政協)이다(위키백과).

20  전국인민대표대회(全國人民代表大會)의 약칭은 전인대(全人代)로서 중화인민공화국의 입법기구이며, 국가 최고 권력을 쥔 기관이다(위키백과).

21  趙天恩·莊婉芳, 『當代中國基督教發展史(1949-1997)』, 311.

## 2. 삼자교회의 발전

### 1) 양회(兩會)[22]의 조직과 발전

문혁이 종결되고 중국 공산당 종교정책의 제정 후 가장 시급했던 사안은 이 정책을 실행에 옮겨줄 각 종교의 종교 단체를 조직하는 일이었다. 중국 기독교는 먼저 1980년 10월 제3차 전국 기독교 회의를 난징에서 개최하여 새로운 정치 상황에서 교회의 임무 등을 제정하고 지도자를 선출하는 등 기독교의 체계를 세우고자 하였다.[23] 이런 노력으로 1980년에 두 개의 매우 중요한 회의가 개최되었다. 하나는 '중국 기독교 삼자애국운동 위원회 광대회의'(中國基督教三自愛國運動委員會常務委員會廣大會義, 이하 '삼자회상위광대회의')다. 다른 하나는 '중국 기독교 제3차 전국회의(中國基督教第3次全國會義)다. 두 회의를 통해 두 개의 역사적으로 중요한 기구가 탄생하게 되는데, 자세한 내용을 정리하면 다음과 같다.

중국 기독교 제3차 전국회의가 열리기 전인 1980년 2월 25일부터 3월 1일까지 삼자회상위광대회의가 먼저 상하이에서 개최되었으며, 모두 16개 성(省) 37명의 대표가 출석했다. 이 회의에서 가장 시급하게 논의되어야 할 문제는 "삼자회가 다시 부활할 가치가 있는가?"에 관한 것이었다.[24] 이 문제의 의미는 1951년 이후부터 중국교회는 이미 완전히 서구 교회의 통

---

22    삼자회와 중국 기독교 협회를 말한다.
23    趙天恩·莊婉芳,『當代中國基督教發展史(1949-1997)』, 312.
24    이하 이 논의에 대한 내용은 趙天恩·莊婉芳,『當代中國基督教發展史(1949-1997)』, 313을 참고하라.

제를 벗어났으며, 나아가 문혁 10년을 지나는 동안 더욱더 자치·자양·자전 '삼자'의 이상을 완전히 이루어냈음에도 역시 '삼자애국운동' 조직을 다시 회복시킬 필요가 있느냐는 물음이었다.

토론은 삼자회의 부활은 반드시 필요하며 그것의 회복은 큰 가치를 지닌다는 것으로 결론 났다. 삼자회 부활의 당위성을 주장한 첫 번째 이유는, 새 세대 신도들이 삼자회에 대한 이해가 매우 부족하다는 것, 둘째, 새로운 개혁개방의 시대에 제국주의가 종교를 이용할 가능성은 여전히 존재하고, 셋째로 정부에 협력하여 당의 종교정책을 잘 실현하기 위해서라는 것이었다. 이 회의에서 발표된 「전국의 형제자매에게 고함」(告全國主内弟兄姉妹書) 문건은 다음과 같이 이 토론의 결과에 의미를 부여하였다.[25]

> 우리는 한발 더 나아가 우리의 삼자애국운동을 전개하고 가강(加强)해야 한다. 삼자애국운동 30년 동안의 성과는 매우 크다. 이 운동으로 인해 점점 더 많은 중국 기독교인들이 조국을 사랑하게 되었고, 민족의 자존심은 대대적으로 높아졌으며, 조국 인민과 함께 가야 한다는 생각에 미치게 되었다. 이 운동으로 인해 중국 기독교는 더 이상 제국주의나 그 어떤 반동 세력에 이용되는 도구가 아니며, 기본적으로 이미 진정한 우리나라 인민의 일부가 신앙하는 종교가 되었다. 이 운동으로 인해 점점 더 많은 인민과 간부들이 기독교에 대한 관점을 바꿨다. 기독교는 이제 더 이상 나라를 사랑하지 않는 서양의 종교가 아니라 이미 중국 신도의 자치·자양·자전의 종교가 되었다.

이 말을 정리하면 그동안의 삼자애국운동의 전개로 인해 기독교인들의 애

---

25    中國基督教三自愛國運動委員會編, 『中國基督教三自愛國運動文選(1950-1992)』, 90.

국심이 더욱 높아졌을 뿐만 아니라 기독교를 믿지 않는 인민들과 간부들까지 기독교에 대해 호감을 갖게 되었다는 것이다. 이렇게 삼자애국운동은 중국교회와 중국 사회 전반에 선한 영향력을 끼친 운동으로 반드시 지속되되 더욱 강력하게 전개되어야 한다. 이를 위해서 삼자회는 반드시 부활해야 할 기구라는 의미였다.

삼자회의 부활에 동의한 것 외에 이 회의에서 결정된 사항은 다음 세 부분이다.[26] 첫째, 성경과 찬미가 및 신앙 서적의 편집·출간과 삼자회의 기관지 「천풍」(天風)의 출간을 부활한다. 둘째, 난징신학원을 다시 개교하여 목회자를 훈련시키고 수업을 재개한다. 셋째, 교무기관을 만들어 전문적으로 목회 사역을 주관하고 삼자회와 상부상조하게 한다.

상하이에서의 준비 회의를 마치고 1980년 10월 6일 '중국 기독교 제3차 전국회의'가 난징에서 개최되었다. 회의 대표는 202인이었으나 실제 참가 인원은 176명이었다. 그들은 각 25개 성, 자치구, 직할시에서 왔고 조선족(朝鮮族), 률속족(慄僳族),[27] 경파족(景頗族),[28] 묘족(苗族), 장족(壯族) 등 5개 소수민족을 대표하는 9인이 참가했다. 중앙통전부(中央統戰部) 부부장 쟝쯔이(張執一)와 국무원종교사무국 샤오셴파(肖賢法) 국장도 회의에 참석했다. 거기서 종교신앙 자유정책을 재천명하고 '삼자애국운동'의 성과를 긍정적으로 평가하였다.

참가자들은 대회 기간에 지난 30여 년의 중국교회 역사를 돌아보고 향후 중국교회가 풀어야 할 중대한 임무 등에 대해 토론하였다. 이 회의에

---

26    趙天恩·莊婉芳, 『當代中國基督教發展史(1949-1997)』, 313.
27    중국 소수민족 중 하나인 리수족.
28    중국 소수민족 중 하나인 징포족.

서 가장 중요한 결의사항은 교무기관의 건립에 관한 것이었다.[29] 이들은 현재 중국 기독교는 새 시대의 새로운 상황에 맞는 교무기구의 필요성을 절감하고 있으며, 이 교무기구는 전국의 교회와 신도를 위해 봉사하는 기구 역할을 할 것이라 설명했다.[30]

이러한 토론을 거쳐 대표들은 전국적 성격의 교무기관인 '중국 기독교협회'(中國基督敎協會)를 설립하는 일에 모두 동의했다. 그리고 이 기관의 성격을 다음과 같이 규정했다.

> 첫째, '중국 기독교협회'와 '삼자회'는 서로 '역할은 나누되 함께 협력하는'(分工合作) 관계다.
> 둘째, '중국 기독교협회'는 중국교회가 당면한 요구에 근거하여, 각 항목의 교목(敎牧) 사업을 잘 수행해야 하며, 주님이 사용하시기에 합당한 전도인들을 배양하고, 성경과 신앙 서적을 출판하는 일을 관장한다.
> 셋째, 각지 교회의 신도와의 연계를 강화해야 한다.[31]

여기서 잠깐 삼자회와 기독교협회 두 기관의 규정안 명칭과 임무 소개를 통해 두 기관의 성격을 살펴보면 다음과 같다.

---

29    羅僞虹 主編, 『中國基督敎(新敎)史』, 777.
30    이에 관해서는 羅僞虹 主編, 『中國基督敎(新敎)史』, 776-777.
31    中國基督敎三自愛國運動委員會, 『中國基督敎三自愛國運動文選(1950-1992)』, 112.

## ■ 중국 기독교 삼자애국운동 위원회 장정(章程)[32]

| 제1조<br>(명칭) | 본회는 중국 기독교 삼자애국운동 위원회(간칭 "전국삼자", 영문명 "National Committee of Three-Self patriotic Movement of the protestant Churches on China")라 한다. |
|---|---|
| 제2조<br>(종지) | 본회는 중국 기독교의 애국애교(愛國愛敎) 조직이다. 그 종지(宗旨)는 신도의 애국애교를 안내하고 교회의 자주독립을 보호하며, 교회 내의 단결을 증강하고 중국교회를 잘 세우기 위해 봉사하는 데 있다. |
| 제3조<br>(임무) | 본회의 임무는 중국 공산당과 인민정부의 지도하에 전국의 기독교가 하나 되게 하고, 사회주의 조국을 열렬히 사랑하게 하며, 국가 헌법, 법률, 법규와 정책을 준수하게 하며, 자치·자양·자전·독립자주를 견지하게 하며, 교회의 방침을 스스로 세우게 하는 데 있다. 또한 정부의 종교신앙 자유정책이 잘 시행되도록 협조하고 교회합병권익을 보위하며, 국가단결규정을 보호하기 위해, 사회주의 물질문명과 정신문명의 건설을 위해, 조국 통일을 실현하기 위해, 더불어 국제 우호 교제와 세계평화를 보위하기 위하여 역량을 투입하는 데 있다. |

## ■ 중국 기독교협회 장정(章程)[33]

| 제1조<br>(명칭) | 본회는 중국 기독교협회(간칭 "전국기협", 영문명 "China Christian Council")라 한다. |
|---|---|
| 제2조<br>(종지) | 본회는 중국 기독교의 전국적 성격의 교무(敎務) 조직이다. 그 종지는 하나님을 믿고, 예수 그리스도를 주로 시인하는 전국의 모든 기독교인을 단결케 하고, 성령의 인도하에 한마음을 품고, 성경의 진리와 삼자애국의 원칙, 조국 교회의 규정 제도와 국가 헌법, 법률, 법규, 정책을 준수하게 함으로써 중국적 교회를 잘 세울 수 있게 하는 데 있다. |
| 제3조<br>(임무) | 본회의 임무는 예수 그리스도와 그가 지신 십자가를 높이고, 전국 각지의 교회와 연합하여 예수 그리스도를 머리로 하여, 공동으로 그리스도 지체의 역할을 발양하고, 그리스도의 몸을 세워 복음을 위해 아름다운 간증을 하는 데 있다. 또한 전국 각지 교회의 거룩한 사역을 위해 섬기며, 신앙의 신념과 예교에서 상호 간의 존중을 주장하며, 다양한 지체 간의 관계에서 사랑의 마음으로 서로를 관용하며, 평화의 마음으로 상호 간 연락하여 성령께서 하나 되게 하신 마음을 유지하는 데 최선을 다한다. |

---

32    1997년 1월 2일 통과.
33    1997년 1월 2일 통과.

위의 표에서 보듯이 삼자회는 중국 기독교인이 구성원이 된 애국애교 조직이며, 중국 기독교협회는 실행기구 성격의 전국적 교무조직이다. 이처럼 1980년 중국 기독교는 '삼자회'를 부활시키고, '중국 기독교협회'라는 주요 교무기관을 건립함으로써 한 단계 새로운 차원의 발전을 이룰 수 있는 기반을 마련했다. 이후 중국 기독교는 이 두 기관(兩會)의 지도를 받는 체제로 나아가게 된다. 이 시기 대표적으로 추진된 사역은 다음과 같다.

### (1) 종교 장소의 회복과 개방

10년 동안의 민족 재난이었던 문혁이 끝나면서, 점차 양회의 지도하에 교회당이 회수되고 예배가 회복되었다. 닝보(寧波)의 백년당(百年堂), 샤먼(廈門)의 고랑서신가당(稿浪嶼新街堂), 상하이의 목은당(沐恩堂)이 회복되었다. 1980년대에 이르러서는 각지의 주요 교회당이 계속하여 회복되었으며 각지에 교회당이 우후죽순처럼 건립되었다. 통계에 의하면 1980년대 전국에서 다시 개방된 교회당이 50-60곳이었다. 1986년에는 회복되고 중건된 예배당이 4,000곳에 달했다.[34] 교회당 수의 증가에 따라 교인 수도 증가하였는데, 1985년에 전국의 신도 수는 신중국 성립 초기의 70만에서 300만 이상이 되었다.[35]

### (2) 문서 사역

문혁이 진행되는 10년 동안은 교회의 각종 출판물도 큰 타격을 입었다. 교회가 회복된 후 다량의 성경책과 찬송가가 필요했다. 1980년 11월의 전국

---

34    羅偉虹 主編, 『中國基督敎(新敎)史』, 782.

35    羅偉虹 主編, 『中國基督敎(新敎)史』, 783.

회의 전후로 성경이 지속적으로 출간되었고 그해 출간량은 13.5만 권이나 되었다. 1982년에는 번체(정자체) 가로판 『新舊約全書』, 『新約全書』, 『新約 附詩篇』 모두 각각 100만 권을 출간했다.[36] 성경 외 찬송가의 출간도 이뤄졌는데, 1982년 중국 기독교 양회는 '중국 기독교성시위원회'를 성립하고 교회의 찬송가를 연구하고 발전시키는 임무를 맡겼다. 이 같은 노력에 힘입어 1983년 3월 400여 수의 찬송가를 수록한 『讚美詩(新編)』이 출판되었다. 400여 수의 찬송가 중 102수(首)는 중국 기독교인의 창작이었다.[37]

### (3) 신학교육 사역

기독교의 발전을 위해 가장 중요한 부분인 인재 양성을 담당할 신학원도 회복되었다. 먼저 금릉협화신학원(金陵協和神學院)이 회복되었다. 1966년 8월 폐교된 지 12년 만인 1978년 5월부터 조직을 재정비하는 반년 동안의 준비 기간을 거쳐 1979년 1월 정식으로 문을 열었다. 딩광쉰이 종교연구소 소장 겸 난징대학 부교장으로 임명되었다. 1980년 10월에 중국 기독교 제3회 전국회의에서 금릉협화신학원의 회복을 결의했고, 딩광쉰은 원장을 담임했다. 그해 응시를 통해 47명의 첫 학생들을 선발했고, 1981년 2월 28일에 개학식을 거행했다. 금릉협화신학원의 회복은 새로운 시대에 중국 기독교 신학교육의 시작을 알리는 표지가 된다.[38] 이후 각 곳의 신학원이 연이어 회복되거나 새로 건립되었다.

---

36    羅偉虹 主編, 『中國基督敎(新敎)史』, 783.
37    羅偉虹 主編, 『中國基督敎(新敎)史』, 784.
38    羅偉虹 主編, 『中國基督敎(新敎)史』, 785.

## (4) 사회봉사와 자선공익 사역

사회봉사와 자선 등의 사회운동은 중국의 건국 초기 삼자회가 성립했을 때부터 전개해왔던 중국교회의 전통이었다. 중국 기독교가 재정비되면서 사회봉사 영역에의 활동도 더욱 활발해졌는데, 그중 가장 괄목할 만한 것은 '애덕기금회'(愛德基金會)의 성립이다. 애덕기금회는 1985년 4월 중국 기독교가 발기하고 사회 각계 인사들이 참여한 민간단체로, 해외 자원을 받아들여 성립되었다.[39] 이들은 해외의 동포들과 우호적으로 왕래하여 조국 중국의 사회공익사업을 발전시켰고, 사회와 인민을 위해 봉사하며 나아가 세계평화에 이바지하자는 것에 목적을 두었다. 애덕기금회는 특히 의료위생 부분과 교육, 사회복지와 농촌발전의 사업에 전력하였다.[40] 이외에도 각지 기독교회는 기독교인들을 격려하여 각종 공익사업에 참여하도록 하여 낙후된 중국 사회를 발전시키고자 힘썼다.

## 2) 삼자신학의 체계화[41]

1949년 신중국 성립 초기에 삼자애국운동을 이끌었던 우야오종의 뒤를 이어, 1980년부터 삼자회를 이끌었던 자는 딩광쉰(丁光訓) 주교다. 딩광쉰은 1980-1997년까지 중국 기독교 삼자애국운동 위원회 주석과 중국 기독교 협회 회장을 역임했고, 난징대학(南京大學) 부교장과 종교연구소 소장을 겸임했다. 딩광쉰 주교의 지도하에 삼자회는 더욱 공고해졌고 삼자신학은 그를 중심으로 체계화되었다.

---

39  趙天恩·莊婉芳,『當代中國基督敎發展史(1949-1997)』, 413.

40  羅偉虹 主編,『中國基督敎(新敎)史』, 788.

41  이 부분에 대해서는 段琦,『奮進的歷程』, 507-520을 참고.

이 시기에 신학의 체계화에 대한 요구가 절실했던 것은 중국의 정치적·사회적 상황과 밀접한 관련이 있다. 1980년 중국 공산당과 정부의 신앙자유정책에 힘입어 삼자회가 부활되었고, 중국 기독교협회가 신설되었으며 전국 각지의 삼자교회 교회 역시 재개되거나 신축되었다. 삼자교회 인사들과 신학자들은 삼자애국운동이 처음 전개되던 시대에 야기되었던 신학 문제를 재고할 필요성을 느꼈다. 또한 날로 증가하는 신도의 숫자에 비해 현저히 떨어지는 목회자의 자질과 목양 능력 등의 문제에 대해서도 고심하지 않을 수 없었다. 특히 개혁개방이 전개되면서 교회에 나타나기 시작하는 신앙과 영성 방면의 다양한 실천 문제들에 대해 신학적인 차원에서 정리가 필요했다.

개혁개방 시대를 맞이하여 정부의 종교정책에 변화가 생기자 삼자회는 그의 근본적인 목적과 기본적인 임무가 크게 변화되지 않는 상황에서 새 시대에 부과된 과제와 역할을 다하기 위해 노력해야 했다. 1980년에 개최된 제3차 중국 기독교 전국회의에서는 다음과 같이 삼자회의 목적과 임무를 "적극적으로 우리나라를 도와 고도의 민주적이고 문명적인 사회주의 현대화 강국이 되도록 건설하자"로 개정하였다. 이에 따라 삼자신학자들도 새 시대에 삼자신학에 부여된 통일전선의 임무를 위한 작업을 진행해야 했다.

먼저 이들이 제기한 신학노선은 상황화 신학의 관점에서 신학 체계를 세우려는 문제였다. 이러한 접근이 신정부가 표방한 사회주의 체제에 적응하는 문제를 해결할 수 있으리라 확신했기 때문이다.

'상황화 신학' 관점에서 체계화가 필요했던 부분은 크게 신학 사상, 교회 조직, 신도들의 기독교 윤리도덕 부분이었다. 이와 같은 상황화 신학의 관점은 전통적인 주제들에 집중하여 나타났다. 신론(神論) 방면에서 삼자신학자들은 하나님의 속성 가운데서도 특별히 인간에 대한 아가페(agape)적인 사랑과 은혜를 강조하였다. 기독론 방면에서 부각된 것은 우주적 그리스도론이며, 성령론 방면에서는 우주 만물을 품는 생명의 영을 강조하였다. 인간론은 하나님의 형상으로서의 인간을 강조했다. 기독교인의 생활 방면에서는 믿음과 행위의 일치, 애국애교(愛國愛敎), 영신익인(榮神益人: 하나님을 영화롭게 하고 인간을 이롭게 함)을 강조했으며, 종말론은 이전에 전천년설을 주장하던 근본주의자들이 신중하게 후천년설로 전환하는 과정에 있음을 밝혔다.[42]

삼자신학은 신학 사상에 많은 문제가 있었음에도 개혁개방기에 딩광쉰 주교를 필두로 하여 학문적 체계를 잡아갈 수 있었고, 새 시대에 삼자교회의 새로운 임무를 수행할 신학적 준비를 착실히 진행해나갔다.


## 3. 딩광쉰의 신학 사상


문혁 이후 중국교회는 정부의 공식적인 종교자유정책에 힘입어 재도약하게 된다. 삼자회가 부활하여 체제를 재정비하게 되고, 삼자회 본연의 취지와 임무를 다해 국가의 정책에 적극적으로 동조하겠다는 의지도 재천명한다. 무엇보다 이 시기 주목할 것은 삼자신학 역시 본격적인 체계를 갖추게 된다는 점이다. 이른바 우야오종 시대의 '삼자애국운동'이 '삼자신학'으로 체계를 갖추게 되었다. 이와 같은 본격적인 삼자신학 형성의 중심에는 딩

---

42    段奇, 『奮進的歷程』, 508-509.

**>> 딩광쉰**
출처: http://cn.netor.cn/m/
box201211/m111489.asp

광쉰(丁光訓)이 있었다.

　딩광쉰은 문혁 이후 중국교회를 이끈 실제적인 중국교회 지도자라 할 수 있다. 문혁 이후 중국교회가 부활하는 데 그의 역할은 매우 컸다. 그는 문혁 이후의 삼자회를 이끌었을 뿐만 아니라 금릉협화신학원장으로서 많은 인재를 양성했다. 또한 오랫동안 기독교 지도자 자리를 지키면서 많은 강연과 저서를 통해 자신의 신학 사상을 분명하게 밝혔다.[43] 삼자교회를 기반으로 하는 그의 신학 사상은 명실공히 삼자신학의 요체라 할 수 있다. 그의 신학적 관점이 삼자운동의 신학 발전에 방향을 제시해주었다. 삼자교회 안에서 그의 영향력이 가장 컸기 때문이다.[44] 따라서 그의 신학 사상을 살펴보는 일은 곧 삼자신학 이론 연구의 기본이며 필수 과정이다.

## 1) 딩광쉰의 신앙 여정

### (1) 기독교 입문

딩광쉰은 1915년 9월 상하이에서 태어났다. 딩광쉰의 탄생 시기는 청(淸)조가 쑨원(孫文)의 혁명에 패망한 때였다. 중국은 내적으로는 정치적인 혼란에 싸여 있었고, 외적으로는 제국주의 열강의 수탈이 가열되어 그가 살던 상하이 역시 프랑스의 조차지(租借地)가 되었다. 그의 유년 시절에 이미

---

43　그의 많은 저서는 1998년 『丁光訓文集』으로 출간되었다.
44　陳韻珊 編, 『三自神學論評』(臺北: 中福出版有限公司, 2003), 72.

상하이에는 가톨릭 선교부의 중국 본부와 신학교가 있었고, 상하이는 개신교 선교부의 출판과 교육의 중심지이기도 했다.[45] 이러한 환경은 딩광쉰이 어렸을 때부터 기독교와 접촉할 기회를 제공했을 것이다. 무엇보다 그의 외조부가 성공회 신부였으며, 딩광쉰의 모친은 매우 경건한 기독교 신자였음을 생각할 때 그들의 영적 감화력이 컸을 것으로 보인다.[46]

이후 딩광쉰은 1931년에 미국 성공회가 설립한 상하이의 성 요한 대학(Saint John's University) 중·고부에 입학하였고, 1934년에는 동 대학 토목과에 입학했다. 그러나 입학한 다음 해에 신앙심 깊은 어머니의 권유로 영문학과 신학과로 전과하여 1937년 문학사 학위를, 1942년에는 신학사 학위를 받았다.

## (2) 청년기: 사회복음의 수용

딩광쉰은 어머니의 영향으로 개인의 회심을 중시하는 전통적 신앙 안에 있다가 청년이 되면서 점차 사회복음에 눈뜨게 된다. 요인은 두 가지로 추정된다.

첫 번째, 그가 살았던 상하이라는 곳의 정치적 성향 때문이다. 그가 네 살이었던 1919년에 5·4운동이 일어났고, 이미 1917년 러시아의 볼셰비키혁명으로 중국 지식인들이 각성하여 1921년에는 상하이에서 마오쩌둥을 포함하여 12명으로 구성된 공산당 지하조직이 결성되었다. 또한 저우언라

---

45 홍성현 편, 『중국교회의 전기와 새로운 중국의 신학』(서울: 한울출판사, 1992), 94.
46 1986년 그는 헝가리의 한 교회에서 설교하면서 그의 모친에 대해 다음과 같이 언급했다. "내 모친은 몇 년 동안 나를 위해 전 세계에서 가장 많이 열정적으로 기도했다. 내가 주교가 된 것은 그분의 기도 덕분이다.…모친은 나를 정말 사랑했고 모친의 그리스도에 대한 사랑, 교회에 대한 사랑, 나에 대한 사랑은 모두 같은 사랑으로 절대로 나눌 수가 없다." 丁光訓, 『論上帝』(上海: 中國基督敎三自愛國運動委員會, 2000), 3.

이의 지휘 아래 상하이 노동자들이 대규모의 반외세·반우익 시위를 일으키기도 했다. 이때 딩광쉰은 열두 살이었는데, 감수성이 한창 예민했을 나이에 상하이의 이런 정치적 분위기가 그의 세계관 형성에 간접적인 영향을 주었을 것이다.[47]

두 번째, 딩광쉰이 그의 회고에서 직접 밝히고 있듯이 성 요한 대학 재학 시절 우야오종을 만나면서부터다. 그전까지 딩광쉰은 비록 상하이의 정치적 분위기에 노출되어 있기는 했지만, 어머니로부터 전수받은 보수적 신앙의 색채를 견지하고 있었다. 즉 개인의 회심과 구원, 하나님과의 영적 체험을 중시하는 개인적인 신앙관에서 '애국애교'의 사회적 체험을 중시하는 신앙관으로 전환하게 된 것에는 우야오종과의 만남이 결정적인 계기가되었다. 딩광쉰은 대학 시절 우야오종과의 만남이 자신의 신앙 여정에서 큰 전환점이 되었음을 다음의 글에서 밝히고 있다.

당시 나는 성 요한 대학에 재학 중이었는데 사회개조 문제에 대해서는 전혀 관심이 없었다.…그러나 나라가 망해 노예가 되는 일은 절대로 원하는 바가 아니었기에 어떤 동학(同學)이 술에 취해 "중국이 어느 나라에 망하는 것이 좋겠는가?"라는 말을 하자 바로 반감이 들었다.…그때 우야오종 선생으로부터 예수 그리스도도 애국자였으며 인민을 물불 속에서 구원하고자 자신의 목숨을 희생한 영웅이라는 말을 듣게 되었다. 마치 시원한 바람이 한 점 부는 것 같았다. 갑자기 내 마음에 큰 영감이 와서 그때부터 우리나라를 개조하는 것이 급선무임을 깨닫게 했다.[48]

---

47    홍성현 편, 『중국교회의 전기와 새로운 중국의 신학』, 95.
48    丁光訓, 『丁光訓文集』(南京: 譯林出版社, 1999), 464.

우야오종이 소개한 예수 그리스도를 통해 점차 기독교가 개인 구령의 문제만이 아니라 나아가 사회현실의 문제에 감화력을 미쳐야 한다는 신앙관으로 눈을 돌리게 된 것이다.

### (3) 신중국하: 삼자교회 대표

딩광쉰에게 복음의 사회적 책임을 강조하는 신학 사상이 정치 사상과 만나게 되는 계기는 1949년 5월 신중국 성립 직전 세계평화회의에 참석차 프라하에 머물던 우야오종을 다시 만난 일이었다. 딩광쉰은 다음과 같이 우야오종과의 대화를 회고한다.[49]

> 그때 우야오종 선생은 우리나라 인민이 공산당의 지도하에 전 중국을 해방하여 신중국을 건설하는 일에 대해 격정으로 가득했다. 그는 완전히 이 사업과 하나가 되어 있었다. 그때 나는 우야오종 선생에게 그가 다소 실망할 문제이기도 했지만, "만일 종교가 압박을 받게 되더라도 여전히 공산당을 지지할 것인가"라고 물었다. 그는 "그렇다, 나는 여전히 공산당을 지지할 것이다. 왜냐면 중국이란 문제는 크고, 종교라는 문제는 어찌 되었든 소소한 국부적인 것이기 때문이다"라고 답했다.

우야오종과의 길고 진지한 대화는 딩광쉰에게 신중국하에서도 종교의 역할이 가능하다는 것을 깨닫게 하였다. 이러한 확신이 서자 딩광쉰은 주위의 많은 동료의 만류에도 불구하고 1951년 귀국을 결정했다. 귀국 후 젊은 기독교 일꾼 딩광쉰은 우야오종의 지도하에 교회를 위해 일하기 시작했

---

49    劉華俊 編, 『天風甘雨-中國基督敎領袖丁光訓』(南京: 南京大學出版社, 2001), 32.

다. 우선은 우야오종이 주축이 되어 조직한 삼자애국운동에 적극적으로 참여했다. 1955년에는 중국 성공회의 주교로 임명받았고, 금릉협화신학원의 학장직을 겸하면서 기독교 인재 양성에도 큰 관심을 가졌다. 점차로 딩광쉰은 신중국하에서 명실공히 삼자교회를 대표하는 지도자로, 삼자신학을 체계화한 정치신학자로서 자리매김하게 되었다.

그러나 10년 동안 문혁이 진행되던 시기에는 그 역시 고난을 비켜갈 수 없었다. 문혁 기간 동안 홍위병들에 의해 몇 차례 집이 수색을 당하고, 소유물을 압수당했으며, 결국 살던 집에서도 쫓겨났다. 이후 문혁이 종결되던 1978년 모든 것이 회복되면서 신학자로서의 그의 일상도 회복되었다. 그는 그해 금릉협화신학원(金陵協和神學院)의 부교장으로 임명되어 교학과 행정 복원을 위해 여러모로 노력하였다. 신학원은 곧 학생 모집을 재개했다. 또한 교학, 영성훈련, 연구 등의 일 외에도 많은 국제 교류활동을 전개했으며, 세계 각지의 기독교 저명 인사들과 학자들, 교회 인사들을 접대하면서 세미나와 좌담회 등을 개최하였다. 학생들을 외국에 파견하여 각종 국제회의에 참여하는 기회도 주었고 「금릉신학지」(金陵神學志)나 「교재」(敎材) 등의 정기 간행물과 각종 신학주석과 참고서 등 150여 종을 출간하기도 하였다.[50] 동시에 그는 난징대학교 종교연구소장으로 재직하면서 강연과 저술 활동에 활발하게 참여하였다. 그뿐만 아니라 그의 신학자로서의 역량과 입지에서 한 걸음 더 나아가 정치적 입지도 공고히 할 계기가 마련되기 시작했는데, 바로 1980년 중국 기독교 삼자애국운동위원회 주석과 중국 기독교협회 회장으로 임명받았던 것이다.[51] 개혁개방기에 딩광쉰은

---

50    趙士林·段奇 編,『基督教在中國 處境化的智慧(下)』, 542.
51    羅偽虹 主編,『中國基督敎(新敎)史』, 779.

명실공히 새 시대의 새로운 교회 지도자로 부상했다.[52]

## 2) 딩광쉰 신학 사상의 기초[53]

딩광쉰은 신중국하에서 중국 기독교 신학교육과 삼자신학의 체계를 세우는 데 큰 역할을 담당했다. 먼저 딩광쉰의 신학 사상의 토대를 이뤘던 것들은 무엇이었는지 살펴보고자 한다.

### (1) 마르크스주의 종교관

일반적으로 마르크스주의 종교관은 신중국 정부와 공산당의 종교의식과 태도를 대변하고 있다고 말한다. 오랫동안 "종교는 인민의 아편이다"라는 말이 마르크스주의 종교관의 본질로 여겨져 왔다. 딩광쉰은 그의 문집에서, 이 말은 마르크스가 당시 종교계 유명 인사가 했던 말을 한차례 인용했을 뿐인데 마치 그의 창조물처럼 착각되어 전해진 것이라 말했다.[54] 다시말해, '종교 아편론'의 효용은 진정한 사회주의 국가에 도달하지 못한 사회주의 이전의 사회에서나 가능한 것이다.

　　즉 딩광쉰은 마르크스가 세간의 착각처럼 '종교 아편론'을 강조한 것이 아니라 그보다 훨씬 과학적이고 진보적인 종교관을 소개했다고 강조한다. 그 예로 두 가지 사례를 들었다. 첫 번째 예로, 영국에서 올리버 크롬웰(Oliver Cromwell, 1599-1658)과 영국인들이 자산계급 혁명을 위해 구약성경

---

52　이후 딩광쉰은 1996년 퇴직하였다가, 중국 기독교 삼자애국운동위원회 명예주석과 중국 기독교협회 명예회장으로 다시 천거되었다. 2003년 3월 전국정협 10회 1차 회의에서는 제10회 전국정협 주석으로 당선되기도 하였다.

53　딩광쉰의 신학 사상 기초에 관한 더 자세한 내용은 陳韻珊 編, 『三自神學論評』, 2-70 참고.

54　劉華俊 編, 『天風甘雨-中國基督教領袖丁光訓』, 136.

의 언어와 열정적 환상을 이용했다고 한 마르크스의 말을 소개한다. 나아가 "오늘날 제3세계 국가 가운데서 일어나는 민족주의 운동은 상당 부분이 종교인들과 종교계 인사들의 지지와 참여와 관련이 있다.…라틴아메리카와 필리핀에서는 '해방신학'의 기치 아래 적지 않은 성직자들이 군중운동과 무장투쟁에 투신하여 목숨을 잃기도 하였다"[55]라는 말로 종교가 한 사회의 개혁과 변혁을 위해 얼마나 큰 역할을 할 수 있는지를 설명한다.

두 번째로, 그는 사회주의 체제가 건설되면 전(前)사회주의 시기의 종교가 갖고 있던 '아편론'의 역할은 끝이 나지만, 마르크스주의 종교관은 더욱 발전한다고 설명한다. 이런 점에서 딩광쉰은 문혁 이후 1982년 정부가 발표한 종교자유정책인 「중국 사회주의 시기 종교 문제에 관한 기본관점 및 기본정책」(關于我國社會主義時期宗敎問題的基本觀點和基本政策, 이하 「19호 문건」)에 완전히 동의한다고 말한다. '아편'이란 단어가 「19호 문건」에서 다시는 언급되지 않는 것은 중국 공산당과 정부가 '아편'을 교조주의의 속박으로부터 벗어나서 실제에서 출발하여 마르크스주의 종교관을 발전시키겠다는 중요한 표현이라 간주하기 때문이다.[56] 즉 그는 「19호 문건」의 가장 큰 특징은 당시 중국의 실제에서 출발하여 중국 종교 문제를 연구하고 새로운 관점을 제시하였다는 점에 있다고 보았다.[57] 그러므로 딩광쉰에게 신중국하에서의 종교는 사회주의 건설에 중요한 지지자요 참여자로서, 인민의 윤리도덕 수준을 높이거나 의료, 교육, 환경보호 등의 각 방면 등에서 지대한 공헌과 기능을 수행하는 강력한 도구가 된다. 또한 이 점이 딩광쉰이 삼자회에 투신하는 강한 동기가 되기도 했다.

---

55    丁光訓, 『丁光訓文集』, 403.

56    丁光訓, 『丁光訓文集』, 389.

57    丁光訓, 『丁光訓文集』, 390.

## (2) 자유주의 신학 사상

개혁개방 이후 삼자교회는 해외와의 교류가 빈번해졌고 서양의 진보적인 신학 사상이 삼자신학의 형성에 적지 않은 도전과 자극이 되었다. 1950년 대 우야오종의 지도하에 있던 삼자교회는 삼자애국운동이 갖는 반제국주의적 성향으로 인해 서구신학에 대해 반감이 있었다. 하지만 1980년 이후 삼자교회는 그동안 단절했던 해외 교회와의 교류를 재개하면서 서구의 현대신학 사상을 적극적으로 탐구하고 삼자신학 속으로 수용하기 시작했다. 딩광쉰을 비롯한 삼자신학자들은 무조건적인 수용이 아니라 중국 기독교가 주체가 되어 중국교회의 문제를 해결하겠다는 의지를 보였다.[58] 이에 대해 딩광쉰은 새로운 신학 사상을 접했을 때 평가에 앞서 효용성을 따져보라고 권면했다.

> 신학을 연구하는 데 있어 (제대로 연구해보지도 않고) "이것은 영적이고 저것은 영적이지 않고, 혹은 이것은 정통이고 저것은 비정통이다"라고 하면서 바로 결론을 내리는 일은 절대로 금기다.[59]…네가 만일 잘 이해되지 않는 논점에 대해 듣게 된다면, 먼저 편견으로 평가하려 하지 말고 응당 이해하려는 시도부터 해야 한다. 도대체 무엇 때문에 이 사람이 이런 논점을 제기하였는가? 이 문제를 너 자신은 해결할 수 있는가, 아닌가? 또 어떻게 해결된 것인가?[60]

딩광쉰의 이 말은 그를 비롯한 삼자신학자들이 서구신학을 수용하는 기준이 무엇이고, 또 어떤 태도를 보였는지 잘 보여준다. 즉 그들이 서구신학을

---

58    陳韻珊 編, 『三自神學論評』, 31.
59    丁光訓, 『丁光訓文集』, 188.
60    丁光訓, 『丁光訓文集』, 188.

수용하는 근거나 기준은 '성경'이 아니라 그것이 어떤 상황(대부분 정치적 상황)에 적절한가 여부에 달려 있었다.

딩광쉰을 위시한 삼자신학자들이 비교적 긍정적으로 수용하고 삼자신학에 적용한 서구신학 사상은 남미의 해방신학과 과정신학, 테야르 드 샤르댕의 신학이다. 딩광쉰은 이 신학 사상이 중국 개혁의 현실과도 일치하여 참고할 만한 매우 큰 가치가 있다고 소개하였다.[61]

### ① 해방신학

첫째, 딩광쉰이 기독교의 현실참여와 사회적 책임을 강조하는 신학 사상을 형성하는 데 가장 많은 영향을 미쳤던 서구 사상은 해방신학(解放神學, liberation theology)이다. 해방신학은 남미 페루의 구스타보 구티에레스(Gustavo Gutiérrez, 1928-)에 의해 창시되었다. 해방신학에서 중시되는 문제는 '신학의 상황적인 성격'에 대한 확신이다. 구스타보 구티에레스에게 이 확신은 다음과 같은 신학을 요구하게 하였다.

> 그것은 세계에 대하여 반성하는 것으로 그치지 않고, 오히려 세계가 변형되는 과정의 일부가 되기를 바라는 신학이다. 그것은 하나님의 은사에 개방되어 있는—짓밟힌 인간의 존엄에 대한 저항에서, 대다수 사람의 약탈에 대한 투쟁에서, 자유롭게 하는 사랑에서, 새롭고 정의로우며 우애적인 사회건설에서— 신학이다.[62]

---

61   丁光訓, 『丁光訓文集』, 188.
62   Gustavo Gutiérrez, *A Theology of Liberation*, trans. Caridad Inda, Sr., John Eagleson (Maryknoll, N.Y.: Orbis, 1973), 15; Harvie M. Conn 저, 『해방신학연구』, 홍치모 역(서울: 성광문화사, 1984), 19-20에서 재인용.

미국 장로회 위케리 박사(Philip L. Wickeri)의 딩광쉰에 대한 소개말은 딩광쉰의 신학 사상의 정체(正體)에 대한 객관적인 평가다. 위케리 박사는 "딩 주교의 신학적 사고의 중심은 지속적인 윤리와 정치참여(Political involvement)에 있다"[63]라고 말했다. 위케리의 지적처럼 딩광쉰은 기독교가 개인 구원을 추구하는 것도 중요하지만 자신의 구원과 영성에만 관심을 둠으로써 사회적 책임과 의무를 소홀히 하는 것에 이의를 제기하고 엄격하게 비평했다. 즉 그는 모든 기독교인이 반드시 자신이 속한 사회와 국가, 민족과 타인에 대해 관심을 가져야 하며 이렇게 할 때 비로소 예수 그리스도의 정신을 체현하는 것이라고 주장했다.

### ② 과정신학

해방신학과 더불어 딩광쉰에게 영향을 끼친 자유주의 신학은 과정신학(過程神學, process theology)과 테야르 드 샤르댕의 사상이다. 딩광쉰 신학의 본체 틀은 과정신학이 제공했고, 샤르댕의 신학은 부차적으로 응용되었다. 딩광쉰이 이 두 신학을 응용하여 삼자신학의 기틀을 마련한 것은 1984년 이후로 볼 수 있다.

딩광쉰이 자신의 신학 사상을 구축하는 데 채용했던 과정신학은 알프레드 화이트헤드(Alfred Whitehead)의 과정철학으로부터 발전한 신학으로서 찰스 하츠혼(Charles Hartshorne, 1897-2000)과 존 캅(John B. Cobb, 1925-)이 더욱 발전시켰다. 화이트헤드는[64] 전통신학에서 근원적이고 실재적이며 초월적인 창조자로 간주되는 신관을 배격한다. 그러나 그는 만일 갈릴리 예

---

63    劉華俊 編, 『天風甘雨-中國基督敎領袖丁光訓』, 92.
64    이하 화이트헤드의 신관에 대해서는 조세종, "화이트헤드와 에크하르트의 신관 비교", 「화이트헤드 연구」 30(2015. 6.): 78-79 참고.

수로 비견되는 겸손한 신 관념만을 강조한다면 신의 영속성이 제거되고 유동적인 신 관념만 강조하게 될 것이라 비판하고, 신의 두 속성인 초월성과 내재성을 동시에 긍정한다.[65] 이러한 신관을 '만유재신론'이라 하는데 이는 신과 만물이 동일하다는 '범신론'과는 다른 것으로, 신이 본질적으로 내재적이라는 범신론과 신이 본질적으로 초월적이라는 신론을 모두 비판하면서 양자를 종합한 신관이다. 화이트헤드는 신은 최선의 상황에서 현실적 존재자들이 선택할 수 있도록 세계를 미래로 향하게 설득한다고 하였다. 즉 화이트헤드에게 신은 세상 만물과 함께 새로움을 창조해나가는 공동 창조자로 인식된다.

위의 사상을 응용하여 딩광쉰은 '과정'(過程)이란 뜻은 변동, 발전, 신진대사를 의미하는 것으로서 모든 사물과 현실의 근본 상태는 다 이와 같으며 정지된 상태가 아니라고 설명한다.[66] 딩광쉰이 과정신학을 응용하여 펼친 신관의 핵심은 하나님을 최고 높은 곳의 통치자로 보지 않고, 우주의 진행 과정에서 참여하는 사랑의 기초 원칙으로 보았다는 데 있다.[67]

기독교의 신학 전통은 오랫동안 하나님을 '통치자로서의 가이사'나 준엄하고 냉정한 '도덕가'로서 혹은 어떤 물체를 움직이는 '추동자'로 착각해왔다. 그러나 하나님의 가장 크고 높은 속성은 절대로 '무소불능'(無所不能)이 아니라 그분의 '사랑'이다.[68]

---

65    조세종, "화이트헤드와 에크하르트의 신관 비교", 78.
66    丁光訓, 『丁光訓文集』, 206.
67    陳韻珊 編, 『三自神學論評』, 77.
68    丁光訓, 『丁光訓文集』, 107-108.

그는 하나님이 인간을 미워하는 폭군이라는 인식에 반대하고, 인간을 지극히 사랑하고 고난을 함께하는 분으로 인식하고자 한다. 즉 딩광쉰의 신관에서는 하나님의 사랑의 속성이 모든 속성 위에 가장 우선한다. 예수님의 '성육신'은 바로 그 사랑의 표현이 된다. 딩광쉰에게 하나님은 지속적으로 창조하고, 구속하고, 교육하고, 권면할 뿐만 아니라 인간의 응답을 기대하는 분이시다.[69] 이러한 신관은 현실적으로 민족적 재난이었던 문혁과 같은 고난의 시기를 하나님이 함께하며 극복할 수 있도록 도우셨다는 것을 강조함으로써 더욱 하나님을 예배하게 한다.

또한 딩광쉰에게 인간은 절대로 피동적인 존재가 아니며 자유가 주어진 하나님의 세계창조의 동역자다. 그러므로 하나님의 사랑을 받는 존재인 인간은 늘 자신을 반성해야 하고, 하나님에게 가까이 나아가야 하며, 더욱 사람들을 돌아보고 사회를 개조함으로써 하나님의 동역자로서의 사명을 다해야 한다.[70] 이 점은 신중국하에서 교회와 신도들의 역할에 대한 역사적 정당성을 확보해준다. 즉 인간은 하나님과 세계창조의 동역자이므로 개인마다 모두 역사를 추진하는 주동적 참여자임에 자부심을 느낄 수 있으며, 신과 인간이 주고받는 자유로운 참여를 상상할 수 있게 한다.[71]

그 밖에도 딩광쉰은 과정신학을 응용하여 여성신학의 입장을 인정하였다.[72] 1986년 딩광쉰은 「여성, 모성, 신성」(女性, 母性, 神性)이라는 논문에서 중국인의 전통적인 관점에서는 부친이 매우 엄격하고 아이들을 자주 구타하며 소통이 전혀 되지 않는 고집쟁이로서 아내에게 폭력을 행사하는 이

---

69    陳韻珊編, 『三自神學論評』, 78.

70    趙士林·段奇 編, 『基督教在中國 處境化的智慧(下)』, 561.

71    陳韻珊編, 『三自神學論評』, 80.

72    丁光訓, 『丁光訓文集』, 229-230.

미지가 각인되어 있어, 하나님 아버지에 대한 사람들의 인식이 남성들로 인해 제한받고 있음을 지적하였다. 딩광쉰은 예수님이 하나님을 아버지라 불렀을 때 그 하나님은 남자도 여자도 아닌 성별이 없으신 분으로서 단지 하나님은 '사랑'이시라고 설명했다.

딩광쉰이 여성신학의 관점에서 신관을 설명하는 것에 대해, 리금룬(李錦綸)은 명백하게 통일전선의 목적을 달성하기 위해 먼저 하나님의 권위적 형상을 제거하는 것이며, 결국 신도와 비신도 간의 대립을 줄여가는 것이라 해석한다.[73] 특별히 중국 공산당이 1921년 창당 초기부터 봉건사회의 전통적 여성관을 반대하고 혁명완수 전략을 위한 여성해방을 주장하였다는[74] 것을 고려한다면, 여성신학을 옹호하는 딩광쉰의 태도에는 분명한 정치적 의도가 숨겨져 있음을 감지할 수 있다.

### ③ 테야르 드 샤르댕의 사상

세 번째 그에게 영향을 끼친 서구신학은 테야르 드 샤르댕(Pierre Teilhard de Chardin, 1881-1955)의 사상이다. 샤르댕은 프랑스인으로서 고고학자이자 예수회 신부였다.

딩광쉰에게 샤르댕이 영향을 준 부분은 하나님의 세계 '창조'에 관한 것이다. 샤르댕은 하나님께서 6일의 시간 동안 창조를 진행하시고 안식하셨다는 사실에 반대한다. 그의 관점은 하나님이 지금까지 계속 창조해오셨고 앞으로도 계속해서 창조해나가신다는 것이다. 창조의 과정은 참으로 긴데, 창조의 목적은 최후에 일종의 새로운 인류가 출현하는 것이라고 보았

---

73  陳韻珊編, 『三自神學論評』, 81.
74  정준호, "개혁개방 이후 중국의 양성평등정책 연구", 「여성연구」 8(2011): 192.

다. 이 인간의 출현이 바로 바울 서신에서 말하는 그리스도 안의 새사람으로서 완성의 단계에 다다른 사람이라 하였다.[75] 딩광쉰은 이 같은 샤르댕의 진화론적 '창조' 관념을 빌려 우리는 반완성품의 존재이고, 또 비록 반완성품의 존재이나 하나님께서는 이미 우리를 사용하셔서 역사를 이뤄가시고 진화를 이뤄가시며 창조를 촉진하신다고 설명한다. 그는 이것이 바로 반완성품이 완성품이 되는 과정이라고 말하고 있다.[76]

딩광쉰은 이 이론으로 신중국에서 불신자들을 어떤 시각으로 바라볼 수 있을지에 대한 사상적 의견을 제시하고자 한다. 그는 샤르댕의 인간관을 응용하였다.

> 어떤 이는 "무신론이 사회주의를 지지하는 데 영향을 줄 수 있는가?"라는 질문에 "절대로 아니다"라고 주장하기도 한다. (그러나) 무신론자나 우리들 자신은 모두 하나님의 창조의 '미완성품'이며 변화의 과정에 있다. 내가 아는 적지 않은 무신론자들은 지금 인도적 사회를 만들기 위해 진지하게 노력하고 있다.[77]

이러한 인간관은 사람들을 신자와 비신자라는 대립적인 관계로 보는 것을 방지할 수 있고 다른 한편으로는 비신자, 나아가 공산당원도 하나님께 협력하여 일한다면 '완성품'이 될 수 있음을 의미한다. 그러므로 이러한 인간관에서는 모든 인간을 다 긍정하고 수용할 수 있게 된다. 신자든 비신자든 모두 반완성품이므로 '믿음'과 '불신'의 구분은 중요하지 않다. 딩광쉰은

---

75    丁光訓, 『丁光訓文集』, 199.
76    丁光訓, 『丁光訓文集』, 202.
77    丁光訓, 『丁光訓文集』, 109.

무신론자 역시 각자의 숭고한 이상이 있는 존귀한 자들이므로 신도로서 마땅히 존중받아야 한다고 생각했다.[78] 바로 이것이 딩광쉰이 샤르댕의 인간관을 적극적으로 수용한 중요한 이유다.[79]

또한 샤르댕의 신학 중 딩광쉰의 기독론에 영향을 준 부분은 '우주적 그리스도론'이다.[80] 특별히 딩광쉰은 중국의 기독교인들이 우주적 그리스도의 속성을 아는 일이 중요하다고 보았다. 그 이유는 그리스도가 온 우주를 주재하고 사랑하고 편재한다는 것을 이해시켜 중국을 포함한 전체 우주가 하나님의 관리와 주권 속에 있다는 사실을 주지시키기 위함이었다.

> 중국 기독교인이 그리스도의 우주성을 이해하는 일은 매우 중요하다. 기본적으로 두 가지 차원에서 중국 기독교인들을 도울 수 있기 때문이다. 첫째, 그리스도의 주재와 돌봄과 사랑이 전 우주에 미친다는 사실, 둘째, 그리스도의 전 우주에 미치는 주재(主宰)는 사랑을 기본으로 한다는 사실을 깨닫는 것이다.[81]

이 관점에서 보면 문혁과 같은 민족적 위기나 고난의 시기도 그분의 주권 아래 있었으며, 사회주의 개혁개방의 시기 역시 그분이 주재해나가시므로 기독교인들은 이에 적극적으로 협력하여야 하는 당위성이 생긴다.

### (3) 중국 전통사상

딩광쉰의 사상은 중국 전통사상의 토대 위에 세워졌다. 그는 1980년 10월

---

78   陳韻珊編, 『三自神學論評』, 79.
79   陳韻珊編, 『三自神學論評』, 37.
80   陳韻珊編, 『三自神學論評』, 35.
81   丁光訓, 『丁光訓文集』, 93.

에 개최된 중국 기독교 제3차 전국회의에서 그동안 큰 성과가 있었던 삼자 운동이 새 시대를 맞이하여 해결할 문제로 '삼호'(三好)라는 교회 건설 쪽의 방향을 제시하였다. 그동안 강조해왔던 부분이 자립의 문제(自養)였다면 새 시대는 한발 더 나아가 '잘 치리하고(治好), 잘 운영하고(養好), 잘 전해야 한다(傳好)'는 이른바 '삼호'(三好)를 제시한 것이다.[82] 교회를 잘 세우는 것은 문혁의 고난을 이긴 중국 기독교인들 모두가 바라는 바였기에 그는 '사실'을 가지고 삼자의 정확성과 합리성, 필연성을 설명했다.[83]

　　그러나 이 '삼호'라는 신학 사상 건립의 문제가 제기되면서 삼자교회는 또 다른 측면의 문제를 진지하게 고민하게 되었다. 이는 '진정한 중국의 기독교', '중국 특색의 신학 이론'을 수립하는 일과 연관되었기 때문이다. '토착화'를 가리키는 중국 기독교식 명칭은 '본색화'(本色化)이며, 이는 기독교와 중국 전통문화 간의 만남과 융합을 의미한다. 이 본색화 논의는 이미 1920년대에 시도된 바 있다. 그러나 1920년대의 본색화 논의는 삼자신학자들이 추구하려는 본색화 운동과는 차원이 다른 배경에서 다른 목적으로 일어났다. 즉 20세기 초반의 본색화 운동은 중국교회가 입고 있던 서구 제국주의의 앞잡이라는 오명을 벗기 위한 노력의 일환, 나아가 중국인들에게 생소한 기독교 사상에 쉽게 접근할 수 있도록 한 노력의 일환이었다. 반면 개혁개방기의 삼자신학자들에게 본색화 신학의 논의는 어쩔 수 없이 삼자신학이라는 정치신학과의 연계성 속에서 이뤄져야 했다. 즉 중국 전통사상과 문화 연구는 삼자신학의 선전과 발전을 위해 필요한 수단이었다. 이로써 딩광쉰을 비롯한 삼자신학자들은 1920년대의 본색화운동에 주목하

---

82　中國基督敎三自愛國運動委員會, 『中國基督敎三自愛國運動文選(1950-1992)』, 101.
83　羅偉虹 主編, 『中國基督敎(新敎)史』, 782.

고 중국의 전통문화와 기독교 사이의 공통점에 대해 주의하였다.

자오스린과 두안치는 딩광쉰 신론의 주요 논지인 "하나님은 사랑이시다"는 기독교와 중국 민족문화를 융합하려는 시도에서 도출된 것으로 보고 있다.[84] 딩광쉰은 이 점에 대해 "도성육신(道成肉身)하는 데 마리아의 몸을 필요로 했듯이 중국 신학은 중국 문화가 몸이 되는 일이 필요하다"[85]고 명확하게 말했다. 이는 서구 기독교가 중국에 들어와 중국인에게 쉽게 이해되고 받아들여질 수 있게 하기 위해서는 중국 문화와의 융합이 필요하다는 말이다.

나아가 딩광쉰은 신중국하에서 중국교회는 삼자의 원칙 위에서 사고의 주체가 되며, 중국 문화는 그들의 모체이고, 사고와 표현의 내재적 기제가 된다고 강조하면서, 이 점으로 중국 기독교는 중국 문화와의 융합적 사고를 선택했으며 바로 이 지점이 중국교회 토착화의 시작점이라 보았다.[86] 딩광쉰은 기독교가 한 민족에게 전해졌을 때 기독교와 그 민족문화 간의 융합과 접촉이 얼마나 중요한지를 중국의 예를 들어 강조한다.

기원후 1세기 후반기에 복음이 유대인 이외의 사람들에게 전해졌을 때 기독교가 봉착했던 하나의 문제는 기독교 밖의 진선미(眞善美)를 어떻게 대해야 할 것인가, 유대교가 그것을 대신할 수 있는가였다. 20세기 50년대의 기독교가 맞닥뜨린 문제도 이와 비슷하다.⋯중국의 예를 들자면 기원전 7세기에 중국에 들어온 경교(景敎)도들은 조금의 의심도 없이 중국의 민족문화를 그대로 수용했다. 약 2천 자에 가까운 경교 비문(碑文) 안에서 작자는 대량으로 중

84    趙士林·段奇 編,『基督敎在中國 處境化的智慧(下)』, 549.

85    丁光訓,『丁光訓文集』, 290.

86    趙士林·段奇 編,『基督敎在中國 處境化的智慧(下)』, 552.

국 고대 경전 저작을 인용하고 있을 정도다.…마테오 리치(Matteo Ricci, 利瑪 竇) 또한 교(敎)의 안과 밖의 진선미를 다 섭렵한 선구자였다. 19세기 중국 선 교사인 제임스 레지(James Legge, 理雅格)[87]는 개신교의 마테오 리치라 할 수 있다.…그러나 유감스럽게도 이 두 사람의 적극적인 전략은 모두 교회 전통 교조(敎條)의 홀시를 받아서 계속하여 진행될 수 없었다.…구중국의 전도 방 법은 이렇듯 서구 식민주의의 보호와 경제 지지로 인해 중국의 전통문화를 버리고 인민의 사회정치활동을 벗어났다.…쇼비니즘, 식민주의가 득세하자 기독교와 중국 문화를 융합하는 사상은 바로 한쪽으로 버려졌다.[88]

이와 같이 딩광쉰은 구중국에서 이것의 중요성을 제대로 인식하지 못했다 고 지적함으로써 신중국에서의 기독교는 새로운 길, 특별히 중국 민족문화 와의 융합을 통해 진정한 중국적 기독교를 설립해야 함을 재차 강조한다.

이상의 설명과 같이 딩광쉰의 신학 사상은 마르크스주의 종교관, 서구 의 자유주의 사상, 중국 전통문화와 접목 등의 요소가 사상이론의 기초를 이룬다. 특히 그중에서도 과정신학과 테야르 드 샤르댕의 신학이 삼자신학 을 체계화하는 데 주로 응용되었다. 리금룬은 삼자신학 지도자들은 신중국 의 통일전선 전략으로 삼자신학을 이용하고 있으며, 이 목적을 달성하기 위해 자의로 성경의 진리를 왜곡하는 등의 오류를 범했음을 지적한다.[89]

---

87   스코틀랜드 출신의 선교사이자 학자다. 말라카와 홍콩에서 런던 선교사 협회의 대표로 일 했으며 옥스퍼드 대학에서 최초의 중국어 교수를 역임했다(위키백과).
88   丁光訓, 『丁光訓文集』, 94.
89   陳韻珊編, 『三自神學論評』, 82.

## 3) 딩광쉰의 주요 신학 사상

딩광쉰의 신학 사상 중 가장 부각되는 사상은 신론과 기독론이다. 그는 신관에서는 '사랑의 하나님'을, 기독론에서는 '우주적 그리스도'를 강조한다. 그의 신학 사상은 삼자신학을 대변하므로 이를 통해 삼자신학에 대한 이해의 깊이를 더할 수 있다. 딩광쉰의 주요 신학 사상이 수록된『딩광쉰문집』(丁光訓文集)을 중심으로 그의 주요 신학 사상을 살펴보자.

### (1) 신론: 사랑의 하나님

하나님의 다양한 속성 중 딩광쉰이 가장 중요하게 생각하는 것은 '하나님의 사랑'이다.[90] 1984년 금릉협화신학원 개강예배 설교에서 그의 이 같은 신관이 분명히 드러난다. 일부만 소개하면 다음과 같다.

> 우리의 출발점은 '하나님의 사랑'이다. 혹은 '사랑의 하나님'이다. 일체의 창조물의 배후는 사랑이다. 사랑은 전 존재의 비밀을 여는 열쇠다. 하나님의 사랑은 그분을 재촉하여 창조, 교육과 관용, 구속과 성화를 진행하게 하여 점점 더 많은 사람으로 하여금 이 사랑의 에너지를 찾게 한다. 하나님의 최후 목표는 바로 사랑의 우주, 하나의 사랑의 세계를 빚는 것이며 그 안에서 자발적으로 사랑하는 한 인류 공동체를 만드는 것이다. 하나님은 결코 로드 롤러(road roller)나 불도저 같은 기계가 아니며, 사람의 의지와 자유를 완전히 눌러버리거나 소제(掃除)해버리는 분이 아니다. 하나님의 의지는 사랑의 의지이며 단결의 의지다. 하나님은 자신의 형상에 따라 사람을 지으셨다. 삼위일체 자체

---

90    이찬석,『딩광쉰(丁光訓)의 중국신학』,「선교와 신학」43(2017): 348.

가 우리에게 말하고 있고, 하나님 자신이 바로 하나의 사랑의 공동체다.[91]

일반적인 신학 사상에서 신적인 속성 중 가장 중시되는 부분은 전능, 전지, 무소부재(無所不在) 등의 비공유적 속성이다. 그러나 딩광쉰은 하나님의 모든 비공유적 속성을 '사랑'의 하부 속성으로 간주했다.

> 하나님은 사랑이시다. 하나님의 최고의 속성은 그의 무소불능(無所不能), 무소부재, 무소부지(無所不知), 그분의 영원한 자유로움(自在永在), 그의 존귀와 위엄(尊貴威嚴)이 아니라, 그분의 사랑(愛)이다.[92]

> 무엇이 하나님의 가장 중요하고 가장 근본적인 속성인가? 바로 그의 사랑이다. 그리스도 안에서 본 그분의 사랑은 고난과 십자가 앞에서도 고개를 돌리지 않는 그런 유의 사랑, 그로 하여금 그의 친구를 위하여 목숨을 버리게 만들수 있는 그런 사랑이다. 하나님의 공의 역시 하나님의 사랑이다. 사랑은 사람들 사이에 넓게 퍼져 있는데 이것이 바로 공의가 되었다. 바로 이 사랑이 세간으로 들어간 것이다. 사랑은 훼멸이 아니라 손으로 떠받치고 치료하고 교육하고 구원하고 생명을 주는 것이다.[93]

딩광쉰에게 '사랑'의 속성은 하나님의 가장 근본적인 속성이다. 나아가 '사랑'은 하나님의 우주 창조의 원인이 된다. 딩광쉰은 하나님의 우주 창조와 인간 창조의 유일한 동력은 바로 사랑임을 강조한다.

---

91  丁光訓, 『丁光訓文集』, 182.
92  丁光訓, 『丁光訓文集』, 232.
93  丁光訓, 『丁光訓文集』, 56.

하나님은 사랑이시다. 그분은 온 우주 안에 거하시며 모든 현실의 중심 가운데 계시는 '애자'(愛者)이시다.…하나님은 사랑이시다. 이것은 우주 중 일체의 사실 가운데 가장 중요하다. 하나님은 사랑이시므로 우리가 편안할 수 있다. 심지어 죽음이 우리에게 이른다고 할지라도 우리는 불행하지 않다. 무엇에 대해서도 근심하지 않는다. 우리는 적극적으로 사회변혁의 행동에 투신할 수 있으며 역사의 전진운동 가운데도 중요한 역할을 감당할 수 있다. 왜냐하면 주님의 사랑이 항상 우리와 동행하기 때문이다.[94]

동시에 딩광쉰은 하나님이 우주를 창조하신 후 그대로 방치하지 않으시고 부단히 이 세계를 창조해나가심으로써 이 세계를 완벽하게 이끄신다고 말하고 있다. 즉 딩광쉰에게 하나님은 사랑이 충만하시고 부단히 창조하시고, 구속하시고, 교육하시고, 계도하시고 동시에 사람들의 반응을 기대하는 분이신데, 수많은 기독교인은 하나님의 형상을 '엄중하고 냉혹한 가이사, 자신은 아무것도 하지 않으면서 사물을 움직이는 추동자(推動者)'로 보고 있다.[95] 다시 말해 하나님의 사랑은 여전히 창조세계의 즐거움을 나누며 창조세계의 우려를 분담해주고 세계를 화해와 서로 사랑할 수 있는 방향으로 이끌어주고 있다.

이처럼 딩광쉰 신관의 강조점은 오로지 '하나님의 사랑'에만 집중되어 있다. 이에 대한 객관적인 평가가 필요하다. 당시의 정치적 정황과 삼자교회 지도자로서의 딩광쉰의 위치를 생각할 때 정치적 목적에 대한 의심을 거둘 수 없기 때문이다.

---

94    丁光訓, 『丁光訓文集』, 57.
95    丁光訓, 『丁光訓文集』, 107-108.

## (2) 기독론: 우주적 그리스도

딩광쉰은 1991년 7월 영국에서 개최된 "중국교회의 친구" 대회 석상에서 현재 중국의 많은 그리스도인이 점점 더 '우주적 그리스도'를 수용하고 있는데 가장 주된 요인은 중국의 역사 변혁에 있다고 말했다.[96] 여기서 말하는 역사적 변혁이란 1949년 중화인민공화국 건립을 의미한다. 딩광쉰은 무엇보다 1949년은 기독교인들과 비신자인 공산당원들과의 교제와 동거가 시작되었다는 점에서 '변혁적'이라 말했다. 공산당원들에 대한 딩광쉰의 평은 상당히 긍정적인데, 실제로 그는 공산당의 많은 간부가 대체로 품성이 고상하며 이 고상한 품성이 중국 인민을 고무시켰다고 하였다.[97]

이같이 딩광쉰이 우주적 그리스도 사상을 주장하는 데 공산당원과 기독교인의 교제를 언급하는 이유는 다음과 같다. 이는 1949년 신중국 건설과 더불어 새로 시작된 중국 기독교가 신정부하에서 모색해야 할 일종의 '생존 방법'이었기 때문이다. 즉 신정부하 중국 기독교의 영수인 딩광쉰에게 가장 큰 부담감은 어떻게 하면 비신자인 중국 공산당원들과 조화롭게 동거할 수 있는가 하는 문제였다. 다시 말해, 기독교 이외의 무신자들이 추구하고 향유하는 진선미(眞善美)에 대해 중국 기독교가 어떤 태도를 취해야 할지는 일종의 큰 시험이기도 하였다. 딩광쉰은 이러한 문제에 대해 '우주적 그리스도'란 사상을 가지고 충분한 답변을 하고자 하였다.[98]

이 답변을 주기 위해 그는 먼저 기독교인들이 그리스도의 우주성에 대해 이해할 필요가 있다고 설명한다. 첫째, 그리스도의 우주성이란 그리스도의 주재권, 즉 전 우주를 향한 그리스도의 관심과 사랑을 말한다. 둘째,

---

96　丁光訓, 『丁光訓文集』, 90.

97　丁光訓, 『丁光訓文集』, 90.

98　趙士林·段奇 編, 『基督教在中國 處境化的智慧(下)』, 578.

그리스도의 전 우주의 주재권의 본질은 사랑이다.[99] 그러나 그는 중국 고대 철학이 이미 우주의 조화와 통일을 찬미하였고, 인(仁)으로써 치국(治國)의 기치로 삼았다는 점을 상기시킨다. 즉 이러한 중국 문화전통이 이미 중국 기독교인들이 우주적 그리스도를 기꺼이 받아들일 수 있도록 심리적으로 준비시켜주었다는 설명이다.[100]

딩광쉰은 이어 자연스럽게 그리스도의 전 우주의 주재권과 관심, 돌보심이 비단 기독교인과 교회에만 머물지 않고 자신을 따르지 않는 비신자와 온 우주에도 미친다고 말한다. 즉 그리스도의 구속의 은혜는 전체 인류에 미친다.[101] 결국 그의 문제는 무신론자와 우주의 그리스도가 서로 조화를 이룰 수 있는가다. 그는 신정부하에서의 중국 기독교인과 신정부의 중심 공산당원들이 조화롭게 동거할 수 있는지를 묻는다. 물론 이에 대한 답변은 '그렇다'이며, 세상에 있는 허다한 사물의 존재는 그리스도의 사역과 일치를 이룰 수 있음을 강조한다. 비신자와 신자는 물론 신앙은 다르지만 서로 많은 영역에서 같은 마음으로 협력할 수 있다는 의미다.[102] 정리하면 그의 기독론은 두 가지 차원으로 설명할 수 있다. 하나는, 그리스도가 전체 우주를 주재하시고 관심과 사랑으로 돌보신다는 것이고, 또 하나는, 그리스도가 이 우주를 주재하시는 방식의 본질은 '사랑'이라는 것이다.[103]

딩광쉰의 기독론은 비신자인 공산당원과 기독교인들이 하나가 될 수 있음을 말해주고 그 근거는 우주적 그리스도의 본질인 하나님의 '사랑'에 있음을 시사한다. 하나님의 사랑 안에서 양자는 하나로 귀속될 수 있다. 딩

---

99    丁光訓, 『丁光訓文集』, 93.
100   丁光訓, 『丁光訓文集』, 93.
101   丁光訓, 『丁光訓文集』, 94.
102   丁光訓, 『丁光訓文集』, 95.
103   丁光訓, 『丁光訓文集』, 93.

광쉰은 윌리엄 템플(William Temple, 湯朴) 대주교의 다음 말을 인용하여 이 점을 더욱 명확히 하고자 한다. "사랑에 감동된 무신론자는 하나님의 영에 의해 감동된 자다. 사랑의 원칙을 따라 생활하는 무신론자는 하나님의 존재를 부인한다 해도 그들이 부인한 하나님의 축복을 얻게 될 것이다."[104] 딩 광쉰에게 그리스도의 구원은 절대로 신자만을 위한 것이 아니라 전 인류를 위한 것이다. 무엇보다 신중국하에서 중국 기독교의 공인된 리더의 자리에 앉은 딩광쉰에게 가장 큰 과제가 비기독교인, 특히 신중국의 내용인 공산주의자들의 수용이었던 점을 생각할 때, 이 같은 '우주적 그리스도', '우주주재의 본질은 사랑'이라는 사상은 어느 정도 설득력이 있다.

그러나 딩광쉰의 기독론은 중요한 한 가지를 간과하고 있다. 그는 그리스도의 인류를 향한 인류애, 윤리적인 사랑은 말하고 있지만 그분이 죄인 된 인간을 위해 죽으시고 부활하신 영혼 구원의 차원은 언급하지 않는다. 나아가 딩광쉰은 '창조와 구속'의 통일성에 대해 강조한다.

성경에는 명백히 구속(生)과 창조(造)의 구별이 없으며, 만일 이것을 구별한다면 신학상 어려움을 초래한다. 어떤 이가 인간은 다 하나님의 자녀라 말해도 나는 굳이 가서 "아닙니다. 당신들은 교회 밖의 사람이니 하나님의 자녀가 아닙니다. 우리처럼 주님을 믿을 때 비로소 자녀가 되는 것입니다"라고 말할 필요가 없다고 생각한다.…만일 하나님께서 단지 그분을 믿는 자만을 자녀라 하여 그에게 영생을 준다면, 부단히 창조되는 수많은 사람이 그리스도를 알지 못해 최후에 지옥에 가게 된다면, 그분을 진정 믿을 만한 하나님이라 할 수 있

---

104   丁光訓, 『丁光訓文集』, 141.

겠는가?[105]

그는 이 문장에서 명백히 '부단히 창조되는 수많은 사람' 역시 그리스도의 구속의 대상이라고 말하고 있다. 그러나 성경은 명백히 "영접하는 자, 그 이름을 믿는 자들에게는 하나님의 자녀가 되는 권세를 주셨으니"(요 1:12)라고 선포한다. 이는 예수님 자신도 "내가 비옵는 것은 세상을 위함이 아니요, 내게 주신 자들을 위함이니이다"(요 17:9)라고 밝히신 바요, 성경은 반복하여 그리스도께서 위해서 죽으신 대상을 명확하게 한정시켜 표현한다. "그의 양"(요 10:11, 15), "그의 교회"(행 20:28; 엡 5:25-27), "그의 백성"(마 1:21), "택하신 자들"(롬 8:32-35) 등이 그 증거다.[106] 이런 성경의 증거에도 불구하고 딩광쉰은 그리스도의 '창조와 구속'의 통일성을 주장하여 인간의 '죄의 처리'에 대한 필요성을 자각하지 못하고 신자와 불신자의 구별을 모호하게 만들었다. 이는 명백히 신중국의 통일 전략을 기독교에 적용하여 신자나 불신자 모두 공동으로 사회주의 건설을 위해 헌신하도록 하기 위함임을 알 수 있다.[107]

## 4) 딩광쉰의 신학 사상 평가

딩광쉰의 신학 사상과 삼자신학에 대한 신학적 정당성의 문제는 객관적인 평가가 필요하다. 딩광쉰의 '유일한 사랑주의'가 가지고 있는 정치적 의도성을 숨기기는 어렵다. 동시에 중국적 상황에서 교회의 안위를 생각해야

105   丁光訓, 『丁光訓文集』, 275-276.

106   루이스 벌코프, 『벌코프 조직신학(하)』(서울: 크리스천다이제스트, 1991), 637.

107   徐如雷 編, 『金陵神學文選』(南京: 金陵協和神學院), 81.

하는 교회 수장으로서 공산당원들과의 협력이 절실했던 딩광쉰의 정치적·신학적 입장은 어느 정도 공감할 수 있다. 이런 배경과 상황을 고려하여 딩광쉰과 삼자신학에 대해 긍정과 부정, 양면의 측면에서 평가해보고자 한다.

### (1) 긍정적 평가

딩광쉰의 신학 사상에 대해 평가하기 전에 전제해야 하는 조건이 있다. 딩광쉰이 살아가는 세계의 제한성을 고려해야 한다는 점이다. 즉 그는 사회주의 체제를 표방한 신중국하에서 중국 기독교를 대표하는 인물이다. 이러한 제한성은 그가 자의든 타의든 정치신학 노선을 걸을 수밖에 없다는 사실을 시사하기도 한다. 이 점에 대해서 중국복음총회 회장이며 캐나다 중국신학대학(Canadian Chinese School of Theology) 교수인 리진룬(李錦綸) 역시 깊은 이해와 동감을 표하고 있다. "딩광쉰이 생각하기에 사회주의는 무거운 역사적 책임을 안고 '사랑'을 실천하는 통로가 되어야 한다. 사랑을 실천할 때 직면한 가장 어려운 문제는 기독교인과 무신론인 공산당원 간의 신앙상의 대립을 극복하는 것이다."[108] 딩광쉰이 무신론자와의 신앙의 간격을 메우기 위해 인간은 모두 하나님의 창조에서 반완성품이고 변화하는 과정에 있다는 화이트헤드의 '과정신학'을 도입한 것도 이러한 배경에서 이해할 수 있다.

중국 중앙민족대 철학과 교수인 자오스린(趙子林)과 현대중국 교회사가인 두안치(段琦)는 더욱 이 점에 동의를 표했다. "비록 딩광쉰이 '사랑'을 하나님의 본질로 삼고 하나님이 소유한 속성의 가장 최고의 것으로 간주하

---

108　陳韻珊編,『三自神學論評』, 79.

고 하나님의 사랑이 전 우주에 미치는 사랑임을 주장했지만, 기독교와 그가 처한 사회가 어떤 관계였는지의 문제를 언급하지 않을 수 없다."[109] 딩광쉰 자신도 분명히 모든 기독교인은 반드시 그가 속한 사회, 국가, 민족과 타인에 관심을 가져야 한다고 했다. 이렇게 할 때만이 비로소 예수 그리스도의 정신이 체현된다고 강조함으로써,[110] 그는 사회에 대한 적극적인 관심과 책임 의식을 갖추는 일이 중국 기독교인들의 당면 과제임을 강조했다.

또한 딩광쉰이 '사랑의 하나님'을 강조하는 이유는 중국적 상황에 기인하고 있다고 보는 한국 신학자도 있다.[111] 즉 신중국을 여는 시대는 정의나 공의보다는 사랑을 필요로 했고, 계급투쟁의 역사를 벗어나 안정과 단결이 필요한 시기였다. 그러므로 딩광쉰은 그 시대에 적합한 '사랑의 하나님'이라는 중국적 신론을 제시하고 있다는 의견이다.

그뿐만 아니라 당시 중국의 정치 현실에 따른 딩광쉰의 교회를 위한 고민도 고려해볼 수 있다. 사회주의 국가라는 특수한 정부 체제 아래서 기독교의 생존과 유지를 고민해야 했던 딩광쉰에게 '사랑의 하나님'은 전통 신학의 신관보다 우선되어야 했을 것이다. 신정부하에서 중국 기독교는 정부 조직의 하부조직으로서 사회주의 국가방침과 정책에 적극적으로 협조해야 하는 처지였고, 동시에 예수 그리스도의 사랑을 전 중국인에게 전해야 하는 신앙적 열정 사이에 서 있었다. 이런 점에서 '하나님은 사랑이시다'라는 신학 사상은 정치적 목사이면서 목회적 사명을 안고 있던 딩광쉰이 취할 수 있는 가장 안전하고 합리적인 방편이었을 가능성도 생각해볼 수 있다.

---

109  趙士林·段奇 編,『基督敎在中國 處境化的智慧(下)』, 558.
110  丁光訓,『丁光訓文集』, 478.
111  이찬석, "딩광쉰(丁光訓)의 중국신학", 351.

## (2) 부정적 평가

이상의 긍정적인 차원에도 불구하고 부정적인 면을 지적하지 않을 수 없다. 첫째, 딩광쉰의 신론이 지닌 문제점부터 살펴보자. 딩광쉰은 시종일관 '하나님은 사랑이시다'라는 사상을 강조했는데, 리진룬은 딩광쉰이 이 사상을 정치적 목적에 이용하고 있다고 평가한다.[112] 즉 사회주의를 표방한 신정부는 사회주의의 이상을 대중에게 신속히 보편화시키는 일이 급선무였는데, '사랑'을 강조한 딩광쉰의 신학 사상은 공산당의 이상을 대중에게 전달하는 가장 유용한 수단이 될 수 있었다. 그뿐만 아니라 '하나님의 사랑'에 중점을 둔 그의 사상은 또 다른 신학적 문제를 드러냈다. 즉 '하나님의 사랑'은 지나치게 강조하였으나, 하나님의 공의와 사람의 회개라는 측면은 상대적으로 매우 약화되어 있다는 점이다.

루이스 벌코프(Louis Berkhof)에 의하면 하나님의 사랑의 속성은 다음과 같이 정의된다.[113]

하나님은 죄인에게도 그의 형상이 담겨 있다는 것을 알고 계시기 때문에, 심지어 현재 죄를 지은 상태에 있는 죄인들에게도 적용되는데, 비록 그들의 죄가 하나님께 혐오를 일으키는 것이라 할지라도 그의 사랑을 완전히 철회하지 않으신다.

성경에 나타난 하나님은 은혜와 자비가 넘치는 분이시지만 동시에 인간의 죄에 대해 공의를 밝히 드러내는 분이시기도 하다.

---

112    陳韻珊編, 『三自神學論評』, 78.
113    루이스 벌코프, 『벌코프 조직신학(상)』(서울: 크리스천다이제스트, 1991), 266.

여호와께서 그의 앞으로 지나시며 선포하시되 "여호와라. 여호와라. 자비롭고 은혜롭고 노하기를 더디하고 인자와 진실이 많은 하나님이라. 인자를 천대까지 베풀며 악과 과실과 죄를 용서하리라. 그러나 벌을 면제하지는 아니하고 아버지의 악행을 자손 삼사 대까지 보응하리라."[114]

하나님은 피조물들의 죄에 대해 조금도 뒤로 물러서지 않으신다. 반면 벌코프는 하나님의 공의를 "하나님께서 영원히 자기 자신이 도덕적인 탁월성을 원하시고 유지하시며, 죄를 혐오하시며, 자신의 도덕적인 피조물들 속에서 순결을 요청하시는 하나님의 속성"[115]이라고 정의했다. 그리고 하나님의 공의와 거룩은 때때로 하나님의 지고(至高)의 속성으로 언급된다고 했다.[116] 이런 점에서 볼 때 하나님의 사랑만이 유일하다고 보는 딩광쉰의 주장은 매우 단순하고도 편협하며, 하나님이 갖고 계신 속성을 제한한다.

즉 리진룬의 지적은 딩광쉰을 비롯한 삼자신학자들이 가지고 있는 '상황화 신학 관점'을 말한다. 리진룬은 이 관점이 내포하고 있는 분명한 한계점에 대해서도 주의할 것을 요구한다.

삼자신학이 추구하고자 하는 목적이 진리 탐구에 있지 않고, 중국 당대의 정치 환경에 응용하고자 하는 것이며 정권을 정당화하고 유지하는 데 있음을 분명히 선언한다. 엄격히 말해 삼자신학의 이론적 기초는 정부의 종교정책이며, 거기에 응용된 신학 이론들은 단지 정치에 순응하도록 하는 수단에 불과

---

114    출 34:6-7.
115    루이스 벌코프, 『벌코프 조직신학(상)』, 270.
116    루이스 벌코프, 『벌코프 조직신학(상)』, 269.

하다.[117]

이처럼 '중국의 정치 상황'에 적응하고 시대가 부과하는 임무를 절대적으로 수행하고자 하는 삼자신학자들은 결과적으로 죄보다 은혜를 더 강조한다.[118] 그러므로 하나님의 '사랑'을 중요하게 다루지만 '공의'가 역사적으로 어떻게 나타나고 있는지에 대한 언급은 회피한다.[119] 그들은 사랑의 하나님과 역사적 주재자로서의 하나님은 잘 인식하고 있으나, 역사 현실 속에서 이뤄지는 하나님의 공의의 실현에 대해서는 매우 모호한 신학 사상을 전개한다.[120] 다시 말하면, 삼자신학자들의 신학적 사고는 언제나 '시대적 조류'와 '변화의 조류'에 따라서 진행된다.[121] 앞서 딩광쉰의 신학 사상의 기저에 해방신학이나 과정신학, 샤르댕의 진화론 관념 등이 많이 응용되고 적용되었음을 보았다. 그러나 이 모든 사상은 일정한 전제 위에서 수용되었는데, 곧 '중국적 상황'이었다. 당시 삼자회의 수장이 된 딩광쉰과 중국 교회에게는 정부의 정책에 발맞추고 협력하는 길, 즉 '개혁개방'이라는 중국적 현실 상황에 잘 적응하는 것이 당면 목표이자 사명이었다.[122]

둘째, 딩광쉰과 삼자신학자들의 교회론에 대한 비판이다. 『当代温州基督教研究』(당대온주기독교연구, 2018)의 작가이자 원조우(溫州)의 목회자인 셔허(舍禾)는 삼자회의 정체와 그가 갖고 있는 권력에 대해 강하게 비판하였다. 즉 삼자회는 당이 우야오종 등의 거짓 선지자들을 통해 교회를 이끌도

---

117    陳韻珊編,『三自神學論評』, 73.
118    왕사악, "중국 삼자교회의 신학사상 연구"(연세대학교대학원 석사학위논문, 1994), 88.
119    왕사악, "중국 삼자교회의 신학사상 연구", 86.
120    왕사악, "중국 삼자교회의 신학사상 연구", 86.
121    陳韻珊編,『三自神學論評』, 67.
122    陳韻珊編,『三自神學論評』, 24.

록 한 괴뢰 조직이며, 공산당의 교회에 대한 절대적 권력은 하나님과 그리스도 위에 있다고 주장했다.[123] 셔허는 고린도전서 1:1[124] 등을 인용하여 교회는 하나님에게 속하고, 에베소서 5:23[125]을 인용하여 교회의 머리는 그리스도임을 강조하면서 교회는 단지 한 분의 리더가 있을 뿐인데 그분은 바로 예수 그리스도라고 말한다. 그는 다른 머리, 다른 리더는 절대로 용납할 수 없다고 하였다.[126]

셋째, 삼자신학의 정체성에 대한 비판이다. 셔허는 나아가 삼자신학은 자유신학 사상의 영향을 받은 불신파라고 규정했다. 또한 삼자신학은 '정치를 본체로 신학을 현상으로 보는' 신학으로서 자유주의파 논리의 기초 위에서 정치 노선의 신학화를 위해 겉옷을 제공해준 것이라 하였다.[127] 셔허의 말대로 삼자신학은 신중국이 성립된 후 공산당이 이끄는 새로운 정권과 통치 질서에서 당과 정부의 정치 노선을 옹호하고 지지하기 위해 형성된 신학임을 기억해야 한다. 삼자신학자들은 정부의 방침에 따라 1950년대에는 '제국주의와 애국'을, 1980년대 이후에는 '개혁개방'을 옹호하면서 신학적으로는 반사회주의적인 신학 사상들을 제거하고 사회주의와 국가를 옹호하는 신학을 구축하였다.[128]

넷째, 딩광쉰과 삼자신학자들의 인간론에 대한 비판이다. 딩광쉰은 하나님의 형상으로서의 인간, 원죄, 인간의 본성, 비기독교인의 도덕성 등을

---

123 舍禾, 『對三自的剖析』, 103.
124 "하나님의 뜻을 따라 그리스도 예수의 사도로 부르심을 받은 바울과 형제 소스데네는."
125 "이는 남편이 아내의 머리 됨이 그리스도께서 교회의 머리 됨과 같음이니 그가 바로 몸의 구주시니라."
126 舍禾, 『對三自的剖析』, 105.
127 舍禾, 『對三自的剖析』, 124.
128 陳韻珊編, 『三自神學論評』, 64.

중심으로 인간론에 접근하고 있다. 그는 아담의 범죄가 모든 사람을 죄인으로 만들기는 했으나 인간의 본성이 완전히 손상되지는 않았다고 강조한다. 이로써 비기독교인, 나아가 공산당원까지 모두 존중하여 함께 사회주의 국가를 이룩하려는 의도가 있음을 알 수 있다.[129]

　다섯째, 삼자신학의 종말론에 대한 비판이다. 삼자신학은 후천년설을 신봉하는데, 즉 세상은 점점 나아질 것이고 이에 적극적 대응을 해야 한다는 주장을 펼친다. 또한 사회주의는 하나님의 공의가 실현되는 사회를 모색하는 사상으로서 성경 정신에 부합한다고 보았다. 그러므로 그들은 모든 그리스도인이 사회주의를 옹호하고 사회주의 건설에도 적극적으로 참여해야 한다고 주장한다. 이는 결국 인본주의적 낙원인 사회주의 건설을 위해 기독교를 이용하는 것에 불과하다고 평가할 수 있다.[130]

　이상 삼자신학에 대한 객관적인 평가를 서술하며 중국교회 역사에서 한 가지 교훈을 발견하게 된다. 1920-1930년대 본색화운동을 시작으로 그 연속선상에 있었던 1949년 삼자회의 수장 우야오종의 사상과 문혁 이후 삼자회의 새 수장 딩광쉰의 사상으로 이어지는 계보는 '복음'과 '상황'이라는 문제 앞에서 줄곧 '상황'을 선택해왔다는 점이다. 물론 급변하는 중국의 정치적 '상황' 앞에서 교회를 보호하기 위한 변(辮) 혹은 개인적인 용단의 문제도 개입될 수 있다. 그러나 이 계보의 사람들은 늘 복음보다 '상황'을 중시했고 이것을 선택해왔다. 그 선택의 결과로 두 교회가 분기되고 고착화하는 안타까운 현실을 맞이하게 되었다. 이것은 바로 영원히 변하지 않는 '복음'이 아니라 시대적 조류에 신학적 사고가 따라감으로써 생긴 문제였다.

---

129　함태경, 『알았던 선교, 몰랐던 중국』, 213.
130　함태경, 『알았던 선교, 몰랐던 중국』, 214.

## 4. 문혁 직후 가정교회의 성장과 고난

### 1) 문혁 직후 가정교회의 발전과 성숙

종교신앙 자유정책에 힘입어 삼자교회의 활동이 활발히 전개되기 시작했을 때, 1979-1981년 사이 가정교회 역시 잠시 부흥의 시기를 맞이하였다.

여기서 잠깐 가정교회의 기원과 정의에 대해 재정리하고자 한다. 가정교회의 뿌리와 형태는 다양하며 어떤 교회는 최근의 상황이 그 배경이 되고 있다. 가정교회의 기원에 관한 인병국의 설명에 의하면[131] 첫째, 이전의 자립교회를 뿌리로 둔 교회들이 있다. 둘째, 이전의 중화 기독교를 배경으로 하는 교회들이 있다. 즉 중국에 존재하던 60개 이상의 교단과 선교단체들이 연합하여 세운 연합체에서 기인하는 교회들이다. 셋째는, 참예수교회 배경의 교회들이다. 이 교회는 오순절 계통의 교회로 타이완에서 급격히 성장하고 있다. 넷째, 징텐잉의 예수가정교회에서 나온 교회들이다. 다섯째, 워치만 니에 의해 세워진 지방교회에 뿌리를 둔 교회들이 있다. 여섯째, 삼자교회에서 분리되어 나온 교회들로서 중국 전역에 존재한다. 이들은 비교적 최근에 발생한 교회들로서 삼자교회에 불만을 품고 더 이상적인 교회를 꿈꿔 세워졌다. 일곱째, 근래에 외국 선교사들이 세운 교회들도 있다. 최근에는 선교사들에 의해 캠퍼스에서 제자훈련을 마치고 이들을 중심으로 가정교회가 세워지기도 한다. 여덟째, 역시 근래에 외국 선교사들의 영향

---

131    인병국, 『중국 특색의 중국교회를 섬기는 길』, 92-94. 가정교회에 관한 더 자세한 내용은 이 책 88-114를 참고할 것.

을 받아 비교적 젊은 사람들을 중심으로 세워진 교회들이다.

문혁 직후 가정교회가 부흥한 원인은 첫째, 정치적 간섭이 비교적 느슨해서 삼자조직이 향촌(鄕村)까지 광범위하게 미치지 못한 탓이다.[132] 둘째, 1980년 10월 난징의 회의에서 가정교회가 불법이라는 선포가 없었기에 공개모임으로 전환할 수 있었던 이유도 있다. 셋째, 가정교회에 기적과 기사가 보편적으로 일어났으므로 가정교회의 성장과 부흥이 가속화되었다.[133] 이런 여러 가지 이유로 이때 가정교회는 미증유의 자유를 누릴 수 있었다.

당시 가정교회의 부흥 모습을 살펴보면, 허난(河南) 지역의 한 가정교회에서는 개인 집을 개방해서 모임 장소로 사용했는데 매 주일 400-600명 정도의 사람들이 예배를 드렸다. 집안이 비좁아지자 거리에까지 예배 장소를 넓혔다. 또한 광둥(廣東)의 한 농촌에서는 1982년에 이미 크고 작은 가정교회가 100여 곳 정도 되었고, 어떤 모임은 1,000명 이상인 곳도 있었다.[134] 이때 특별히 가정교회가 부흥할 수 있었던 것은 매우 강한 기적과 기사 때문이었다. 병이 나았고, 귀신이 나갔으며, 죽은 자가 살아나는 일들이 푸젠(福建), 저장(浙江), 허난(河南), 산둥(山東) 등지에서 일어나 지역마다 큰 부흥이 일었다. 그뿐만 아니라 산간벽지로 여겨지는 간쑤(甘肅)성과 같은 인구가 적은 곳에서도 9만여 명의 신자를 얻는 결실을 거두었다. 또한 구이저우성(貴州省) 같은 소수민족 지역에서도 가정교회는 신속하게 확장되어 퍼졌고 윈난성(雲南省)의 리수족, 묘족, 경파족 등의 소수민족 가운데 기

---

132    趙天恩·莊婉芳,『當代中國基督敎發展史(1949-1997)』, 330.

133    趙天恩·莊婉芳,『當代中國基督敎發展史(1949-1997)』, 330.

134    趙天恩·莊婉芳,『當代中國基督敎發展史(1949-1997)』, 330.

독교인이 3,000-5,000명의 수를 헤아린 것으로 집계된다.[135] 이를 통해 문혁 직후 중국교회가 얼마나 신속하게 성장했는지 잘 알게 된다.

## 2) 문혁 직후 가정교회 발전의 저해 요소[136]

그러나 이러한 가정교회의 부흥의 시기도 오래가지 못했다. 가정교회는 안팎의 도전에 직면하게 되었는데, 안타까운 것은 40여 년이 지난 현재에도 가정교회는 이 도전들에 직면하여 고전을 면치 못하고 있다는 점이다.

문혁이 끝난 후 중국교회에 잠시 훈풍이 불었지만, 어느 정도의 체제 정비를 마친 양회(兩會)가 본격적으로 가정교회에 대한 압박을 가해왔다. 양회는 중국의 모든 교회가 그들의 지도 아래로 들어오길 희망하여 가정교회 지도자들을 계속 설득하였다. 그러나 대다수 가정교회 지도자는 양회에 가입하여 양회의 치리를 받아야 하는 점에 대해 유보적인 자세를 보였다. 양회의 태도는 점차 격렬해졌고 당지(當地)의 정부 기관과 합작하여 가정교회 모임을 불법으로 간주하고 강제로 해산시키거나 구인하였다.[137]

삼자회는 1981년 말에 이르러 허난(河南)성 용청(永城), 칭펑(淸豊) 등지에서 현지 가정교회에 국외에서 들여오는 성경을 모두 넘기도록 했으며, 닝보(寧波) 지역의 영적 지도자가 200-300여 명이 있었던 매우 생동감 넘치는 가정교회를 공안국을 통해 해산시키고 지도자들을 체포하기도 했다. 1982년 초에는 각 지방 정부가 가정교회를 관할하여 더욱 거센 핍박을 하기 시작했는데, 허난성에서는 여러 차례 가정교회 모임에 난입하여 교회

---

135    趙天恩·莊婉芳, 『當代中國基督敎發展史(1949-1997)』, 333.

136    이 부분에 관해서는 趙天恩·莊婉芳, 『當代中國基督敎發展史(1949-1997)』, 330-340을 참고.

137    趙天恩·莊婉芳, 『當代中國基督敎發展史(1949-1997)』, 333.

지도자들과 외부의 신도들을 구속하려 했다. 그뿐만 아니라 1982년 2월 초에는 난징에서 70-80세의 노 목사들이 노상에서 시위하자 공안국이 그들을 구타하고 체포하는 일도 있었다.[138]

1983년 4월 삼자회는 워치만 니의 첫 조력자인 위트니스 리(Witness Lee)와 같은 추종자들의 활동을 비난했다. 이어 "Shouters"(외치는 자)로 잘 알려진 그의 그룹을 신학 사상에 문제가 있다는 이유로 고소하고, "Shouters"의 구성원들과 수많은 가정교회 지도자들을 체포하였다.[139] 삼자회의 조직은 점점 강성해졌다. 상하이를 비롯해 베이징, 톈진(天津), 충칭(重慶), 광저우(廣州), 후허하오터(呼和活特)[140] 등의 시(市)에 소재한 대부분 가정교회는 삼자회의 핍박에 속수무책이었다.

삼자회의 압박 외에 이 시기에 가정교회가 직면한 또 다른 문제들이 있었다. 첫째는, 교의(敎義)의 문제로서 이단의 발호를 들 수 있다.[141] 이단들은 중국 국외에서 전래한 경우도 있었지만, 대부분이 국내에서 발생한 것들로 대체로 다음 네 가지였다.[142] ① 율법파로서 열심 있는 기독교인들을 가리킨다. 이들은 율법을 지나치게 준수하였다. 일명 '복고파'라고도 불렸다. 이 파 중의 한 신도는 실제로 아브라함을 흉내 내어 자기 외아들을 죽이고 후에 사형당했다. ② 자칭 '부활한 예수'라 주장한 리바오청(李保成)

---

138 　趙天恩·莊婉芳, 『當代中國基督教發展史(1949-1997)』, 334.

139 　Richard Van, Houten, ed., *Wise As Serpents Harmless As Doves*, 138.

140 　내몽고 자치주 수도.

141 　이단 문제는 21세기 현재에도 여전히 중국 가정교회의 가장 큰 문제로 간주된다. 현재 중국 내 주요 이단은 호함파(呼喊派), 동방번개, 중생파(重生派) 외 여러 파이며 이 중 전국적인 규모와 영향력을 행사하며 가장 위협적인 존재로 떠오른 것은 동방번개다. 중국교회 내의 이단 종파들에 대한 자세한 내용은 함태경, 『알았던 선교, 몰랐던 중국』, 249-253을 참고하라.

142 　趙天恩·莊婉芳, 『當代中國基督教發展史(1949-1997)』, 336.

파가 있었다. 그는 난카이(南開)에서 태어나 오랫동안 감옥에 갇혀 있던 기독교인이었다. 출감 후 기도 중 사탄의 영에 사로잡혀 자칭 예수라 하였다. 그는 장발에 20여 명의 전도인을 제자로 두었고, 20여 명의 처녀들을 시켜 자신을 수발들게 하였다. 실제로 그로 인해 병이 낫기도 하고 귀신도 쫓아냄으로써 영향력이 비교적 컸다. ③ 천사파(天使派)로서 영향력은 그리 크지 않았다. 창립자는 리진셩(李金生)이라는 기독교인이다. 그는 자칭 벌을 주고 죄를 사하는 권세를 가진 자라고 하였고 또 자신을 천사라고도 하였다. ④ 일명 비명파(呼喊派)다. 이 파는 할렐루야, 아멘이라고 외치는 것을 중시했고, 매번 설교 구절마다 이를 소리 높여 외치도록 했다. 만일 외치지 않으면 뺨을 맞아야 했는데, 말로는 벙어리 귀신을 축출한다는 것이었다. 당시 이들의 영향력은 상당했는데 허난성(河南城) 루산현(魯山縣)만 해도 신도가 10만 명에 달했다.

둘째는 목양(牧羊)의 문제, 즉 목회자와 교사가 현저하게 부족한 상황에서 발생한 문제였다.[143] 이것이 사실 가장 근본적인 문제였는데, 상술한 이단의 문제도 바른 교의를 확립시켜줄 목회자의 부족에서 비롯되었다. 가정교회가 단기간에 성장을 이뤄냄에 따라 상대적으로 목회자 양성과 교회 공급에 어려움이 생긴 것이다. 당시 교회를 이끌던 대부분은 전도인(傳道

---

143   목양의 문제 역시 현재 중국 가정교회가 안고 있는 큰 문제점 중 하나다. 물론 현재 가정교회는 이미 젊고 학식이 높은 리더십들로 변화를 이루는 중이고, 또 해외 교회와의 협력으로 신학 훈련의 기초가 닦인 경우가 많다. 그럼에도 가정교회 목회자의 신학교육과 목양 훈련의 문제는 여전히 중국 가정교회가 풀어야 할 과제이며 한국교회가 담당해야 할 주된 선교사역이라 할 수 있다. 인병국은 이단과 목회자 부재의 문제 외에 오늘날 중국 가정교회의 당면 과제로서 신학의 부재, 교회의 조직, 관리의 문제, 현재 중국 사회문화의 격리 문제, 집회와 활동의 안전 문제, 재정 문제, 전문 사역자를 세우는 문제, 교회 내의 지식인의 부재, 기타 장소 및 다양한 도시 가정교회의 형성에서 오는 다양성과 통일성의 조화 등의 문제를 들었다. 인병국, 『중국 특색의 중국교회를 섬기는 길』, 111-112.

人)이라 불리는 사람들로서 주간에는 일을 하고 저녁에나 농한기 때만 목양하는 상황이었다. 더군다나 이들은 정식으로 신학교육을 받은 자들이 아니라, 문혁 시기 동안 감옥살이를 하다가 1980년대 초기 출감한 1세대 노(老) 전도인들이었다. 이런 이유로 이들의 생활과 행동은 여전히 정부의 감시 속에 있었기에 자유로운 전도 사역은 사실상 어려웠다.[144]

이상과 같이 삼자회의 압력과 이단의 문제, 목회자 부족이라는 삼중고는 당시 가정교회 발전에 큰 방해 요소가 되었다. 이러한 위기에 봉착하여 출로를 찾고자 하는 움직임이 비교적 완비된 체제를 갖추고 있던 화둥(華東), 화중(華中) 지역의 가정교회 지도자들에 의해 생겨났다. 이들은 1982년 하반기에 동역자들의 교통(交通)을 위한 모임을 일차로 소집하고 대책을 강구하기 시작했다. 이 모임에 참석한 자들은 모두 70여 명이었다. 이들이 회의를 통해 명확히 하고자 한 것은 삼자회에 대한 가정교회의 입장과 태도의 문제였다. 이들은 삼자교회는 정부 당국 정책의 한 조직으로서 종교사무정책 부처의 명령을 받는 곳이지, 절대로 예수 그리스도를 머리로 하는 교회가 아니라고 명확하게 못 박았다. 이런 이유로 가정교회는 삼자교회의 조직에 참여하지 않을 것이라는 의견을 통과시켰다.[145] 그들은 다음과 같은 태도로 삼자회에 대립할 것을 결의했다.[146]

첫째, 두려워 마라. 삼자회를 대단한 조직으로 간주하지 말아라. 그들은 그리스도의 교회의 발전을 막지 못할 것이기 때문이다.

둘째, 군건하게 붙잡으라. 타협하지 말고, 그리스도를 교회의 머리로 삼는 입

---

144  趙天恩·莊婉芳,『當代中國基督敎發展史(1949-1997)』, 337.

145  趙天恩·莊婉芳,『當代中國基督敎發展史(1949-1997)』, 338-340.

146  趙天恩·莊婉芳,『當代中國基督敎發展史(1949-1997)』, 339.

장을 고수하라.

셋째, 소리 내지 말아라. 공개적으로 삼자회와 대립하지 말고, 하나님의 일하심을 기다려라.

이 원칙은 오늘날까지 삼자회에 대한 가정교회의 태도가 어떠해야 하는지를 명확하게 보여주는 기준으로 작용한다. 오늘날 중국의 대다수 가정교회는 여전히 양회와 삼자회의 압력에도 불구하고 자신들의 신앙 원칙을 고수하고 있다.

1807년 로버트 모리슨 선교사에 의해 시작되어 7년 만에 첫 기독교 신도
를 얻은 중국 기독교는 타의 추종을 불허하는 성장과 부흥의 속도로 인해
전 세계의 주목을 받고 있다. 미국 「크리스천포스트」는 2030년이면 중국
기독교 인구가 3억 명에 달할 것이라고 전망하고 있다.[1]

　　그러나 중국교회의 성장과 부흥 이면에는 다양하고도 복잡한 문제들
이 존재한다. 그중에서도 가장 주요한 사안을 들자면 삼자교회와 가정교회
의 대립과 갈등으로 인한 것이라 할 수 있다. 삼자교회와 가정교회의 갈등
은 신앙 노선의 분명한 차이로 인한 것이기 때문에 좀처럼 좁혀지거나 해
결될 기미가 보이지 않고 오히려 점점 심해지며 격해지는 양상이다.

　　두 교회 사이의 대치의 평행선은 언제까지 지속할 것인지, 그들 사이
에 화합의 가능성은 정녕 없는 것인지에 대한 고민이 본 연구의 시작점이
었다. 결국 이 고민은 중국교회의 문제를 해결하는 열쇠가 이들의 분열의
역사를 살피는 데 있다는 확신으로 이어졌다. 문제의 해결을 위해서는 문
제의 형성 배경을 살피는 일이 중요하기 때문이다. 두 교회는 중국의 정치
적 상황에 의해 분기(分岐)되었고, 분기된 이후 문화대혁명과 개혁개방기

---

1　　「기독일보」7. 27.

를 지나며 정치에 대한 사상뿐만 아니라 신학 사상에도 분명한 차이를 보였다. 그러나 이는 비단 중국의 정치 상황으로 인한 것만은 아니었다. 이들 각자의 신학 노선이 명확해진 것은 20세기 '복음주의운동'과 '에큐메니칼운동'의 대치라는 세계적인 추세와도 맥을 같이한다. 이러한 배경을 염두에 두고 두 교회의 신학적 차이 형성에 대한 이해를 깊이 한다면, 대화의 장이 열릴 가능성은 높아질 것이라는 확신이 있었다.

이런 목적을 위해 필자는 중국 개신교가 시작된 처음부터 삼자신학이 체계화되기 시작한 개혁개방기까지의 중국교회 역사를 정리해보고자 했다. 주요 관점은 '삼자운동'으로 잡았다. '삼자운동'의 일반적 의미는 자치·자양·자전의 삼자원칙을 기반으로 재정과 사상 면에서의 독립과 현지인 사역자를 통한 교회 운영 방식을 말한다. '삼자운동'을 주요 관점으로 삼은 이유는, 필자의 시각에서 볼 때 중국교회가 시작될 때부터 중국교회는 '교회 자립'을 주요 모토와 목표로 삼았다고 보았기 때문이다. 이러한 교회 자립의 의지는 19세기 초 로버트 모리슨(Robert Morrison), 19세기 중·후반의 네비우스(John Nevius)와 허드슨 테일러(Hudson Taylor) 등 때부터 추구해온 중요한 사역 '가치'이자 '목표'였다. 20세기 초반에 이 운동은 더욱 다양한 양상으로 꽃을 피웠다. 특히 이 시기의 대대적인 반기독교운동이라는 정치적 상황은 자립교회 설립에 대한 열망을 고조시켰다. 이때 진정한 자립을 위한 중국 신도들의 노력이 서구 교회로부터 재정적·사상적으로 완전히 벗어나고자 한 수많은 자립교회를 탄생시켰다. 한편 지식인 교회 지도자들을 중심으로 '본색화운동'(本色化運動)도 전개되었다. 이와 같은 교회 자립을 향한 꿈은 1949년 공산혁명의 성공으로 성립된 신중국(新中國) 하에서도 이어졌다. 비록 정교(政敎) 관계에 대한 이해의 차이로 삼자교회와 가정교회의 분기(分岐)라는 안타까운 상황에 처했지만, 두 교회 각자의 꿈도 역시 '교회 자립'에 있었다.

이같이 비록 양상과 대상의 차이는 있었으나 '교회 자립'의 문제는 중국교회의 시작부터 매우 중요한 사안이었다. 이러한 확신 속에 연구자는 교회 자립을 위한 모든 교회의 노력을 '삼자운동'으로 명명하고,[2] 이의 변천 과정에 관한 연구를 진행하고자 하였다. 이 관점에 따른 연구 진행 결과 다음과 같은 중요한 결론을 내릴 수 있었다.

첫째, '삼자교회'와 '가정교회'는 오늘날 비록 둘로 나뉘어 대치 상황에 있지만, 두 교회는 본래 '하나'의 뿌리에서 출발했다. 나아가 그들은 '공통의 역사 경험'을 가지고 있었다. 즉 1920-1930년대에 두 교회는 '교회 자립'이라는 공통의 이상을 품고 각자의 위치에서 이를 위해 고군분투했다는 역사적 경험을 공유하고 있다. 신중국 성립 이후 삼자회에 가입하지 않았던 가정교회의 원류가 되는 자립교회들은 성경 중심, 기도 중심, 성령 중심의 신앙관을 가지고 중국인에 의한, 중국인을 위한 교회를 세우기 위해 각고의 노력을 기울였다. 또한 삼자회의 주류들은 대부분 본색화운동가들로서 중국 전통문화와 기독교 사상을 접목하여 중국인들에게 쉽게 다가가고자 했다. 이 모든 노력의 근본 목적은 기독교가 제국주의의 앞잡이라는 오명을 벗고자 함이었고, 중국인들에게 더 쉽고 친근한 기독교 교리를 이해시키고자 함이었다.

둘째, 위에서 서술한 바에 의하면 두 교회가 다시 화합할 수 있는 가능성을 보여준다. 양자가 본래 하나였고, 과거 동일한 꿈과 비전을 갖고 있던 관계라는 사실은 오늘날도 동일한 비전의 공유가 가능함을 강력하게 시사하기 때문이다. 다시 말해 두 교회가 대치의 상황에서 화해의 장으로 나올

---

2    '삼자운동'이라는 용어 사용과 의미 설명에 대해서는 서론을 참고할 것.

수 있는 정당성이 이런 역사적 사실을 근거로 확보될 수 있다.

그리하여 필자는 두 교회 간의 화합의 물꼬를 틀 방법으로 양자 간의 '교류'를 제안한다. 물론 처음부터 거창한 계획으로 진행될 수는 없을 것이다. "천 리 길도 한 걸음부터" 천천히 한 단계씩 교류의 역사를 만들어가야 할 것이다. 이를 위해서는 무엇보다 각자의 장점으로 상대의 부족한 부분을 짊어지는 '성경적 협력'을 제안하고 싶다. 즉 삼자교회는 교회의 조직력과 체계적으로 정리된 신학 사상을 가지고 상대적으로 이 부분이 미약한 가정교회를 섬길 수 있을 것이다. 반면 가정교회는 살아 있는 뜨거운 영성으로 삼자교회에 성령의 바람을 불어넣을 수 있을 것이다.

실제로 이러한 교류의 움직임이 일부 교회 지도자들에 의해 일어나고 있다는 반가운 소식도 들려온다. 그러나 양자 간의 화합을 위한 열매를 거두기 위해 선행되어야 할 조건이 있다. 첫째, 양 교회 화합의 길이 중국교회를 향한 주님의 선한 뜻임을 인식한 사람들이 각각의 지도자로 세워져야 한다. 둘째, 화합은 "이는 힘으로 되지 아니하며 능력으로 되지 아니하고 오직 나의 영으로 되느니라"(슥 4:6)와 같이 성령의 능력을 믿는 사람들이 중국교회 안에 가득할 때 가능한 일이다.

개혁개방기까지 중국교회 역사를 함께하며 말로 표현할 수 없는 감동과 기쁨이 넘쳐났다. 동시에 중국교회를 위해 중보기도 하는 한 사람으로서 책임감도 생겨났다. 1990년대를 이어 21세기에 이르는 중국교회의 상황을 연구하고 나누고 싶은 마음이다. 특히 시진핑(習近平) 주석 집권 이후 강화되는 종교정책에 따라 많은 선교사가 추방되었다. 비단 종교 핍박이 선교사들에게만이 아니라 중국 내의 삼자교회에도 적용되었다는 사실은 한국교회가 중국교회와 성도들에 대한 염려를 자아내기에 충분했다. 더 나아가 중국교회를 향한 한국교회의 관심도 높아졌다. 그러나 여전히 한국교회에게 중국교회는 생소한 '죽의 장막'이고 '만리장성'과 같이 두껍고 높은 벽이 아닌가 생각한다. 이 부분에 관한 연구는 이제 차후의 과제로 남겨 두려 한다. 이후 주님께서 주시는 지혜와 은혜로써 한국교회에 더욱 다가서는 중국교회 이야기를 전할 수 있을 것이다.

# 북한교회 재건을 꿈꾸다

장동민(백석대 역사신학)

## 서론

불과 5-6년밖에 지나지 않았는데, 그런 일이 있기는 했었나 싶을 정도로 오래전 일로 느껴진다. 2018년 초 평창 동계올림픽 개회식에 북한 지도부가 참석한 후, 한반도 평화 프로세스가 빠르게 진행되기 시작하였다. 기다리던 4.27 남북정상회담이 열려 "판문점선언"에 합의하고 두 정상이 서로 끌어안았다. 긴 세월의 다툼을 뒤로 하고 평화로운 한반도를 후손들에게 물려줄 수 있게 되었다고 생각하여 온 민족이 감격을 가눌 길이 없었다. 열릴 듯 말 듯 줄다리기하다 마침내 6.12 북미회담이 열렸을 때, 천재일우(千載一遇)의 기회가 온 것 같아 조바심에 잠을 못 이루었다. 2019년 2월 하노이 회담, 세계사적 변혁을 기대하였으나 텅 빈 만찬장과 볼턴의 콧수염을 남긴 채 노딜로 끝났을 때 얼마나 절망하였던가. 이후 여러 차례 남북 관계,

북미 관계가 천당과 지옥을 오가는 동안, 기대와 흥분이 점차로 사그라들었다. 마침내 2020년 6월 남북공동연락사무소가 폭발음과 함께 자취를 감추었고, 남북 관계는 지지부진하다가 정권이 교체되었다.

새 정부가 들어선 후 대북 정책은 180도 선회하였다. 현 정부는 2022년 광복절에 이른바 '담대한 구상'이라는 대북 로드맵을 제시하였다. 이는 북한의 CVID를 전제로 한 대북 지원 정책으로, 핵 무력 완성을 향해 매진하는 북한이 볼 때는 '허망한 꿈'에 불과했다. 이후 신냉전이라 불리는, 한반도를 둘러싼 강대국의 전략 변화와 우리 정부의 대북 강경책으로 남북 관계는 악화 일로를 걷고 있다. 북한의 7차 핵실험 준비와 ICBM 도발, 이에 따른 미국의 전략자산 한반도 집결 등 다시 한반도가 강대국 간 대리전의 전장이 되지 않을까 우려할 지경에 이르렀다. 현 정부는 남북대화의 의지를 전혀 보이지 않고 있다.

한반도의 운명을 강대국에 맡겨야 하는지, 아니면 대한민국 대통령이 운전대를 잡아야 하는지 나는 판단할 위치에 있지 않다. 전쟁도 불사하는 힘에 의한 평화가 현실적인지 아니면 비용을 들여서라도 '상황 관리'를 하는 게 현명한지, 선택하기 쉽지 않다. 그렇지만 평화의 왕 예수님을 믿는 목회자의 한 사람으로서, 아니 대한민국 국민의 한 사람으로서, 나는 한반도 평화를 진심으로 희구한다. 하나님이 역사의 주관자라는 사실을 믿기에 이를 위해 하늘 법정을 향하여 날마다 간절한 기도를 올린다.

기독교인이 한반도의 평화와 통일을 위하여 기도 외에 무엇을 준비할 수 있을까? 평화와 통일이 지상(至上) 목표인 것은 맞지만, 통일 후 이루어질 세계가 어떠해야 할지를 전망하는 것도 그에 못지않게 중요하다. 바벨론 포로기 예언자들은 포로에서 회복될 걸 희망하였는데, 그렇다고 해서 무조건 과거의 왕조(王朝)와 성전 체제로 돌아가기를 원하지는 않았다. 과

거의 체제가 그 축적된 죄악 때문에 무너졌는데 다시 그리로 갈 수는 없는 노릇이었다. 예언자들은 변화된 세상을 바라보았다. 예컨대 예언자 이사야는 정의와 평화가 조화를 이루는 세상을 원하였고, 예레미야는 형식적 성전 제도가 아닌 마음의 변화를 동반한 새로운 언약을 소망하였다. 특히 에스겔은 매우 구체적으로 새로운 국가, 새로운 종교 제도를 꿈꾸었다. 이스라엘 한가운데 성전과 왕궁이 있고, 그 주변은 거기서 일하는 사람들을 위한 기업(基業)으로 배정된다. 과거 분열되었던 이스라엘 열두 지파는 통일을 이루고, 각 지파가 골고루 땅을 나눠 가지며, 함께 사는 이방인들에게도 차별을 두지 않는다. 성전에서 흘러나오는 물은 황폐한 사막을 동산이 되게 하며, 죽음의 바다에 물고기가 뛰놀게 한다. 성전의 중심에는 하나님의 영이 거하시며, 그 도성은 하나님이 거하는 도성이라 불릴 것이다.

예언자들은 과거 모세에게 주신 이상적인 국가와 종교를 그리는 사람들이었다. 그들은 하나님에 대한 반역과 징벌의 역사를 회고하면서 미래의 회복을 소망하였다. 그들이 바라는 새로운 세상은 과거 죄악의 역사를 되돌리는 세상, 그 역사로 인하여 고통받는 현실을 극복한 세상이다. 새로운 세상을 꿈꾸는 행위는 소극적 정신 승리가 아니다. 과거사에 대한 반성인 동시에 현실 극복을 위한 동력이기도 하다.

필자는 이 짧은 글을 통하여 바람직한 북한교회 재건의 청사진을 그려보려 한다. 미래를 기획하는 것은 과거에 대한 반성을 통해서만 가능하다. 그 과거는 단지 북한교회의 과거만이 아니다. 개신교는 서구 제국주의 확장기인 19세기에 중국, 일본, 한국의 동아시아 3국에 차례로 전래하였다. 선교방식과 각국 교회의 발전 양상은 서로 달랐지만, 각 나라의 기독교는 유사한 도전과 문제점을 공유하고 있었다. 종래에는 급성장한 한국교회를 우수한 교회로 생각하며 중국과 일본 교회를 깔보는 시각을 가졌던 게 사실이다. 그러나 20세기 중후반 중국교회가 급부상하고 한국교회가 쇠락하면서 좀 더 객관적인 평가를 할 수 있게 되었다. 과거 역사적 전거(典據)를 돌이켜보며, 대한민국 교회를 반성하며, 미래 북한교회의 바람직한 모습을 상상해본다.

## 첫째, 북한에 재건되는 교회는 자립을 지향해야 한다

중국, 일본, 한국에 복음이 전파된 19세기는 서구 제국이 식민지를 확장하던 시기였다. 제국주의적 침략과 복음 전파가 동시에 이루어졌다. 선교사는 복음을 전하는 자이면서 동시에 서구의 체제를 전하는 자였고, 기독교는 종교를 넘어 선진국 문명의 중심을 차지하는 가치와 신념의 체계였다. 아편전쟁이나 의화단운동에서 극명하게 드러난 것처럼, 아시아인의 눈에는 서구 제국주의와 기독교가 서로 다르지 않았다. 동아시아에 파송된 서구 선교사들은 한편으로는 제국주의 침략과 치외법권이라는 이점을 가지고 비교적 수월하게 정착할 수 있었다. 그러나 다른 한편 기독교 복음이 제국주의의 확장과 무관하다는 걸 보여주어야 하는 짐을 지고 있었다. 복음을 받아들인 아시아 기독교인도 역시 기독교가 애국심을 약화하는 게 아니라는 점을 증명해야 하였다. 기독교와 애국심이 무관하거나 아니면 기독교가 중국인을 진정한 중국인으로 만든다는 걸 보여주는 것이다. 1920년대 중국의 자립교회운동이 전자라면, 기독교의 중국화를 모토로 삼은 '삼자애국운동'은 후자의 극단적인 예다. 일본의 대표적 기독교인인 우치무라 간조는 두 개의 J, 즉 Jesus와 Japan이 어떤 관계에 있어야 하는지를 탐구하느라 일생을 바쳤다.

조선 땅에 복음이 전파된 것도 중국의 경우와 마찬가지로 열강의 침략과 동시에 이루어졌다. 다만 조선을 지배한 식민주의자는 일제였고, 복음을 전한 선교사는 서구에서 파송되었다는 점이 중국이나 일본의 경우와 다르다. 조선에 파송된 선교사들은 복음을 전하면서 동시에 미국 국무부의 방해 없이 민족의식을 고취할 수 있었다. 여러 사건을 통하여 선교사의 진심과 헌신을 목격한 한국 민중은 기독교를 마음으로 받아들이게 되었다.[1] 부흥운동을 통하여 선교사와 한국 기독교인이 영적으로 서로를 존중하게 된 것도 이 둘의 유대관계 증진에 한몫하였다. 조선에 복음을 전한 미국도 역시 제국주의 국가였지만, 실제로 한국 민중 속에서 복음을 전한 선교사들은 대다수가 일본 제국주의와 맞서 싸웠다. 이는 선교사로 대표되는 미국과 미국의 종교인 기독교가 일제나 공산주의의 침략으로부터 나라를 보호해줄 것이라는 신념이 한국 민중의 의식 속에 깊이 뿌리박히는 계기가 되었다.

그러나 한국전쟁 이후의 북한에서는 전혀 다른 양상이 펼쳐졌다. 한국전쟁 시 북한에서 123만 명이 사망하는 등 극심한 피해를 입었다. 전쟁 이후 미국에 대한 적개심이 높아진 것은 물론 기독교에 대하여서도 부정적 시각을 갖게 되었다.[2] 게다가 전쟁 중 행해졌던 미군의 무차별 폭격, 반공단체에 속한 일부 기독교인들의 가혹행위, 군종으로 참여한 선교사와 한국목사들이 학살 사건에 개입되었다는 믿음 때문에 반미·반기독교 이데올로기가 확립되었다.[3] 전쟁으로 인한 상처는 세대가 지나도 쉽게 아물지 않

---

1    초기 기독교와 민족의식의 형성에 관하여서는 장동민,『대화로 풀어보는 한국교회사 1』(서울: 부흥과개혁사, 2009), 제2장과 3장 참고.
2    김병로 외,『그루터기: 북한 종교인 가족의 삶과 신앙의 궤적을 찾아서』(서울: 박영사, 2020), 13.
3    한국기독교역사연구소 북한교회사집필위원회,『북한교회사』(서울: 한국기독교역사연구소, 1991), 409-411.

는다. 게다가 북한 정권은 반기독교 정서를 부추기기 위하여 역사를 과장하고 왜곡하기도 하였다.[4] 탈북자들의 증언에 따르면 북한에서는 기독교를 제국주의의 앞잡이요 미신의 일종으로 가르치고, 기독교를 믿는 게 발각되면 교화소로 보내진다고 한다. 세대가 지나면서 북한 주민들의 기독교에 대한 인식은 더욱 악화한 것으로 보인다.

통일 후 북한교회가 재건되고 북한 주민에게 복음을 전하기 위해서는 우선 이 오명을 벗어야 한다. 어떤 방식으로 이미지를 개선할 수 있을까? 나는 저항적 민족주의와 반(反)기독교 정서가 결합한 중국 민중에게 복음을 전해왔던 중국 기독교의 역사로부터 배울 것이 많다고 생각한다.

중국 선교사들이 반제국주의 정서를 극복하고 복음을 전하는 것은 쉽지 않은 일이었다. 이들은 중국 내에 서구 교회에 의존하지 않는 자립교회를 세움으로써 이 문제를 극복하려 하였다. 19세기 초반 중국에 파송된 선교사들은 처음부터 중국인의 자립교회를 염두에 두었다. 특히 허드슨 테일러(Hudson Taylor, 1832-1905)는 19세기 중·후반 중국선교 주역의 한 사람으로서 중국내지선교회(China Inland Mission)를 설립하였다(1865). 테일러와 그의 선교회는 일관되게 중국인 자신이 신앙의 열정을 가지게 함으로써 영적·물질적으로 자립하도록 도왔다. 테일러는 중국인과 똑같은 중국식 복장과 생활방식을 수용함으로 '양귀자'(洋鬼子)가 아닌 '외국 친구'라는 호칭을 얻었다. 존 네비우스(John L. Nevius, 1829-1893) 선교사는 자립·자양(자치)·자전이라는 삼자운동을 주축으로 하는 네비우스 선교방법론을 수립하

---

4   한화룡, 『뺨인가 이마인가: 1925-26년, 허시모 사건의 진실』(서울: 포앤북스, 2021)은 북한 당국이 이른바 허시모 사건을 자신들의 목적을 위하여 왜곡·확대하였는지를 추적한 역사 왜곡의 기록이다. 허시모(C. A. Haysmer)는 1925년 평안남도 순안에 거주하던 안식교 선교사로서 12살짜리 소년을 붙잡아 초산은으로 얼굴에 도적이라고 새겼다.

였다. 선교사나 서구의 선교단체를 의지하는 것에서 벗어나 현지인 중심의
사역과 현지교회 자립을 목표로 한 것이다.[5]

　　이와 같은 선교사들의 노력이 열매를 맺어서, 20세기 초반 중국교회
는 중국인이 중심이 된 자립·자양·자전 운동이 전개되었다. 특별히 '자립
교회'의 숫자가 증가하였다. '자립교회'란 외국 선교회로부터 독립한 교회
로서 교회 내의 의결권이 중국인의 수중에 들어가 진정한 자치를 이뤄내
고, 재정적으로 서구 교회로부터 독립하였으며, 중국교회 스스로 전도의
책임을 맡은 교회를 말한다. 이들의 노력으로 기독교는 상당 부분 서양 종
교의 이미지를 벗게 되었다.

　　1917년 볼셰비키 혁명의 성공과 1919년 반봉건·반외세를 외친 중국
의 5·4운동으로 중국교회는 더욱 곤경에 처하게 되었다. 이 시기에 자립
교회를 만들기 위한 교회의 노력은 크게 두 가지 양상으로 일어났다. 하나
는 왕밍따오(王明道), 웨이언뽀(魏恩波), 워치만 니 등을 중심으로 한 복음주
의 '자립교회운동'이었다. 이들은 중화인민공화국 수립 후 기독교 박해가
있을 때 가정교회로 발전하였고, 개혁개방 이후 중국교회 급성장의 주체가
되었다. 다른 하나는 우레이추안(吳雷川), 자오즈천(趙紫宸), 지아위밍(賈玉
銘) 등 엘리트 신학자들을 중심으로 한 '본색화(本色化, 즉 토착화)운동'이었
다. 이들은 중화인민공화국 수립 후 삼자애국운동의 중심 세력이 되었다.

　　북한교회 재건을 위해서는 기독교와 제국주의에 관한 나쁜 기억을 공
유하는 중국교회의 역사로부터 배워야 한다. 우선적인 목표는 기독교가 제

---

5　네비우스의 삼자 원칙은 당시 새롭게 유행하던 '토착교회론'이라는 선교정책을 구체화한
　　것이다. 이는 영국 교회선교회의 초대 총무였던 헨리 벤(Henry Venn)과 미국 해외선교연
　　합위원회 총무였던 루퍼스 앤더슨(Rufus Anderson)이 제창한 이론으로서, 기존의 '기독교
　　문명론'이 서구적 가치관의 팽창이라는 제국주의적 이념에 맞닿아 있다고 하여 이를 비판
　　하였다.

국주의와 함께 침략자의 선봉에 섰던 서구의 종교가 아니고 북한 인민의 종교라는 점을 각인시키는 것이다. 한 세기 전 중국에 자립교회가 세워진 것처럼, 북한에도 자립·자양(혹은 자치)·자전의 자립교회가 세워져야 한다. 남한의 기독교는 북한교회가 스스로 서도록 돕는 보조적 역할을 겸손하게 감당해야 한다.

북한교회의 자립을 위해서는 외부 자금이 북한에 흘러 들어가지 않는 것이 중요하다. 외부의 돈으로 건물을 짓고 전도인을 고용하는 한물간 방식으로는 북한에 자립교회를 세우기 어렵다. 북한의 생활 수준에 맞는 건물을 짓고 북한의 지식수준에 맞는 교역자를 세우되, 성도들이 헌신하게 하는 것이 바로 자립(自立)이요 자전(自傳)이다. 여기서 자연스럽게 자양(自養)이 형성될 수 있다. 만일 외국 선교부나 남한의 교회들이 북한에 들어가서 점령군 행세를 하면서, 땅을 사고 멋진 건물을 올리며 교회에 출석하는 이들에게 혜택을 준다면, 기독교는 북한 땅에 결코 정착하지 못할 것이다. 이는 오랜 세월 박해를 견뎌온 북한 성도들에 대한 모욕이요, 경건마저 이익의 재료로 삼는 자본주의의 괴물을 수출하는 것이다.

북한 선교에 열정이 있어서 복음 전하는 자로 파송받으려는 사람은 허드슨 테일러의 길을 가야 한다. 이는 북한 인민과 같은 생활 수준을 유지할 수 있는 사람, 선교 자금에 의존하지 않는 사람, 대도시가 아닌 시골에서 복음을 전할 사람, 복음만을 전한 후 북한인을 지도자로 세우고 곧바로 떠날 준비가 되어 있는 사람이다.

사실 삼자운동을 핵심으로 하는 네비우스 선교 정책이 가장 큰 성공을 거둔 선교지는 조선이다. 그리고 조선 선교의 가장 큰 성공은 북한에서였다. 내한 선교사들은 문명이 아닌 복음을 전하면 복음으로 거듭난 성도들이 자신들의 삶과 문화를 바꿀 것이라는 신념을 공유하였다. 대표적인 내한 장로교 선교사 가운데 한 사람인 마포삼열(Samuel A. Moffett)은 "문명이 아닌 그리스도"(Not civilization but Christ)라는 모토를 강하게 내세웠다.[6] 그는 "개혁은 구원이 아니다. 개화는 기독교가 아니다. 교육은 중생이 아니다"라고 외쳤다. 우리 역시 북한 성도들이 가지고 있는 자립의 DNA가 발현되도록 도와야 한다.

　물질적으로 돕는 게 전혀 필요하지 않다는 말은 아니다. 북한 주민이 어려우니까 물질로 보조하고, 병원과 교육 사업에 돈을 들이는 것은 필요한 일이다. 그러나 그들을 도울 때도 고자세로 가난한 자에게 적선하듯 해서는 안 된다. 오히려 북한의 성도들에게 빚진 마음으로 형제애를 가지고 겸손하게 다가가야 한다.

### 둘째, 북한에 재건될 교회는 좌·우 정치 이념과 거리를 두어야 한다

남한 기독교가 북한교회 재건에 어떤 방식으로든지 개입하게 된다면, 기독교와 이념의 관계 문제가 반드시 대두될 것이다. 북한 선교에 열정이 있는 많은 남한 기독교 단체나 지도자들은 반공주의에 기울어져 있다. 보수를 대표하는 기관이었던 한국기독교총연합회(한기총, 창립준비위원장 한경직 목사)가 세워진 중요한 이유가 통일 논의와 북한 선교를 위함이었다. 현재 탈북 지원을 위하여 활동하는 대다수 단체가 기독교 단체인데, 일부 단체는 반북(反北)에 앞장선다.

　현재로서는 통일이 이루어질지 가늠할 수 없고, 혹은 제한적인 개방정

---

6　　사무엘 마페트, "한국 복음화를 위한 정책과 방법", 『중국선교보고』 제37권 5호(1906년 5월), 장로회신학대학교 편, 『한국교회 대부흥운동 1903-1908』(서울: 장로회신학대학교출판부, 2007)을 참고하라.

책으로 북한 선교가 가능할지도 불투명하다. 어떤 환경에서든 북한 선교가 재개될 때, 북한 선교단체가 반공을 내세운다면 이는 복음 전도에 큰 방해가 될 것이다. 북한 주민이 아무리 체제경쟁에서 패배했다 해도, 수십 년간 자기 정체성의 일부가 된 공산주의 사상을 하루아침에 버릴 수는 없는 노릇이다. 겉으로는 반공에 동조할지 몰라도 마음속에서 거부감이 일어날 것이다. 만일 북한 정권이 무너진다면 북한 주민의 일부는 격렬하게 반공을 주장할 것이 분명한데, 기독교는 이들과 거리를 두어야 한다. 갈라치기 방식은 복음의 정신을 위배하는 것이며 선교에 효율적인 방식도 아니다.

북한 선교를 생각하는 사람은 좌로나 우로나 치우치지 말고 이념으로부터 초월적 자세를 보여야 한다. 대체로 중국교회와 해방 후 북한교회는 공산당의 이념과 기독교의 가르침을 동일시하였다면, 한국교회는 자유민주주의 이념과 기독교를 동일시하였다.

중국교회의 역사는 재건될 북한 기독교의 반면교사다. 앞서 1920년대 중국교회가 국가를 대하는 두 가지 길이 있었다고 언급하였다. 한 가지는 자립교회의 방식으로 국가의 문제에 대해서는 전혀 관심을 가지지 않고 개인 구원에만 전념하는 복음주의 방향이었다. 다른 하나는 본색화운동 혹은 토착화 신학의 방향이었다. 이는 교회의 사회적 책임과 중국적 특징을 함께 추구한 것인데, 후일 중화인민공화국 정부의 종교정책에 순응하는 삼자애국운동으로 변질되었다.

본색화운동의 대표자였던 우야오종(吳耀宗, 1893-1979)의 사상적 발전을 살펴보자. 젊었을 적 그는 기독교의 핵심이 하나님 나라가 지상에서 실현되도록 하는 데 있다고 주장하는 일종의 사회복음(Social Gospel)주의자였다. 그는 제국주의의 침략으로부터 중국을 구하고 미래에 중국을 살리는 길은 예수의 사랑과 공산주의의 결합에 있다고 믿었다. 그는 공산주의 사상가들과도 교류하였으나 공산주의의 유물론과 폭력적 방법은 반대하였다.

우야오종은 공산주의에 점점 더 가까워졌다. 기독교의 유신론과 유물론을 조화시키려 하다가, 마침내 삼위일체 신관을 부정하고 신(神)을 만물을 가능하게 하는 생명력이라고 생각하기에 이르렀다. 신중국이 성립할 때쯤에는(1949) 공산당 정권은 중국의 희망이기 때문에, 공산주의가 건설하는 신중국에 협력하는 것이 기독교가 나아갈 방향이라고 믿었다. 이것이 삼자애국운동의 시작이다. 신중국하에서의 중국 기독교는 더 이상 서구 제국주의의 도구로 이용되어서는 안 되며, 삼자 원칙 아래서 진정한 자립을 이뤄내야 한다. 우야오종이 취한 선택은 중국교회를 사실상 중국 정치개혁의 하위 개념으로 전락시키는 결과를 낳았다.

중국의 삼자애국운동이 기독교를 좌파 이념에 복종시킨 것이라면, 20세기 말에서 21세기 초 대한민국의 보수적 기독교는 기독교와 우파 이념을 혼동하였다. 해방 후 한국교회는 구한말과 일제강점기에 쌓은 신뢰를 바탕으로 수적으로 급성장하였으며 사회적 영향력도 크게 확대되었다. 한국 기독교는 비록 친일 청산은 실패하였으나 반공과 산업화라는 국가적 어젠다의 기수로서 역할을 충실히 수행하였다. 기독교의 표식인 십자가와, 반공과 산업화를 상징하는 태극기, 그리고 이 둘의 수호자인 성조기의 조합이 이 시대를 보여주는 상징이다.

그러나 민주화를 달성한 1980년대 후반 이후 기독교의 성장이 둔화하였고, 이때부터 기독교는 한국 사회의 시대적 과제로부터 멀어져 주변부로 밀려나기 시작하였다. 한 세대 전 기독교에 번영을 가져다준 요인들이 오히려 침체의 원인으로 작용한 것이다. 1989년 베를린 장벽 붕괴와 소련의 해체 이후 전 세계적으로 반공주의가 퇴조하였는데, 한국교회는 여전히 반공에 집착하였다. 산업화의 문제점으로 소득과 재산의 양극화가 심화하고 있는데도 기독교는 기득권층을 대변하고 있다. 사회는 다원화되어 가는데, 전통적인 가치와 윤리를 고집한다. 국제질서의 변화에도 불구하고, 대한민국 기독교는 신앙과 이념이 결합한 보수와 진보로 나뉘어 다투고 있다.

기독교 신앙과 이념의 결합은 교회와 사회 모두에게 크나큰 악영향을 미친다. 서로 다른 이념적 성향을 지닌 성도들을 화합하지 못하게 하는 게 가장 큰 문제다. 이념적 갈등을 견디다 못하여 교회를 떠나기도 한다. 사회에도 악영향을 미치는데, 신앙과 이념이 너무 밀착되어 있으면 타락한 사회를 비판하기도 어렵고, 시대의 변화 가운데서 고통당하는 이들을 대변하지 못하게 된다. 새로운 세계를 상상하지 못하는 교회는 과거의 이념을 금과옥조로 끌어안고 함께 서서히 잊히게 될 것이다.

재건될 북한교회가 이념을 멀리해야 한다고 해서 중국의 자립교회처럼 모든 정치적 이념에 무관심해야 한다는 뜻은 아니다. 단지 영혼 구원과 개인윤리뿐 아니라 이 땅에 하나님의 뜻을 펼치는 것이 교회의 사명이기도 하다. 지상에서 하나님 나라를 구현하려면 필연적으로 이념을 통하여, 그리고 그 이념을 구체화한 정당과 정책과 정부를 통해서만 가능하다. 교회는 이념과 거리를 두면서도 이념을 정립하도록 도움을 주어야 한다.

이념과 얽히지 않으면서도 국가의 방향과 정책을 인도하는 교회의 예를 들자면, 예상 외로 일본교회를 들 수 있다. 일본 기독교는 국가주의와 종교가 얽히는 것에 대하여 반대하는 전통이 강하다. 예를 들어 일급 전범의 위패가 안치된 야스쿠니[靖國] 신사에 정치인이 참배하는 것을 강하게 반대한다. 신사참배가 종교와 정치, 특히 군국주의와 결합한 것이기 때문이다. 그러면서 일본 대다수 교단에서는 일본의 우익화(右翼化)에 공식적으로 반대하며 평화주의(pacifism)를 표방한다.

## 셋째, 북한교회가 공산주의 체제하에서 생존해온 방식들을 인정하고 넓은 시각으로 포용해야 한다

2020년 출판된 『그루터기』[7]에서는 한국전쟁 이후 북한 정권의 기독교 박해의 양상을 세 가지로 분류한다. 첫째는 처형과 투옥이다. 김일성 정권은 한국전쟁 직후, 연합군에 협조하거나 반공단체에 가담한 사람을 색출하였는데 대부분이 종교인이었다. 그 박해를 피하여 많은 사람이 월남(越南)하였고, 남은 지도자들은 공개 처형당하거나 투옥 혹은 수용소에 감금되었다. 이러한 종교 탄압으로 인하여 북한교회는 극도로 침체하였다. 둘째, 정권이 안정된 1950년대 후반에도 북한 당국은 기독교인에 대한 처형과 추방을 지속하였다. 신앙인들 가운데 지하로 숨어들어 비공식적 신앙생활을 하다가 반정부투쟁에 가담한 사람도 있었다. 당국은 종교인들을 대대적으로 색출하여 체포하고 수용소에 감금하였다. 셋째, 처형되거나 투옥되지 않고 은둔한 사람도 있었고, 또한 적극적으로 체제에 협력하는 기독교인도 있었다. 후자는 조선기독교도연맹(1946년 조직, 1999년 조선그리스도교연맹 — 조그련으로 이름을 바꿈)에 소속되어 활동한 사람들로서, 개별적으로 신앙의 자유가 허용되었고 가족들에게도 신앙을 전수하였다. 어떤 사람은 아예 신앙을 버리고 권력의 편에서 신앙인을 탄압한 사례도 있다.

현재 북한에 어떤 종류의 기독교인이 얼마나 존재하는지 정확히 알 수는 없다. 『그루터기』는 북한에 현존하는 기독교인을 몇 가지 유형으로 분류한다.[8] 우선 공식적인 기독교인들이다. 1980년대 이후 북한은 다소간 종

---

7    김병로 외, 『그루터기: 북한 종교인 가족의 삶과 신앙의 궤적을 찾아서』(서울: 박영사, 2020), 14-21.
8    김병로 외, 위의 책, 25-44.

교의 자유를 허용하였다. 이때부터 공식, 비공식 기독교 활동이 재개되었는데, 수백에 달하는 가정교회가 예배를 드렸다. 이 중 일부는 평양 봉수교회(1988)와 칠골교회(1992)로 흡수되었고, 나머지는 조그련에 소속된 가정예배소에서 예배를 드렸다. 전국에 513개의 가정 예배소가 있고, 12,300명의 기독교인 중 평균 6천 명이 예배를 드린다고 한다. 이들 중 다수는 과거 신앙의 배경이 있는 가족들로서 북한 당국으로부터 사상적 인정을 받은 사람들로 추측된다. 둘째, 공식적인 기독교인들과 별도로 '지하교회' 교인들도 존재한다. 이들의 대다수는 1995년 고난의 행군 시기에 탈북하였다가 전도를 받아 재입국한 사람들이다. 이들의 숫자가 얼마나 되는지 알 수가 없고, 이들 가운데 진정한 신앙인이 얼마나 되는지도 모른다.

한편 『북한교회사』는 공산주의 체제에 적응한 기독교의 모습을 여덟 가지로 정리한다.[9] ① 국가권력과 교회의 밀착, ② 사회주의를 주어진 현실로 수용, ③ 종교의 정치사회적 기능 중시, ④ 조선그리스도교연맹의 단일 기독교 조직, ⑤ 외국 교회의 간섭에 비판적, ⑥ 가정교회 형태, ⑦ 전임 성직자 부재, ⑧ 보수적 신앙과 정치적 진보의 결합 등이다. 물론 이는 조그련에 소속된 교회와 교인들에 대한 관찰일 것이고, 지하교인들의 신앙은 다를 것으로 추측할 수 있다.

두 가지 점을 제안하고 싶다. 첫째는 향후 북한에 일정 부분 종교의 자유가 주어지고 교회가 재건될 때, 공산주의에 순응한 교회와 저항한 교회 간에 대화를 나누어야 한다. 일반적으로 박해의 시기가 지나고 나면 반드시 따라오는 또 하나의 어려움이 있는데, 바로 교회의 분열이다. 저항과 순

---

9    한국기독교역사연구소 북한교회사집필위원회, 『북한교회사』(서울: 한국기독교역사연구소, 1991) 455-462.

교의 길을 택한 성도들은 자신의 생존과 안위를 위하여 타협한 집단을 배교자 취급하며, 반대로 타협한 집단은 자신들의 잘못을 인정하거나 회개하는 대신 기득권을 유지하려 한다. 이 둘 사이에 심한 갈등과 분열이 있다.

박해는 필연적으로 분열을 배태함을 역사가 가르친다. 한국에서도 해방 후 총회 측과 고려파의 분열 사건이 이에 해당한다. 일제 말 신사참배에 가담하였던 기득권 세력은 교회 재건을 위해서는 먼저 정화(淨化)가 필요하다는 '출옥(出獄) 성도'의 제안을 거부하고 이들을 축출해버렸다. 중국교회도 삼자교회와 가정교회 간에 큰 골이 생겨 서로를 인정하지 않은 채 한 세대가 지나고 있다. 필자도 중국에 종교의 자유가 주어졌던 2천 년대 초반 여러 차례 중국을 방문하여 가정교회 지도자들을 신학적으로 도운 일이 있다. 이때 이들이 품었던 가장 치열한 질문은 자기들과는 다른 길을 걸었던 삼자교회를 어떻게 생각해야 하느냐는 것이었다.

북한교회가 수난을 겪을 때도 적극적으로 저항하다가 투옥당하거나 처형된 성도들도 있고, 소극적으로 은둔한 성도도 있고, 정권에 협력한 세력도 있다. 북한교회도 이들 사이의 갈등 문제에 직면할 것이 분명하다. 성도들이 서로를 따뜻한 시선으로 바라보고 서로 화합하기를 바란다. 물론 아무런 원칙이 없이 교류하라는 것은 아니다. 정권과 타협한 교인들은 자기의 잘못을 인정하고 기득권을 내려놓아야 한다. 저항하다가 박해받은 성도들은 공산주의의 박해로 인하여 이 일이 일어난 것을 알고, 교회의 생존을 위하여 타협한 형제들을 용서해야 한다.

둘째, 외부의 성도와 선교단체는 조선그리스도교연맹에 속한 교회 성도들의 신앙을 함부로 판단하지 말아야 한다. 기독교를 말살하는 정책을 쓴 공산 정권을 비판할 수 있지만, 그 체제하에서 신앙을 유지하기 위하여 타협한 사람들을 쉽게 정죄해서는 안 된다. 종교의 자유가 주어진 체제에서 편안하게 신앙생활 한 사람이 억압적 체제에서 신앙을 지킨 사람들을 판단할 권리는 없다. 앞서 『북한교회사』에서 공산주의 체제하 교회의 특징을 8가지로 설명하였는데, 자본주의 체제와 타협한 남한교회의 특징도 8가지로 설명할 수 있다. 자본과 교회의 밀착, 물질주의를 주어진 현실로 수용, 종교의 정치사회적 기능 무시, 교권을 위한 교파 분열 당연시, 외국 교회와 신학에 대한 맹종, 교회 건물 중심, 성직자 중심주의, 신앙과 이념의 결합 등이다. 따라서 누가 누구를 비판한단 말인가?

**넷째, 북한교회를 이끌고 갈 신학은 북한 상황에 적합한 단순한 복음주의여야 한다**

한국기독교역사연구소가 편찬한 『북한교회사』의 북한교회의 신학에 대한 설명을 요약하자면,[10] 보수주의적 신앙 형태와 정치적 진보주의의 결합이다. 북한교회는 억압적 체제하에서 단순한 복음적 신앙을 유지하고 있다. 북한 기독교인들은 성경을 문자적으로 해석하며, 박해를 면하게 해달라고 숨죽여 기도하고, 가족들에게 신앙을 전수하는 경건하고 순박한 신앙생활을 유지하고 있다.[11] 조선그리스도교연맹에서 운영하는 평양신학원에서도 과거의 신학 교재를 그대로 사용할 뿐 "해방 후 수십 년간 진행된 북한 사회의 급격한 변화를 적절하게 설명할 진보적인 새 신학이 나타났던 것도 아니다."[12] 중국 삼자애국운동의 신학자들이 서구의 현대신학을 도입하여 자신들의 신앙을 정당화하는 것과 같은 일은 북한에서는 일어나지 않았다.

---

10    한국기독교역사연구소 북한교회사집필위원회, 위의 책, 461–462.
11    『그루터기』 제2부에서는 북한 기독교인들의 신앙과 삶에 대한 증언을 기록하고 있다.
12    한국기독교역사연구소 북한교회사집필위원회, 위의 책, 462.

앞으로는 어떤 신학이 북한의 교회를 이끌고 가야 할까? 두 가지로 정리해본다. 첫째, 단순한 복음 신앙을 뒷받침할 단순한 신학이어야 한다. 지금 북한 성도들이 가진 단순한 복음 신앙이야말로 박해를 견디게 하는 가장 위대한 신앙이다. 삼자애국운동의 선봉에 섰던 신학자들은 사회복음주의, 상황윤리, 과정신학, 테야르 드 샤르댕(Pierre Teilhard de Chardin)의 우주적 그리스도론 등 서구의 현대신학을 도입하였다. 그러나 결국 중국 공산주의 체제를 공고하게 하는 데 이르고 말았다. 반면 왕밍따오의 신학은 성경을 글자 그대로 믿고 예수 그리스도의 대속을 신앙하는 전통적 복음 신앙이었다. 이 단순한 신앙이 박해 시대를 견디게 하였고 개혁개방 시기에 교회의 급성장을 견인하였다.

앞서도 언급하였지만, 필자는 2천 년 초반 가정교회 지도자들에게 성경과 신학을 가르치기 위하여 중국을 방문하였다. 그들은 이미 성경을 수십 독(讀)씩 정독하여 내용을 환히 알고 있었다. 나는 성경을 구속사의 추이에 따라 읽는 법을 가르치고 그들에게 필요한 조직신학이나 역사적 사건들을 쉽게 가르쳤다. 그리고 그들이 당면한 문제들을 성경적으로 해석하도록 도왔다. 나는 나와 함께 방문하였던 다른 신학자들이 가르치던 내용들이 과연 당시 중국 성도들에게 필요한 내용이었는지 회의가 들었다. 성경 본문을 잘 아는 그들에게 성경 개요를 가르치는 것은 무의미하였고, 서구에서 발전한 비평을 가르치는 것은 불필요하다고 느껴졌다. 서구신학 논쟁의 역사를 가르칠 때 대다수 가정교회 지도자는 졸음을 이기지 못하였고, 최근 상담학의 경향을 논할 때는 왜 이들이 이걸 외워야 하는지 의아한 생각이 들었다.

둘째, 북한교회 상황에 맞는 신학을 발전시켜야 한다. 단순한 복음이 중요하지만, 이 말은 신학이 필요 없다는 뜻이 아니다. 과거 중국 자립교회가 단순한 복음 신앙을 가르치다 보니, 결과적으로 이단이 만연하게 된 사실을 기억해야 한다. 자립교회 중국인 지도자의 많은 수가 자칭 직통계시자를 자처했으며, 성경을 자의적으로 해석하는 오류를 범하였다.[13] 오늘날 중국 가정교회는 워치만 니의 사상에 많은 영향을 받았는데, 이는 지금에 와서는 중국교회의 성장과 발전에 큰 장애가 되고 있다. 즉 중국교회는 진리의 말씀보다도 신비한 체험을 앞세우고 물질적인 축복을 중시하는 경향이 생기게 된 것이다.[14] 사실 단순한 복음 신앙을 유지하기 위해서는 복잡한 신학이 필요하다. 이리떼가 득실거리는 세상, 양(羊)과 같은 주님의 제자들이 비둘기 같은 순수성을 유지하기 위하여서는 뱀 같은 지혜가 있어야 한다.

북한에 필요한 신학은 어떤 신학일까? 만일 북한 선교가 자유로워져서 북한에 신학교를 세운다면 신학교는 어떤 모습이어야 하며, 어떤 교과 과정으로 학생을 가르쳐야 할까? 북한 기독교인 가운데 신학자가 출현하는 것이 가장 좋겠지만, 그전까지는 아무래도 외부의 도움이 필요할 것이다.

우선 기초적인 서구의 신학을 알아야 한다. 신학이라는 것은 역사가 진행되면서 제기된 각종 질문과 이단적 주장에 대한 응답이다. 서구의 신학적 발전을 무시하는 반(反)신학적 성향을 띤다면, 결국 북한교회도 서구 기독교인들이 겪어왔던 오류를 그대로 답습할 수밖에 없다. 역사적으로 정립된 기독교의 기본적인 교리체계인 에큐메니컬 신경(信經)이나 종교개혁 이후 수립된 신앙고백을 중심으로 한 간명한 신학을 가르쳐야 한다. 북한

---

13    량자린(梁家麟), 『중국에 축복이 임하다』(서울: 그리심, 2013), 180.
14    김학관, 『중국교회사』(서울: 이레서원, 2005), 167.

교회의 요구와 영적 지도자의 지적수준에 맞는 신학을 정립하는 것이다.

우리나라 선교 초창기 네비우스 방식을 도입한 선교사들은 참으로 칭찬할 만하다. 장로교 선교사들은 한국 지도자들에게 서양의 번쇄한 신학적 논의를 가르치지 않았다. 이해하기 어려운 논증으로 가득 찬 "웨스트민스터 신앙고백서" 대신 이를 요약한 "조선예수교장로회 신조"(속칭 "12신조")와 "웨스트민스터 소요리문답"을 신앙고백서로 채택하였다. 어떤 사람들은 "12신조"가 인도장로교회가 작성한 신앙고백서라는 점에서 또한 너무 간결하기 때문에, 이를 비판적으로 보기도 한다. 그러나 필자의 견해로는 이 신앙고백이 당시 조선 성도들의 수준에 맞고 또한 꼭 필요한 것이었다고 생각한다.

북한교회의 신학이 다루어야 할 주제 가운데 하나는 기독교와 공산주의의 관계에 관한 것이다. 북한 주민은 공산주의 사상을 학습하고 그 사상 속에서 살아왔기 때문에, 신학은 공산주의 이념과 그 이념이 만든 사회를 공정하게 평가해야 한다. 또한 제국주의와 영합한 서구 기독교가 아시아에서 벌인 잘못에 대해서도 사죄하는 심정을 가져야 한다. 기독교가 서구 제국주의 이념을 정당화하는 종교가 아님을 밝히고, 성경적 교회가 사회에서 어떤 역할을 담당해야 하는지를 정립해주어야 한다.

이때 한 가지 주의할 점이 있다. 서구 세계든 남한이든 외부의 신학을 강제하는 오류를 범하지 말고, 북한 사회에 필요한 신학을 지도자들 스스로 만들도록 격려해야 한다. 외부의 신학적 어젠다가 들어오면 불필요한 논쟁을 일으킬 뿐 정작 필요한 논의가 어렵게 된다.

대한민국의 과거 1세기 동안의 신학을 반면교사로 삼아야 한다. 1930년대 조선에 미국의 자유주의와 근본주의 논쟁이 소개되었다. 선교사 중 일부와 미국에서 유학하고 돌아온 한국 신학자들이 논쟁을 이끌었다. 그로부터 20년 후 미국교회에서의 분열과 똑같은 분열이 한국교회에서도 일어났다. 1952년 신학적 자유주의를 둘러싼 기독교장로회의 분열, 1959년 WCC 가입 문제를 둘러싼 통합과 합동의 분열이다. 뒤이어 다른 교단에서도 유사한 갈등, 유사한 분열이 일어났다. 이후에도 '신복음주의' 등 미국적 의제가 한국에 도입되면서 분열을 반복하였다. 한국교회가 외세에 의존한 나머지 우리의 상황과는 큰 관계가 없는 어젠다와 신학적 논쟁까지 수입하였다. 대한민국 교회의 불필요한 논쟁과 분열의 역사를 다시 젊은 북한교회에 물려줄 필요는 없다.

**다섯째, 한국교회는 교파교회를 북한에 심을 것이 아니라 단일한 교회를 세워야 한다**

우리는 지금 19세기부터 20세기 초 아시아권 선교의 역사를 반성하며 살피는 중이다. 서구 기독교와 제국주의의 관계를 중심으로 선교의 역사를 살피다 보니, 당시 미국과 영국을 중심으로 한 복음주의 기독교의 과실에 집중하였다. 그러나 사실은 그 당시 복음주의는 선교 역사상 가장 큰 업적을 남긴 위대한 기독교였다. 서구 문명의 등에 업혀 복음을 전하는 것이 아니라 복음 그 자체를 전하려는 노력이 '토착교회론'을 통하여 나타났다. 기독교 신앙을 가지게 된 피선교국 성도들이 반봉건·반외세 운동에 앞장서기도 하였다. 식민주의 국가(일본)와 선교국(미국)이 다른 우리나라의 경우 복음주의 선교의 효율성이 가장 극대화되어 나타났다.

　　당시 복음주의 선교의 또 하나의 위대한 점은 교파 간 연합정신이다. 부흥운동과 사회개혁에 열정을 보였던 복음주의자들은 교파 간의 교리적 차이에 대하여 큰 관심을 두지 않았다. 복음주의자들의 연합정신은 한국

선교에서 가장 광범위하게 펼쳐졌다. 미국, 캐나다, 호주 등 영미권에서 파송된 장로교 4개 교파의 내한 선교사는 '장로교공의회'를 만들었고(1893), 감리교와도 연합하여 '한국복음주의선교회 연합공의회'를 조직하였다 (1905). 본래 이들은 한국에 교회를 세울 때 '대한예수교회'라는 하나의 복음주의 교회를 세우려고 계획하였으나 무산되고 말았다. 그러나 4개 장로교가 단일한 교파를 세웠고(조선예수교장로회), 감리교도 미북감리회와 남감리회가 하나의 교파를 세우는 데 합의하였다.

단일한 한국교회를 세우는 데는 실패하였지만 각 선교부는 여러 분야에서 연합운동을 펼쳤다. 그중 가장 중요한 것이 선교 활동의 마찰과 경쟁을 피하기 위한 선교지 분할 협정, 이른바 '교계예양'(敎界禮讓)이다. *The Korea Mission Field* 잡지 발간(1905), 「그리스도신문」 발간(1906), "찬송가" 출판(1908) 등을 함께하였다. 평양 숭실대학과 연희전문학교를 비롯한 여러 대학 및 중등학교를 함께 설립하고, 주일학교 공과를 함께 편찬하였으며, 기독청년회 운동도 같이하였다.

만일 북한에 선교의 문이 열리면 장로교와 감리교를 비롯한 교단들이 저마다 역사(歷史)를 선점하기 위하여 다툴 것이 분명하다. 과거 교회나 기도원이 있던 부지를 사들이고, 거기에 멋진 기념교회와 역사관 등을 건립하여 자신들이 과거 위대한 부흥기 교회의 후예임을 자랑하고 싶어 할 것이다. NCCK를 중심으로 하는 진보적 교단들은 조그련에 소속된 교회들과 손을 잡을 것이고, 보수적 교단들은 전국에 흩어져 신앙의 명맥을 유지하던 북한의 성도들을 흡수하려 교세를 확장할 것이다. 교단 신학교와 선교단체에서 세운 교육센터가 우후죽순처럼 세워질 것이며, 이단들도 덩달아 선교 활동을 펼칠 것이다. 여기저기서 돈 잔치가 벌어지고, 돈을 노리는 약탈자가 횡행하고, 법적 다툼이 끊이지 않을 것이다. 멋모르는 성도들은 선교의 열정으로 헌금하고, 박해받던 북한의 성도들은 물질의 유혹이라는 새로운 형태의 도전에 직면할 것이다. 남한교회의 혼란상이 북한에서도 그대로 재현되는 것이다.

한국교회의 분열은 해방 후에 일어난 일임을 기억해야 한다. 이전에는 단일한 조선예수교장로회(1912년 총회 설립)와 단일한 기독교조선감리회(1930년 설립) 하나였다. 돌이켜 보면 140년 전 선교사들의 연합정신에 기초한 선교 정책보다 21세기 선교 정책이 훨씬 퇴보하였음을 알 수 있다. 한국교회의 아수라장 선교 정책으로 북한에 복음을 전하는 건 불가능한 일이다. 이대로 북한 선교의 문이 열린다면 오히려 더 큰 재앙이 될 것이다.

통일운동의 목표 가운데 가장 중요한 것이 북한에 복음을 전하고 교회를 세우는 일일 것이다. 이를 위해서는 북한 선교를 준비하는 각 교단과 선교단체들부터 연합해야 한다. 개신교 북한 선교를 위한 단일한 조직을 만드는 것이 가장 좋을 것이다. 그러나 단일한 조직을 만들기 어렵다면, 차선책으로 북한선교위원회와 같은 협의체를 만들어야 한다. 그 협의체에서 위에서 필자가 제시하였던 어젠다를 하나하나 정리해야 한다. 북한교회 자립을 위한 방안, 기독교 신앙과 공산주의의 관계, 관제교회와 가정교회의 갈등, 북한교회를 위한 신학 등을 논의하고 통일된 방안을 만들어야 한다.

## 결론

미래를 바라보며 계획을 세운다고 해서 그대로 이루어지는 건 아니다. 이스라엘 포로기 직전의 예언자들이 꿈꾸던 세상이 70년 간의 바벨론 포로 후 그대로 회복된 것은 아니다. 귀환 후에도 여전히 유사한 문제를 극복하지 못하여, 또 다른 예언자들의 책망을 받을 수밖에 없었다. 완전한 세상은 우리 주님이 오셔서 세우실 메시아의 나라, 아니 종말에 세우실 완성된 나라에 가서야 가능하다. 그러나 포로 전 예언자들이 꾸었던 꿈 덕분에 바벨론 포로기 70년 동안 신앙의 명맥을 유지할 수 있었고, 고토를 회복할 수 있었다.

우리는 과거를 돌아볼 뿐 미래를 여는 것은 오로지 하나님이 하시는 일이다. 그루터기와 같이 조금 남아 있는 북한의 성도들을 통하여 다시 하나님의 역사가 번성하기를 기도한다. 그리고 그들이 교회라 부르기에도 민망할 정도로 타락해버린 한국교회의 새로운 희망이 되기를 기도한다.

## 참고문헌

김병로 외.『그루터기: 북한 종교인 가족의 삶과 신앙의 궤적을 찾아서』. 서울: 박영사, 2020.

김학관.『중국교회사』. 서울: 이레서원, 2005.

량자린(梁家麟).『중국에 축복이 임하다』. 중국교회연구소 역. 서울: 그리심, 2013.

이상훈. "구한말 미 개신교 선교사들에 대한 인식: 1884년부터 1919년까지를 중심으로." 「정신문화연구」27 (2004. 여름호): 123-146.

장동민.『대화로 풀어보는 한국교회사1』. 서울: 부흥과개혁사, 2009.

진미수. "중국교회 삼자운동 변천 연구." 미출간 Ph.D. 학위논문. 백석대학교 기독교전문대학원, 2019.

최동규. "초기 한국교회 개척방법론으로서의 네비우스 정책과 평가."「선교신학」34 (2013): 323-362.

한국기독교역사연구소 북한교회사집필위원회.『북한교회사』. 서울: 한국기독교역사연구소, 1991.

한화룡.『빰인가 이마인가: 1925-26년, 허시모 사건의 진실』. 서울: 포앤북스, 2021.

홍기영. "토착화의 관점에서 바라본 존 네비우스 선교방법의 재평가."「복음과 선교」, 34 (2016): 281-329.

돌아보니 나의 삶은 중국과 참으로 인연이 깊다. 중문학을 전공하고 중국의 한 대학에서 한국어를 가르쳤고, 대학과 기업체에서 상당 시간 중국어를 강의하기도 했다. 모 교회 중국어 예배에서 중국 영혼을 돌보는 사역도 했으며, 현재는 백석대학교대학원에서 중국 유학생 부서를 맡고 있다.

내가 처음 중국 땅을 밟았을 때는 1994년 2월이었다. 그때만 해도 한·중 수교가 수립된 지 겨우 2년 정도밖에 지나지 않은 터라 여전히 중국은 적성국으로 분류되던 시기였다. 그런데도 친한 후배가 어학연수를 간다는 말에 앞뒤 재지 않고 함께 따라나섰다. 베이징에서의 생활은 한마디로 행복 그 자체였다. 방학이 되면 중국 곳곳을 여행했다. 중국 땅이 넓으니 발바닥에 땀이 나도록 다녀도 코끼리 다리 한쪽을 만진 셈이었을 테지만 말이다.

그 시절, 특히 나에게 활력을 불어넣어 준 것은 바로 교회 생활이었다. 내가 다닌 곳은 한국 유학생을 위한 작은 교회였다. 학교에서 멀지 않은 곳에 있었던 작은 호텔의 회의장 같은 곳에서 예배를 드렸는데 우리는 작은 모임이었지만 예배도 드리고 교제도 나누고 성경공부도 했다. 한 가지 이상했던 것은 어느 날 갑자기 예배 장소가 바뀌는 일이 종종 일어났다는 것이다. 어리둥절해하는 나에게 한 자매가 앞으로도 이런 일이 자주 있을 거라고 말해주었다. 그때야 비로소 나는 사회주의 국가에 와 있다는 사실을 실감했다. 그리고 그때부터 나의 마음 가운데 중국 땅을 향한 뜨거운 기도의 열정이 일어나기 시작했다.

2009년 나는 옌볜에서의 사역을 마치고 다시 베이징으로 갔다. 중문학 박사과정을 시작하기 위해서였다. 당시 여러 사정상 도저히 불가능해 보였던 일이었지만 하나님은 나의 학업 길을 놀랍도록 순조롭게 열어주셨다. 15년 만에 다시 학생이 되어 베이징사범대학(北京師範大學)에서 중국당대문학(當代文學)을 전공하기로 했다. 영화 〈붉은 수수밭〉의 원작이 소설가 모옌(莫言)의 작품이라는 것을 알고, 모옌을 연구하고자 하는 마음이 들었기 때문이다.

베이징에 머무는 동안 나는 한인교회에 출석했는데 그곳은 주로 주재원이나 사업가들이 많이 다니는 교회였다. 그런데 어느 주일 지하철과 버스를 갈아타며 힘들게 찾아간 그곳에서 오늘은 예배를 드리지 못하게 되었다며 다들 집으로 돌아가라는 안내를 받았다. 나는 15년 전 겪었던 그 일을 또 한 번 경험하며 시간이 이렇게 흘렀는데도 여전히 이런 일이 반복되고 있다는 사실이 너무도 가슴이 아팠다.

이런 일련의 일들을 경험하며 나는 중국의 기독교에 대해 본격적으로 관심을 갖게 되었다. 이것은 내가 중국교회사를 공부하게 된 작은 실마리를 제공해주었다. '중국은 왜 외국인의 종교 생활에 간섭하는가?'라는 질문을 품자, 중국 기독교와 외국 간의 문제가 궁금해졌다. 여기에서 더 나아가 중국교회 문제에서 늘 대두되는 삼자교회와 가정교회에 대해 더욱 알고 싶어졌다. 무엇보다 삼자교회와 가정교회의 뿌리 깊은 반목과 대립의 이유가 무엇인지 그리고 정녕 화합의 가능성은 없는 것인지 강한 호기심이 들었다.

이 책은 바로 그때 그 물음에서부터 시작된 나의 중국교회사 탐구 여정의 결실이다. 2015년 본격적으로 역사신학 박사과정을 시작하여 2019년 "중국교회 삼자운동 변천 연구"라는 주제로 학위를 받았다. 여기서 삼자운동이란 '중국교회가 자치·자양·자전의 원칙하에서 서구에 의존하지 않는 교회를 세우고자 했던 모든 활동'을 말한다. 나는 19세기 초반부터 개혁개방기까지의 중국 역사를 삼자운동이라는 관점에서 정리하였다. 그리고 이 논문을 바탕으로 상당 기간 내용의 깊이와 넓이를 더해 이번에 『중국교회 삼자운동 발전사』라는 제목으로 출간하게 되었다.

이 책을 통해 독자들이 중국교회 초기부터 개혁개방기까지의 전체 중국 역사를 전면적으로 이해하는 기회가 되길 바란다. 또한 중국교회가 초기부터 자립을 위해 얼마나 큰 수고와 대가를 치렀는지 확인할 수 있을 것이다. 나아가 이 책을 읽는 여러분이 중국교회에 대한 관심을 높이고 그 땅을 위한 거룩한 중보자가 되어주길 소망한다.

무엇보다 이 책의 부록에는 나의 박사과정 지도교수이신 장동민 교수님(백석대학원 신학 부총장)의 논문이 실려 있어 졸저를 빛내고 있다. 장동민 교수님은 "북한교회 재건을 꿈꾸다"라는 주제를 통해 북한교회의 회복 방안을 논하면서 중국교회 역사를 롤모델로 제시하고 교훈받을 것을 강조하였다. 이 글이 북한교회의 회복을 위해 기도하는 모든 분에게 구체적인 실천 지침과 유익을 제공할 것이다.

중국 생활을 돌아보면 행복한 기억으로 가득하다는 것이 참으로 감사하다. 그러나 그곳에서 들려오는 기독교와 관련한 소식들은 나의 마음을 늘 아프게 한다. 그 땅을 향한 하나님의 마음이 느껴져 저절로 두 손을 모으게 된다. 그분의 마음을 헤아려 보며 나는 내가 할 수 있는 일을 찾았다. 바로 중국교회를 바르게 소개하는 일이다. 이 책은 내게 주신 그간의 경험과 학업을 중국교회사로 녹여내는 작업이었다.

이 책이 나오기까지 많은 분의 기도와 관심이 있었다. 그분들에게 진심으로 감사의 마음을 전하고 싶다. 먼저 지혜가 부족하고 연약한 자를 통해 일하신 하나님께 감사와 찬양을 올려드린다. 한 줄 한 줄 그분께 지혜를 구할 때마다 매번 자상하게 일러주시고 깨우쳐 주시고 동역자를 붙여주셨다. 또한 부족하기 한량없는 나를 백석의 울타리 안으로 이끌어주신 장종현 백석학원 설립자님께 진심으로 감사를 드린다. 설립자님의 아낌없는 배려와 지원으로 나는 모교에서 후배들을 가르치는 영광과 기쁨의 나날을 보내고 있다. 또한 탁월한 안목으로 논문을 지도해주시고 출간을 권유해주셨던 장동민 백석대학원 신학 부총장님께도 깊은 감사를 드린다. 부총장님의 격려가 아니었다면 출간은 감히 꿈도 꾸지 못했다. 백석신학대학원의 많은 스승님들과 동료 교수님들 그리고 신학대학원의 나의 사랑하는 재학생들과 졸업생들에게도 감사의 마음을 전한다. 그리고 이 책이 출간되기 전 방송을 통해 중국교회사 강의 기회를 주셨던 Good-TV 김명전 대표이사님께도 이 기회를 빌려 감사의 마음을 전하고 싶다. 이 책을 출간할 수 있도록 격려와 도움을 주신 새물결플러스 김요한 대표님께도 진심으로 감사드린다. 이분들의 기도와 관심이 아니었다면 출간까지 완주하는 일은 불가능했다. 마지막으로, 막내딸이 인생의 전부라고 하시는 나의 아버지 진종성 장로님께 무한한 존경과 감사를 드린다. 내가 알고 있는 지식의 대부분은 아버지께로부터 배운 것이다. 천국에 계시는 어머니 그리고 사랑하는 형제들에게도 진심으로 사랑과 감사의 마음을 전한다.

2023년 11월

진미수

# 참고문헌[1]

## 1. 국문 서적

김수진.『중국개신교사』. 서울: 홍성사, 2003.

金英山.『중국삼자사학』. 서울: 도서출판영문, 2004.

_____.『중국가정교회 신앙과 생활』. 서울: 도서출판영문, 2004.

김은수.『현대선교의 흐름과 주제』. 서울: 대한기독교서회, 2010.

김학관.『중국교회사』. 서울: 이레서원, 2005.

류대영.『개화기 조선과 미국 선교사』. 서울: 한국기독교역사연구소, 2004.

서근석.『중용: 나에게 비치는 등불』. 서울: 풀잎, 1992.

이관숙.『중국기독교사』. 서울: 쿰란출판사, 2006.

이보형.『미국사 개설』. 서울: 일조각, 2008.

이병길.『중국선교의 어제와 오늘』. 서울: 개혁주의신행협회, 1987.

이정석.『현대사회의 도전과 교회의 대응』. 서울: 새물결플러스, 2008.

인병국.『중국 특색의 중국교회를 섬기는 길』. 서울: 에스라서원, 2000.

장동민.『대화로 풀어보는 한국교회사』. 서울: 부흥과개혁사, 2013.

장문석.『민족주의』. 서울: 책세상, 2011.

제3세계 신학연구소 편.『중국기독교와 삼자운동』. 서울: 도서출판나눔사, 1990.

조훈.『중국기독교회사』. 서울: 그리심, 2004.

_____.『양발, 최초의 중국인 목사』. 서울: 총신대출판사, 2014.

_____.『윌리엄 밀른』. 서울: 그리심, 2008.

---

1 　중국어 인명의 경우 우리말 발음의 순서를 따랐음.

한림대학교 아시아문화연구소.『중국 문화대혁명 시기 학문과 예술』. 파주: 태학사, 2007.

서진영.『중국혁명사』. 서울: 한울, 1992.

송철규·민경중.『대륙의 십자가』. 서울: 메디치, 2020.

함태경.『알았던 선교, 몰랐던 중국』. 서울: 두란노, 2015.

홍성현 편.『중국교회의 전기와 새로운 중국의 신학』. 서울: 한울, 1992.


## 2. 번역본

Aikman, David.『베이징에 오신 예수님』. 김미수 역. 서울: 좋은씨앗, 2005.

Berkhof, Louis.『벌코프 조직신학(하)』. 권수경 외 1인 역. 서울: 크리스천다이제스트, 2002.

Chao, Jonathan.『중공의 기독교 정책』. 김장환 역. 서울: 한국방송센터출판부, 1994.

Chardin, Pierre Teilhard de.『인간 현상』. 양명수 역. 파주: 한길사, 2015.

Conn, Harvie M.『해방신학연구』. 홍치모 역. 서울: 성광문화사, 1984.

David A. Seamands.『왕명도』. 모퉁이돌 선교회 역. 서울: 예영커뮤니케이션, 1994.

Dikötter, Frank.『문화대혁명: 중국 인민의 역사 1962-1976』. 고기탁 역. 파주: 열린책들, 2019.

Gonzalez, Justo L.『현대교회사』. 엄성옥 역. 서울: 은성, 2012.

Hsü, Immanuel, C. Y.『근-현대 중국사 상: 인민의 탄생과 굴기』. 조윤수·서정희 역. 서울: 까치, 2013.

_____.『근-현대 중국사 하: 인민의 탄생과 굴기』. 조윤수·서정희 역. 서울: 까치, 2013.

Meisner, Maurice.『마오의 중국과 그 이후 1』. 김수영 역. 서울: 이산, 2014.

_____.『마오의 중국과 그 이후 2』. 김수영 역. 서울: 이산, 2014.

Nee Watchman.『워치만 니 전집 제1집 12』. 성남: 한국복음서원, 1994.

_____.『워치만 니 전집 제1집 13』. 성남: 한국복음서원, 1994.

_____.『워치만 니 전집 제1집 14』. 성남: 한국복음서원, 1994.

_____.『워치만 니 전집 제1집 20』. 성남: 한국복음서원, 1994.

_____.『워치만 니 전집 제1집 28』. 성남: 한국복음서원, 1994.

_____.『워치만 니 전집 제2집 27』. 성남: 한국복음서원, 1994.

_____.『워치만 니 전집 제2집 40』. 성남: 한국복음서원, 1994.

_____.『워치만 니 전집 제2집 33』. 성남: 한국복음서원, 1994.

Niebuhr, Reinhold.『도덕적 인간과 비도덕적 사회』. 이한우 역. 서울: 문예출판사, 2017.

Rambert, Tony.『중국교회의 부활』. 김창영 역. 서울: 생명의말씀사, 1991.

Robert, Parish.『떼이야르 드 샤르댕의 신학사상』. 양명수 역. 왜관: 분도출판사, 2001.

Sider, Ronald J.『복음전도와 사회운동』. 이상원·박현국 역. 서울: CLC, 1993.

Soetens, Claude.『20세기 중국 가톨릭 교회사』. 김정옥 역. 왜관: 분도출판사, 2008.

Spence, Jonathan D.『근대 중국의 서양인 고문들』. 이우영 역. 서울: 이산, 2009.

Wolff, John.『복음주의 확장』. 이재근 역. 서울: CLC, 2007.

Walker, Williston.『기독교회사』. 손인설 역. 서울: 크리스천다이제스트, 2012.

久保亨.『중국근현대사 4: 사회주의를 향한 도전, 1945-1971』. 강진아 역. 서울: 삼천리, 2013.

吉澤誠一郎.『중국근현대사 1』. 정지호 역. 서울: 삼천리, 2016.

羅冠宗編.『지난 일을 교훈 삼아』. 유동성·윤신영 역. 서울: 한들출판사, 2019.

梁家麟.『중국에 축복이 임하다』. 중국교회연구소 역. 서울: 그리심, 2013.

王作安.『중국의 종교문제와 종교정책』. 김광성 역. 서울: KCF, 2013.

죠나단 차오(趙天恩) 편.『中共의 基督敎 政策』. 김장환 역. 서울: 한국방송센터출판부, 1984.

石川禎浩.『중국근현대사 3』. 손승희 역. 서울: 삼천리, 2013.

陳思和.『중국당대문화사』. 노정은·박난영 역. 서울: 문학동네, 2008.

川島眞.『중국근현대사 2』. 천성림 역. 고양: 삼천리, 2017.

## 3. 학위논문

Cook, Richard R. "Fundamentalism And Modern Culture In Republican China: The Popular Language of Wang Mingdao, 1900-1991." Ph.D. diss., The University of Iowa, 2003.

Harrison, Stephen. "Communism and Christianity: Missionaries and the Communist seizure of power in China." Ph.D. diss., Nashville, Tennessee, 2013.

Liao, Yuan-wei. "Watchman Nees Theology of Victory: An Examination And Critique From a Lutheran Perspective." Ph.D. diss., Luther Seminary, 1997.

Lui, Hing Hung Otto. "Development of Chinese Church leaders—A Study of relational leadership in contemporary Chinese Churches." Ph.D. diss., Fuller Theological Seminary, 2011.

Jones, Zachary Ray. "Holding Up Half of the Sky: The Origination and Ramifications of Female Leadership Roles in the Three-Self Patriotic Movement(TSPM) Church of China with Special Reference to Shandong Province." Ph.D. diss., Southwestern Baptist Theological Seminary, 2017.

Vala, Carsten Timothy. "Failing to Contain Religion: The Emergence of a Protestant Movement in Contemporary China." Ph.D. diss., University of California, Berkeley, 2008.

郭榮剛. "西方倪柝聲之研究(1972-2006)." Ph.D. 學位論文, 福建師範大學, 2014.

金成民. "當代 中國 基督教研究." Ph.D. 學位論文, 中國社會科學院, 2011.

沈玉琦. "本色與合作: 1922年上海全國基督教大會研究." 碩士學位論文, 華中師範大學, 2017.

楊旭暉. "陳獨秀與第一次國共合作研究." 碩士學位論文, 中國西南大學大學院, 2011.

王艷偉. "1920年代中國收回教育權運動: 以與論爲中心的考察." 碩士學位論文, 浙江大學, 2015.

劉建平. "紅旗下的十字架-新中國對基督教和天主教的政策演變及其影響(1945-1955)." Ph.D. 學位論文, 中國華東師範大學, 2008.

尹明亮. "愛丁堡會議與中國教會." 碩士學位論文, 山東大學校 大學院, 2010.

문영걸. "중국 지식계층의 기독교 이해." Ph.D. 학위논문, 목원대학교대학원, 2007.

배영민. "최초의 중국인 개신교 목사 梁發과『勸世良言』." 석사학위논문, 고려대학교대학원, 2004.

왕사악. "중국 삼자교회의 신학사상 연구." 석사학위논문, 연세대학교대학원, 1994.

오철룡. "중국교회(삼자교회와 가정교회)의 갈등 문제에 대한 연구." 석사학위논문, 총신대학교 선교대학원, 2005.

원경준. "기독교 중국화 시대에 직면한 중국 가정교회의 신토착화 교회 모델 방안에 관한 연구: 1920-1930년대 워치만 니의 지방교회를 중심으로." Ph.D. 학위논문, Midwestern Baptist Theological Seminary, 2022.

원성수. "기독교 중국화 정책과 그 양상에 관한 연구." 석사학위논문, 한국방송통신대학교대학원, 2019.

윤경숙. "중국사회주의 국가에서의 기독교 교회의 발전과 특성―개신교 삼자(三自) 교회를 중심으로(1949-1958)." Ph.D. 학위논문, 서울대학교대학원, 2003.

차경애. "의화단운동과 제국주의 열강: 의화단운동의 진압과정을 중심으로." Ph.D. 학위논문, 이화여자대학교대학원, 1993.

최진철. "21세기 중국적 상황화 선교신학 모색: 중국의 조화사상과 기독교화해론을 중심으로." Ph.D. 학위논문, 장로회신학대학교 선교신학대학원, 2017.


## 4. 국문 학술지

강인규. "榮華書院이 中國 近代 敎育에 미친 影響." 「中國史硏究」 70(2011. 2): 87-109.

강준영. "중국 개혁개방 이후 종교정책의 변화와 중국종교의 부활." 「중국연구」 30(2002): 579-593.

강지연. "우야종(吳耀宗)의 신 존재증명과 기독교의 사회성." 「범한철학」 83(2016): 29-48.

권형재. "개신교 선교의 역사적 고찰: 선교 지도자를 중심으로." 「한영신학대학교 교수 논문집」 7(2003): 151-170.

김광성. "중국 특색의 사회주의 신학을 통한 현장최적화(Contextualization) 신학의 모색." 「복음과 선교」 21(2013): 9-44.

_____. "중국 종교자유정책에 대한 역사적 고찰." 「복음과 선교」 23(2013): 9-38.

_____. "중국의 종교정책이 한국교회의 중국선교에 미친 영향: 기독교 중국화에 대한 선교실천적 대응." 「선교와 신학」 48(2019): 43-81.

김만수. "19세기 프로테스탄트 크리스천들의 해외 선교운동이 초기 그리스도교 일치 운동에 끼친 영향." 「신앙과 삶」 2(1998): 118-141.

김병태. "한중토착과 신학 비교연구." 「한국기독교와 역사」 29(2008): 131-163.

_____. "한국에서의 아시아 기독교사 연구." 「한국교회사학회지」 37(2014): 7-38.

_____. "근대 개신교선교와 중국선교." 「인문논총」 21(2004): 197-210.

김상근. "중국반기독교운동의 원인에 대한 역사적 고찰." 「신학논단」 47(2007): 159-214.

김성건. "영제국의 기독교 선교에 나타난 앵글로색슨의 선민의식과 오리엔탈리즘." 「담론 201」 6(2004): 163-196.

김성환. "한국교회의 중국선교역사의 방향." 「복음과 선교」 23(2013): 39-81.

김승욱. "중국 근대 초기 역사학에서 민족 개념의 수용과 과학관―량치아오의 경우." 「동북아역사논총」 67(2020): 127-160.

김영재. "Nevius 선교방법의 재조명." 「신학정론」 21(1)(2003. 5): 175-197.

김영호. "선교중국을 위한 중국교회의 특수성과 보편성." 「선교와 신학」 37(2015): 175-204.

_____. "근대중국의 불평등조약 중 선교조항의 선교적 이중성." 「신학과 목회」 43(2015):

141-169.

_____. "기독교의 중국화에 대한 비판적 연구." 「선교신학」 40(2015): 43-79.

나태종. "중국의 국공합작과 내전에서 공산당의 승리요인 연구." 「한국동북아논총」 57(2010): 141-162.

_____. "중화인민공화국 성립과정 연구: 근대화 운동과 국공의 협력과 갈등을 중심으로." 「군사논단」 63(2010. 가을): 245-249.

노윤식. "중국 교회의 신학 이해와 상호 협력 선교." 「복음과 선교」 23(2013): 83-121.

박우룡. "근대 영국 그리스도교의 복음주의 운동: 영국인의 가치관과 사회개혁에 끼친 영향을 중심으로." 「역사문화연구」 12(2000): 757-781.

박우재. "네비우스의 '삼자원칙'(三自原則)과 중국기독교 삼자애국운동의 연관성에 관한 연구." 「교회와 문화」 31(2013): 207-230.

박원길·황병준. "'선교적 교회'를 위한 목회 리더십 연구." 「복음과 실천신학」 35(2015): 43-73.

박지향. "영국 제국주의와 일본 제국주의의 비교(I): 인종주의를 중심으로." 「영국연구」 2(1998): 161-194.

박해남. "식민지적 근대성과 개신교: 대한제국 시기 개신교 윤리의 형성과정에 대한 고찰을 중심으로." *Asian Journal of Religion and Society* 2(1) (2010): 7-43.

변창욱. "중국교회 자립과 효율적인 선교비 사용: 중국의 개신교 선교사대회(1877, 1890, 1907년)을 중심으로." 「선교와 신학」 31(2013): 205-247.

설충수. "중국 기독교 안의 삼자교회와 가정교회의 정통성 논쟁." 「율곡사상연구」 21(2010): 129-160.

신현광. "한국교회 성장에 나타난 문제점(1)." 「복음과 실천신학」 10(2005): 301-330.

_____. "초기 한국교회 성장에 관한 연구." 「복음과 실천신학」 13(2007): 193-213.

심혜영. "중국현대문학의 창을 통해 본 근대중국과 기독교의 만남." 「中國語文論譯叢刊」 28(2011. 1): 217-241.

안승오. "상황화 개념의 기원과 전망." 「선교와 신학」 14(2004): 229-258.

오수열. "태평천국의 성립 배경과 성격에 관한 연구." 「한국동북아논총」 47(2008): 81-100.

임희모. "서서평 선교사의 성육신적 선교." 「선교와 신학」 35(2015): 173-204.

이경희·김호길. "중공문화대혁명의 발단배경에 관한 연구." 「외대논총」 6(1988. 2): 547-575.

이상규. "근대선교운동과 한국선교─근대선교운동의 상호연쇄와 한국선교의 기원." 「역사신학논총」28(2015): 8-46.

_____. "한글성경은 어떻게 번역되어 우리 손에 들려지게 되었을까?—한글성경역사 개
　　관."「고신신학」13(2011): 229-258.

이상훈. "구한말 미 개신교 선교사들에 대한 인식—1884년부터 1919년까지를 중심으
　　로."「정신문화연구」27(2004): 123-146.

이연도. "장병린의 이상사회론 탐구."「中國學報」79(2017): 279-295.

이원옥. "1979년 이후 종교정책과 상호우호적 선교방법."「복음과 실천신학」8(2004):
　　204-220.

이찬석. "딩광쉰(丁光訓)의 중국신학."「선교와 신학」43(2017): 337-366.

이천석. "중화민족론의 성격과 전개과정."「아태연구」17(2010): 183-203.

이향순. "초기 한국 선교의 양면성—기독교화와 문명화."「선교와 신학」13(2004): 13-
　　52.

이혜원. "의화단 운동이 한국 개신교 선교 현장에 미친 영향."「한국기독교와 역사」
　　33(2010): 215-251.

임금자. "중국 그리스도교 삼자애국운동에 대한 이해."「신학사상」95(1996): 78-108.

장훈태. "중국교회의 신학과 선교."「복음과 선교」23(2013): 155-195.

정준호. "개혁개방 이후 중국의 양성평등정책 연구."「여성연구」8(2011): 191-235.

조경란. "중국 민족주의의 구조와 성격."「시대와 철학」20(2009): 199-230.

조성환. "진화론과 근대 중국의 민족주의: 양계초와 장병린의 민족사상을 중심으로."「정
　　치사상연구」16(2010): 194-217.

_____. "근대중국의 경학사조와 강유위, 장병린의 정치사상."「한국동양정치사상연구」
　　8(2009. 9): 113-132.

조세종. "화이트헤드와 에크하르트의 신관 비교."「화이트헤드연구」30(2015. 6): 75-
　　96.

천성림. "20세기 중국 민족주의의 형성과 전개—문화적 민주주의를 중심으로."「한국동
　　양정치사상사」5(2006): 189-207.

최관장. "중국 문화대혁명(1966-76)에 관한 연구."「중국연구」25(2000): 1-33.

최경옥. "중국교회 삼자신학의 형성과 공인신학원의 분포."「중국학」15(2000): 137-
　　174.

최동규. "참된 교회의 성장을 위한 선교적 교회론."「복음과 실천신학」23(2011, 봄호):
　　275-299.

_____. "초기 한국교회 개척방법론으로서의 네비우스 정책과 평가."「선교신학」

34(2013): 323-362.

최병욱. "근대 중국 불평등조약 중의 기독교 관련 조항의 의미." 「중국근현대사연구」
37(2008. 3): 1-25.

최재건. "한국 장로교회의 중국 산동성 선교." 「한국교회사학회지」18(2006): 217-245.

최형근. "초기 한국교회 삼자원리와 선교적 적용." 「신학과 선교」30(2004): 489-508.

한강희. "내한 선교사들은 정말로 오리엔탈리스트였나?." 「선교와 신학」46(2018): 421-
450.

허준. "교회성장의 정의를 통해 살펴본 교회의 성장 방향에 대한 연구." 「복음과 실천신
학」8(2016): 191-222.

홍기영. "토착화의 관점에서 바라본 존 네비우스 선교방법의 재평가." 「복음과 선교」
34(2016): 281-329.


## 5. 외국 서적


Chao, Jonathan. *The China Mission Handbook*. Shanghai: American Presbyterian Mission
Press, 1896.

Chow, Alexander. 『成神論與天人合一』. 香港: 道風書社, 2015.

Gandhi, Mohandas K. 『甘地自傳』. 吳耀宗 譯, 上海: 青年協會書局, 1933.

Houten, Van, Richard., ed. *Wise as serpents Harmless as doves*. HK: Chinese Church
Research Center, 1988.

Hutchison, William R. *Errand to the World*. Chicago and London: The University of
Chicago, 1987.

Kinnear, Angus I. 『中流砥柱−倪柝聲傳』. 陳建民譯, 臺北: 中國主日學協會, 2004.

Lyall, Leslie T. 『中國敎會三巨人』. 臺北: 橄欖出版社, 2012.

Marx, Edwin. *Progress and Problems of the Christian Movement since the Revolution (1911)*.
China Misson year Book, 1924.

Latourett, Kenneth S. *A History of the Expansion of Christianity: The Great Century in North
Africa and Asia*. Michigan: Grand Rapid, 1944.

Niebuhr, Reinhold. *Does Civilization Need Religion?: A study in the Social Resources and
Limitations of Religion in Modern Life*. New York: Macmillan, 1928.

Van Dusen, Henri P. *World Christianity Yesterday and Tomorrow*. New York: Abingdon-
Cokesbury Press, 1947.

顧長聲.『傳教士東來傳救恩論文集錦』. 臺北: 宇宙光, 2006.

羅偉虹 主編.『中國基督教(新教)史』. 上海: 上海人民出版社, 2016.

段琦.『奮進的歷程』. 北京: 商務印書館, 2017.

樓宇烈·張志剛 主編.『中外宗教交流史』. 長沙: 湖南教育出版社, 1998.

朴榮洪.『屬靈神學: 倪柝聲思想的研究』. 香港: 中國神學研究院, 1985.

舍禾.『對三自的分析』. 내부 간행, 2008.

謝和耐.『中國與基督教—中西文化的首次撞擊』. 北京: 商務印書館, 2013.

尚明軒.『孫中山歷程』. 北京: 解放軍文藝出版社, 1998.

舒新城.『收回教育權運動』. 上海: 中華書局, 1927.

徐如雷 編.『金陵神學文選』. 南京: 金陵協和神學院, 1992.

蕭志恬.『羅竹風記念文集』. 上海: 上海辭書出版社, 1997.

楊天宏.『基督教與近代中國』. 四川: 四川人民出版社, 1994.

梁家麟.『倪柝聲—早年的生平與思想』. 惠州: 巧欣有限公司, 2005.

劉華俊 編.『天風甘雨—中國基督教領袖丁光訓』. 南京: 南京大學出版社, 2001.

姚民權·羅偉虹.『中國基督教簡史』. 北京: 宗教文化出版社, 2000.

梁家麟.『吳耀宗三論』. 邢福增 編, 香港: 建道神學院, 1996.

王正中.『王明道 文庫 第一冊』. 臺中: 浸宣出版社, 1976.

_____.『王明道 文庫 第二冊』. 臺中: 浸宣出版社, 1977.

_____.『王明道 文庫 第三冊』. 臺中: 浸宣出版社, 1977.

_____.『王明道 文庫 第四冊』. 臺中: 浸宣出版社, 1977.

_____.『王明道 文庫 第五冊』. 臺中: 浸宣出版社, 1977.

_____.『王明道 文庫 第六冊』. 臺中: 浸宣出版社, 1978.

_____.『王明道 文庫 第七冊』. 臺中: 浸宣出版社, 1978.

王美秀·段琦·文庸·樂峰.『基督教史』. 南京: 江蘇人民出版社, 2006.

王明道.『五十年來』. 미간행, 1950.

王治心.『中國基督教史綱』. 上海: 上海世紀出版社, 2007.

吳雷川.『基督教與中國文化』. 北京: 商務印書館, 2017.

_____.『墨翟與耶穌』. 上海: 青年協會書局出版, 1940.

吳耀宗.『社會福音·沒有人間見過上帝』. 香港: 橄欖出版有限公司, 2016.

吳義雄.『開端與進展』. 桂林: 廣西師範大學出版社, 2011.

元西門.『中國教會史』. CA: OCM, 1999.

姚民權·羅偉虹.『中國基督教簡史』. 北京: 宗教文化出版社, 2000.

林四皓·周復初 編.『不死就不生(2011近現代中國基督教神學思想學術研討會論文集)』. 香港: 聖經資源中心, 2011.

李志剛.『基督教如近代中國人物』. 桂林: 廣西師範大學出版社, 2006.

章博.『近代中國社會變遷與基督教大學的發展─以華中大學爲中心的研究』. 武漢: 華中師範大學出版社, 2010.

趙天恩·張婉芳.『當代中國基督教發展史, 1949-1997』. 臺北: 中福出版有限公司, 2010.

趙天恩·李錦綸 編.『三自神學論評』. 臺北: 基督教與中國研究中心, 2003.

中國基督教三自愛國運動委員會編.『中國基督教三自愛國運動文選 1950-1992』. 上海: 中國基督教三自愛國運動委員會出版, 1993.

中共北京市委黨史研究室.『北京革命史大事記』. 北京: 中共黨史資料出版社, 1980.

中共上海市委黨史研究室.『中共上海黨史大典』. 上海: 上海教育出版社, 2001.

中華續行委辦會調查特委會編.『1901-1920年 中國基督教 調查資料(下)』. 北京: 中國社會科學出版社, 2007.

左芙蓉.『基督教與現代北京社會』. 成都: 四川出版集團巴蜀書社, 2009.

丁光訓.『論上帝』. 上海: 中國基督教三自愛國運動委員會, 2000.

_____.『論基督』. 上海: 中國基督教三自愛國運動委員會, 2000.

_____.『丁光訓文集』. 南京: 南京譯林出版社, 1999.

趙士林·段奇 主編.『基督教在中國處境化的智慧(下)』. 北京: 宗教文化出版社, 2010.

趙紫宸.『中國基督教教會改革的途徑』. 上海: 青年協會書局, 1950.

朱建君.『植民地經歷與中國近代民族主義─德占青島(1897-1914)』. 北京: 人民出版社, 2010.

陳建明·劉家峰 主編.『中國基督教區域史研究』. 成都: 四川出版集團巴蜀書社, 2007.

許壽裳.『章炳麟傳』. 吉林: 吉林出版集團股份有限公司, 2017.

邢福增.『衝突與融合─近代中國基督教史研究論集』. 臺北: 四川出版集團巴蜀書社, 2011.

_____.『尋索基督教的獨特性─趙紫宸』. 香港: 建道神學院, 2003.

_____ 主編.『大時代的宗教信仰─吳耀宗與二十世紀中國基督教』. 香港: 中國基督教史研究總書, 2011.

_____ 主編.『吳耀宗全集 第1券』. 香港: 香港中文大學出版社, 2017.

_____ 主編.『吳耀宗全集 第2券』. 香港: 香港中文大學出版社, 2017.

## 6. 외국 학술지

Lee, Joseph Tse-Hei. "Watchman Nee and the Little Flock Movement in Maoist China." *Church History* 74 (2005): 68-96.

Ng, Peter Tze Ming. "Cheng Jingyi: Prophet of His Time." *International Bulletin of Missionary Research* 36(2012. 1): 14-16.

Ying, Fuk-Tsang. "The Regional Development of Protestant Christianity in China: 1918, 1949 and 2004." *The China Review* 9(Fall 2009): 63-97.

郭熹徽. "試論中華內地會的産生及特點."「世界宗教研究」1(1996): 63-73.

葛壯. "評析民國前期基督新教的大發展."「社會科學」4(2010): 136-148.

高俊. "簡述江蘇基督教界的抗日活動."「江蘇科技大學學報」8(2008): 17-20.

陶飛亞. "共産國際代表與中國非基督教運動."「近代史研究」5(2003): 114-136.

柳海濤. "抗日戰爭時期的河北基督教."「軍事歷史研究」3(2010): 14-20.

薛曉建. "非基督教運動始末."「中國靑年政治學院學報」3(2001): 109-112.

蘇東鈺. "中國基督知識分子政策關係觀研究—以1920至1940年爲例."「基督宗教研究」(2015): 185-207.

楊天宏. "中國非基督教運動(1922-1927)."「歷史研究」6(1993): 83-96.

王美秀. "倪維思的'三自'主張及其反響."「世界宗教研究」1(1998): 107-118.

王恩收. "馬林: 第一次國共合作的促成人."「紅色歲月」3(2018): 7-9.

吳義雄. "自立與本色化—19世紀末20世紀初基督教對華戰教戰略之轉變."「中山大學學報」44(2004): 124-263.

李百齊. "論第二次國共合作."「文史哲」3(2000): 80-86.

李韋. "抗戰時期基督教的身分焦慮與思想掙扎—吳耀宗社會福音和唯愛主義思想的互動探析."「法浴水風: 中國文化與基督教的對話」31(2004): 237-258.

_____. "不期而遇的社會福音和唯愛主義—以吳耀宗爲例分析."「基督宗教研究」02(2014): 281-298.

張永廣. "二十世紀上半葉中國基督教會合一運動述評."「宗教學研究」4(2010): 127-133.

趙盼. "民國時期中國基要波的聖經主義研究."「基督教學術」16(2016): 52-64.

周志文. "共産國際, 國民黨, 共産黨對第一次國共合作的認識."「上海黨史與黨建」4(2011): 12-14.

曹聖潔. "追憶吳耀宗先生的晩年."「世紀」5(2010): 26-29.

邢福增. "巨人愛恨-王明道所認識的倪柝聲." *Ching Feng: A Journal on Christianity and Chinese Religion and Culture Series* 15:1-2(2017): 131-158.

## 7. 신문 및 웹사이트

「기독일보」. 2021. 7. 27.
「크리스천투데이」. 2022. 3. 29.


https://terms.naver.com/entry.nhn?docId=1530593&cid=60657&category Id=60657(2019-01-10, 15:30 접근)

https://ko.wikipedia.org/wiki/%EB%82%9C%EC%A7%95_%EC%A1%B0%EC%95% BD(2019-1-15, 23:21 접근)

http://www.doopedia.co.kr/doopedia/master/master.do?_method=view&MAS_ IDX=101013000877795(2019-1-30, 15:03 접근)

https://100.daum.net/encyclopedia/view/b09b2872a(2019-2-11, 01:25 접근)

https://ko.wikipedia.org/wiki/1910%EB%85%84_%EC%84%B8%EA%B3%84%EC%84 %A0%EA%B5%90%EB%8C%80%ED%9A%8C(2019-2-21, 20:21 접근)

https://en.wikipedia.org/wiki/Jeanne_Guyon(2019-3-13, 19:47 접근)

https://ko.wikipedia.org/wiki/%EC%82%AC%EC%84%9C%EC%98%A4%EA%B2% BD(2019-3-16, 14:30 접근)

https://100.daum.net/encyclopedia/view/b04d2708a(2019-5-12, 12:30 접근)

https://ko.wikipedia.org/wiki/%EB%A7%8C%EC%A3%BC%EC%82%AC%EB %B3%80(2019-5-5, 05:32 접근)

https://terms.naver.com/entry.nhn?docId=1118155&cid=40942&category Id=31787(2019-4-13, 18:32 접근)

http://www.chinesetheology.com/ChinaReligiousPolicy/19documentBIG5.htm(2019- 10-12, 13:58 접근)

https://ko.wikipedia.org/wiki/%EC%A4%91%EA%B5%AD%EC%9D%B8%EB%AF%B C%EC%A0%95%EC%B9%98%ED%98%91%EC%83%81%ED%9A%8C%EC% 9D%98(2019-8-13, 15:23 접근)

https://en.wikipedia.org/wiki/James_Legge(2019-8-24, 09:36 접근)

https://www.facebook.com/1527951284112296/posts/1527985484108876/(페이스북,

2019-3-30, 13:27 접근)

http://www.tradetimes.co.kr/news/articleView.html?idxno=4931

https://www.kita.net/cmmrcInfo/cmmrcNews/cmmrcNews/cmmrcNewsDetail.
　do?nIndex=61683&recommendId=0

https://www.yna.co.kr/view/AKR20200216059900371

http://news.kmib.co.kr/article/view.asp?arcid=0923570088.

https://ko.wikipedia.org/wiki/%EC%82%AC%ED%9A%8C%EC%A7%84%ED%99%9
　4%EB%A1%A0(위키백과)

https://ko.wikipedia.org/wiki/%EA%B7%BC%EB%B3%B8%EC%A3%BC%EC%9D%9
　8_%EC%8B%A0%ED%95%99(위키피아)


宋剛. "基要與本色之間: 賈,王輿倪思想比較." 「近現代中國基督教神學思想學術研討會論文
　集」(2020.9.6.).

# 중국교회 삼자운동 발전사

**Copyright ⓒ 진미수 2023**

**1쇄 발행** 2023년 11월 30일

**지은이** 진미수
**펴낸이** 김요한
**펴낸곳** 새물결플러스

**편 집** 왕희광 정인철 노재현 이형일 나유영 노동래
**디자인** 황진주 김은경
**마케팅** 박성민
**총 무** 김명화 이성순
**영 상** 최정호 곽상원
**아카데미** 차상희

**홈페이지** www.holywaveplus.com
**이메일** hwpbooks@hwpbooks.com
**출판등록** 2008년 8월 21일 제2008-24호
**주 소** (우) 04114 서울시 마포구 신촌로28가길 29
**전 화** 02) 2652-3161
**팩 스** 02) 2652-3191

ISBN 979-11-6129-266-3 93230

책값은 뒤표지에 있습니다.